Baedeker

Allianz ⑪ Reiseführer

Südengland

D1727774

www.baedeker.com

Verlag Karl Baedeker

TOP-REISEZIELE ✶✶

Ländliche Idylle und wilde Steilküsten, einsame Hochmoore und bezaubernde Gärten, prächtige Schlösser und mystische Kultstätten – wir haben für Sie zusammengestellt, was Sie auf keinen Fall versäumen dürfen!

*Fangfrisch vom Feinsten:
Hummer und Fisch*

9 Wells ●

13 Exmoor National Park

● 16 Clovelly

17 Montacute House ■

● 22 Exeter Cathedral

26 Dartmoor National Park

27 Bodmin Moor

● 28 Padstow

29 St. Ives

1 London
2 Avebury
3 Windsor Castle
4 Hampton Court
5 Canterbury Cathedral
6 Bath
7 Knole
8 Leeds Castle
11 Stonehenge
12 White Cliffs of Dover
10 Longleat House
15 Sissinghurst Castle
14 Stourhead
19 Winchester
18 Salisbury
20 Petworth House
21 Rye
23 Isle of Wight
24 Historic Dockyards of Portsmouth
25 Beachy Head und Seven Sisters

30 km
© Baedeker

DIE BESTEN BAEDEKER-TIPPS

Baedeker-Tipps geben den ganz besonderen Einblick – jenseits aller großen Sehenswürdigkeiten. Bevor es losgeht, schon mal eine Auswahl der besten Tipps für Südengland: schön, nützlich und manchmal auch skurril.

▪ Auf den Spuren der Queen of Crime

Krimifans folgen der »Agatha Christie Mile« in Torbay. ▶ **Seite 59**

▪ Halbe Portion

Die Kindheitserinnerungen des Londoner Sternekochs Nigel Slater sind eine einzige Liebeserklärung an die englische Küche.
▶ **Seite 77**

▪ Wine Experience

Bislang wenig bekannt ist, dass in England ausgezeichnete Weine gekeltert werden. Kommen Sie im September nach Alfriston zum English Wine Festival! ▶ **Seite 217**

▪ Shakespeare im Park

»Vorhang auf!« heißt es jeden Sommer in den Rosemount Gardens von Exeter für die schönsten Schauspiele des Dichters.
▶ **Seite 222**

▪ Eden Project

Erlebniswelt der Superlative – das größte Gewächshaus der Erde mit drei verschiedenen Klimazonen ▶ **Seite 229**

Weinlese
In England werden edle Tropfen produziert.

▪ Nostalgiefieber auf der Rennstrecke

Formel-1-Legenden, Oldtimer und viel Prominenz beim Goodwood Revival
▶ **Seite 199**

Familienspaß
Kinder sind überall willkommen.

Bed and Breakfast
Am schönsten im reetgedeckten Cottage

Würzig, kultig, köstlich
Probieren Sie die cornischen Teigtaschen!

Die junge Küche des Südens
ist ambitioniert und lecker.
▸ Seite 78

HINTERGRUND

PREISKATEGORIEN

▸ **Hotels**
Luxus: über 150 £
Komfortabel: 80 – 150 £
Günstig: unter 80 £
Für eine Übernachtung im
Doppelzimmer mit Frühstück

▸ **Restaurants**
Fein & teuer: über 50 £
Erschwinglich: 20 – 50 £
Preiswert: bis 20 £
Für ein Hauptgericht

PRAKTISCHE INFORMATIONEN

TOUREN

Symphonie in Rot und Lila: der bezaubernde Garten von Lanhydrock House
► **Seite 160**

Stonehenge – der berühmteste
Steinkreis der Welt
▸ **Seite 328**

REISEZIELE
VON A bis Z

Land's End – an Cornwalls Klippen endet England.
▸ **Seite 290**

Eastbourne ist die Grand Old Lady der englischen Seebäder.
▶ **Seite 214**

nachdenken · klimabewusst reisen

atmosfair

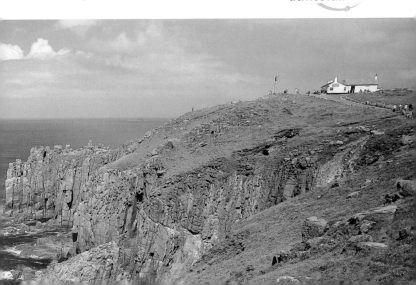

Hintergrund

VERSTÄNDLICH GESCHRIEBEN
UND SCHNELL NACHZUSCHLAGEN:
WISSENSWERTES ÜBER LAND UND
LEUTE, ÜBER NATUR, GESCHICHTE,
WIRTSCHAFT UND ALLTAGSLEBEN – NATÜRLICH
AUCH ÜBER DIE SPEKTAKULÄREN KREIDEKLIPPEN
DER SEVEN SISTERS UND DIE BRITISCHE KRONE.

JUWEL IN DER SILBERSEE

Südengland ist das Stammland des Vereinigten Königreiches von Großbritannien, eine der schönsten Landschaften Europas und ein farbenprächtiges Kaleidoskop aus zwölf Grafschaften, die unterschiedlicher nicht sein könnten.

Nur 35 km trennen den französischen Fährhafen Calais vom englischen Dover, dessen weiße Kreideklippen seit Jahrhunderten die Besucher der Britischen Inseln begrüßen. Noch immer bewachen trutzig die Ruinen der Burg auf dem östlichen Kliff den Ärmelkanal, über den 1066 der letzte Eroberer kam: William the Conqueror. Auf dem Westkliff ließ Shakespeare Richard II. von England schwärmen: »This precious jewel, set in the silver sea.« Ein Juwel in der Silbersee –

Topziel
Devons einsame Hochmoore

Recht hat der Barde: Zwischen Kent und Cornwall gibt es viel zu entdecken – idyllische Fischerorte, in denen von Wind und Wetter gezeichnete Männer am Morgen Kabeljau, Hering und Hummer anlanden, mondäne Seebäder mit Pier und Patina, mittelalterliche Kleinstädte und Gesamtkunstwerke wie Bath. Und nirgendwo im Land ist ein Ort mehr als 70 km vom Meer entfernt. Die 1000 km lange Küste säumen dramatische Kreidefelsen, urzeitliche Fossilienklippen, romantische Badebuchten und endlos lange Sandstrände. Im Hinterland lassen mythische Steinkreise, normannische Burgen, ehrwürdige Kathedralen, adlige Landsitze und prachtvolle Schlösser erahnen, wie geschichtsträchtig die 35 000 km² große Region ist, in der 15 Mio. Menschen – knapp ein Viertel der Gesamtbevölkerung – leben.

Geheimnisvolle Geschichte

Im Stammland des Empire begann die Geschichte vor mehr als 8000 Jahren, und noch immer werfen die Zeugnisse der Vorzeit Fragen auf. Aus dem Grün der Kreidehügel von Wiltshire treten Giganten und Pferde in riesigen Umrissen hervor, zur Sommersonnenwende staunen Tausende, wenn über dem Heel Stone von Stonehenge die Sonne aufgeht, am Tag danach feiert Glastonbury zu Füßen des Grals von König Artus sein berühmtes Folk-Festival. Im August lebt das

Traumhaft
*Logieren wie Ihre Lordschaft
in einem Herrenhaus wie Bishopstrow*

Trendy
*Musik, Mode, Restaurants und Clubs – »Fascinating
London« entscheidet, was »in« ist.*

Tradition
*In der Heimat von Rolls Royce sind Oldtimer
weit mehr als »Toys for the Boys«.*

Voller Leidenschaft
*In Südengland wird gern gefeiert,
mit viel Spaß und Stil und Gästen aus aller Welt.*

Auf Kurs
*Die gesamte Südküste Englands
gilt als Seglerparadies.*

Aus dem Meer
Fangfrischer Hummer – unbedingt probieren!

Reich des sagenumwobenen englischen Königs mit einem großen Spektakel auf der Burg Tintagel wieder auf, die auf hohen Klippen über dem tosenden Meer thront. Im Ashdown Forest werden Helden aus Kindertagen wieder lebendig: In der Heimat von Winnie the Pooh und Christopher Robin kann der Nachwuchs heute Poohs Spielplatz oder Eules Haus suchen. Literarische Legenden leben auch im Dartmoor fort, wo der Hund der Baskervilles sein Unwesen trieb, oder rund um Torbay, wo eine Touristenroute zu Stationen aus dem Leben der »Queen of Crime«, Agatha Christie, führt. Sportliche können im New Forest oder Dartmoor ausreiten, im Exmoor auf Radtouren das Rotwild beobachten oder auf alten Zöllnerpfaden der Küste folgen, die bei Land's End am westlichsten Punkt Englands mit gewaltigen Felsklippen dramatisch ins Meer abfällt.

Die Landschaft als Park

Inmitten des natürlichen Puzzles aus weiten Heideflächen, sanft gewellten Hügelketten, sattgrünen Weiden und lichten Laubwäldern verstecken sich unzählige Parks und Gartenanlagen – von Landschaftsparadiesen wie Petworth Park, dem ersten der mehr als 200 Gärten des grünen Genies Lancelot »Capability« Brown, idealtypischen Anlagen wie Stourhead oder dem futuristischen Eden-Projekt bis hin zu den Tausenden von Cottage Gardens mit ihrer Blütenfülle. Häufig paart sich Südenglands Reichtum an Natur und Kultur mit typisch englischer Exzentrik. Wo Tee mit Milch, Bier mit Pernod und Pommes Frites mit Essig ge-

nossen werden, wundern sich nur wenige, wenn zwei Schwestern nach ihrer Grand Tour für ihre zahlreichen Souvenirs eine neue Villa bauen oder sich eine einsame Landratte aus Liebe zur Seefahrt ihr Haus mit maritimer Kunst voll stopft. Jeden Sommer bevölkern Sprachschüler aus aller Welt die Strände, die auch das liebste Reiseziel der Briten sind. Ihren Hunger stillen sie nicht nur an den berühmten Fish & Chip-Shops, sondern auch in erlesenen Restaurants, die mit raffinierter Regionalküche Feinschmecker begeistern. Eine Institution ist der Cream Tea mit Scones, Clotted Cream und Erdbeermarmelade – besonders stilvoll zu genießen in den traditionellen Tea Rooms, die zum National Trust oder English Heritage gehören. Seit November 2005 gehört auch die Sperrstunde in den Pubs der Vergangenheit an – darauf ein lauwarmes englisches Ale. Cheers!

Im Fokus
Die viel gerühmte englische Gartenkunst wie hier in den exzentrischen Lost Gardens of Heligan

Fakten

Was versteht man im Dartmoor unter einem Tor? Wo können Angler ihre Haken nach Haien auswerfen? Wer gehört zu den »Right Honourables«? Wie regeln »Conventions« die Macht der Queen? Und warum besitzt die älteste Demokratie der Welt keine schriftlich fixierte Verfassung?

Natur und Umwelt

Da die Britischen Inseln bis zum Mesolithikum um 6000 v. Chr. durch eine Landbrücke mit dem Kontinent verbunden waren, setzt sich in Südengland der kontinental-europäische Formenschatz von der Geologie bis zur nacheiszeitlichen Vegetation fort. Zwei Großlandschaften prägen Südengland: im Südwesten die felsige, zum Plateau abgeflachte **Halbinsel von Devon und Cornwall**, aus der sich Granitmassive wie Dartmoor und Bodmin Moor hervorheben; weiter östlich erstrecken sich die Grafschaften der geologisch jüngeren **Tieflandregion**.

Zwei Großlandschaften

Der Südwesten wird durch sechs Hochländer, die **Uplands**, geprägt: das bis zu 700 m hohe Dartmoor, das bis zu 580 m hohe Exmoor sowie Bodmin Moor, St. Austell, Carn Brea und Land's End, dessen Granitfelsen sich 40 – 58 km weiter westlich auf den Scilly-Inseln fortsetzen.

Hochländer im Südwesten

Die ostwärts einfallenden **Juraschichtstufen** erstrecken sich von Dorset im Süden mit seinen Kalk- und Sandsteinformationen bis nach Nordengland. Östlich davon finden sich nach Osten einfallende **Kreidestufen**, die sich von den Salisbury Plains in nordöstlicher Richtung bis zum Wash-Meerbusen ausdehnen. Im Südosten treten im High Weald die Sandsteine der Unterkreide hervor; nördlich und südlich davon schließen sich die Talweitungen des Weald Clay mit tonigem Untergrund an und formen eine fruchtbare Agrarlandschaft. Der Kreidekalk der North und South Downs begrenzt die südostenglische Schichtstufenlandschaft.

Schichtstufenlandschaft im Südosten

Landschaften

An Vielfalt ist die Landschaft Südenglands kaum zu überbieten: Auf die weiten Moore von Cornwall und Devon im Westen folgen das saftige Grün von Devon und Somerset, die sanft gewellte Wiesenlandschaft von Wiltshire mit ihren Zeugen der Vorzeit, die von Hecken umsäumten Wiesen und Felder in Dorset und Hampshire, die fischreichen Gewässer und bewaldeten Hügelkämme der South und North Downs von Sussex und Kent und die Blütenpracht von Kent, dem »Garten Englands«. Die abwechslungsreiche Küste zieht sich von den weißen Klippen von Dover bis zu den zerklüfteten Felsen von Land's End hin, unterbrochen von Sand- und Kieselstränden, Fischerdörfern und Badeorten.

Von rau bis romantisch

Vom Südwestzipfel bei Land's End in Cornwall erstreckt sich die **Halbinsel** des West Country mit ihren Viehweiden, Waldflächen,

Das West Country

← *Vom Meer umtost: die Felsklippen an der Küste Cornwalls*

vom Wind gepeitschten Mooren und Hügeln mit Monumenten der Vorzeit über die Grafschaften Cornwall, Devon und Somerset bis hin zu den westlichen Regionen der Grafschaft Dorset. Drei große Moore bilden den Kern des West Country: Bodmin Moor, Dartmoor und Exmoor.

Verschwundene Gärten und verlassene Minen

Alte Bergbaustätten, nun wieder Jagdrevier für Füchse, Marder und Wanderfalken, zeugen mit ihren Schornsteinen von der Vergangenheit **Cornwalls** als Zinnlieferant. Neben Fels- und Sandstränden laden subtropische Parks wie die märchenhaften »verschwundenen Gärten von Heligan« bei Mevagissey an der Südküste ein. Auch die Sagenwelt von König Artus und seiner Tafelrunde (▶Baedeker Special, S. 334 / 335) lässt sich in Cornwall erleben.

Bodmin Moor

Das unwirtliche **Hochmoor** misst etwa 15 mi / 24 km im Durchmesser. Obwohl fast ausschließlich in Privatbesitz, ist es von der A 30 aus leicht zugänglich, und wenn man sich an die markierten Pfade hält, bekommt man keine Probleme. Steinkreise wie The Hurlers oder der 10 m hohe Cheesewring, dem Wind und Wetter seine typische Form gegeben haben, bieten sich dem Wanderer im Süden des Moors; im Norden verbindet ein Fußweg die höchsten Erhebungen, Brown Willy mit 419 und Rough Tor mit 400 Metern.

Das grüne Devon

Devon ist eine idyllische **grüne Grafschaft**: sanfte Hügel, saftige Weiden, große Milchfarmen und vereinzelte Herrenhäuser in Parkanlagen. Im Süden und Norden von Devon könnten sich Dartmoor und Exmoor nicht kontrastreicher präsentieren. Im Süden das oft von Nebeln umhüllte, mit Granitbrocken und imposanten Steinkreisen übersäte **Dartmoor**, in dem Schafe und wilde Ponys zu regieren

Südengland *Naturräume*

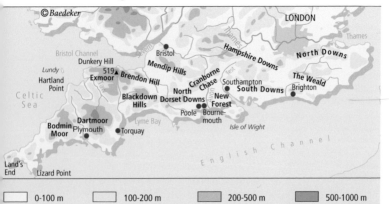

0-100 m	100-200 m	200-500 m	500-1000 m

scheinen. Im Norden Devons lockt das in warmen Sandstein getauchte, kleinere **Exmoor**. Seine mehr als 500 km langen Bachläufe sind reich an Forellen und Lachsen. Bewaldete, tief eingeschnittene Täler laden zum Wandern ein, der 510 m hohe Dunkery Hill zur Gipfelbesteigung mit Fernsicht.

Östlich der Moore beherrschen in **Somerset** die Milchfarmer und die Cider-Produzenten die Landschaft. Zwischen den Quantock und Mendip Hills erstreckt sich flaches Land, überwiegend ehemaliges Marschland, mit Weiden und Torfabbau, das meist mittelalterliche Mönche dem Meer abgerungen haben. Vereinzelt ragen kleine Hügel wie der Glastonbury Tor auf. Um das »Avalon« der Kelten ranken sich die Legenden von König Artus.

Milch und Cider

Noch legendärer wird es Richtung Westen und Nordwesten. **Wiltshires** Höhen und Täler sind reich gespickt mit prähistorischen Denkmälern: Stonehenge, Avebury und Silbury Hill. Hier finden sich auch die meisten der berühmten Kornkreise (▶ Baedeker Special, S. 46 – 48). Die landschaftlichen Höhepunkte der Grafschaft reichen vom Themsetal über die sanften Buckel der North Downs hin zu Bächen und Seen, kleinen Marktflecken und pittoresken Dörfern.

Mystische Landschaft

In **Dorset** setzt sich südlich die sanfte Hügellandschaft fort. Im Hinterland von Dorchester findet man zahlreiche steinzeitliche und römische Reste. Heidelandschaften wie Winfrith Heath beherbergen seltene Pflanzen wie den Zwergstechginster und Tiere wie die Sandeidechse.

? **WUSSTEN SIE SCHON …?**

■ … dass Dorset mit dem 5 km langen Piddlebrenthide nicht nur das längste, sondern mit Poundbury auch das jüngste Dorf Englands besitzt? Es entstand 2000 unter Schirmherrschaft von Prince Charles.

Weiter gen Westen beginnt Jane Austens **Hampshire**. Forellenreiche, schnell dahinfließende Bäche – vor allem die Flüsschen Itchen und Test sind ein Paradies für Fliegenfischer –, fruchtbare Täler, enge Straßen und die hügeligen Downs mit ihren Buchenwäldern ergeben ein abwechslungsreiches Bild.

Forellenbäche und Buchenwälder

In West und East **Sussex** ziehen sich die South Downs wie die North Downs in Kent parallel zur Küste hin. Weideland für Schafe wechselt mit Äckern, Heide mit Mischwald. Viele dieser Gebiete sind wie The Weald als »Areas of Outstanding Natural Beauty« ausgewiesen, so auch mehr als die Hälfte der Fläche von West Sussex.

South Downs

Im äußersten Osten Südenglands liegt **Kent**, der »Garten Englands« und das Tor zu England – und das nicht erst seit Eröffnung des Eurotunnels 1994 zwischen Calais und Folkestone. Westlich von Folkestone gleicht die von Entwässerungsgräben durchzogene Romney Marsh mit ihren Deichen und farbenprächtiger Blumenzucht Hol-

Der Garten Englands

◀ Weiter auf S. 22

Ob kunstvoll gestaltet oder scheinbar natürlich, Südenglands Gärten überwältigen in ihrer Üppigkeit und Fülle.

DIE LIEBE ZUR KUNSTVOLL UNGEZÄHMTEN NATUR

Der englische Park hat seinen Ursprung in einem Protest: Die künstliche Strenge französischer Prunkgärten passte nicht mehr zum britischen Freiheitsdenken des 18. Jahrhunderts. Stattdessen kam scheinbar natürlich gewachsene Natur in Mode: freie Landschaften für aufgeklärte Bürger.

Während man im 17. Jh. den Barockgarten in ganz Europa kopierte, wurden die streng symmetrischen Parkanlagen 100 Jahre später als **Abbilder des kontinentalen Absolutismus** verdammt. Alexander Pope mahnte 1711 in Versform, sich in ästhetischen wie in moralischen Fragen an der Natur zu orientieren – eine klare Absage an den Lebenswandel und die Gartenkultur der Adels. Die englischen Parks spiegelten daher ein anderes Weltbild wider. Hatte man zuvor die noch als bedrohlich empfundene Natur aus den Gärten gesperrt, so wurde nun eine **unverfälschte Landschaft** Ziel der Bemühungen. Künstlich angelegte Seen, wirkungsvoll platzierte Baumgruppen und ein ruhiger, natürlich-eleganter Gesamteindruck charakterisieren den **»Landscape Garden«**. Parks und Gärten wurden kunstvoll zu einer überschäumenden Natur stilisiert – ganz nach der Devise des Autors Horace Walpole: »Der neue Gärtner zeigt seine Fähigkeiten, indem er seine Kunst verbirgt.« So wurden zwar Blumenbeete aus dem Garten verbannt, Pyramiden, Grotten, Triumphbögen und andere architektonische Elemente dagegen gerne »geklaut«, um die Fantasie der Spaziergänger anzuregen. Der geistige Kopf der neuen Landschaftsgestaltung war **William Kent**, ihr Star wurde **Lancelot Brown**. 1740 legte Kent den wegweisenden Stourhead Garden an. Brown, der für die Gestaltung von mehr als 140 Parks mit dem Beinamen »Capability« geadelt wurde, schuf in Sussex unter anderem den Landschaftspark von Petsworth und Sheffield Park Garden, eine blumenlose Idylle um fünf Seen.

Landschaftspark contra Blumengarten

Modetrends relativieren sich, und so erlebte der Blumenpark im 19. Jh. sein Comeback. **Humphrey Rempton** führte schmückende Elemente wie Blumenrabatte, Laubengänge und Terrassen wieder ein. Trotzdem: Die von Kent und Brown geforderten und

geschaffenen »natürlichen« Parklandschaften mit ihren raspelkurzen, teppichgleichen Rasenflächen sind bis heute ein Merkmal des typisch englischen Gartens geblieben.

Gärten als Spiegel der Geschichte

Der englische Park hat im Laufe der Jahrhunderte sein Gesicht immer wieder verändert – durch den wechselnden **Zeitgeschmack** und neue Vordenker in der Landschaftsarchitektur. Außer der Persönlichkeit des Gärtners spiegeln sich auch die **Geschicke Englands** und des Empires in den Parks wider. Kolonialismus, auch die britische Steuerpolitik und die Entwicklung des Transportwesens wirkten sich auf den Gartenbau aus. Viele der heute in England kultivierten Pflanzen stammen von anderen Kontinenten – Forschungsreisende, Kaufleute und Kolonialbeamte brachten sie aus den entlegendsten Winkeln des Weltreiches mit. Das milde südenglische Klima lässt auch **Exoten** gedeihen. Die gartenbegeisterten Viktorianer konnten so auf Pflanzen aus allen Teilen des Empires zurückgreifen. Die Eisenbahn machte es Gärtnern leichter, schnell in den Besitz neuer Setzlinge und Zwiebeln zu gelangen. Als Mitte des 19. Jh.s die Besteuerung von Glas wegfiel, wurden **Gewächshäuser** Mode. Außer exotischen Blumen und Sträuchern schätzte man jetzt auch schmückendes Beiwerk. Die Gärten wurden ähnlich schwelgerisch wie die überladenen Salons der Zeit – mit Sonnenuhren, Lauben, schmiedeeisernen Gittern und Unmengen verzierter Töpfe und Vasen. Nur bei der Bepflanzung siegte die berüchtigte viktorianische Ordnungsliebe. Erst **William Robinson** setzte sich wieder für mehr Natur im Garten ein und forderte 1870 die Einfachheit bei Zierrat und weniger Strenge bei der Gestaltung der Beete.

Gartenkunst für alle

Und wie sieht es heute mit der viel gerühmten englischen Gartenkunst aus? Sie ist beileibe nicht mehr nur die Domäne visionärer Gartenkünstler, denn hinter ihrem Reihenhaus teilen die meisten Engländer dieses Hobby. Deshalb zieht es sie etwa in den Wisley Garden in Surrey, der unter den Fittichen der 1804 gegründeten **»Royal Horticultural Society«** gedeiht. Hier geben Muster vom Steingarten bis zur Alpenwiese Anregungen, wie das heimische Stück Grün zu gestalten sei. Die Leidenschaft wird ernst genommen, vom Kleingärtner wie vom Großgrundbesitzer. Daher wird wohl auch nirgends so viel wie in England dafür getan, die Gärten vergangener Epochen zu erhalten.

land während der Tulpenblüte. Für Jane Austens Lydia in »Pride and Prejudice« (1813) war Brighton, Kents berühmtestes Seebad, »every possibility of earthly happiness«. Die flache Marschlandschaft nördlich von Rochester hatte es Charles Dickens angetan. Hopfen- und Obstplantagen bestimmen das Bild – und Festungen: Nur Northumberland übertrifft Kent an Schlössern und Burgen.

Küstenformen von West nach Ost Die Nordküste Cornwalls ist zerklüftet und bietet spektakuläre Ansichten; die Cornish Riviera im südlichen Cornwall prägen **Sandstrände** und bewaldete Hügel, die mit ihren blumengesäumten Tälern an die Küste grenzen. Die weiten Flussmündungen des Tamar, des Fowey und des Fal ähneln den nordspanischen Rias. Malerische Fischereihäfen, **kleine Buchten und Höhlen**, die einst Schmugglern Zuflucht boten, säumen die höchst attraktive Küste, die längst vom Tourismus entdeckt worden ist. Viele Küstenabschnitte befinden sich im Besitz des National Trust, um ihre Eigenart zu bewahren.

Die geologisch noch jungen Landzungen, Nehrungen und Haken an der Südküste entstanden durch die von Nordostwinden ausgelösten Strandversetzungen gen Süden. Allein auf einem Küstenstreifen von 200 km zwischen Chichester und Ramsgate versandeten zwölf noch im Mittelalter funktionsfähige Häfen.

Im Kreidekalk der South Downs ist an der Straße von Dover durch Abrasion, d.h. Abtragung durch Brandung, eine markante **Kliffküste** entstanden, die noch heute stetig zurückverlegt wird, besonders bei Selsey in West Sussex. Erst Anfang 1999 brachen fast 200 m des Kreidefelsens von Beachy Head bei Eastbourne in East Sussex weg.

Pflanzen und Tiere

Schlüsselblumen und Feuernelken Die relativ dichte Besiedlung seit prähistorischer Zeit hat die ursprüngliche Vegetation zurückgedrängt. Die Eichen- und Buchenwälder der Tieflandregion sind seit dem frühen Mittelalter verschwunden. Selbst in einst großräumigen Waldgebieten wie dem New Forest haben sie der typisch englischen Parklandschaft und landwirtschaftlich genutzten Flächen Platz gemacht. Obgleich mehr als 80 % der Hecken, Wiesenblumen und Feuchtgebiete durch die industrielle Landwirtschaft verloren gegangen sind, gedeihen in Südengland noch immer **seltene Arten**: Schlüsselblumen (primrose) und kleine Hyazinthen (bluebell woods), Feuernelken (campion) und Storchschnabel (cranesbill), Myrrhe (sweet cicely), Kornblumen (cornflower), Klatschmohn (corn poppy) und Meerkohl (seakale), der im Strandkies von Kent im Frühjahr seine purpurfarbenen Blätter treibt und im Mai in weißer Blütenpracht erstrahlt.

Mediterrane Pflanzen In Cornwall und auf den Scilly-Inseln gedeihen durch den Einfluss des Golfstroms mediterrane Pflanzen und subtropische Gewächse: Gummibäume, Kakteen, Mimosen, Agaven, Orchideen und Palmen. Viele Bewohner der Scilly-Inseln leben von der Blumenzucht. Vor al-

*Überall an der Küste sind sie zu sehen:
Silber- und Heringsmöwen*

lem im Frühjahr bietet sich hier ein farbenprächtiges Bild blühender Blumenbeete, Narzissenfelder und Fuchsien.

Auf den raueren Hochebenen des Südwestens sind das Schwingelgras (creeping fescue), Disteln (thistle), Kleesorten wie birdsfoot trifoil und die Moorpimpernelle (bog pimpernel) zu Hause. Exmoor und Dartmoor im Südwesten sind Heidemoore mit Heidekraut und feuchtigkeitsliebenden Pflanzen auf sauren Torfböden. Auch im Südosten sind auf ehemals bewaldeten Flächen Kalk-Grasländer mit Schwingelarten und anderen Kalk liebenden Gräsern weit verbreitet. In den Downs begegnet man dem Augentrost (eyebright), Glockenblumen (harebell), Zistrosen (rock rose), dem früh blühenden Enzian (early gentian) und der Kreuzblume (milkwort).

Gräser und Heidekräuter

Bemerkenswert ist der **Reichtum an Vogelarten** – mehr als 120 sind in Südengland registriert. In den Downs und über den Mooren kreisen Bussarde (buzzard), Sperber (sparrow hawk), Turmfalken (kestrel), Zwergfalken (merlin) und Aaskrähen (carrion crow), auch

Birkhühner (black grouse), Wildgänse (brent goose), Pfeifenten (widgeon), Bachstelzen (grey wagtail) und Waldkäuze (tawny owl), Schleiereulen (barn owl), Kleiber (nuthatch), Felsenpieper (rock pipit), Baumläufer (tree creeper), Rotschwänzchen (redstart), Raben (raven), Nachtigallen (nightingale), Dohlen (jackdaw), Weidenlaubsänger (chiffchaff), Braunkehlchen (whinchat), Buntspechte (spotted woodpecker), Buchfinken (chaffinch) und Grauammern (corn bunting) kann man hier beobachten. An den Küsten des Südwestens übertönt das Kreischen der Möwen (sea gull) fast alle anderen Vögel wie Seeschwalben (common tern), Uferschnepfen (blacktailed godwit), Tauchvögel (dippers) und Strandläufer (common sandpiper). **Lundy Island** vor der Nordküste Devons verdankt den auf seinen Granitfelsen lebenden Papageientauchern (puffin) seinen Beinamen Puffin Island. Im Herbst belagern die Vogelfreunde die **Scilly Isles**, wo sie die Zugvögel des Atlantiks, Kormorane (cormorant), Eissturmvögel (fulmar), Krähenscharben (shag) und Sturmtaucher (shearwater) beobachten.

Vogelwarten ▶ Die Beobachtungsstation von **Portland**, eine von rund einem Dutzend in Südengland, gilt bei »birdwatchers« als beste Englands; vor allem im Herbst lohnt es sich, wegen der Seevögel hierher zu kommen.

Rinder und Schafe Der Südwesten mit Devon und Somerset ist reiches, saftiges Weideland, Grundlage für Rinderzucht und Milchwirtschaft. Auf den raueren Heiden und Mooren sowie den Hügelketten der North und South Downs grasen Schafe.

Wilde Ponys, Rotwild und Füchse In Dartmoor und Exmoor gibt es noch frei lebende Ponys. Das Exmoor birgt den größten Rotwildbestand Englands. Die Nordküste Devons, vor allem Barnstaple Bay, ist Ottergebiet, die Isles of Scilly sind bekannt für ihre Seehundkolonien. Kontroversen entzünden sich immer wieder um die **Fuchsjagd**. Während die Jagdlobby darauf hinweist, dass erst durch die Jagd die Fuchsbestände gepflegt und zahlenmäßig aufgestockt worden seien, formiert sich sich immer stärkerer Widerstand gegen solche »bloodsports«.

Die Flüsse und Seen des Südens sind ein **Paradies für Angler**: Avon, Itchen, Kennet und Test sind reich an Lachs (salmon), Meerforellen (sea trout), Bachforellen (brown trout) und Äschen (grayling).

Wer nicht selbst die Angel auswerfen will, sollte aber unbedingt den fangfrischen Fisch probieren – ob an der Fish & Chips-Bude oder im Fischrestaurant!

! *Baedeker* TIPP

Den Hai am Haken

Mit Shark Fishing lockt Looe in Cornwall die Hochseeangler. Wer keinen Adrenalinkick beim Angeln braucht, kann bei »Fishing Trips« vom Kutter aus seinen Haken auch nach Kabeljau (cod), Scholle (plaice), Schellfisch (haddock), Hering (herring) und Makrele (mackerel) auswerfen.

Bevölkerung · Politik · Wirtschaft

Im Vereinigten Königreich leben geschätzt rund 62 Mio. Menschen – 2011 ist Termin für die nächste Volkszählung. 84 % der britischen Bevölkerung entfallen auf England. London bildet mit 8,2 Mio. Einw. und einem jährlichen Wachstum von 8 % das am schnellsten wachsende Ballungsgebiet des UK mit 7,8 Mio. Einwohnern. Hinzu kommt eine hohe Zahl an nicht erfassten Bewohner. Rund um London erstrecken sich die Grafschaften der Home Counties. Einige Orte sind Schlafstädte für Pendler in die Metropole, andere – wie Guildford, Woking oder Reading – haben sich als Industrie- und Dienstleistungszentren profiliert. Nach Westen hin nimmt die Bevölkerungsdichte ab; die Besiedlung konzentriert sich an der Küste. Auffällig ist der hohe Anteil an Senioren – das milde Klima verlockt viele Pensionäre, die es sich leisten können, ihren Altersruhesitz hierher zu verlegen.

Bevölkerungsdichte

Großbritannien ist ein Nationalitätenstaat. So beginnt auch für die etwas mehr als eine halbe Million Bewohner von Cornwall England erst am Grenzfluss Tamar. Im **Refugium der Kelten** vor dem Ansturm der Römer, Angeln und Sachsen sind die Bewohner stolz auf ihr kulturelles Erbe. Cornwall ist eines der ältesten Herzogtümer (Duchy) der Insel und wird von seinen Bewohnern eher als eine der »keltischen Nationen« verstanden, nicht als englische Grafschaft. 1998 wurde Cornwall eine **eigene regionale Identität** zugestanden – vor allem, um den strukturschwächsten Landstrich Englands in den Genuss von EU-Strukturfonds kommen zu lassen.

Cornwall

Für das britische Bewusstsein war und ist die **Distanz zum Kontinent** prägend, was noch verstärkt wurde durch die Orientierung auf das britische Weltreich. Bei einer Kanalüberquerung sprechen noch immer viele Briten von einer »Reise nach Europa«, auch wenn durch den Beitritt zur Europäischen Gemeinschaft (1973), die Inbetriebnahme des Kanaltunnels (1994) und die grenzüberschreitende Zusammenarbeit mit Frankreich allmählich eine größere Hinwendung zum europäischen Festland erkennbar ist.

Die Briten und Europa

Die Mehrheit der Südengländer ist anglikanisch und gehört der **Church of England** an; Methodisten, Quäker und Katholiken bilden eine Minderheit. Im Großraum London spielen auch Islam und Hinduismus eine Rolle. Hier leben außerdem zwei Drittel der 280 000 britischen Juden.

Religion

Das **Vereinigte Königreich** von Großbritannien und Nordirland (United Kingdom of Great Britain and Northern Ireland; UK) ist eine parlamentarisch-demokratische Erbmonarchie des Hauses Windsor. Der Souverän, seit 1952 Königin Elisabeth II., muss der anglika-

Staatsform

nischen Kirche angehören und darf keinen katholischen Ehepartner wählen. Thronfolger ist der älteste Sohn, derzeit Prince Charles; fehlen männliche Nachkommen, ist auch die weibliche Thronfolge möglich.

Flagge und Wappen

Der »**Union Jack**« (▶Abb. S. 28) verbindet die Kreuze der Schutzheiligen Englands (St. George), Schottlands (St. Andrew) und Irlands (St. Patrick). Das britische Königs- und Staatswappen zeigt im Schild die drei englischen Löwen, den schottischen Löwen und die irische Harfe, umschlungen vom Band des Hosenbandordens mit dessen Wahlspruch »Honi soit qui mal y pense« – »Verachtet sei, wer schlechtes dabei denkt«. Der Schild wird gehalten vom englischen Löwen und dem schottischen Einhorn, die auf einer Wiese mit den Zeichen Englands (Rose), Schottlands (Distel) und Irlands (Klee) stehen; darunter das königliche Motto »dieu et mon droit« (»Gott und mein Recht«).

Verwaltungsgliederung von Südengland

Etwa ein Viertel der Gesamtfläche Englands entfällt auf Südengland. Neben Greater London, Sitz von Regierung und Parlament, umfasst Südengland zwei Regionen: Zum **Southwest** zählen die fünf Grafschaften Cornwall mit den Scilly-Inseln, Devon, Somerset, Dorset und Wiltshire, zur Region **Southeast** die Grafschaften Berkshire, Hampshire mit der Isle of Wight, Kent, Surrey, East Sussex und West Sussex. London erhielt im Jahr 2000 wieder eine eigene Verwaltung mit einem vom Volk gewählten Oberbürgermeister – 1986 hatte Thatcher den Greater London Council abgeschafft.

Englische Verfassung

Keine schriftliche Fixierung

Großbritannien besitzt als älteste neuzeitliche Demokratie keine in einem Dokument niedergelegte Verfassung – die Briten begreifen ihre Verfassung als geschichtlichen Prozess, der bis in die angelsächsische Zeit zurückreicht. Kein britisches Parlament hat je eine Verfassung beschlossen, doch kann das Parlament sie per Gesetz mit einfacher Mehrheit verändern; es gibt auch keine Instanz, die wie das Bundesverfassungsgericht die Verfassungskonformität von Regierungsakten oder die Einhaltung der Grundrechte überwacht. Die grundlegenden Dokumente der britischen Verfassung, die v. a. die **Rule of Law** festschreiben, sind allesamt aus dem Konflikt zwischen Krone und Parlament und dessen Vorgängern entstanden. Zu ihnen

State Opening of the Parliament: Im November eines jeden Jahres wird das Parlament feierlich durch die Queen eröffnet.

gehören die Magna Charta von 1215, die Petition of Right von 1628, die Habeas-Corpus-Akte von 1679 und die Bill of Rights von 1689.

Die Krone

Der **Monarch** ist Staatsoberhaupt und zugleich Haupt des Commonwealth of Nations sowie Staatsoberhaupt von 17 der 51 unabhängigen Commonwealth-Staaten. Theoretisch mit großer Macht ausgestattet, ist die Teilnahme an der Regierung aufgrund von »Conventions« weitgehend formal: Eröffnung, Auflösung und Schließung des Parlaments, formelle Ernennung des Premiers und der Minister sowie Genehmigung verabschiedeter Gesetze. **Königin Elisabeth II.** (geb. 21. 4. 1926) wurde am 2. Juni 1953 in Westminster Abbey offiziell gekrönt. Am 20. Dezember 2007 übertraf sie den von Victoria I. aufgestellten Altersrekord von 81 Jahren und 243 Tagen – sie ist damit die älteste britische Monarchin auf dem Thron. Viktorias Regierungsrekord von 64 Jahren wird Elisabeth erst 2015 brechen.

Kabinett und Premierminister

Die 20 Kabinettsmitglieder werden vom Premierminister bestimmt, doch gehören immer der Schatzkanzler, der Außen-, der Innen-, der Verteidigungsminister sowie der Lordkanzler dazu. Die eigentliche Regierung umfasst 80 bis 100 Mitglieder. Der vom König ernannte Premierminister (**Prime Minister**) muss Mitglied des Unterhauses

Zahlen und Fakten *Südengland*

Der »Union Jack«

London

Südengland

©Baedeker

Geografische Daten
► Lage Londons: 50° 31' nördlicher Breite
   Längengrad 0
► Fläche: 37 000 km² (zum Vergleich:
   Nordrhein-Westfalen: 34 070 km²)
► Ost-West-Ausdehnung
   Dover – Penzance 570 km
► Geringste Entfernung
   zum europäischen Festland
   Dover – Calais 35 km

Bevölkerung
► Südengland: 18,4 Mio. Einw.
   Greater London. 8,2 Mio. Einw. (2010)

► Bevölkerungsdichte: Südwest-England
   207 Einw./km², Südostengland 419
   Einw./km², London 4761 Einw./km²
► Größte Städte (2010): Greater London
   (8,2 Mio.), Bristol (421 500), Bournemouth / Poole (310 000), Plymouth
   (252 800), Southampton (229 000)

Wirtschaft
► Bruttosozialprodukt:
   1814 Mrd. Euro (2009)
► Pro-Kopf-Einkommen: 25 820 € (2009)
► Wirtschaftswachstum: 0,4 % (2009)
► Arbeitslosenquote: Südengland 5,9 %,
   GB 7,8 % (2010)
► Beschäftigungsstruktur:
   Dienstleistungen 81 %, Industrie 18 %,
   Landwirtschaft 1 %
► Hauptausfuhrprodukte: Maschinen und
   Transportmittel, industrielle Vorpro-
   dukte, Öl und Ölprodukte, Erdgas

Grafschaften in Südengland

100 km

©Baedeker

BERKSHIRE · Reading
GREATER LONDON
WILT-SHIRE
SURREY · Guildford
HAMP-SHIRE
Salisbury
•Maidstone
KENT
SOMERSET
•Taunton
Winchester
EAST SUSSEX
WEST SUSSEX
DEVON
DORSET
•Exeter
•Dorchester
•Newport
•Chichester
•Lewes
CORNWALL
•Truro
ISLE OF WIGHT

——— Grenzen der Grafschafte

sein und ist in der Regel immer der Führer der bei den Wahlen sieg-
reichen Partei. Er kann Minister ernennen und entlassen, beim Monarchen um Auflösung des Parlaments zum Zweck von Neuwahlen
nachsuchen und sogar wichtige Entscheidungen ohne seine Minister
oder das Unterhaus fällen. Premierminister John Major z. B. schickte
die britische Armee in den Golfkrieg, ohne dass das Unterhaus zuvor
befragt wurde.

Durch den Geheimen Kronrat (**Privy Council**) kann die Regierung
die Gesetzgebung abkürzen und Königliche Verordnungen (**Orders
in Council**) erlassen. Ihm gehören 350 vom Premierminister bestimmte Mitglieder als »The Right Honourables« an: Kabinettsminis-
ter, Mitglieder des Klerus und hohe Richter.

Geheimer
Kronrat

Das Parlament besteht aus dem auf fünf Jahre gewählten Unterhaus
mit derzeit 646 Mitgliedern (**House of Commons**) und dem Oberhaus (**House of Lords**) mit geringer
politischer Bedeutung. Das Parlament
hat sich seine Rechte, insbesondere
das Budgetrecht, die Legislative und
die Kontrolle der königlichen Macht,
in Jahrhunderte langen Auseinander-
setzungen mit der Krone erstritten.
Heute beschneidet das Kabinett immer mehr seine Macht, das über die
Unterhausmehrheit die Abläufe im
Parlament beherrscht.

Parlament

 WUSSTEN SIE SCHON ...?

■ ... dass die Mitgliederzahl des Oberhauses
1999 von 1213 auf 696 Sitze fast halbiert
wurde? Die 751 erblichen Peers, weltliche
und geistliche Lords, mussten bis auf 92,
die das Oberhaus selbst wählte, gehen. Die
Peers auf Lebenszeit, Life Peers, dürfen bis
zur Reform des Oberhauses bleiben.

Bildung und Wissenschaft

Vom fünften bis zum 16. Lebensjahr besteht Schulpflicht. In England
gibt es die First School für die 5–8-Jährigen und als wahlweisen
Übergang zur Sekundarstufe die Middle School. In der Regel aber
besuchen die 5–11-Jährigen die Primary School, die sich in Vorschu-
le (Preschool) und Grundschule (Junior School) unterteilt. Die Sekundarstufe wird überwiegend in Gesamtschulen (Comprehensive
Schools) unterrichtet; es gibt jedoch auch Grammar Schools (Gym-
nasien) und Secondary Modern Schools (Hauptschulen). Eine herausragende Bedeutung haben in England die Privatschulen, die von
rund 8 % aller Kinder besucht werden – sie sind die Kaderschmieden
für Karrieren in Politik, Justiz, Wirtschaft und Verwaltung.

Schulsystem

In Südengland gibt es rund 30 Universitäten und Hochschulen, hinzu kommen weitere 22 Universitäten allein in London. Erster Abschluss nach drei Jahren ist der Bachelor of Arts (BA) oder Bachelor
of Science (BSC). Postgraduate studies führen zum Master of Arts
(MA) oder Master of Science (MSC) und, darauf aufbauend, zum
Doctor of Philosophy (PhD).

Universitäten,
Hochschulen

Wirtschaft

Erwerbsstruktur Bis zum ausgehenden 19. Jh. waren die Zinn- und Kupferminen Cornwalls Garant für viele Arbeitsplätze, in denen Mitte des 19. Jh.s allein in Cornwall mehr als 50 000 Menschen beschäftigt waren. Nachdem die Vorkommen erschöpft waren, blieben lange Zeit Landwirtschaft und Fischerei die wichtigsten Arbeitgeber. Je mehr man sich London nähert, desto größer wird der Industrialisierungsgrad. Inzwischen dominiert hier aber, mehr noch als in Großbritannien insgesamt, der **Dienstleistungssektor**. In manchen Regionen hat der Tourismus die Landwirtschaft überholt.

Beschäftigungssituation Die **Arbeitslosenquote** lag in Großbritannien 2010 bei 7,8 %. In Südengland gibt es starke regionale Unterschiede: Während die Londoner Tower Hamlets mit 13,1 % die zweithöchste Arbeitslosenquote im Königreich besaßen (höchste: Sandwell, West Midlands, 14,6 %), betrug die Quote in Purbeck (Dorset) nur 3,3 %. Allerdings sind ein Viertel der Stellen keine Vollzeitbeschäftigungen. Hinzu kommen niedrige Löhne sowie stark eingeschränkte Arbeitnehmerrechte. Stark verbessert hat sich die Arbeitslosenquote in Cornwall, wo sie dank Infrastrukturprogrammen der EU mit 7 % (2009) inzwischen ebenfalls unter dem Landesdurchschnitt liegt, aber noch schlechter ist als in Südwest-England (4 – 6 %) und Südostengland (5 – 8 %).

Landwirtschaft und Fischerei Trotz der geringen Zahl an Arbeitsplätzen sorgen beispielsweise Molkereiprodukte (Devonshire »Clotted Cream«, Cheddar usw.), Hopfen und Gerste für die Brauereien, Getreide, Apfelplantagen zur Herstellung von Cider (Somerset und Devon), Gemüseanbau sowie die Viehzucht dafür, dass die Landwirtschaft nahezu zwei Drittel der im Vereinigten Königreich benötigten Lebensmittel produziert. Die britische Fischereiindustrie liefert rund zwei Drittel aller im Land verbrauchten Fische. Fast 75 % des Fangertrags stammt aus küstennahen Gewässern. Die Hochseeflotte wurde wegen wachsender internationaler Konkurrenz, der Ausdehnung der Hoheitsgewässer anderer Länder und wegen Überfischung merklich reduziert.

Industrie und Dienstleistungen Der Südosten hat sich in den letzten Jahrzehnten zur führenden Industrieregion in England entwickelt. Allein Hampshire, wo British Aerospace und die Defence Evaluation Research Agency, DERA, ansässig sind, bietet über 30 000 Arbeitsplätze in der **Luft- und Raumfahrtindustrie**. 44 % aller Arbeitsplätze in Hampshire stellen die Elektronikindustrie und die neuen Informations- und **Kommunikationstechnologien**, darunter Samsung in Yateley und Philips Semiconductors in Southampton – durchaus repräsentativ für die südlichen und südöstlichen Grafschaften. Während auf nationaler Ebene die verarbeitende Industrie noch einen Anteil von 18 % verzeichnet, liegt er in Südengland nur zwischen 10 – 14 %. Bristol, die Heimat von Rolls Royce und British Aerospace, ist längst ein Zentrum des

Dienstleistungssektors geworden mit Versicherungsgesellschaften wie
Sun Alliance, Sun Life oder Lloyds. Aber auch IBM und und Hewlett
Packard haben sich hier angesiedelt. Die Telefongesellschaft Oracle
(UK) mit rund 4500 Beschäftigten hat ihren Firmensitz in Reading
und eine ihrer Filialen in Bristol; der Handy-Anbieter Orange mit
mehr als 6000 Beschäftigten hat sein Hauptquartier in Bristol. Von
der Nähe Londons haben vor allem die Grafschaften Berkshire, Surrey, Hampshire, East und West Sussex sowie Kent profitiert, wo sich
viele Firmen des Dienstleistungssektors und der **Informationstechno-
logien** niedergelassen haben. Der Hafen von London ist noch immer
der wichtigste Seehafen der Insel; mit seinen drei internationalen
Flughäfen – Heathrow, Gatwick, Stansted – und seiner Funktion als
Dreh- und Angelpunkt des Eisenbahnsystems von Großbritannien ist
London Verkehrsknotenpunkt Nr. 1 im Vereinigten Königreich. In
Kent haben der **Eurotunnel** sowie neue Trassen für Bahn und Auto-
verkehr einen neuen Wirtschaftskorridor entstehen lassen mit In-
dustrieparks, Wohnanlagen und Einkaufszentren.

Großbritanniens Tourismusindustrie stellt etwa **8 % aller Jobs** im   **Tourismus**
Land. Der Löwenanteil davon entfällt auf London, zunehmend aber
auch auf die Grafschaften Südenglands. Besonders entlang der Kanalküste findet sich die größte Zahl von Ferienorten, von einst mondänen Seebädern – Brighton allein zählt 8 Mio. Besucher im Jahr –
bis zu malerischen kleinen Fischerhäfen. Das West Country ist eine
der führenden Tourismusregionen Englands. 24 % der Gesamtein-
nahmen aus dem innerbritischen Tourismus werden hier verzeichnet, vor allem entlang der »Englischen Riviera« und an den Küsten
Cornwalls. Beliebteste Reiseziele in London sind das Britische Museum, Tate Modern und der Tower. In Südengland rangieren ganz
vorn das Eden Project, Bath und Stonehenge. In Südengland gab es
2009 rund 27,9 Mio. Übernachtungen, davon 10,4 Mio. in London.

Wichtig für die britische Landwirtschaft: die Schafzucht

Geschichte

Mit dem Ende der Eiszeit beginnt die eigentliche Geschichte Südenglands, die 7000 Jahre lang die Invasionen von Kelten, Gälen, Belgern und Normannen prägen – bis Britannia von Südengland aus selbst nach fernen Ländern greift und zur größten Handels- und Kolonialmacht der Welt aufsteigt.

Stonehenge und Pax Romana

ab 4000 v. Chr.	Erste Siedlungen mit Landwirtschaft und Viehzucht
ab 600 v. Chr.	Beginn der keltischen Einwanderung
43 v. – 410 n. Chr.	Römische Herrschaft

Steinzeit

Das Ende der Eiszeit macht England, das während der Altsteinzeit noch durch eine Landbrücke mit dem Kontinent verbunden war, um 7000 v. Chr. zur Insel, die Hirten und Bauern aus West- und Nordeuropa besiedeln.
Die Völker pflegen einen ausgeprägten Totenkult und hinterlassen Hügelanlagen, Grabstätten, Dolmen und Menhire. Silbury Hill und Windmill Hill in Wiltshire, Maiden Castle in Dorset und Cissbury Hill in Sussex gehören zu den größten Anlagen jener **Megalithkultur**, die nach dem Fundort bei Avebury auch als Windmill-Hill-Kultur bezeichnet wird. In jener Zeit entstehen neben Steinsetzungen und Langgräbern auch die Steinkreise von **Avebury** und **Stonehenge** (► Baedeker Special, S. 46 – 48), die bis heute der Landschaft Südenglands ihren mystischen Reiz verleihen.

Bronze- und Eisenzeit

Von 2000 bis 100 v. Chr. erlebt Südengland mehrere Einwanderungswellen. Mit den **Kelten** bildet sich gegen 1800 – 1500 v. Chr. die **Wessexkultur** heraus, die bereits Handel mit Zinn bis in den Mittelmeerraum betreibt. Ab etwa 1400 v. Chr. entwickelt sich die Getreide anbauende Urnenfelderkultur. Zur Mitte des 1. Jt.s v. Chr. kommen die Goidelen (Gälen), dann die Brythonen (Briten). Die Einwanderung der **Belger** markiert den Beginn der Eisenzeit. Die Belger leben in Stammesverbänden, in denen nur die Druiden eine Machtstellung einnehmen, und errichten um 75 v. Chr. ein staatsähnliches Gebilde in Südengland.

Römische Invasion

Unter **Julius Cäsar** setzen die Römer 55 und 54 v. Chr. in zwei Expeditionen über den Ärmelkanal und landen nahe des heutigen Dover, ziehen sich jedoch vor dem Widerstand der Kelten wieder zurück. Unter Kaiser Claudius gelingt 43 n. Chr. die Eroberung, Südostengland wird römische Provinz. Auch der Aufstand der Ostangeln oder Iceni unter ihrer Königin Boadicea im Jahr 61 kann ihr Vordringen nach Westen und Norden nicht aufhalten. Die **Pax Romana** währt rund 400 Jahre. Ab 350 sehen sich die Römer zunehmend den Überfällen der Pikten und Scoten (Iren) im Norden und Nordwesten sowie der Angeln und Sachsen im Süden ausgesetzt. 410 verlassen alle römischen Legionen Britannien.

← *Weltkulturerbe: der mystische Steinkreis von Stonehenge*

Südengland im Mittelalter

597	Der hl. Augustinus christianisiert die Angelsachsen.
ab 800	Überfälle der Wikinger
1066	Normannische Invasion: Wilhelm der Eroberer siegt in der Schlacht von Hastings.
1215	Magna Charta: Macht der Krone wird eingeschränkt.
1337 – 1453	Hundertjähriger Krieg mit Frankreich

Angeln und Sachsen (449–1066)

Nach 449 flüchten die gälischen Briten vor den Angeln, Sachsen und Jüten in die Waliser Berge, nach Cornwall und in die heutige Bretagne. Mehr als 100 Jahre hält der Widerstand gegen die Invasoren an, die im Süden Englands die Königreiche Kent, Sussex und Wessex gründen. Der Sieg des keltischen Feldherrn Artus in der Schlacht von Badon Hill begründet um 516 den Mythos von **König Artus** und den Rittern der Tafelrunde. 596 entsendet Papst Gregor I. den Mönch Augustin zur Missionierung der Angelsachsen.

Königreich Wessex

Nach Siegen über die plündernden Normannen vereint König Egbert von Wessex die Angelsachsen um 800 in einem Königreich; 865 konsolidiert **Alfred der Große** (871–899) das angelsächsische Reich, das Cornwall, Sussex und Kent einschließt. Nordöstlich der Linie London–Chester gilt das **Danelaw** der Dänen; südlich entstehen Grafschaften (Shires) mit »Sheriffs« als leitenden Kronbeamten. Hauptstadt wird Winchester neben London. Nachdem Dänenkönig Sven Gabelbart 1013 Ethelred II. (den Unentschlossenen, reg. 978 bis 1016) besiegt hat, wird das **»Danegeld«** eingeführt, die erste allgemeine Steuer eines mittelalterlichen Staates. 1016 wird Knut der Große König von England, 1042 muss sein Sohn die Herrschaft an Eduard den Bekenner (reg. 1042–1066) abtreten. Zu seinem Erben bestimmt der letzte König der Angelsachsen den Herzog der Normandie, Wilhelm.

Normannen (1066–1138)

Am 14. Oktober 1066 gelingt **Wilhelm dem Eroberer** (William the Conqueror, reg. 1066–1087) die letzte Invasion Englands: In der Schlacht von Hastings, die tatsächlich in Battle stattfand, schlägt er die Angelsachsen unter Harald II. Als Wilhelm I. regiert er beiderseits des Ärmelkanals und unterdrückt mit seiner normannischen Herrschaftskaste die einheimische Bevölkerung. Hof und Klerus sprechen Französisch und schreiben Latein, das Angelsächsische wird zur Sprache der Ungebildeten. Im **Domesday Book** (1085–1087) lässt Wilhelm den Zustand der Land- und Besitzverhältnisse erfassen. Zur gleichen Zeit schließen sich fünf Hafenstädte des Südens – Sandwich, Dover, Romney, Hythe und Hastings – zu den »Cinque Ports« zusammen. Später stoßen Rye und Winchelsea zur englischen »Hanse«. Unter Heinrich I. (reg. 1101 – 1135) wird das erste Schatzamt Europas eingerichtet, London wird einzige Hauptstadt.

Unter Heinrich II. (reg. 1154 – 1189), der durch die Heirat seiner Mutter Mathilde mit Gottfried von Anjou auch über die Hälfte Frankreichs herrscht, beginnt sich das **»Common Law«**, das allgemeine englische Recht, herauszubilden. Nach einem Streit über die Grenzen zwischen weltlicher und kirchlicher Macht lässt Heinrich II. seinen einstigen Freund und Erzbischof von Canterbury, **Thomas Becket**, von königlichen Rittern in dessen Kathedrale ermorden.

Das Haus Plantagenet (1138 – 1399)

Als Heinrichs Sohn, Johann Ohneland (Lackland, reg. 1199 – 1216), seine Besitzungen in Frankreich verliert, zwingen ihn englische Barone am 15. Juni 1215, ihre Rechte in der **»Magna Charta«** zu verbriefen. Unter Heinrich III. (reg. 1216 – 1272) verliert der Hof weiter an Macht; 1265 muss der König erstmals ein Parlament einberufen.

◀ 1215: Magna Charta

1337 beginnt unter Eduard III. (reg. 1327 – 1377) der bis 1453 andauernde Hundertjährige Krieg mit Frankreich, ausgelöst durch Eduards Anspruch auf den französischen Thron. Nach ersten Erfolgen – Seesieg bei Sluys, Schlachten von Crécy 1346, und Poitiers 1356, – bleiben von den Eroberungen nach dem Tod von Eduards Sohn, dem **Schwarzen Prinzen**, nur Calais und die Gascogne. 1349 / 1350 halbiert die Pest die Bevölkerung auf vier Millionen. Innenpolitisch trennen sich Unter- und Oberhaus, das Parlament erhält das volle Steuerbewilligungsrecht, Englisch wird Hof- und Amtssprache.

Hundertjähriger Krieg

Unmittelbar nach Kriegsende mit Frankreich tobt 1455 – 1485 der »War of Roses«, benannt nach dem Emblem der sich den Thron streitig machenden Herrschaftshäuser **York** (weiße Rose) und **Lancaster** (rote Rose), deren Dynastie Heinrich IV. (reg. 1399 – 1413) begründet hatte. In der Schlacht von Bosworth siegt Henry Tudor, Earl of Richmond und letzter lebender Lancaster, 1485 über Richard III., der als letzter König des Hauses York auf dem Schlachtfeld stirbt. Mit der Heirat von Elisabeth, Tochter Eduards IV. aus dem verfeindeten Hause York, beendet er die Fehden und begründet als Heinrich VII. (reg. 1485 – 1509) die Dynastie der Tudors.

Rosenkriege

Der Weg in die Neuzeit

1536 – 1539	Auflösung der Klöster unter Heinrich VIII.
1588	Sieg über die spanische Armada im Ärmelkanal
1666	Großer Brand von London
1688 / 1689	Glorious Revolution, Bill of Rights

In der **Tudor-Dynastie** (1485 bis 1603) folgt auf Heinrich VII. die schillernde Figur **Heinrichs VIII.** (reg. 1509 – 1547, ▶Berühmte Persönlichkeiten), der nicht nur wegen seines Lebensstils, sondern auch als Begründer der von Rom losgelösten Anglikanischen Staatskirche in die Geschichtsbücher eingeht. Da der Papst die Scheidung Heinrichs von Katharina von Aragón verweigert, erklärt Heinrich sich selbst in der **Suprematsakte** von 1542 zum weltlichen Oberhaupt der Anglikanischen Kirche; geistiges Oberhaupt wird der Erzbischof von Canterbury. In den Jahren 1536 bis 1539 löst Heinrich VIII. alle Klöster auf, beschlagnahmt deren Besitz für die Krone und investiert in Englands erste Flotte.

Während Eduard VI. (reg. 1547 bis 1553) die Reformation fördert und das Common Prayer Book einführt, rekatholisiert die mit Philipp II. von Spanien verheiratete **Maria I. die Katholische** (reg. 1553 – 1558) mit Hinrichtungen und Protestantenverfolgungen das Land.

Unter ihrer anglikanischen Halbschwester, der zeitlebens unverheirateten »Virgin Queen« **Elisabeth I.** (reg. 1558 – 1603), erlebt das Königreich im Elisabethanischen Zeitalter

eine wirtschaftliche, kulturelle und wissenschaftliche Blüte und legt den Grundstein für das spätere Kolonialreich. »I have a body of a week and feebly woman,« musste Elisabeth I. einräumen, ergänzte aber sogleich »but I have the heart and stomach of a king, and of a king of England, too.« – und sie sollte Recht behalten. 1577 – 1580 umsegelt **Sir Francis Drake** (▶Berühmte Persönlichkeiten) nach Magellan als Zweiter die Welt, 1584 gründet **Sir Walter Raleigh** mit Virginia die erste englische Kolonie in Nordamerika, 1588 vernichtet England die spanische Armada, 1600 beginnt mit der Gründung der **Ostindiengesellschaft** (British East India Company) der Aufstieg zur Kolonialmacht. London und Bristol werden Zentren des Sklavenhandels. Kulturell gipfelt das Golden Age im literarischen Werk **William Shakespeares** (1564 – 1616), der seine weltberühmten Dramen im eigenen Theater in London, »The Globe«, aufführt.

Der absolutistisch gesinnte Jakob I. (reg. 1603–1625), Sohn der 1587 von Elisabeth I. hingerichteten Rivalin Maria Stuart und König von Schottland, vereint 1603 England, Schottland und Irland. Er lässt die Puritaner verfolgen und, nach dem **»Gunpowder Plot«** vom 5. November 1605, bei dem Guy Fawkes das Parlament in die Luft zu sprengen versuchte, auch die Katholiken. Während der Regentschaft Karls I. (reg. 1625–1649) spaltet 1642 ein Bürgerkrieg das Land in königstreue **Cavaliers** aus dem niedrigen Landadel, den späteren Tories, und republikanischen **Roundheads**, Grundbesitzer und Kaufleute, die sich als Vorläufer der Whigs um Oliver Cromwell sammeln.

Das Haus Stuart (1603–1714)

1644 schlägt das Parlamentsheer unter **Oliver Cromwell** mit der ihm treu ergebenen Reitertruppe der Ironsides das königliche Heer bei Marston Moor, 1645 erneut bei Naseby. Das von Cromwell von Presbyterianern bereinigte Parlament verurteilt Karl I. zum Tode, 1649 stirbt er auf dem Schafott in Whitehall. 1653 zum **Lord Protector** ernannt, regiert Cromwell die Republik England 1649 bis 1658 als harter Diktator, der jedes Amusement verbietet.

Bürgerkrieg und Republik

Nach dem Rücktritt von Oliver Cromwells Sohn Richard, seit 1658 Lord Protector, restauriert **Stuart-König Karl II.** (reg. 1660–1685) die anglikanische Staatskirche und bringt Glanz und Luxus zurück an den Hof. 1673 beschließt das Parlament die **Testakte**, die Nichtanglikaner von öffentlichen Ämtern ausschließt und viele Puritaner zur Auswanderung nach Amerika veranlasst, 1679 die **Habeas-Corpus-Akte**, die die individuelle Freiheit schützt.

Restauration

Karls Bruder, Jakob II. (reg. 1685–1688), bevorzugt Katholiken – und verliert das Vertrauen des Parlaments, das Jakobs Neffen und Schwiegersohn ruft: **Wilhelm von Oranien**. Jakob flieht und wird in der Glorious Revolution 1688 unblutig abgesetzt. Wilhelm III. (reg. 1688–1702) regiert mit seiner Gattin Maria II. und erkennt in der **Bill of Rights** die Rechte des Parlaments an. Königin Anna (reg. 1702–1714), die jüngere Tochter Jakobs II., vereint mit der **Union of Parliaments** die Parlamente von England und Schottland im Vereinigten Königreich.

Glorious Revolution

Aufstieg zur Weltmacht

1805	Nelson siegt in der Seeschlacht von Trafalgar und stirbt.
1815	Wellington siegt über Napoleon bei Waterloo.
1851	Weltausstellung in London
1939 – 1945	Zweiter Weltkrieg; Alliierte starten von Dartmouth aus die Invasion der Normandie.

ETCECI ... DE ... RVNT

Im Rathaus von Hastings hängt die Fortsetzung des berühmten Teppichs von Bayeux: ein 74 m langes Wandbild der englischen Geschichte von 1066 bis heute, gestickt von der Royal School of Needlework 1966.

Das Haus Hannover / Windsor

Um die protestantische Thronfolge zu gewährleisten, geht nach dem Tod von Queen Anne die englische Krone auf die Kurfürsten von Hannover über. Unter Georg I. (reg. 1714–1727) nimmt Schatzkanzler **Sir Horace Walpole**, gestützt auf die Parlamentsmehrheit und das Vertrauen des Königs, erstmals das Amt des Premierministers wahr. Unter seinen Nachfolgern, Georg II. (reg. 1727–1760) und Georg III. (reg. 1760–1820) steigt England zur größten Handels- und Kolonialmacht der Welt auf. Hauptgegner im Kampf um die Vorherrschaft, vor allem in Indien und Nordamerika, ist Frankreich. 1798 schlägt **Admiral Nelson** (▶Berühmte Persönlichkeiten) die französische Flotte bei Abukir, 1805 siegt er bei Kap Trafalgar über die spanisch-französische Flotte. 1806 verhängt Napoleon die **Kontinentalsperre** gegen England; 1815 schlagen in der Schlacht von Waterloo die vereinigten britischen, holländischen und preußischen Truppen unter Wellington und Blücher die Franzosen entscheidend.

Industrielle Revolution

Im georgianischen Jahrhundert wird England das Mutterland der Industriellen Revolution, die mit **James Watts** Dampfmaschine (1769) und der Erfindung des mechanischen Webstuhles (1790) vor allem im Norden an Fahrt gewinnt. Im Süden führen die Mechanisierung der Landwirtschaft und die Einteilung in kleine Parzellen durch den **»Enclosure Act«** zur Landflucht. Bauten wie der Royal Pavilion von 1822 und die 1823 eröffnete erste Pier in Brighton zeugen von der steigenden Bedeutung der Badeorte.

Viktorianisches Zeitalter

Im Viktorianischen Zeitalter während der Regierungszeit **Königin Viktorias** (reg. 1837–1901) wandelt sich Großbritannien als führende Handelsmacht der Welt in einen modernen Staat. Die Wahlreform von 1832 vergrößert die Wählerschaft um die – männliche – »middle class«; im Parlament bildet sich das Gegenspiel von Regierung und Opposition heraus. Die Proteste der ausgebeuteten Arbeiterschaft bündelt 1838 die **Chartistenbewegung**; langsam setzen sich Regelungen zur Einschränkung der Kinderarbeit durch.

Genialer Ingenieur und Baumeister des imperialen England ist **Isambard Kingdom Brunel**. Er plant die 1841 eröffnete, 190 km lange Eisenbahnstrecke von London nach Bristol, gründet 1840 die Eisenbahnwerke von Great Western – und damit die Stadt Swindon – und baut mit der »Great Britain« 1843 auch den ersten Ozeandampfer mit Schraubenantrieb. Zur Londoner **Weltausstellung** »The Great Exhibition« strömen 1851 fünf Mio. Besucher in die Hauptstadt.

Den technologisch-wissenschaftlichen Erfolgen und der Ausweitung des Empire um Hongkong, Burma, Zypern, Sudan, Ostafrika, Südafrika und Rhodesien stehen die »viktorianische« Klassengesellschaft und die Prüderie der Mittelklasse gegenüber, die im Skandal um **Oscar Wilde** in den 1890er-Jahren ihren Höhepunkt erlebt.

Erster und Zweiter Weltkrieg

Nach dem deutschen Einmarsch in das neutrale Belgien erklärt Großbritannien unter König Georg V. (reg. 1910–1936) am 4. August 1914 Deutschland den Krieg. 1915 wird ein Kriegskabinett aus Konservativen, Liberalen und Labour unter Premierminister Asquith gebildet, 1916 die allgemeine Wehrpflicht eingeführt.

Britische Truppen kämpfen in Belgien, Frankreich, Palästina und am Bosporus. Am Ende des »Great War« ist Großbritannien wirtschaftlich angeschlagen, mehr als zwei Mio. Briten werden durch die **Weltwirtschaftskrise** arbeitslos. Ab 1924 regiert erstmals ein Labour-Kabinett unter James Ramsay MacDonald. Das Streben der Kolonien nach Unabhängigkeit führt 1931 zur Gründung des **»Commonwealth of Nations«**. Neville Chamberlains Friedenspolitik des **Appeasement** scheitert an Hitlers Entschlossenheit zum Krieg.

Nach dem deutschen Überfall auf Polen tritt Großbritannien am 3. September 1939 in den **Zweiten Weltkrieg** ein. Winston Churchill (► Berühmte Persönlichkeiten) wird als Erster Lord der Admiralität in das Kriegskabinett aufgenommen. Nach Beginn des deutschen Westfeldzugs bildet er am 10. Mai 1940 eine Allparteienregierung und hält vor dem Unterhaus seine berühmte **»Blut-Schweiß-und-Tränen«-Rede**. Von September 1940 bis Mai 1941 bombardiert die deutsche Luftwaffe beim »Blitz«, der »**Luftschlacht um England**«, in Südengland vor allem Ziele im Großraum London, Dover, Plymouth, Southampton und Portsmouth. Am frühen Morgen des 6. Juni 1944 beginnt von den Häfen Südenglands die alliierte Invasion der Normandie.

Gegenwart

1952	Krönung Elisabeths II.
1973	Großbritannien tritt der EG bei.
1979 – 1990	Margaret Thatcher wird als erste Frau Premierministerin.
1997	Erdrutschsieg von Tony Blair, der 2005 zum dritten Mal als Premier wieder gewählt wird.
2005	Terror-Anschläge in der Londoner U-Bahn
2007	Gordon Brown (Labour) wird neuer Premier.
2010	Tory-Chef David Cameron wird zum Premier gewählt.
2011	Volkszählung
2012	Olympische Spiele

Nach dem Zweiten Weltkrieg Nach Kriegsende hat die Siegermacht Großbritannien ihre Weltgeltung eingebüßt. Winston Churchill verliert 1945 wegen der schwierigen Wirtschaftslage die Wahlen gegen Labour unter **Clement Attlee**, der den britischen Wohlfahrtsstaat ausbaut. Am 6. Februar 1952 wird **Königin Elisabeth II.** gekrönt. Im selben Jahr zündet Großbritannien im Pazifik seine erste **Atombombe** und wird Nuklearmacht.

1950er- und 1960er-Jahre Mitte der 1950er- bis Mitte der 1960er-Jahre strömen Hunderttausende **Immigranten** aus den ehemaligen Kolonien, vor allem Indien, Pakistan und der Karibik, ins Mutterland. 1965 findet im Londoner Stadtteil Notting Hill erstmals ein schwarzer Karneval statt. Veraltete Industrien, mangelnde Modernisierungen und endlose Streikwellen kennzeichnen die strukturelle **Wirtschaftskrise**, der die Regierungen unter Wilson (Labour), Heath (Konservative) und Callaghan (Labour) nicht Herr werden können. Trotzdem wird Großbritannien 1973 **Mitglied der EG**.

Ära Thatcher Im Frühjahr 1979 wird die Konservative Margaret Thatcher erste britische Premierministerin. Unter der Hand der »**Eisernen Lady**« verstärken radikale Wirtschaftsreformen die Kluft zwischen Arm und Reich: Staatliche Unternehmen werden privatisiert, Sozialleistungen drastisch gekürzt, die Rechte der Gewerkschaften beschnitten, private Investitionen gefördert und kommunaler Wohnraum in Privateigentum umgewandelt. 1983 und 1987 wieder gewählt, wird die wegen ihrer Anti-Europapolitik und der von ihr eingeführten Kopfsteuer »**Poll Tax**« immer unpopulärer gewordene Politikerin von ihrer eigenen Partei gestürzt. Ihr Nachfolger wird der blasse **John Major**, dessen Regierung durch Korruptions- und Sexskandale nach 1992 das Vertrauen der Bevölkerung, sämtliche Unterhaus-Nachwahlen und damit ihre parlamentarische Mehrheit verliert.

Am 1. Mai 1997 erzielt Tony Blairs **New Labour** einen Erdrutschsieg. Selbst der traditionell in sicheren Tory-Händen geglaubte Süden, der in den konservativen Regierungsjahren unter Thatcher und Major am meisten profitiert hatte, wird von Labour erobert. Mit einer konstitutionellen Reform bringt Blair Parlamente und Volksversammlungen für Schottland, Nordirland und Wales auf den Weg; Cornwall steigt zur eigenständigen Region auf, um in den Genuss von EU-Strukturfördergeldern zu kommen. Trotz innenpolitischer Krisen, vor allem ausgelöst durch den Irak-Krieg, wird Blair sowohl 2001 als auch 2005 wieder gewählt. Der Euro allerdings, seit 2002 offizielles Zahlungsmittel in Euroland, muss (vorläufig noch) auf Großbritannien verzichten.

Labour-Sieg unter Tony Blair

Abseits der großen Politik erregen vor allem die Geschicke der Royals die Gemüter. 1981 heiratet Prince Charles in einer Märchenhochzeit **Lady Diana Spencer**, 1992 verkündigt Premierminister John Major ihre Trennung im Unterhaus. Am 31. August 1997 stirbt Diana bei einem Autounfall in Paris – doch Charles darf erst nach vielen Hürden am 9. April 2005 auf Schloss Windsor seine wahre Liebe heiraten: **Camilla Parker-Bowles**. Königin Elisabeth II. ist heute Europas dienstälteste Monarchin. Am 20. Dezember 2007 übertraf sie den 1901 von Victoria aufgestellten Altersrekord von 81 Jahren und 243 Tagen – und bis heute ist sie noch kein bisschen amtsmüde.
Am 6. Mai 1994 endet die »Splendid Isolation« der Insel mit der offiziellen Eröffnung des **Eurotunnels** unter dem Ärmelkanal.
Am 6. Juli 2005 triumphiert London: Als erste Stadt der Welt wird die Themsemetropole nach 1908 und 1948 im Jahr 2012 zum dritten Mal Gastgeber der **Olympischen Spiele** sein. Doch schon am nächsten Morgen weicht der Freudentaumel Entsetzen und Trauer. Mitten im Berufsverkehr lassen Rucksackbomben vier Sprengsätze in U-Bahn-Zügen und einem Doppeldeckerbus explodieren – 56 Menschen sterben bei den Londoner **Terroranschlägen**, 700 werden schwer verletzt. Entschlossen ist schon kurz darauf auf den Plakatwänden der Hauptstadt zu lesen: »We stand united« – vereint im Kampf gegen den Terror.
Nach 13 Jahren Labour-Regierung übernehmen im Mai 2010 in Großbritannien die Konservativen wieder die Macht. Nach dem Rücktritt von Labour-Chef Gordon Brown ernennt Königin Elisabeth II. den Vorsitzenden der Tories **David Cameron** zum neuen Premier – mit 43 Jahren der jüngste in diesem Amt seit fast 200 Jahren.

Was sonst noch geschah

Kunst und Kultur

Mystische Steinkreise und römische Mosaiken, gotische Kathedralen und prachtvolle Schlösser, kopfsteingepflasterte Bilderbuchdörfchen und spektakuläre Neubauten – Südengland fasziniert allerorten!

Kunstgeschichte

Frühzeit

Steingeräte und Tonwaren zeugen von der Bauernkultur, die während der Jungsteinzeit im 4. Jt. v. Chr. vom westeuropäischen Festland her nach Südengland einwanderte. In der Zeit nach 3000 v. Chr. entstanden auf Anhöhen in Dover und Henbury »Causeway Camps«, kreisförmige Sammellager mit Wall und Graben. In der Nähe dieser Camps finden sich häufig 30 bis 100 m lange und etwa 3 m hohe »Long Barrows« (Langhügel), Kollektivgräber für eine Sippschaft oder Herrenschicht. Mehr als ein Jahrtausend bauten verschiedene Stämme ab 2800 v. Chr. an **Stonehenge**. Knochenfunde deuten darauf hin, dass die weltberühmten Steinkreise rund 1700 Jahre als Zeremonienstätte und Heiligtum diente – doch für wen? Noch immer gibt das Weltkulturerbe bei Salisbury viele Rätsel auf.

Jungsteinzeit

In Südwestengland entstanden einige Jahrhunderte später die ersten Großsteingräber. Besonders eindrucksvoll ist das Megalithgrab von **West Kennet** (ca. 2500 v. Chr.) bei Avebury in Wiltshire. Vereinzelt gesetzte, hoch aufragende Steine – Menhire – und Steinkreise – Cromlechs – hatten ebenfalls kultische Bedeutung.

Megalithkultur

Mit der Becherkultur begann ab ca. 2200 v. Chr. die Bronzezeit, von der kostbare Grabbeigaben wie der gehämmerte Goldbecher von Rillaton im Britischen Museum zeugen. Um 600 v. Chr. begann unter dem Einfluss der Hallstattkultur die Eisenzeit in England. Eine gut erhaltene Eisenzeitsiedlung ist in **Chysauster** im Westen Cornwalls zu besichtigen. In Südengland entwickelte sich ein eigenständiger Zweig der La-Tène-Kultur. Um 75 v. Chr. führten die Belger die teilweise städtisch geprägte Oppidum-Zivilisation Galliens ein. Das mächtige **Maiden Castle** in Dorset zeugt von Abwehrversuchen gegen die römische Invasion.

Bronze- und Eisenzeit

 Baedeker TIPP

Kunsthandwerk der Frühzeit

Aus der Stein-, Bronze- und Eisenzeit sind Schmuck und Keramik, v. a. aus Grabbeigaben, erhalten: frühes keltisches Kunsthandwerk mit Flechtarbeiten, Bronzespiegel und Schwertscheiden mit stilisierter Kreisornamentik sowie Hals- und Armreifen aus tordiertem Gold – die schönsten Stücke sind im Britischen Museum in London ausgestellt.

Römerzeit

Cäsar kam 55 v. Chr., Kaiser Claudius stieß 43 n. Chr. nach Norden vor, sein Feldherr Vespian unterwarf den Süden. Um ihre Macht zu sichern, schufen die Römer Strukturen, deren Spuren bis heute er-

Albion – Roms Britannien

← *Ein Hörgenuss: Konzerte des Boys Choir in der Kathedrale von Wells*

halten sind: **Londinium** (London) wurde Zentrum der Macht und wichtigster Handelsplatz, Isca Dumnoniorum (Exeter) als Grenzfeste zum keltischen Cornwall errichtet. Ehemalige Garnisonsstädte lassen sich am Suffix -chester erkennen: Rochester (Kent), Chichester (West Sussex), Winchester (Hampshire), Dorchester (Dorset), Ilchester (Somerset). Noch heute beherrscht eindrucksvoll das Römerkastell von Portchester aus dem 3. Jh. mit 6 m hohen Mauern die Hafenbucht von Portsmouth. Die Ruinen der römischen Bäder und der Tempel der Sulis Minerva sind in **Aquae Sulis** (Bath) zu sehen. Entlang der klimatisch milden Südküste wurden herrschaftliche Landsitze angelegt, darunter Lullingstone in Kent und **Fishbourne** in West Sussex, wo der Roman Palace bedeutende Mosaiken enthält.

Frühmittelalter

The Dark Ages Zwischen 410, dem Abzug der Römer, und 1066, der Schlacht von Hastings, liegen die Dark Ages – die historisch bislang kaum aufgehellten Jahrhunderte, in denen die **Angeln und Sachsen** germanische Kultur in England verbreiteten. Ihre Siedlungen lassen sich an den Namensendungen erkennen: »-ham« deutet auf eine flache Weidensiedlung hin; »-ton« auf eine Flusssiedlung; »-ley« auf eine Rodung und »-wick« auf ein Bauerndorf mit Tierbestand.

Architektur In der Architektur der Angelsachsen verbanden sich keltische mit römischen Bauweisen. Ihre anfangs reinen Holzbauten sind längst zerstört; erhaltene Steinbauten sächsischen Ursprungs sind die St. Lawrence-Kirche in Bradford-on-Avon / Wiltshire aus dem 7. Jh., St-Mary-in-Castro in der Burg von Dover sowie der Helm des Kirchturms von Sompting in Sussex.

Buchmalerei Beeinflusst von der hohen Kunst der irischen Mönche und Buchillustratoren entwickelte sich in den Buchmalereien vor allem aus Winchester und Canterbury im 9. Jh. ein eigener Stil. In Canterbury entstanden im 8. Jh. u. a. der Vespasian Psalter (British Museum, London) und der Codex Aureus (Königliche Bibliothek, Stockholm). Die Dombibliothek von Winchester dokumentiert die reiche Produktion der **School of Illumination**. Die auf die Zeit um 975 datierte Aethelwold-Benediktionale gehört zu den wertvollsten Handschriften Englands (British Museum, London). Ebenfalls in der zweiten Hälfte des 10. Jh.s schrieben und verzierten die Mönche von Glastonbury Werke wie Dunstan's Classbook (Bodleian Library, Oxford).

Romanik

Norman Style Die einzige erfolgreiche Invasion Englands durch die Normannen im Jahr 1066 löste eine Neuordnung der Diözesen und die Verlagerung der Bischofssitze in die Städte aus, wo eine rege Bautätigkeit einsetzte: Zahlreiche **Kathedralen** und Abteikirchen wurden im Norman

Style, der anglo-normannischen Variante der Romanik, verändert oder neu errichtet. Großzügig bemessene Domfreiheiten (Cathedral Close) mit Grünflächen fassten die meist frei stehenden Kathedralen ein, die sich statt in die Höhe eher in die Länge streckten. Die enorme Dichte an Burgen, Schlössern und Kirchen im englischen Mittelalter sind auch äußeres Zeichen des vor allem auf dem Wollhandel basierenden Reichtums der Insel.

Bei der normannischen **Sakralarchitektur** dominierte die dreischiffige Basilika auf lateinischem Kreuzgrundriss, an der Westfassade mit doppeltürmigem Abschluss, mit markanten Querhäusern, mächtigem Vierungsturm und rechteckigem Chor. Charakteristisch ist die extreme Längsausrichtung, wobei Pfeiler und Säulen mit kräftigen Rundbögen die Schiffe unterteilen. Die frühromanischen Tonnengewölbe wichen Kreuzgratgewölben. Bauliche Vorbilder wurden die in der zweiten Hälfte des 11. Jh.s entstandenen Kathedralen von Canterbury, Winchester und Chichester.

Architektur und Buchkunst

Um den normannischen Machtanspruch abzusichern, wurden zahlreiche **Militäranlagen** errichtet wie **Malling Castle** in Kent, der White Tower in London aus dem späten 11. Jh. oder der Wehr- und Wohnturm (Tower Keep) von Rochester in Kent aus der Mitte des 12. Jh.s. Heinrich II. (reg. 1154–1189) ließ die **Festung von Dover** ab 1168 mit mehr als 6 m dicken Mauern anlegen. Byzantinischen Einfluss verrät die in Winchester Mitte des 12. Jh.s entstandene, unvollendete **Winchester-Bibel**, deren Initialen in ihrer Farbigkeit und Detailfülle sie zu einem Prachtexemplar mittelalterlicher Buchkunst machen. Auch in der Schreibschule von Canterbury wurden byzantinische Impulse aufgenommen, beispielsweise in der Lambeth-Bibel aus dem 12. Jahrhundert.

Hohe Buchkunst: illuminierte Initialen der Winchester-Bibel

Lichte Gotik

Die englische Gotik wird in drei Abschnitte aufgeteilt, die in etwa unseren Epochen entspricht: Early English Style (1180–1250, **Frühgotik**), Decorated Style (1250–1350, Hochgotik), Perpendicular Style, (1350–1530, Spätgotik). Zu den schönsten Zeugnissen des Early English Style, der zwar die gotische Gliederbauweise übernahm, aber die normannische Raumaufteilung mit breit angelegter Westfassade, gestrecktem Langhaus, markantem westlichen Hauptquerschiff, Langchor, kürzerem östlichen Chorquerschiff und Retrochor mit La-

Early English Style

◀ Weiter auf S. 49

Ansturm auf Stonehenge: Zur Sommersonnenwende treffen sich alljährlich New-Age-Druiden am magischen Steinkreis.

MYSTISCHES UND MYSTERIÖSES IM LAND DER DRUIDEN

Kontaktversuche von Außerirdischen oder profane Umweltschäden – für die über Nacht auftretenden Kreise in südenglischen Getreidefeldern wurden die unterschiedlichsten Ursachen gefunden. Übermäßig überrascht war dort aber niemand. Denn schließlich erinnern Monumente wie Stonehenge die Bewohner Südenglands stets an die Existenz des Unerklärlichen.

Im August 1980 hatte Schottlands Nessie als Titelheldin von Sommerloch-Stories ausgedient. Über Nacht fand der Blätterwald auf den Britischen Inseln sein neues Top-Thema: **Kornkreise.** Die perfekt gezirkelten Formen bildeten sich wie von Geisterhand in Getreidefeldern bei Westbury in Wiltshire.

Geheimnisvolle Kreise

In den folgenden Jahren tauchten die mysteriösen Kreise und Figuren auch in anderen Feldern der Grafschaften Wiltshire und Hampshire auf. So makellos waren sie geformt, dass sie unmöglich vom Menschen stammen konnten. Bauern zeigten gegen Entgelt die geheimnisvollen Kreise auf ihrem Grund und Boden, und die

Spekulationen über ihre Ursprünge wurden bald höher als das Sommerkorn. Ob im Pub am Ort oder auf nationalen **Konferenzen von Ufologen** – überall wurde über die Herkunft der Kreise diskutiert. Grenzwissenschaftler mischten sich ein. Handelte es sich um lokale Auswirkungen klimatischer Veränderungen – oder waren übernatürliche Kräfte am Werk?

Ernüchterung?

Erst 1992 bekannten sich zwei unbescholtene **Rentner aus Southampton** dazu, zumindest für einen Teil der Kreise und Symbole im Getreide verantwortlich zu sein und demonstrierten, wie man Getreide gleichmäßig niederdrückt, ohne Spuren zu hinterlassen. Aber Südengland wäre nicht

New-Age-Land, wenn sich jeder mit dieser profanen Erklärung zufrieden geben würde. Und deshalb haben hier noch immer einige Leute ihre eigene Theorie zu den Kreisen im Korn.

Prähistorische Rätsel

Wenig erstaunlich ist es, dass die Getreidekreis-Epidemie der 1980er-Jahre ausgerechnet hier ausbrach. Im Süden Englands ist man in besonderem Maße an die Existenz des Unerklärlichen gewöhnt. Keine andere englische Grafschaft besitzt so viele geheimnisumwitterte Stätten wie **Wiltshire**. Wie Zeugen einer längst versunkenen Welt schweigen sie auf Reisebusse und Menschenmengen hinab – unverrückbar, scheinbar unempfindlich gegen den rasanten Lauf der Jahrhunderte, umweht von einem Hauch Ewigkeit. Wer in dieser Gegend lebt, ist von Kindesbeinen an mit mystischen Geschichten und magischen Begebenheiten vertraut. **Stonehenge** ist die berühmteste, **Avebury** die größte prähistorische Stätte Englands. Und dann sind da noch die Pferde und archaischen **Riesen aus Kalk**, die in die Grashügel von Wilt-shire geprägt wurden – einige vor 2000 Jahren (Uffington White Horse), andere vor 200 Jahren (Cherhill und Westbury White Horses). Auch die **längste Steinreihe der Welt** im Süden des Dartmoors gibt zu denken: Markiert sie einen Prozessionsweg – oder diente sie der Astronomie? Niemand weiß es. Auch die Megalithgräber, Menhire und Steinkreise von Devon und Cornwall geben Rätsel auf und verleiten zu manch eigenwilliger Deutung – wie bei den **»Merry Maidens«**. Die 19 Steine, die bei Land's End einen perfekten Kreis bilden, waren einst 19 Mädchen, die am heiligen Sonntag tanzten – und zur Strafe für diese sündige Tat zu Stein erstarrten.

Erklärungsversuche

Aber auch für die fröhlichen Fräulein gilt: Genaues weiß man nicht. Sicher ist nur bei allen prähistorischen Monumenten die **Aura des Geheimnisvollen** – ihr Zweck ist bis heute ungeklärt. An Hypothesen mangelt es indes nicht. Früher bemühte man gerne die keltischen Druiden als Erstnutzer von Stonehenge – doch als diese zur Römerzeit ihre Rituale hier

Kreise im Kornfeld – wirklich nur ein Rentner- scherz?

vollzogen, hatte die Anlage bereits drei Jahrtausende auf dem Buckel. Zwischen den Gesteinsbrocken wurden ursprünglich Gottheiten verehrt, denen man im Tempel auch Opfer darbrachte, lautet eine Theorie. Andere meinen, die Steine dienten als Versammlungsort und zur Sonnenanbetung. Vielleicht wurden sie auch als Kalender genutzt oder markieren Stellen mit starker Bodenstrahlung. Möglicherweise treffen alle Vermutungen zu, in unterschiedlichem Maß oder zu unterschiedlichen Zeiten.

Stonehenge

Die Frage, was in den Menschen vorging, die beträchtliche Mühen auf sich nahmen, die tonnenschweren Steine von Stonehenge herbeizuschaffen und exakt auf die aufgehende Sonne zur Sommersonnenwende am 21. Juni auszurichten, hat gerade deshalb nichts von ihrer Faszination verloren. Erstaunlich ist auch das **astronomische Wissen** der Erbauer. Obwohl niemand genau weiß, wofür die Felsbrocken gut sein sollen, üben sie bis heute eine enorme **Anziehungskraft** aus. In Avebury ist es sogar möglich, anders als im abgeriegelten Stonehenge, mit den Steinen auf Tuchfühlung zu gehen.

Neuzeit-Druiden

Zur Sommersonnenwende müssen die rituellen Stätten oft von der Polizei abgesperrt werden, um sie vor dem Ansturm selbst ernannter **Neuzeit-Druiden** zu schützen. Die Barden und Bannerträger sind überzeugt, dass man in Stonehenge und Avebury **starke Schwingungen** wahrnehmen kann. Und ziehen dann nach Glastonbury, einem weiteren wichtigen Punkt auf Südenglands mystischer Landkarte. Alt-Hippies und Jung-Freaks verbinden dort am mutmaßlichen Grab von König Artus alljährlich beim **New-Age-Festival** Mystik und Musik. Dass ungeklärt ist, ob der sagenhafte König Artus überhaupt existiert hat, spielt weder für Touristen noch Esoterik-Fans eine Rolle. Und die Einheimischen halten sich schon gar nicht mit solchen Überlegungen auf. Denn: Ob historisch verbrieft oder nicht – die Heldentaten King Arthur's bieten immer Stoff für exzellente Geschichten.

dy Chapel (Marienkapelle) aufweist, sind die Kathedrale von Salisbury, der Chor-Neubau der Kathedrale von Canterbury und die Westfassade der Kathedrale von Wells (►Abb. S. 42).

Wie der Name verrät, glänzt der Decorated Style (**Hochgotik**) durch reichhaltige Ausschmückungen, die die Grundstrukturen und ihre Funktionen im Bauwerk überdecken. Zu studieren ist dies am 1245 begonnenen Chor der Westminster Abbey in London oder an der Fassade (ab 1230) und dem Chorneubau (frühes 14. Jh.) der Kathedrale von Wells. Weitere herausragende Beispiele bieten der Neubau der Kathedrale von Exeter (um 1270 begonnen) und der Chor der Kathedrale von Bristol (1332).

Decorated Style

Als Gegenreaktion bildete sich der Perpendicular Style (**Spätgotik**) heraus, der in strenger Linienführung die Vertikale betont – vor allem an den Fensterstäben setzt sich die neue Klarheit an der Fassade

Perpendicular Style

Perpendicular Style in Reinkultur: die prunkvolle Grabkapelle Heinrichs VII. in Westminster Abbey

durch. Meisterhafte Deckengewölbe entstanden, so im Langhausgewölbe der Kathedrale von Winchester (begonnen 1394) und in der Henry VII. Chapel der Westminster Abbey (1519). Weitere gute Beispiele des Perpendicular Style sind das Langhaus der Sherborne Abbey, das im 15. Jh. wieder aufgebaut wurde, und die Pfarrkirche St. Mary Redcliffe in Bristol.

Gotische Profanarchitektur

In den Städten entstanden öffentliche Versammlungshallen wie die Westminster Hall in London, die Guildhall in Faversham (Kent) sowie zahlreiche Rathäuser wie in Exeter (1466 bis 1484 umgebaut).

Bauplastik und Holzschnitzereien

Die schönsten Schöpfungen der Bildhauerkunst schmücken **Kathedralen**: 300 Figuren, in Nischen eingestellt, zieren seit 1239 die Westfassade der Kathedrale von Wells, in Blendarkaden aufgereihte Gewandfiguren schmücken seit 1260 die Kathedrale von Salisbury. In Stein gehauene Apostel, Engel, Propheten und Richter aus dem 14. Jh. sind an der Westfassade der Kathedrale von Exeter zu bewundern. Ein hervorragendes Beispiel **gotischer Grabplastik** ist das Grab Heinrichs III. in der Londoner Westminster Abbey (um 1291). Die Chorgestühle der Kathedralen belegen die Kunstfertigkeit der Holzschnitzmeister. Exeter zum Beispiel hat skurrile Miserikordien aus dem 13. Jh. sowie einen geschnitzten Bischofsthron aus Eiche vorzuweisen. Auch das auf die Mitte des 14. Jh.s datierte Chorgestühl von Winchester und Wells ist durch Schnitzwerk reich verziert.

Tudor-Dynastie, Elisabeth I. und Jakob I.

Stilpluralismus

Im 16. und frühen 17. Jh. gingen von der flämischen, deutschen und italienischen Renaissance starke Impulse nach Südengland aus. Resultat war bis zum Beginn des Klassizismus um 1620 ein stark vom Geschmack der jungen Tudor-Könige sowie von Elisabeth I. und Jakob I. beeinflusster Stilpluralismus.

Blütezeit des Profanbaus

Durch die Auflösung der Klöster unter Heinrich VIII. wurden für fast 100 Jahre während der Reformationszeit keine Kirchenbauten mehr errichtet; dagegen sorgte der neue Hofadel für eine Blütezeit im Profanbau. Nach dem Vorbild der französischen Loire-Schlösser setzten sie Dreiflügelbauten in die Landschaft, um einen Hof gruppiert oder auf E-förmigem Grundriss. Fensterreiche, klar gegliederte Fassaden, markante Torhäuser und kamingeschmückte Flachdächer gehören neben langen, symmetrisch angelegten Hauptachsen zu den Merkmalen der »Big Houses« wie dem 1579 vollendeten **Long-**

? WUSSTEN SIE SCHON …?

■ … dass Hans Holbein d. J. (1497 / 98 –1543) der englischen Porträtmalerei neue Impulse gab? Der Augsburger malte von 1526 bis 1528 sowie von 1532 bis zu seinem Tod am Hof Heinrichs VIII. Holbeins naturalistische Gesichter vor neutralem Hintergrund und Miniaturen inspirierten vor allem den Porträtmaler Nicholas Hilliard (1574 –1619).

leat House und dem 1588 begonnenen **Montacute House**. Eine der eindrucksvollsten Tudor-Anlagen ist der elisabethanische Landsitz **Hampton Court Palace** am Themseufer, 1520 für Kardinal Wolsey errichtet, von Heinrich VIII. umgebaut und Königin Elisabeths I. Lieblingsresidenz. Die wohlhabenden Kaufleute errichteten schmuckvolle Fachwerkbauten, oft in Kombination mit Stein. Eindrucksvolle Fachwerkensembles sind in Arundel, Lewes und Salisbury erhalten, prächtig ist auch das Tudor House in Southampton.

17. und 18. Jahrhundert

Manierismus, Barock und Rokoko fanden in der englischen Baukunst keinen Niederschlag; hier herrschte von 1620 bis etwa 1750 der Klassizismus vor, stark beeinflusst durch den oberitalienischen Renaissance-Baumeister Andrea Palladio (1500–1580). Nach den regierenden Herrschern wird die Spätphase des englischen Klassizismus im 18. Jahrhundert als **Georgian Style** bezeichnet. Die wieder belebte Gotik erlebte als **Gothic Revival** Style im 19. Jh. ihre Blüte. Der nach der Regentschaft des späteren Königs Georg IV. benannte **Regency Style** im späten 18. und frühen 19. Jh. kann in seiner eleganten Zurückhaltung und Betonung klassischer Bauelemente noch in Badeorten wie Brighton, im Bristoler Vorort Clifton oder in der Umbauung des Londoner Regent's Park bewundert werden.

Architektur in Klassizismus und Neugotik

Der palladianisch geprägte Klassizismus begann mit **Inigo Jones** (1573–1652) und seinem Entwurf für die Residenz der Königin in Greenwich, Queen's House, im Jahr 1616. Von ihm stammt auch eines der Meisterwerke der englischen Renaissance, das 1622 eingeweihte Banqueting House in Whitehall. **Wilton House** bei Salisbury ist ein Juwel der Schlossarchitektur: Die strenge, klassische Außenfassade birgt ein prunkvolles Inneres, das an die barocken Interieurs französischer Schlösser erinnert. Hervorzuheben sind der Double Cube Room aus der Mitte des 17. Jh.s von Inigo Jones und John Webb mit der Porträtmalerei von van Dyck. Webb (1611–1672), ein Schüler von Jones, entwarf 1669 auch den Haupttrakt des Palastes von Greenwich, heute das Royal Naval College. Ein Höhepunkt des barocken Klassizismus ist das Landhaus **Kingston Lacy** bei Wimborne in Dorset, das Sir Roger Pratt 1665 erbaute.

Palladianischer Klassizismus

Den **Wiederaufbau Londons** nach dem Great Fire von 1666 dominierte Christopher Wren (1632–1723): Mehr als 50 Kirchen und unzählige Profanbauten machen ihn zum bedeutendsten Architekten des Klassizismus. Herausragend sind die nach der Peterskirche in Rom 1675–1711 wieder aufgebaute St. Paul's Cathedral in London – hier wurde Wren 1723 auch begraben –, die Londoner Pfarrkirchen St. Bride's (1678), St. Stephen Walbrook (1679) und St. Clement Danes (1682), der Fountain's Court (1694) von Hampton Court Palace sowie das Hospital für Seeleute in Greenwich (1716).

Christopher Wren

So sinnlich wie berauschend: das Blütenmeer im Schlossgarten von Hever Castle

Landschafts- | **William Chambers** (1732 – 1796), Architekt der Kew Gardens in Lon-
gärten | don, **Lancelot »Capability« Brown** (1715 – 1783), Schöpfer der Park-
anlagen von Highclere Castle in Hampshire, Sheffield Park in Sussex
und Sherborne Castle in Dorset und **William Kent** (1685 – 1748) gehören zu den Begründern des englischen Landschaftsgartens (▶ Baedeker Special, S. 20).

Neugotische | Die Neugotik trat in der zweiten Hälfte des 18. Jh.s mit schlankeren,
Architektur | zierlichen Formen hervor. Ein frühes Beispiel ist die 1755 vollendete
Halle in **Lacock Abbey** in Wiltshire. Horace Walpole (1717 – 1797)
erbaute 1790 die gotische Villa von Strawberry Hill (heute St. Mary's
College), James Wyatt (1746 – 1813) errichtete den unvollendeten
Herrensitz Fonthill Abbey, ebenfalls in Wiltshire.

Skulptur | Der Beginn des 17. Jh.s sah eine Renaissance der Bildhauerei, für die
Epiphanius Evesham (1570 – 1633) und Nicholas Stone (1583 bis

1647) stehen. Ein englisches Beispiel der Rokoko-Bildhauerei, von Louis Francois Roubiliac (1702–1762) eingeführt, ist das 1750 gefertigte Sausmarez Monument von Henri Chere (1703–1781). Mit seinen Entwürfen für Wedgewood-Steinzeug und dem Grabmonument für Lord Nelson verewigte sich John Flaxman (1755–1826) als Vertreter des Neoklassizismus.

Die Flamen sorgten auch in der Malerei für neuen Auftrieb. **Peter Paul Rubens** (1577–1640), von 1629 bis 1630 am Hof Karls I. diplomatisch akkreditiert, malte die Decke der Banqueting Hall in London. Sein einstiger Assistent, **Anthony van Dyck** (1599–1641), wurde 1632 Hofmaler König Karls und verhalf der **Porträtmalerei** zu neuer Blüte. Andere Porträtisten von Rang waren Samuel Cooper (1608 bis 1672), William Dobson (1610–1646), Peter Lely (1618–1680) aus Holland und der aus Lübeck gebürtige Godfrey Kneller (1646 bis 1723). Durch sie etablierte sich die Porträtkunst als eine spezifisch englische Kunstform, die durch Thomas Hudson (1701–1779) und **Joshua Reynolds** (1723–1792) in der zweiten Hälfte des 18. Jh.s neue Höhen erklomm.

Malerei

Die Sitten der Zeit hat kein zweiter so bissig und satirisch festgehalten wie William Hogarth (1697–1764). Nach einer Lehre als Kupferstecher entwickelte der gebürtige Londoner seinen eigenen Stil als Graveur und Maler von Szenen und Porträts mit meist bissig-moralischem Unterton.

William Hogarth

Der hoch geschätzte Porträtist **Thomas Gainsborough** (1727–1788; ►S. 54) wohnte ab 1760 in Bath und malte Gesellschaftsporträts. Nachdem er 1774 nach London umgesiedelt war, gehörten Persönlichkeiten wie der Politiker Edmund Burke zu den von ihm Porträtierten.

? WUSSTEN SIE SCHON …?

■ … dass Thomas Gainsborough als einer der ersten Engländer dem holländischen Beispiel folgte und realistische, lichtdurchflutete Landschaften statt idealisierter italienischer Szenerien malte?

In der Nachfolge von Hogarth gelangte die – politische – Karikatur mit James Gillray (1757–1815) und George Cruikshank (1792 bis 1878) zu ungeahnter Entfaltung. Gillray zeichnete zwischen 1779 und 1811 über 1500 »Cartoons«, die vor allem die Franzosen, König Georg III. und die Politiker seiner Zeit aufs Korn nahmen. **George Cruikshank** lebte in erster Linie in seinen Illustrationen zu den Werken von Charles Dickens (»Oliver Twist«) und Daniel Defoe (»Robinson Crusoe«) weiter.

Politische Karikatur

Thomas Rowlandson (1756–1827) war ursprünglich Porträtmaler, bevor er sich aus Geldnot auf Karikaturen und Buchillustrationen verlegte. Berühmt sind seine Illustrationen zu den Werken von Tobias Smollett, Oliver Goldsmith und Laurence Sterne.

Buchillustration

»Robert Andrews und seine Frau Mary« (um 1749) – Gainsborough stellte seine einfühlsamen Porträts bevorzugt vor typisch englischen Landschaften dar.

Kunsthandwerk Für die angemessene Einrichtung der Wohnung, im 18. Jh. ein zentrales Thema des Bürgertums, sorgten **Thomas Chippendale** (ca. 1718 bis 1779) mit seinen berühmten Mahagoni-Stühlen aus seinem Workshop in der St. Martin's Lane in London, aber auch George Hepplethwaite († 1886) und Thomas Sheraton (ca. 1751 – 1806) mit seiner Inlay-Technik. Standesgemäßes Porzellan kreierte **Josiah Wedgewood** (1730 – 1795). Er entwickelte eigene Pigmentierungen für seine gelbliche »Queensware« sowie durch Metalloxide gefärbte »Jasperware« – für Keramikreliefs, Medaillons und Vasen. Berühmt für feines Porzellan wurde die Manufaktur von Chelsea.

19. Jahrhundert

Neugotische Sakralbauten Als bestes Beispiel der neogotischen Kirchenbaukunst gilt **Truro Cathedral**, ab 1880 im anglo-französischen Gotikstil des 13. Jh.s von J. L. Pearson (1817 – 1897) in Cornwall errichtet. W. N. Pugin schuf 1850 mit St. Augustine in Ramsgate / Kent eine seiner schönsten neugotischen Kirchen. Im italo-byzantinischen Stil erbaute John Francis Bentley (1839 – 1902) die monumentale katholische Kathedrale von Westminster, die 1903 vollendet wurde.

Profanarchitektur Herausragende Bauten des Klassizismus sind die **Bank of England** von John Soane (1753 – 1837) und das 1823 begonnene British Museum von Robert Smirke (1781 – 1864), beide in London. In den ab 1837 erbauten **Houses of Parliament** in London begegnet einem der Gothic Revival Style. John Nash (1752 – 1835), der auch die Entwürfe für die klassizistische Londoner Regent Street zeichnete, ließ sich beim exotischen **Royal Pavilion** in Brighton von fernöstlichen Einflüssen inspirieren.

Herausragender Architekt der Industriellen Revolution ist der Ingenieur **Isambard Kingdom Brunel** (1806–1859), der 1840 mit der Bristol Old Railway Station und 1864 der Clifton Suspension Bridge, dem Wahrzeichen Bristols, eindrucksvolle Denkmäler geschaffen hat. Joseph Paxton (1803–1865) entwarf aus Glas und Gusseisen zur Weltausstellung 1851 in London den Crystal Palace.

Ingenieurbauten der Industriellen Revolution

Zu den bedeutenden Architekten der Viktorianischen Epoche gehören auch Sir Gilbert Scott, der in London u. a. 1872 das **Albert Memorial** entwarf, Philipp S. Webb (1831–1915) mit Landsitzen wie dem 1879 begonnenen Clouds in Wiltshire und Richard Norman Shaw (1831–1912), der sich im Siedlungsbau engagierte wie beispielsweise 1875 bei der Einzelwohnhaus-Siedlung **Bedford Park** in London. Aston Webb (1849–1930) baute 1913 die Fassade des Buckingham Palace.

Viktorianische Epoche

Einer der größten Landschaftsmaler des 19. Jh.s war **John Constable** (1776–1837), der mit seinem atmosphärisch dichten, an den holländischen Meistern orientierten Malstil versuchte, den Wechsel von Natur, Wetter und Wolken ebenso einzufangen wie das Monumentale von englischen Landschaftsszenen. Landschaftliche Impressionen waren das Markenzeichen der **Bristol School** unter Francis Danby (1793–1861). **Joseph Mallord William Turner** (1775–1851) entwickelte die Landschaftsmalerei zu einer Apotheose von Licht und Fantasie. Von seinen zahlreichen Europareisen legen viele Aquarelle beredtes Zeugnis ab. Seine frühen Ölgemälde zeigen noch holländische Einflüsse, später orientierte Turner

Landschaftsmalerei

 Baedeker TIPP

Turner-Nachlass

Bei seinem Tod hinterließ William Turner der Nation mehr als 300 Gemälde, fast 20 000 Aquarelle und über 19 000 Zeichnungen. Die besten Werke aus diesem Nachlass werden in der Clore Gallery des Tate Britain Museum in London gezeigt.

sich an Claude Lorrain und Richard Wilson, bevor er seinen eigenen Stil entwickelte. Zu den **Shoreham Painters**, die zwischen 1820 und 1830 in Kent arbeiteten und stark von William Blake beeinflusst waren, gehörte Samuel Palmer (1805–1881) mit seinen pastoralen Landschaftsbildern. Den Geschmack der Viktorianer traf besonders gut der englische Maler und Bildhauer **Edwin Henry Landseer** (1802 bis 1873) mit sentimental-moralischen Gemälden und Tierdarstellungen.

Zu den Gründern und wichtigsten Vertretern der Pre-Raphaelite Brotherhood (1848–1853), die ihre Inspiration in den einfachen, sittlich ernsten Bildern des Spätmittelalters suchten, gehörten Dante Gabriel Rossetti (1828–1882), John Everett Millais (1829 – 1896), William Holman Hunt (1827–1910), Ford Madox Brown (1821 bis 1893) und **Edward Burne-Jones** (1833–1898).

Präraffaeliten

A. Beardsley Mit seinen von japanischer Druckkunst und dem Rokoko inspirierten Schwarz-Weiß-Zeichnungen in der Linienführung des Jugendstils wurde Aubrey Beardsley (1872–1898) der leitende Exponent des **Ästhetizismus**.

James McNeill Whistler Der Amerikaner James Abbott McNeill Whistler (1834–1903) malte ab 1859 in London feinfühlige, farbharmonische Szenen an der Themse wie die »Old Battersea Bridge«, die heute in der Londoner Tate Gallery zu bewundern ist.

Kunsthandwerk **William Morris** (1834–1896), der Begründer der Arts-and-Crafts-Bewegung, teilte die Begeisterung der Präraffaeliten für spätmittelalterliche Kunst. Viele seiner Designs, die er ab 1861 in seiner Firma für selbst entworfene Möbel, Teppiche und dekorative Tapeten produzierte, werden heute noch nachgedruckt. Von Morris inspiriert war Arthur H. Mackmurdo (1851–1942), dessen Designs Vorläufer des Art Nouveau (Jugendstils) waren. Bunte Glasfenster von William Morris und Edward Burne-Jones im präraffaelitischen Stil schmücken auch zahlreiche Kirchen in Südengland.

Vom 20. ins 21. Jahrhundert

Vom Art déco bis Brutalismus Nachdem die ersten Jahrzehnte des 20. Jh.s noch am historischen Zitat klebten, beispielsweise in den Bauten von Edwin Lutyens (1896 bis 1944) wie Britannica House (1920–1924) oder die London Midland Bank (1924), machten sich in den zwanziger und dreißiger Jahren in Stadtsiedlungen sowie im Schul- und Universitätsbau auch zunehmend Einflüsse des französischen **Art déco**, des deutschen **Expressionismus** sowie des funktionalen, niederländischen **Funktionalismus** (De Stijl) bemerkbar. Nach dem Zweiten Weltkrieg fand der **Brutalismus** mit Bauten aus Sichtbeton Eingang in die englische Architektur, u. a. am Economist Building (1964) und den Robin Hood Gardens (1968-1972), beide in London.

High Tech In den 1960er-Jahren trat die Gruppe **Archigram** mit futuristisch-technischen Projekten hervor. Ihre Formensprache fand u. a. ein Echo in Richard Rogers' formenreich-spektakulärem Lloyd's Building in London (1986), im preisgekrönten Reuters Building (1992) in Londons Blackwell Yard und bei Norman Foster mit den Sackler Galleries (1992) in London, der Schule für Beschäftigungstherapie (1995) in Southampton und in dem an eine Spinne erinnernden Renault-Vertriebszentrum in Swindon (1982/1983).

Londoner Skyline Gemischte Kritiken ernteten die Neubauten der Londoner **Docklands**: der Büroblock One Canada Square von Cesar Pelli oder der postmoderne Wohnsilo The Cascades von Piers Gough. Richard Rogers **Millennium Dome** in Greenwich sollte zur Jahrtausendwende die Schaubühne der selbstbewussten Nation werden, doch erst nach

The O2: Bis 2007 wurde Richard Rogers Millennium Dome am Themseufer in Greenwich zur Mega-Arena für Show und Sport umgebaut.

Umbau zur Mega-Bühne bis 2007 wurde die größte Zeltkuppel der Welt ein Erfolg. 2004 mit dem Stirling-Preis ausgezeichnet wurde Norman Fosters 180 m hoher, verglaster **Swiss Re Tower** an der St. Mary Axe, von den Londonern gern »Gurke« genannt.

Ein scharfer Kritiker moderner Architektur ist **Prinz Charles**. Seinen Gegenentwurf realisiert er seit den 1990er-Jahren in Dorchester mit dem **Modelldorf Poundbury**, klassisch-ländlich aus Purbeck-Marmor und Portland-Stein erbaut. Trotz einiger Kritik wird Poundbury nachgeahmt, etwa bei Shepton Mallet in Somerset, aber auch in Hampshire und Cornwall.

Poundbury

Abstrakt-archaische Figuren und Figurengruppen sind das Markenzeichen von **Henry Moore**. Der 1898 in Castleford bei Leeds Geborene griff Anregungen aus der »primitiven« Kunst Süd- und Mittelamerikas ebenso auf wie Impulse aus dem Werk Picassos. Seine abstrakt-monumentalen Werke sind oft in die Landschaft integriert und haben viel dazu beigetragen, radikale moderne Kunst in England zu popularisieren. International bekannt ist auch der 1945 in Bristol geborene **Richard Long**, der mit Steinkreisen, Wegmarkierungen und Materialsammlungen aus der Natur die Land-Art vertritt.

Moderne Skulptur

Berühmte Persönlichkeiten

Wo feierte Agatha Christie Mondscheinpartys? Wie überlebte Ellen Mac-
Arthur die Kollision mit einem Container? Wo züchtet Sherlock Holmes heute
Bienen? Wer war Lord Nelsons große Liebe? Entdecken Sie die unbekannten
Seiten südenglischer Persönlichkeiten!

Jane Austen (1775–1817)

»Drei oder vier Familien in einem Dorf«, sagte sie einmal, reichten **Schriftstellerin** ihr als Stoff für ihre Romane. Jane Austens Vater war Rektor an der Dorfkirche von Steventon bei Basingstoke in Hampshire, wo sie am 16. Dezember 1775 als siebtes von acht Kindern geboren wurde. Jane fing früh mit dem Schreiben an, der Zeit entsprechend anonym, nur mit dem Hinweis »By a Lady«. Ihre Romane, darunter »Sense and Sensibility«, 1811, »Pride and Prejudice«, 1813, »Emma«, 1816, spiegeln Sprache und Sitten der englischen Gesellschaft im 18. / 19. Jh. wider und sind voller Lokalkolorit, verknüpft mit dem Lebensweg der Autorin. 1801 bezog die Familie eine Wohnung im mondänen, von Jane Austen aber gehassten Bath in Somerset. 1807, nach dem Tod des Vaters, lebte sie zunächst in Southampton, kehrte dann aber nach Hampshire zurück, wo sie ab 1809 bei ihrem Bruder Edward in Chawton bei Alton die meisten ihrer Bücher schrieb. Kurz vor ihrem Tod zog Jane Austen nach Winchester, um ärztliche Hilfe zu suchen, wo sie bald verstarb und in der Kathedrale begraben wurde. Ihr Haus in Chawton ist heute Museum.

Agatha Christie (1890–1976)

Als 1947 der 80. Geburtstag Queen Marys von England bevorstand, **Krimiautorin** fragte die BBC bei ihr nach, was sie sich als Festprogramm wünsche. »Ein neues Stück von Agatha Christie,« verlautete es aus dem Buckingham-Palast. Noch heute erfreut das auf königlichen Wunsch entstandene Theaterstück »Die Mausefalle«, 1952 am St. Martin's

! *Baedeker* TIPP

Auf den Spuren der Queen of Crime

Für Krimifans wurde in Torbay die »Agatha Christie Mile« angelegt. Der markierte Touristenpfad führt zu 15 Stationen aus dem Leben und Werk der englischen Krimikönigin. Mit dabei: die Badebucht Anstey Cove – hier traf sich die Dichterin mit ihren Freunden zu Mondschein-Picknicks (Info: www.torbay-online.uk/agatha-christie/Agatha-Christie.htm).

← *Jubelnd steht Ellen MacArthur am 8. Februar 2005 auf ihrem Trimaran, mit dem die Einhand-Seglerin in Rekordzeit nonstop die Welt umrundete.*

Theatre uraufgeführt, das Publikum in London – als längstes ununterbrochen gespieltes Bühnenstück der Welt! Agatha Christie wurde in Torquay geboren. Als Rot-Kreuz-Schwester im Ersten Weltkrieg heiratete sie 1914 ihren ersten Patienten, Colonel Christie. Ein Giftdiebstahl im Lazarett gab den Anstoß für den ersten Krimi der späteren »Queen of Crime«. Die berühmtesten Fälle ihres exzentrischen belgischen Meisterdetektivs Hercule Poirot – »Mord im Orientexpress« (1934) und »Tod auf dem Nil« (1937) – wurden in den 1980er-Jahren erfolgreich mit Peter Ustinov in der Hauptrolle verfilmt. Die resolute Margret Rutherford machte die schrullig-liebenswerte Hobbykriminalistin Miss Marple in den Verfilmungen von »Mörder ahoi« und »16.50 Uhr ab Paddington«, 1957, unsterblich.

Sir Winston Churchill (1874 – 1965)

Politiker Keiner hat die britische Politik in der ersten Hälfte des 20. Jh.s so geprägt wie Winston Leonard Spencer Churchill. Als Erster Lord der Admiralität führte er von 1911 bis 1915 die Royal Navy, 1917 bis  1929 bekleidete er mehrere Ministerposten. Im Zweiten Weltkrieg wurde Churchill 1938 wieder Oberbefehlshaber der britischen Marine, 1940 zog er als Premierminister einer Allparteienregierung in Downing Street No. 10 ein. Bei den Konferenzen der USA, UdSSR und Großbritanniens prägte er entscheidend die Nachkriegsordnung Europas. Obwohl er sein Land siegreich durch den Krieg geführt hatte, verlor seine Regierung 1945 die Unterhauswahlen wegen ihrer Wirtschafts- und Finanzpolitik. 1951 bis 1955 bekleidete er noch einmal das Amt des Premierministers. Der auch als Maler geschätzte Churchill erhielt 1953 für seine Darstellung des Zweiten Weltkrieges den Literaturnobelpreis. Sein Wohnhaus Chartwell, das er mit seiner Familie von 1924 bis zu seinem Tod 1965 in Kent bewohnte, ist heute zu besichtigen.

Charles Dickens (1812 – 1870)

Bestsellerautor Als Charles Dickens in Westminster Abbey beigesetzt wurde, zeigte die weltweite Anteilnahme, dass mit ihm ein Volksschriftsteller zu Grabe getragen wurde. In Portsmouth geboren, aufgewachsen im Hafenviertel von London, wurde er Anwaltsgehilfe, Parlamentsreporter und Journalist, bevor er sich der Schriftstellerei widmete. 1837 trat er mit den »Pickwick Papers« an die Öffentlichkeit, Welterfolge wie »David Copperfield« oder »Oliver Twist« folgten. Schauplätze seiner Erzählungen und Romane sind neben London vor allem Bath, Kent und Rochester in den »Pickwick Papers« und »Great Expectations« sowie Salisbury in »Martin Chuzzlewit«. In Broadstairs, Heimat des Dickens House Museums, spielten Szenen von »David Copperfield« und arbeitete Dickens an »Nicholas Nickleby«, »The Old Curiosity Shop«, »Barnaby Rudge« und »Bleak House«.

Sir Francis Drake (ca. 1540 – 1596)

Der berühmteste Seeheld des Elisabethanischen Zeitalters wurde in Crowndals bei Plymouth geboren. Als Freibeuter unternahm Drake mit mehreren ihm anvertrauten Fregatten Angriffe gegen spanisch-amerikanische Handelsplätze. Mit einem Geschwader von fünf Schiffen stach er im Dezember 1577 in See, umrundete als Erster Kap Horn und folgte der Küste, vorbei an Chile und Peru, bis nach Kalifornien, wo die Drake Bay nördlich von San Francisco heute seinen Namen trägt. Von dort segelte er nach Westen und erreichte über Java und das Kap der Guten Hoffnung nach fast dreijähriger Abwesenheit wieder englischen Boden. 1581 wurde er von Elizabeth I. zum Ritter geschlagen. Als der Seekrieg gegen Spanien ausbrach, erhielt Sir Francis Drake 1585 den Oberbefehl über 20 Schiffe, mit denen er Kaperfahrten auf den Kapverdischen Inseln und in Westindien durchführte. 1587 fügte seine Flotte den Spaniern vor Cádiz erhebliche Verluste zu, 1588 trug Sir Francis Drake als Vizeadmiral zum Sieg über die spanische Armada im Ärmelkanal bei. 1595 erlag er vor Portobelo einem schleichenden Fieber.

Seefahrer

Thomas Hardy (1840 – 1928)

Durch sein literarisches Werk wurde Thomas Hardy, 1840 in Higher Bockhampton bei Dorchester geboren, zum Chronisten des ländlichen Südwestengland, das er 1874 in seinem Roman »Far from the Madding Crowd« Wessex taufte. Hier war der Schauplatz für Hunderte seiner Geschichten und Gedichte, in denen sich Szenen seiner Kindheit, Erzählungen seiner Großmutter und alte ländliche Bräuche und Lebensgewohnheiten widerspiegeln. Seine Romane »Tess of the d'Urbervilles« (1891) und »Jude the Obscure« (1895) führten wegen ihrer naturalistischen Schilderungen zu wüsten öffentlichen Attacken im prüden viktorianischen England, sodass Hardy 1895 das Bücherschreiben aufgab. Seine besondere Liebe galt der Nordküste von Cornwall, wo er als junger Architekt für den Wiederaufbau der Kirche von St. Juliot bei Boscastle verantwortlich war und 1870 seine spätere Frau Emma Gifford traf. Die Szenerie um Boscastle, »Castle Boterel«, und die glücklichen Tage mit Emma dramatisierte er im Roman »A Pair of Blue Eyes«, 1873. Thomas Hardy starb am 11. Januar 1928 in Dorchester.

Schriftsteller

Heinrich VIII. (1491–1547)

Englischer König Von 1509 bis 1547 regierte Heinrich VIII. (▶ Abb. S. 36) aus dem Hause Tudor über England. Der Begründer der anglikanischen Kirche, in Greenwich geboren, ging wegen seines ausschweifenden Lebens und seiner sechs Ehefrauen in die Geschichte ein. In Anerkennung einer von Heinrich, in den Hauptzügen jedoch von Thomas More verfassten Streitschrift gegen Luther verlieh ihm Papst Leo X. den Titel eines »Verteidigers des Glaubens«. Mit Dispens des Papstes heiratete Heinrich zunächst die Witwe seines Bruders, Katharina von Aragón. Da die Ehe jedoch nicht den erwünschten männlichen Erben brachte, wollte Heinrich sich scheiden lassen, was der Papst ablehnte. Der Streit endete 1533 mit der Loslösung von Rom und der Gründung der anglikanischen Kirche mit dem König als Oberhaupt. Heinrich heiratete nun Anne Boleyn, die er 1536 hinrichten ließ, danach Jane Seymour, die 1537 starb, dann Anna von Cleve, von der er sich scheiden ließ, Catherine Howard, 1542 hingerichtet, und Catherine Parr, die ihn überlebte. In seinen letzten Lebensjahren war Heinrich VIII., nachdem er die Kanzler Thomas More und Thomas Cromwell hatte hinrichten lassen, ein von Misstrauen erfüllter Alleinherrscher, der Gegner aufs Härteste verfolgte.

Alfred Hitchcock (1899–1980)

Filmregisseur Er war Hollywoods unumstrittener »Master of Suspense«. Generationen von Kinogängern lehrte Hitchcock das Gruseln in Meisterwerken wie »Psycho«, »Das Fenster zum Hof«, »Die Vögel« oder »Der unsichtbare Dritte«. Hitchcock definierte das Genre neu: Er wusste, dass der Schlüssel zu »Suspense« darin lag, normale Menschen in alltägliche Situationen zu bringen und die Vorstellungskraft des Zuschauers durch perfekte Montage und subtile Kameraperspektiven

anzukurbeln. Der Meister der Spannung wurde im Londoner Osten geboren, besuchte eine Jesuitenschule und arbeitete zunächst in der Werbebranche, bevor er 1926 mit »The Pleasure Garden« und »The Mountain Eagle« seine beiden ersten Filme drehte – in München! In den 30er-Jahren entstanden in England die Klassiker »Die 39 Stufen« und »Eine Dame verschwindet«. 1939 zog es »Hitch« nach Hollywood, wo er in Filmen wie »Rebecca«, »Bei Anruf Mord!« oder »Familiengrab« mit den bedeutendsten Stars jener Jahre arbeitete.

Sherlock Holmes (1854 – ?)

Das Leben des größten Detektivs aller Zeiten lässt sich nur nach sei- **Meisterdetektiv**
nen eigenen Aussagen und Aufzeichnungen seines Gefährten, des
Arztes Dr. John H. Watson, rekonstruieren. Sherlock Holmes, 1854
in Sussex geboren, besuchte eine Universität und begegnete 1881
Dr. Watson, mit dem er eine Londoner Wohnung in der 221 B Baker
Street bezog. Watson schildert Holmes als einen hageren, durchtrai-
nierten Menschen von ungeheuer scharfem Verstand, der mit einer
Monografie über »140 Arten von Zigarrenasche« brillierte. Zum
Nachdenken spielte er Geige und rauchte billigen Tabak. Mit Dr.
Watson klärte Holmes u. a. so berühmt gewordene Verbrechen wie
den »Hund der Baskervilles« und »Eine Studie in Scharlachrot« auf.
Viele Fälle trugen sich in London zu, so auch das Geheimnis um das
»Zeichen der Vier«, das Holmes nach einer Dampfboot-Verfolgungs-
jagd auf der Themse löste. 1891 war Holmes Prof. Moriarty, dem
»Napoleon des Verbrechens«, auf der Spur. Nach drei Jahren auf Reisen – Eingeweihte wollen jedoch wissen, er habe sich in Wien bei
Sigmund Freud von seiner Morphiumsucht heilen lassen – tauchte
er 1894 wieder in der Baker Street auf, um erneut auf Verbrecherjagd
zu gehen, zuletzt 1912 – 1914, als er den deutschen Meisterspion von
Bork zur Strecke brachte und das Empire vor dem Untergang be-
wahrte. Wann Holmes oder Watson starben, ist unbekannt; wer an
ihre Adresse schreibt, erfährt, dass Mr. Holmes keine Fälle mehr löse,
sondern in Sussex Bienen züchte. Durch und durch als Actionheld
präsentierte der Exgatte von Madonna, Guy Ritchie, Sherlock Holmes in seinem gleichnamigen Streifen, der 2009 in London Premiere
hatte – gedreht wurde in London, im Historic Dockyard von Chatham und im Hotel Cliveden in Berkshire.

Dame Ellen MacArthur (geb. 1976)

Mit 20 Knoten preschte Ellen MacArthur mit ihrem Trimaran B & Q **Seglerin**
Castorama durch die Biskaya im Nordwesten Frankreichs. Um halb
elf nachts kreuzte die 28-Jährige aus Derbyshire die imaginäre Ziel-
linie bei der Île d'Ouessant. Mit 71 Tagen, 14 Std. und 18 Min.
schrieb die Soloseglerin am 8. Feb-
ruar 2005 mit der bis dahin
schnellsten Einhandfahrt nonstop
Sportgeschichte (► Abb. S. 58) –
mehr als anderthalb Tage war sie
schneller gewesen als der französische Weltrekordhalter Francis Jo-
yon, der jedoch im Januar 2008
den Rekord mit 57 Tagen, 13 Std,
und 34 Min. zurückholte. Im Alter
von vier Jahren entdeckte Ellen auf
einem Segeltörn mit ihrer Tante ih-

> **!** *Baedeker* **TIPP**
>
> ### Einhand um den Globus
>
> Wie sie 94 Tage allein auf hoher See verbrachte,
> Eisstürmen und riesigen Wellen trotzte und
> eine Kollision mit einem Container überlebte,
> erzählt Ellen MacArthur, gespickt mit E-Mails
> und Logbucheinträgen, in ihrer Biografie »Ich
> wollte das Unmögliche«, Piper (2008).

re Leidenschaft fürs Meer. Vom gesparten Geld für Pausenbrote kaufte sie sich die Elfjährige ihr erstes eigenes Boot, einen Acht-Fuß-Dingy. Mit 17 Jahren umsegelte sie als jüngste Kapitänin Englands nonstop Großbritannien, mit 24 Jahren machte sie das härteste Rennen der Welt – die Vendée Globe, die Weltumsegelung im Alleingang – zum Star unter den Seglern. 2005 wurde sie zur Weltseglerin des Jahres gewählt und von der Queen zur Dame ernannt, 2008 zum Ritter der Ehrenlegion. Wenn sie nicht auf hoher See ist, lebt Ellen MacArthur in Cowes auf der Isle of Wight (www.ellenmacarthur.com).

Daphne du Maurier (1907–1989)

Schriftstellerin

Das Werk Daphne du Mauriers (Abb. S. 227) ist untrennbar mit Cornwall verbunden. Zwar wurde sie in London geboren, doch ihre Eltern erwarben ein Haus in Cornwall. In ihrem ersten Roman, »The Loving Spirit« (1931), verarbeitete sie von einem Nachbarn aufgeschnappte Familiengeschichten aus vier Generationen. Ihr erzählerisches Talent fand vollen Ausdruck u. a. in den Romanen »Jamaica Inn«, der 1936 eine romantische Liebesgeschichte mit dem Seemannsgarn der Schmuggler und Fischer verknüpfte, und im 1938 verlegten Bestseller »Rebecca«, von Alfred Hitchcock ebenso verfilmt wie ihre Kurzgeschichte »The Birds« von 1940.

? WUSSTEN SIE SCHON …?

■ … dass alljährlich im Mai in Fowey und Umgebung ein Daphne-du-Maurier-Festival stattfindet? Literaturwanderungen, Vorträge, Führungen und kostenlose Konzerte machen das zehntägige Fest zu einem der beliebtesten Kultur-Events im Königreich (www.dumaurier.org/festival.html).

Lord Nelson (1758 – 1805)

Oberbefehlshaber der britischen Flotte

Horatio Nelson, Sohn eines Dorfpfarrers in Norfolk, heuerte nach dem Tod seiner Mutter als Zwölfjähriger bei der Marine an, wo er mit 20 Jahren bereits das Kapitänspatent und das Kommando über eine Fregatte im amerikanischen Unabhängigkeitskrieg erhielt. Im Kampf gegen das revolutionäre Frankreich zeichnete er sich bei der Beschießung von Toulon und in der Seeschlacht von Kap St. Vincent aus. 1798 erhielt er den Oberbefehl über die britische Flotte im Mittelmeer und schlug die Franzosen vernichtend in der Seeschlacht von Abukir. Damit war er zum britischen Kriegshelden geworden. Wegen einer Befehlsverweigerung wurde er abberufen, in der Heimat aber mit Jubel empfangen.

Als 1803 der Krieg erneut ausbrach, wurde Nelson wieder Oberbefehlshaber der Mittelmeerflotte. 1805 stellte Admiral Nelson vor der andalusischen Küste eine französisch-spanische Flotte, die sich zur Invasion in England zusammenzog. Vor der Schlacht von Trafalgar richtete er an seine Mannschaft die berühmten Worte: »England expects every man will do his duty« – »England erwartet von jedem Mann, dass er seine Pflicht tue«. Trotz ihrer Überlegenheit konnten die Franzosen vernichtend geschlagen werden, der nur 1,60 m große Nelson jedoch wurde auf seinem Flaggschiff »Victory« von einer Kugel tödlich verwundet. Wer sich für das damalige Leben an Bord des Kriegsschiffs interessiert, kann die sorgsam restaurierte »Victory« in den historischen Dockanlagen von Portsmouth besichtigen. Stürmisch wie seine Schlachten war auch Nelsons Liebesleben. Obgleich verheiratet, liebte er öffentlich und leidenschaftlich Lady Emma Hamilton, die Frau des britischen Gesandten in Neapel. Noch im Sterben diktierte er einen Abschiedsbrief an die Geliebte, der heute im Handschriftensaal der British Library in London ausgestellt ist.

Sir Laurence Olivier (1907 – 1989)

Er galt als der Shakespeare-Mime schlechthin. In London, wo Laurence Olivier die Schauspielschule absolvierte, hatte er auch seine größten Erfolge. 1944 bis 1949 war er Direktor des Old Vic Theatre, 1965 bis 1973 leitete er dessen Nachfolger, das National Theatre. Auch als Filmschauspieler und -regisseur reüssierte Olivier, so 1945 in »Henry V.«, 1948 in »Hamlet«, für den er den Oscar als bester Schauspieler erhielt, oder 1976 in »Marathon Man«. 1970 erhob ihn die Queen als ersten britischen Schauspieler in den Peers-Stand.

Schauspieler

Virginia Woolf (1882 – 1941)

Virginia Woolf wurde in die intellektuellen Kreise des spätviktorianischen Zeitalters hineingeboren. Sie wuchs am Hyde Park Gate in London auf, verbrachte aber die glücklichsten Stunden ihrer Kindheit in St. Ives in Cornwall. Mit Freunden und Geschwistern bildete sie den Kern der »Bloomsbury Group«, die sich in ihrem Haus im Londoner Stadtteil Bloomsbury traf und der sich auch der Schriftsteller und Verleger Leonard Woolf anschloss. Nach ihrer Heirat 1912 gründeten beide die Hogarth Press, u. a. auch als Therapie, denn Virginia hatte nach familiären Rückschlägen und sexuellem Missbrauch durch ihren Halbbruder schon früh mit mentalen Problemen zu kämpfen. Sie arbeitete als Literaturkritikerin für die Times und wurde als Essayistin, Tagebuchschreiberin und Romanautorin bekannt. Nach dem Tod ihrer Freundin Katherine Mansfield erschienen ihre Romane »Jacob's Room«, »Mrs. Dalloway«, »Orlando«. Ihr Essay »A Room of One's Own« gehört zu den bedeutendsten Manifesten des 20. Jh.s. Auf ihrem Landsitz in Rodmell in Sussex beging Virginia Woolf Selbstmord – offensichtlich aus Furcht vor dem Wahnsinn ertränkte sie sich in der Ouse.

Schriftstellerin

Praktische
Informationen

WIE FUNKTIONIERT DER VERKEHR
IN ENGLAND UND WER BIETET
GARTENREISEN AN? WO KANN MAN
AM SCHÖNSTEN ÜBERNACHTEN,
WANDERN UND GOLF SPIELEN?
INFORMIEREN SIE SICH – AM
BESTEN SCHON VOR DER REISE!

Anreise · Reiseplanung

Anreisemöglichkeiten

Mit dem Flugzeug
Die schnellste Anreise nach Südengland bieten Flugverbindungen über die Londoner Drehkreuze Heathrow, Gatwick, Stansted oder Luton. Anschluss- und Shuttle-Flüge zwischen den Städten und Inseln Südenglands offerieren British Airways, British Midland Airways sowie Regionalcarrier.

▶ INFORMATIONEN FLUGVERKEHR

FLUGHÄFEN

▸ **London Heathrow**
Lage: 24 km westlich der City
Terminal 1: Inlandsflüge, Flüge nach Europa, Afrika und USA
Terminal 2: wegen Umbau bis 2019 geschlossen
Terminal 3: Flüge nach Nord- und Südamerika, Afrika, Asien, Australien
Terminal 4: Flüge der SkyAlliance
Terminal 5: British-Airways-Flüge
Terminalübersicht: www.heathrow-airport-guide.co.uk
Bahn: Heathrow Express (15 Min.) direkt, Heathrow Connect via Hayes, Southall, Hanwell, West Ealing und Ealing Broadway (25 Min.) zum Bahnhof Paddington
Busse von der Central Bus Station.
SkyShuttle-Kleinbusservice zu Londoner Hotels, Tel. 08 45 / 481 09 60, www.skyshuttle.co.uk
Taxi: 90 £ ins Zentrum

▸ **London Gatwick**
Lage: 40 km südlich
www.gatwickairport.com
Bahn: Gatwick Express, nonstop bis Victoria Station (30 Min.) Southern Trains, www.southern railway.com, via East Croydon und Clapham Junction zur Victoria Station, 35 Min. First Capital Connect, www.firstcapitalconnect.co.uk, bis London Bridge und St. Pancras International, 30 – 45 Min. EasyBus, www.easybus.co.uk, bis Fulham Broadway, Fahrzeit: 65 – 80 Min. National Express Bus, www.nationalexpress.com, Linie 25 bis Victoria Coach Station
Taxi: 70 £

▸ **London Luton**
Lage: 51 km westlich
www.london-luton.co.uk
Bahn: East Midland Trains, www.eastmidlandstrains.co.uk, bis St. Pancras International (20 Min.) First Capital Connect, www.first capitalconnect.co.uk, nach St. Pancras International (25 Min.); Zubringerbusse vom Terminal.
Bus: Virgin Trains Express Coach, www.virgintrains.co.uk, bis Milton Keynes Station (55 Min.), Green Line 757, www.greenline.co.uk, 1 Std. bis Baker Street; easyBus, www.easybus.co.uk, rund um die Uhr, bis Brent Cross, Finchley Road, Baker Street, Oxford Street/Marble Arch und Victoria Station
Taxi: 80 £

▸ **London Stansted**
Lage: 55 km nordöstlich
www.stanstedairport.com

Bahn: Stansted Express, www.stanstedexpress.com, bis Liverpool Street Station (45 Min.). National Express East Anglia, www.nationalexpresseastanglia.com, Mo. – Sa. für London Underground umsteigen in Tottenham Hale oder Stratford
Bus: easyBus, www.easybus.co.uk, Baker Street via Victoria Station, 75 Min. National Express A6, www.nationalexpress.com, bis Victoria Station, 85 – 100 Min. Terravision A 50, www.terravision.eu, bis Victoria Station, 75 Min. bis Liverpool St. Station, 55 Min. Taxi: 75 £

► **London City Airport**
Lage: 10 km östlich der City
www.londoncityairport.com
Bahn: Docklands Light Railway (DLR) bis Canning Towen (7 Min.) oder Bank (22 Min.)
Bus: Linie 473 nach Stratford, Silvertown, North Woolwich and Prince Regent DLR Station, Linie 474 nach Canning Town, North Woolwich und East Beckton via Silvertown. Taxi: 20 – 35 £
Taxi: 30 – 40 £

► **Air Berlin**
www.airberlin.de
Stansted, Tel. (0 87 15) 00 07 37

► **Austrian Airlines**
www.aua.com
Heathrow, Terminal 2
Tel. (0 87 01) 24 26 25

► **British Airways**
www.britishairways.com
Tel. (0 84 44) 93 07 87

► **Easyjet**
www.easyjet.com
Tel. (020 72) 41 90 00

► **Germanwings**
www.germanwings.com
Te. (0 87 02) 52 12 50

► **Lufthansa**
www.lufthansa.com
Heathrow, Terminal 2
Tel. (08 45) 773 77 47

► **Ryanair**
www.ryanair.com
Stansted
Tel. (08 71) 246 00 00

Bahnreisende steigen an der Kanalküste auf Fähren um, die in Hoek van Holland nach Harwich und im französischen Calais nach Dover ablegen. Die Anschlusszüge von Dover nach London laufen in Victoria Station, von Harwich in der Liverpool Street Station ein. Die spektakulärste Bahnreise bietet der **Eurostar**, der in 35 Minuten den Kanal im **Eurotunnel** zwischen Calais und Folkestone unterquert. Abfahrt ist in Brüssel über Lille bzw. in Paris über Frethun, Ankunft in der Station St. Pancras International. Ab Köln saust der Hochgeschwindigkeitszug **Thalys** zum Eurostar in Brüssel und erreicht London in der schnellsten Verbindung nach 5 Std. 24 Min.   ◄ Mit Bus und Bahn
Die Europabusse der **Deutschen Touringgesellschaft** (Am Römerhof 17, D-60486 Frankfurt / M.; www.touring.de, Hotline: 069 / 79 03-501) fahren in Zusammenarbeit mit **National Express/Eurolines** von allen großen Städten Deutschlands zur Victoria Coach Station.   ◄ Europabusse

BAHNVERKEHR UND AUTOFÄHREN

DIE WICHTIGSTEN BAHNHÖFE IN LONDON

► **Charing Cross**
Strand (nach Süden)
Züge nach Süd-London und Kent

► **Kings Cross**
Euston Road/York Way
Züge nach Nordengland und
Schottland

► **Liverpool Street**
Liverpool Street (nach Osten)
Züge nach Essex, Ost-England
Endstation des Stansted Express
Anschluss zu den Kanalfähren
ab Harwich

► **Paddington**
Praed Street (nach Westen)
Züge nach Westengland, Wales
Endstation des Heathrow Express

► **St. Pancras International**
Midland-Road-Züge ins östliche
Mittelengland und nach Yorkshire
sowie Thameslink-Verbindungen,
Endstation der Eurostar-Züge
durch den Kanaltunnel. 2012 bei
den Olympischen Spielen Bahnhof
für den Olympic-Javelin-Shuttle
zwischen London City und dem
Olympic Stadium in Stratford.

► **Victoria**
Victoria Street (nach Süden)
Züge nach Kent, Surrey, Sussex
Endstation des Gatwick Express

► **Waterloo**
York Road, Züge nach Südengland

BAHNAUSKUNFT

► **In Großbritannien**
National Rail, Tel. (0 84 57)
48 49 50, www.nationalrail.co.uk
Eurostar Tel. (0 87 05) 18 61 86

Eurotunnel Tel. (08 443) 35 35 35

► **In Deutschland**
BritRail, www.britrail.com
Eurostar/Thalys-Hotline
Tel. (018 05) 21 50 00
www.eurostar.com
Eurotunnel-Autozug
Tel. (0 18 05) 000 248
www.eurotunnel.com

FÄHRGESELLSCHAFTEN

► **P&O Ferries**
Tel. (0 18 05) 00 71 61
www.POferries.com

► **Seafrance**
Tel. (0 61 96) 7 73 06-0
www.seafrance.com

► **Norfolkline**
Tel. (0451) 50 56 17 31
www.norfolkline.com/ferry

► **Transmanche Ferries**
Tel. (0800 9) 17 12 01
www.transmancheferries.com

► **Brittany Ferries**
Zentrale in Frankreich:
Tel. 00 33 (0) 825 828 828,
www.britannyferries.de

► **Condor Ferries**
Tel. (012 02) 20 72 16
www.condorferries.co.uk
In D: c/o Bonne France
Tel. (0721) 9 67 04 45
www.bonne-france.de

► **Transeuropa Ferries**
Tel. 00 44 (0) 18 43/59 55 22
www.transeuropaferries.com

► **Wightlink**
Tel. 00 44 (0) 871 / 376 10 00
www.wightlink.co.uk

► **Red Funnel**
Tel. 00 44 (0) 844 /844 26 99
www.redfunnel.co.uk

► **LD Lines**
Tel. 0044 (0) 844 / 576 88 36
www.ldlines.co.uk

► **Isle of Scilly Steamship**
c/o Isle of Scilly Travel
Tel. 0044 (0) 845 / 710 55 55
www.islesofscilly-travel.co.uk

Fährhafen Portsmouth

FÄHREN NACH SÜDENGLAND

► **Dünkirchen – Dover**
tgl., Norfolkline, 2 Std.

► **Dieppe – Newhaven**
Transmanche Ferries, tgl., 4 Std.

► **Caen – Portsmouth**
tgl., Brittany Ferries, 6 Std.,
High-Speed-Fähre 3 Std. 45 Min.

► **Cherbourg – Portsmouth**
tgl., Condor Ferries, 5 Std. 30 Min.
April – Okt., Britanny Ferries,
Schnellfähre 3 Std.

► **Le Havre – Portsmouth**
LD Lines, tagsüber 3 Std. 15 Min.
(Katamaran, März – Sept.), abends
5 Std. 30 Min., nachts 8 Std.

► **St. Malo – Portsmouth**
tgl., Brittany Ferries,
9 Std. tags,
10 Std. 45 Min. nachts

► **Cherbourg – Poole**
Mai – Sept., Brittany Ferries
Condor Ferries, Schnellfähre,
2 Std., sonst tagsüber 4 Std.,
nachts 6 Std.

► **St. Malo – Poole**
Mai – Sept., Condor Ferries,
Schnellfähre 4 Std. 35 Min.

► **St. Malo – Weymouth**
tgl., über Jersey und Guernsey,
Condor Ferries, 8 Std. 15 Min.

► **Oostende - Ramsgate**
tgl., Transeuropa Ferries, 4 Std.
LD Lines, 4 Std.

► **Roscoff – Plymouth**
Jan. – Nov., mehrmals wöchentlich, Brittany Ferries, 6 Std. tags,
8 Std. nachts

► **Boulogne – Dover**
tgl., LD Lines, 50 Min.

► **Dieppe – Dover**
tgl., LD Lines, 5 Std. 15 Min.

FÄHREN INNERHALB SÜDENGLANDS

► **Isle of Wight**
Lymington – Yarmouth
tgl., Wightlink (30 min.)
Portsmouth – Fishbourne
tgl., Wightlink (40 min.)
Portsmouth – Ryde
tgl., Wightlink (22 min.)
Southampton – Cowes
tgl., Red Funnel (20 – 55 min.)

► **Isles of Scilly**
Penzance – St. Mary's
April – Okt. 4 – 6 x wöchentlich,
Isles of Scilly Steamship (2,5 Std.)

Klassiker: das Londoner Taxi

Autofahrer stehen vor der Wahl: Fähre oder **Eurotunnel**? Die Autozüge durch den Kanaltunnel fahren rund um die Uhr. Man bleibt im Auto sitzen bzw. kann sich nur im Transportwaggon bewegen. Die Verladeterminals bieten direkten Autobahnanschluss: in Frankreich über Abfahrt 13 von der A 16, in Großbritannien über Abfahrt 11a von der M 20. Wer kann, sollte in **London** aufs Auto verzichten. Der Verkehr staut sich, die Ausschilderungen sind schlecht und Parkplätze sind rar und teuer. Zudem wird für Fahrten in der Innenstadt werktags von 7.00 – 18.00 Uhr eine »Congestion Charge« von 8 £ pro Tag erhoben (zahlbar u. a. an Tankstellen, www.tfl.gov.uk/roadusers/congestioncharging).

Fähren Zwischen dem Kontinent und Südengland verkehren zahlreiche Fähren. Für Juli und August muss man frühzeitig reservieren – erkundigen Sie sich im Reisebüro über Sondertarife und Frühbucherrabatte.

Ein- und Ausreisebestimmungen

Reisedokumente Für EU-Bürger und Schweizer Staatsangehörige genügt zur Einreise ein gültiger Personalausweis oder Reisepass. Autofahrer müssen Führerschein, Kraftfahrzeugschein und grüne Versicherungskarte dabei haben. Kraftfahrzeuge ohne Euro-Nummernschild müssen das ovale Nationalitätskennzeichen tragen.

Tiere Tiere dürfen unter folgenden Bedingungen mitgeführt werden: eingepflanzter Mikrochip zur Identifikation, Tollwuttest und -impfung in einem autorisierten Labor mindestens sechs Monate vor der Einreise, Zecken- und Bandwurmimpfung ein bis zwei Tage vor der Einreise. Info: www.defra.gov.uk/animalh/quarantine/index.htm

Zollbestimmungen Im **EU-Binnenmarkt** ist der private Warenverkehr weitgehend zollfrei. Lediglich gewisse obere Richtmengen – 800 Zigaretten, 10 l Spirituosen, 90 l Wein für Reisende über 17 Jahre – gelten noch.
Für Reisende aus Nicht-EU-Ländern wie der **Schweiz** bestehen folgende Freimengengrenzen: 250 g Kaffee, 100 g Tee, 200 Zigaretten oder 50 Zigarren oder 250 g Tabak, 2 l Wein oder andere Getränke bis 22 % Alkoholgehalt sowie 1 l Spirituosen mit mehr als 22 % Alkoholgehalt. Souvenirs dürfen in die Schweiz bis zu einem Wert von 300 CHF zollfrei eingeführt werden.

Auskunft

 ## WICHTIGE ADRESSEN

IN DEUTSCHLAND

► **VisitBritain + Britain Visitor Centre**
Hackescher Markt 1
D-10178 Berlin
Tel. (0 18 01) 46 86 42
Fax (030) 31 57 19 10, E-Mail:
info@visitbritaindirect.com
www.visitbritain.de (Infos)
www.britaindirect.com

IN ÖSTERREICH

► **Britain Visitor Centre**
c/o British Council
Siebensterngasse 21
A-1070 Wien
Tel. (0 800) 15 01 70
Fax (01) 533 26 16 85
www.visitbritain.com/de

IN SÜDENGLAND

► **The Southern and South East England Tourist Board**
40 Chamberlayne Road
Eastleigh SO50 5JH
Tel. (023) 80 62 54 00
www.visitsoutheastengland.com
(Infos über East Sussex, West
Sussex, Kent, Surrey, Isle of Wight,
Dorset, Hampshire, Berkshire)

► **South West Tourism**
Woodwater Park
Exeter, EX2 5WT
Tel. (0870) 4 42 08 80
Fax. (0870) 4 42 08 81
www.visitsouthwest.co.uk
(Cornwall, Devon, Dorset, Som-
erset, Wiltshire, Isles of Scilly,
Gloucestershire & Cotswolds)

IN LONDON

► **Britain & London Visitor Centre**
1 Regent Street, Piccadilly Circus
London SW1Y 4XT
Tel. (08 70) 156 63 66
www.visitlondon.com

BRITISCHE BOTSCHAFTEN

► **Deutschland**
Wilhelmstr. 70, D-10117 Berlin
Tel. (030) 20 45 70
Fax (030) 20 45 7 594
http://ukingermany.fco.gov.uk/de

► **Schweiz**
Thunstrasse 50, CH-3005 Bern
Tel. (031) 359 77 00
www.ukinswitzerland.fco.gov.uk

► **Österreich**
Jaurèsgasse 12, A-1030 Wien
Tel. (01) 71 61 30, www.fco.gov.uk

BOTSCHAFTEN IN GROSSBRITANNIEN

► **Deutschland**
23 Belgrave Square
London SW1X 8PZ
Tel. (020) 78 24 13 00
Fax (020) 78 24 14 49
www.london.diplo.de

► **Schweiz**
16 – 18 Montagu Place
London W1H 2BA
Tel. (020) 76 16 60 00
Fax (020) 77 24 70 01
www.eda.admin.ch/london_emb/
e/home.html

▶ **Österreich**
18 Belgrave Mews West
London SW 1X HU
Tel. (020) 73 44 32 50
Fax (020) 73 44 02 92
www.bmeia.gv.at

NATIONAL TRUST

▶ **The National Trust**
P. O. Box 39
Warrington WA5 7WD
Tel. (08 44) 800 18 95
Fax (08 44) 800 46 42
www.nationaltrust.co.uk

ENGLISH HERITAGE

▶ **English Heritage
Customer Service Dept.**
P.O. Box 569
Swindon SN2 2YP
Tel. (08 70) 333 11 81
Fax (0 17 93) 41 49 26
www.english-heritage.org.uk

INTERNETADRESSEN

▶ **www.britishcouncil.de**
Der British Council präsentiert
die Kultur des Vereinigten Königreiches im Ausland mit Sprach-
kursen, Vorträgen, Ausstellungen
und Filmvorführungen.

▶ **www.enjoyengland.com**
Hervorragend strukturierte,
offizielle Übersicht zu Events
und Attraktionen in England

▶ **www.rac.co.uk**
Unter »Travel Services« bietet
der Royal Automobile Club
(RAC) einen guten Routenplaner
sowie Verkehrs-Infos.

▶ **www.theaa.com**
Nützlich bei der Reiseplanung:
der kompetente Online-Führer
der AA Automobile Association
zu Hotels, B & B's, Pubs und
Restaurants

▶ **www.streetmap.co.uk**
Straßenkarten und Stadtpläne
aus ganz Britannien, inkl.
Suchfunktion nach Orten
und Straßen

▶ **www.sweetsuburbia.de**
Britischer Lifestyle für daheim:
Marmelade und Marmite,
Pimms und Pringle, Shirts
und Schuhe gibt es im virtu-
ellen Departmentstore von
Sandra Peters.

▶ **www.culture24.org.uk**
Gute Übersicht über rund
3000 Museen und Galerien
in England

Badeurlaub

Badestrände An der Südküste von England bieten weiße Sandstrände und »pebble beaches«, Kieselstrände, zahlreiche Gelegenheiten zum Baden und Sonnen. Achtung: In Cornwall werden viele Strände bei Flut über-schwemmt. Rote Flaggen signalisieren Badeverbot. Die bekanntesten Sandstrände von Südengland sind die von Ilfracombe, Bude, New-quay, St. Ives, Torquay, Weymouth, Bournemouth, Eastbourne und Ramsgate. Teilweise mit Kies bedeckt sind die beliebten Strände von

Baden und Sonnen vor nobler Kulisse: Strandurlaub in Brighton

Penzance, Falmouth, Lyme Regis, Bognor Regis, Worthing, Brighton, Seaford, Bexhill, Hastings, Margate und auf der Isle of Wight. An der Nordwestküste sind die Strände von Minehead und Lynton viel besucht.

Mit Behinderung unterwegs

Immer mehr Hotels und Gaststätten in Großbritannien bieten Einrichtungen für Schwerbehinderte und Gäste in Rollstühlen. Detaillierte Informationen enthält die kostenlose Broschüre »Großbritannien für behinderte Besucher« von VisitBritain (▶Auskunft).

▶ BEHINDERTENORGANISATIONEN

▶ **Tourism for All UK / Vitalise**
Shap Road
Industrial Estate Shap Road
Kendal Cumbria LA9 6NZ
Tel. (08 45) 124 99 71
www.tourismforall.org.uk
Buchungen und detaillierte
Informationen

▶ **Artsline**
c/o 21 Pine Court Wood Lodge
Gardens, Bromley BR1 2WA
Tel. (020) 73 88 22 27
www.artsline.org.uk
Behindertengerechte Events

▶ **Attitude is
Everything Ltd.**
54 Chalton Street
London NW1 1HS
Tel. (020) 73 83 79 79
www.attitudeiseverything.org.uk
Ziel: Verbesserter Zugang zu
Live-Musik für Menschen mit
Handicap

▶ **National Express**
www.nationalexpress.com
Disabled Persons
Travel Helpline:
Tel. (08 71) 781 81 79

Elektrizität

Die Netzspannung beträgt 240 Volt Wechselstrom bei 50 Hz. In vielen Hotels gibt es Euro-Stecker. Dennoch ist die Mitnahme eines Adapters anzuraten. Fast alle britischen Dreipol-Steckdosen haben einen Extra-Schalter zum Einschalten!

Essen und Trinken

**Die englische
Küche ist besser
als ihr Ruf**

Englands Kultkoch kommt aus Südengland: **Jamie Oliver**, Jahrgang 1975. Mit acht Jahren lernte er im Pub seiner Eltern das Kochen, 1998 wurde er als jüngster TV-Koch mit seiner Sendung »Naked Chef« weltberühmt (▶ Baedeker Special, S. 78). Jamie Oliver ist kein Einzelfall: Die britische Küche ist viel besser als ihr Ruf. Gerade Südengland bietet eine **Fülle von Gaumenfreuden**: Austern aus Whitstable, Seezunge aus Dover, Wild aus dem New Forest, Erdbeeren aus Hampshire. Berühmte Köche wie James Martin in Winchester oder Raymond Blanc im Manoir aux Quat' Saisons in Great Milton zaubern daraus Köstlichkeiten. Wer sich nicht mit Klassikern wie Yorkshire Pudding oder Steak and Kidney Pie anfreunden kann, findet zahlreiche indische, chinesische, karibische und arabische Restaurants. Die berühmten Fish & Chips dagegen werden am besten direkt aus der Tüte gegessen, während die Beine im Meer baumeln ...

Zum traditionellen Frühstück gehören Eier und Speck.

Mahlzeiten

In vielen Hotels wird noch immer gegen einen geringen Aufschlag die erste Tasse Tee, der »Early Morning Tea«, beim Wecken auf das Zimmer gebracht – ein starker Tee mit Keksen oder Toast. Wer einfacher wohnt, hat oft im Zimmer alle Utensilien zur Teebereitung.

Early Morning Tea

Das traditionelle englische **Frühstück** besteht aus Haferbrei (porridge) oder Cornflakes mit Milch, gefolgt von Eiern mit Speck oder Schinken (bacon and eggs, ham and eggs), Würstchen (sausages), weißen Bohnen (baked beans), Grilltomate (grilled tomato), Bratfisch (fried fish) oder Bückling (kippers) und Toast mit Butter und Marmelade (jam) oder Bitterorangenkonfitüre (marmalade). Zum Morning Tea (»elevenses«) am Vormittag gehört ein Keks oder Kuchen.

Breakfast

Das Mittagessen, der **Lunch**, ist leicht: Salat, Suppe oder Sandwich. Hinter einem Ploughman's Lunch verbirgt sich ein Käseteller mit Gewürzgurke.

Zum Nachmittagstee – **Afternoon Tea**, High Tea oder Five o'clock Tea – gegen 16 Uhr genießen die Briten Scones, Sandwiches, Früch-

> **! Baedeker TIPP**
>
> ### Halbe Portion
>
> Die gefühlvollen Kindheitserinnerungen von Nigel Slater sind eine einzige Liebeserklärung an die englische Küche. Slater gehört neben Jamie Oliver zu den Stars der britischen Gourmetszene. Der Londoner Sternekoch hat seit zehn Jahren eine Ess-Kolumne im »Observer« und produziert eine prämierte BBC-Kochserie. Piper, 2005.

DIE NEUE BRITISCHE KÜCHE: STERNSTUNDEN FÜR LEIB UND SEELE

»Die Engländer haben die Tischreden erfunden, damit man ihr Essen vergisst« schrieb Pierre Daninos (1913 – 2005). Mitte der 1950er und noch vor 20 Jahren sorgte englisches Essen für innere Abwehr. Das Gemüse wurde in salzlosem Wasser weich gekocht, das Rindfleisch unter brauner Bratensoße versteckt. Doch heute überschlagen sich die Lobeshymnen. Die neuen »celebrity chefs« sind nicht nur Meister am Herd, sondern – sexy.

Umschwärmt wie Popstars werden besonders zwei Cracks in der Küche, die unterschiedlicher nicht sein können: Jamie Oliver, ein blonder Sunnyboy aus Südengland, und Gordon Ramsay, dunkel, bissig – und ebenso erfolgreich. Seine Shows »Hell's Kitchen« und »Ramsey's Kitchen Nightmare« haben alle bisherigen Einschaltquoten der BBC geschlagen. Ebenso dramatisch ist sein Gebrauch eines Schimpfwortes, in England als »f-word« tabuisiert. Spitze ist auch Ramseys Restaurant-Imperium mit 18 Lokalen in Großbritannien, den USA und Dubai. Wer jedoch einmal die Küche des »Chefs ohne Gnade« kosten will, der bereits 16 Michelinsterne auf sich vereinen konnte, muss tief in die Tasche greifen.

Kultkoch Jamie Oliver

Als jüngster TV-Koch der BBC und Autor des Begleitbuchs zur Kultserie »The Naked Chef«, das über Nacht die internationalen Bestsellerlisten stürmte, wurde Jamie Oliver zum Idol aller Hobbyköche – und heiß begehrten Frauenschwarm. Zwar hat er mittlerweile seine langjährige Freundin Jools geheiratet, doch das ist längst verziehen. Oliver wurde 1975 in Südengland geboren. Den größten Teil seiner Kindheit verbrachte er über und im Pub »The Cricketers« in Clavering. Mit acht Jahren half Oliver hier seinem Vater in der Küche, mit elf Jahren bereitete er die ersten Speisen zu. Berühmt wurde Oliver nicht nur für seine Kochkunst, sondern auch für sein soziales Enga-

Feinschmecker schwärmen von Lewtrenchard bei Dartmoor (links), das neue Idol aller Hobbyköche heißt Jamie Oliver – hier mit seinem Team des »Fifteen«.

gement. Seine Stiftung »Cheeky Chops« bildet jährlich 15 arbeitslose Jugendliche zu Profi-Köchen aus. Sie gaben Olivers Trendrestaurants im Londoner Eastend und in Cornwall nicht nur den Namen, sondern stellen dort auch die Crew: im Fifteen – wo Bill Clinton und Claudia Schiffer bereits zu Gast waren. In seiner Kampagne »Feed me better« kochte Oliver 20 000 Kindern in zwei Schulen für 39 Pence ein Mittagessen – mehr bezahlt die Behörde nicht.

Mitten im Dartmoor Nationalpark, wo Sir Conan Doyles »Hound of the Baskervilles« sein Unwesen trieb, füllt Michael Caines Tauben mit Foie Gras, Trüffeln und Steinpilzen – woraufMichelin den Inhaber und Küchenchef des Gidleigh Park mit zwei Sternen dekorierte (Chagford/Devon, www.gidleigh.com). Ebenfalls zwei Sterne funkeln über der erlesenen Kochkunst von Martin Blunos. Der lettische Hüne mit dem humorvollen Lächeln wuchs in Bath auf, wo er für sein Restaurant »Lettonie« einst als erster Küchenchef außerhalb Londons zwei Michelinsterne erhielt – gemeinsam mit seiner Frau Siân. Obgleich sie als Chefköchin nur wenig Zeit hatte,

kochte sie alle Mahlzeiten für ihre Tochter Coco selbst – und schrieb mit den 100 besten Rezepten für Kleinkinder einen persönlichen Ernährungsratgeber, der 2004 auch in Deutschland erschien.

Landküche mit Luxus

Wer den ländlichen Lifestyle von »Mulberry« liebt, kann in Shepton Mallet (Somerset) darin schwelgen. Hier haben Roger und Monty Saul, die Gründer des Luxuslabels »Mulberry«, das Charlton House aus dem 17. Jh. in ein kleines, feines Hotel verwandelt. Im „Mulberry Restaurant" serviert Küchenchef Simon Crannage gehobene Küche mit Zutaten der Region – viele kommen von Rogers Farm. Als »Best Sunday Lunch« wurde The Crooked Billet (Infos: www.thecrookedbillet.co.uk) bei Henley-on-Thames vom Observer mit dem monatlichen Food Award ausgezeichnet. Der charaktervolle Pub aus dem 17. Jh. lockt Einheimische und Prominenz gleichermaßen ins Themsetal. Schon Kate Winslet genoss beim Hochzeitsmahl die edle Hausmannskost von Paul Clerehugh: Wild mit Haggis und gerösteten Feigen.

tekuchen und Gebäck. Den High Tea ergänzen ein Fleisch- oder Eiergericht sowie Salate, zum Devonshire Tea oder Cream Tea gehören Scones, Jam und Clotted Cream.

Dinner; Supper Das **Abendessen** gegen 19.00/19.30 Uhr ist die Hauptmahlzeit. Es wird in gepflegter Kleidung eingenommen und besteht aus drei Gängen: starter, main dish und dessert. Nach 21.30 Uhr wird meist keine Bestellung mehr angenommen. Eine Alternative bieten Lokale mit ausländischer Küche.

Landestypische Gerichte

Sandwiches Unzählige Sandwich-Bars locken mit köstlichen Broten, frisch belegt mit Lachs, Meeresfrüchten und diversen Dressings. Auch große Kaufhausketten haben z. T. Sandwich-Ecken eingerichtet. Klassische »Tea-time Sandwiches« sind dünne Weißbrotscheiben mit Butter, belegt mit Gurke.

Starters, Appetizers Als **Vorspeisen** werden geboten: gekühlte Frucht- und Gemüsesäfte (chilled juices), Früchte wie eisgekühlte Melone (iced melon), Grapefruit-Cocktail, »Indian Pineapple Salad« aus Ananas, Äpfeln und Sellerie; Pasteten (pâté), Ochsenmaulsalat (pickled ox head salad), Pökelzunge (pickled tongue) und Sülze; geräucherter Lachs, Forelle und Aal (smoked salmon, smoked trout, smoked eel) und anderer Fisch, Krustentiere wie Flusskrebse (crayfish) und Taschenkrebse (crabs) sowie Meeresfrüchte, z. B. Krabben (shrimps), Garnelen (prawns), Jakobsmuscheln (scallops), Herzmuscheln (cockles) und Austern (oysters), die auch als »Angels on Horseback« in Speckscheiben gewickelt, gegrillt und auf Toast serviert werden.

Soups An **Suppen** gibt es eine reiche Auswahl: klare Gemüsesuppen (spring soup), gebundene Suppen aus Tomaten, Pilzen oder Huhn (cream of tomato, of mushrooms, of chicken) sowie mit Fisch und Schalentieren.

Fish Ausgezeichnet ist der **Fisch**: Kabeljau (cod), Schellfisch (haddock), Heilbutt (halibut) und Makrele (mackerel), Seezunge (Dover sole), Lachs (salmon) und Seebarsch (bass, white salmon), der gern wie Lachs zubereitet wird. Beliebte Süßwasserfische sind Forelle (trout), Karpfen (carp, oft in Pilzsoße), Hecht (pike), Brasse (bream) und Flussbarsch (perch). Hinzu kommen die »shellfish« genannten **Scha-**

Ein Hochgenuss: fangfrischer Hummer

lentiere, wie Miesmuscheln (mussels), Venusmuscheln (clams), Jakobsmuscheln (scallops) und Austern (oysters); Langusten (crawfish) und Hummer (lobster) sind, wie überall, teuer.

Roast & 2 Veg: Rinderbraten – **Roastbeef** – mit Yorkshire Pudding und zwei Gemüsen bildet das klassische Mittagsmahl am Sonntag. Gepökeltes Rindfleisch aus der Keule wird als »Silverside« gekocht und mit Klößen garniert. Ausgezeichnet sind die Lammkoteletts (**lamb chops**), die man mit Minzsoße oder Johannisbeergelee anrichtet. Schweinefleisch wird gebraten mit Apfelsoße serviert oder mit Backpflaumen gespickt im Rohr gebacken (loin of pork with prunes). Der **Steak and Kidney Pie** versteckt unter seiner Blätterteigdecke ein Nierenragout mit Rindfleisch-Würfeln.

Meat

Geflügel gibt es reichlich, **Wild** ist wegen der strengen Jagdgesetze seltener geworden. Huhn (chicken) wird oft mit Curry zubereitet, gebratene Gans (roast goose) mit Backpflaumen und Äpfeln oder Zwiebeln und Salbei gefüllt. Rebhuhn wird mit einer Speckscheibe umwickelt gebraten und mit gekochtem Weißkraut umlegt (partridge with cabbage). Beliebt ist gebratene Ente in Honigsoße (duck in honey sauce). Hase wird oft als Hasenpfeffer (jugged hare) zubereitet.

Poultry, Game

Typisch britisch sind die Dumplings aus einem Sauerteig mit Eiern und Nierenfett sowie die Teigspeise Yorkshire Pudding, die im Rohr unter einem Braten gebacken und oft mit Bratensaft beträufelt wird.

Side Dishes (Beilagen)

Neben belegten Kuchen (pies, tarts) und trockenen Kuchen (cakes) sind schwere **Puddings** beliebt. Vermengt mit Nüssen, getrockneten Früchten, Rosinen oder Zitronat, wird der Pudding stundenlang in heißem Dampf oder im Wasserbad gekocht, bevor er warm oder kalt serviert wird. Der Christmas Pudding oder **Plumpudding** aus Semmelbröseln, Rindertalg, Milch und Eiern geriebenen Karotten, Ingwer, Muskat, Mandeln, Nelken, Zimt und Sherry oder dunklem Bier wird im Stofftuch ausgiebig im Wasserbad gekocht und aufbewahrt, ehe er aufgewärmt, mit Weinbrand flambiert und mit Brandy Butter serviert wird.

Dessert

Die besten **Käsesorten** sind Stilton, Cheddar, Cheshire, Gloucester, Wensleydale und Caerphilly aus Wales.

Cheese

▶ DIE SCHÖNSTEN FOOD FESTIVALS

▶ **The Exeter Festival of South West England Food and Drink**
www.tasteofthewest.co.uk
(April)

▶ **Hamble Valley Food & Drink Festival**
www.hamblevalley.com
(Juni / Juli)

▶ **Garlic Festival Isle of Wight**
www.garlic-festival.co.uk
(August)

▶ **Whitstable Oyster Festival**
www.whitstableoysterfestival.co.uk
(Juli)

▶ **Newlyn Fish Festival**
www.newlynfishfestival.org.uk
(Ende August)

▶ **Emsworth Food Festival**
www.emsworthfoodfestival.co.uk
(September)

▶ **English Wine Festival**
Alfriston, www.englishwine.co.uk
(September)

▶ **Organic Food Festival Bristol**
www.theorganicfoodfestival.co.uk
(September)

▶ **Surrey Farm & Village Week**
www.surreycountyshow.co.uk
(September)

▶ **Cornwall Food & Drink Festival**
www.cornwallfoodanddrinkfestival.com (September/Oktober)

▶ **Falmouth Oyster Festival**
www.falmouthoysterfestival.co.uk
(Oktober)

▶ **Devon Celebration of Food**
www.celebrationoffood.co.uk
(Oktober)

▶ **Exmoor Food Festival**
www.exmoorfoodfestival.co.uk
(Oktober)

▶ **Taste of London**
www.tastefestivals.com/london

Food from Britain

Eine Übersicht aller Events bietet der Verband »Food from Britain«, www.foodfrombritain.com.

Was trinkt man?

Beer   Im Pub bestellt der Brite kein Bier, sondern ein **Pint** (= 0,568 l) – »a pint of bitter« (oder »a half pint«, 240 ml) – britische Brauer haben überwiegend die traditionelle obergärige Brauweise beibehalten. Ihre **»Ales«** erinnern mit ihrem spritzig-fruchtigen, leicht süßen Geschmack an ein Altbier oder Kölsch. Ohne Schaum und kaum gekühlt serviert, sind diese Biere dennoch gewöhnungsbedürftig. Klassische Sorten sind das leichte »Pale Ale« aus der Flasche, das mit der Handpumpe gezapfte »Real Ale« oder »Bitter« vom Fass, das dunkle »Mild« vom Fass und das dunkle Brown Ale aus der Flasche. Strong

Ales sind etwas stärker. Die stärksten Biere sind die schweren »Barley Wines«, die wegen ihres hohen Alkoholgehalts in »Nips« (ca. 0,2 l) ausgeschenkt werden. Die obergärig gebrauten **Stouts** aus Irland sind kräftige, dunkle, malzstarke, aber bittere Biere mit meist sahnigem Schaum wie das berühmte **Guinness**. Zunehmend beliebter werden die untergärigen **Lager**-Biere, die deutschem Exportbier ähneln.

Kaum bekannt, aber durchaus gut ist englischer **Wein**. Die Römer brachten die Kunst des Weinbaus nach Britannien. Im Mittelalter bauten vor allem Mönche Wein an und lernten dabei viel von den Winzern aus Bordeaux, das 300 Jahre lang zu England gehörte. Mit der Säkularisierung des Kirchenbesitzes unter Heinrich VIII. ging der Weinbau jedoch zugrunde. Dank des Klimawandels boomt heute die englische Weinindustrie, mehr als 200 Weingüter zwischen Cornwall und Kent bauen erlesene Rot- und Weißweine an, aber auch in Wales und Nordengland gedeihen inzwischen beste Tropfen. (►Baedeker Special, S. 234). *Wine*

Traditioneller Aperitif ist ein Sherry; klassischer Digestif ein Port. Geschätzt werden auch Apfelwein (cider), Birnenwein (perry) und Honigwein (mead). *Sherry, Portwein, Cider und Mead*

Lokalitäten jeder Couleur

Außer Restaurants mit englischer Küche gibt es viele Lokale mit internationalen Speisen. Empfehlenswerte Restaurants sind im Reiseteil aufgeführt. Sie sind in drei Preiskategorien eingeteilt. *Restaurants*

Neben Restaurants sind Coffee Houses (»Caffs«), Tea Rooms und Sandwich Bars weit verbreitet. In Tea Rooms werden mehrere Sorten Tee serviert, außerdem – wie auch in den Sandwich Bars und Cafés – Sandwiches, Gebäck, Kuchen und ein einfacher Mittagsimbiss; am späten Nachmittag wird meist geschlossen. Einfache, preiswerte Mahlzeiten bieten **Snackbars**, meist Filialen von Kettenrestaurants. Imbissstände locken mit asiatischen und orientalischen Speisen. Typisch britisch sind Chippies, in denen man »**fish and chips**«, frittierten Fisch mit Pommes Frites stilecht mit Essig gewürzt aus der Papiertüte bekommt (►Abb. S. 86). *Tea Rooms*
◄ s. auch beiliegender Special Guide

> ### *i* Preiskategorien
>
> ■ Fein & teuer über 50 £
> ■ Erschwinglich 20 – 50 £
> ■ Preiswert   bis 20 £
> Für ein Hauptgericht
>
> Restaurants
> ►Reiseziele von A bis Z

Pubs sind eine englische Institution: gemütliche Treffpunkte zum Reden, Bier trinken, Darts oder Snooker spielen, heimelig und seit 2007 per Gesetz nicht mehr verraucht. Allerdings dürfen Pubs, die keine Mahlzeiten servieren, auch weiterhin ausgewiesene Raucherzo- *Pubs*
◄ Weiter auf S. 86

*Im Londoner George Inn
soll schon Shakespeare
gezecht haben.*

WOHNZIMMER AUSSER HAUS

**Die ältesten und gemütlichsten Pubs der Insel sind zwischen Kent und
Cornwall zu finden. Bei Kaminfeuer und Ale, Stout oder Bitter lassen sich die
britische Trinkkultur und ihre Rituale studieren.**

Die Teppiche sind dick, die dunkel
getäfelten Wände mit Bildern und
alten Stichen gepflastert, an allen
Ecken und Kanten glänzt Messing,
im Kamin prasselt ein Feuer. Wenn
dann noch der Regen an die Fenster
trommelt, möchte man diese heimelige Oase am liebsten gar nicht
mehr verlassen. So einladend sind die
englischen Pubs, dass bald auch Ungeübten das schaumlose, warme Bier
wunderbar schmeckt. Trinkfreudige
Nachteulen dürfen sich freuen: Rund
90 Jahre nach ihrer Einführung ist die
zuletzt heftig umstrittene 23.00-Uhr-
Sperrstunde in britischen Pubs Ende
2005 endgültig gefallen. Zum letzten
Mal ertönte über dem Tresen das
Läuten der Glocke zur »Last order«,
mit dem kurz vor elf zur letzten
Runde gerufen wurde. Der Ausschankstopp war während des Ersten
Weltkrieges eingeführt worden, um zu
verhindern, dass Arbeiter in kriegswichtigen Fabriken angetrunken zur
Frühschicht erschienen. Bis nach Mitternacht dürfen die Wirte nun ausschenken, wenn auch bislang nur
wenige vom neuen Lizenzierungsgesetz Gebrauch machen. Im Pub trinkt
man Bier, und zwar meistens ein Pint
(= 0,57 l), wer weniger trinken
möchte, bestellt half a pint. Klassische
Sorten sind das fassvergorene, handgezapfte Bitter, das dunkle Ale, das
malzstarke Stout und das helle Lager.
Britische Biergläser besitzen keinen
Eichstrich – die kellerkühlen Gefäße
werden einfach bis zum Rand ohne
Schaum gefüllt. Bedienung am Tisch
ist nicht vorgesehen, Trinkgeld daher
nicht üblich. Wer an der Theke ein
Essen bestellt, erhält eine Nummer,
die ausgerufen wird, sobald das Gericht abgeholt werden kann: ein
Ploughman's Lunch mit Cheddarkäse,
Zwiebeln, Gurken und Brot, ein
Shepherd's Pie mit Hack, Zwiebeln
und Kartoffelbrei oder die Nationalspeise Steak & Kidney Pie, die ihren
Rindfleisch-Nieren-Mix unter einer
Teigdecke verbirgt.

Public Houses

Britische Pubs öffnen schon um 11.00
Uhr. Berufstätige können so bereits
ihre Mittagspause in ihrer Lieblingskneipe verbringen. Auch unmittelbar
nach Büroschluss sind die Pubs gut
besucht. Für die meisten Briten, ob

Endlich Feierabend: Für viele Briten ist ihr Pub ein zweites Zuhause.

City-Banker, Student, Landwirt oder Schlossherr, gehört der Local Pub, die Stammkneipe um die Ecke, als erweitertes Wohnzimmer zum Alltag wie die Luft zum Leben. Dort wird nicht nur gegessen und getrunken, sondern auch Geselligkeit gepflegt, geplauscht und gespielt – am liebsten Darts. Oft sind die Pubs mit viel Liebe zum Detail eingerichtet. Das fängt an beim handgemalten Schild über der Tür und setzt sich fort über stoffbeschirmte Lampen und reicht gelegentlich bis zu Büchern.

Neuerungen

Nicht nur die Aufhebung der Sperrstunde und das neue Rauchverbot haben die britischen Pubs verändert. Längst überholt ist auch die Unterteilung in vier Kategorien, heute nur noch an alten Trennwänden zu erkennen. Die rustikale Public Bar war früher der arbeitenden Klasse vorbehalten. Die ansprechende Saloon Bar war das Reich der Bürger, die Lounge Bar frequentierten Großbürgertum und Landadel, die Private Bar war dem Hochadel und allein reisenden Damen vorbehalten. Besonders in London sind viele Pubs keine eigenständigen Betriebe mehr, sondern gehören großen Brauereien. Weil aber in England die Individualität hoch geschätzt wird, ist die Zahl solcher Pubs seit 1998 auf 2000 begrenzt.

»Campaign for Real Ale«

Die Brauereien werden kritisch beobachtet, seit sie in den 1960er- und 1970er- Jahren üblen Frevel begingen: Anstelle des guten britischen Ales, das erst in den Kellern des Pubs in Fässern zur individuellen Vollendung reift, brachten sie billig gebrautes, pasteurisiertes und künstlich mit Kohlensäure versetztes Keg-Bier auf den Markt. Ihre Rechnung hatten die Bierbrauer allerdings ohne die Biertrinker und die Verbraucherverbände gemacht. Mit ihrer »Campaign for Real Ale« zwangen sie die Brauereien, wieder traditionelles »Real Ale« herzustellen.

Ihren Charme haben die alten Pubs dagegen ohne Mühe bewahrt, und sie erzählen viele Geschichten. So soll im Londoner »George Inn« am Südufer der Themse schon Shakespeare gezecht haben. Im nahen »Anchor« beobachtete Samuel Pepys anno 1666, wie über die City das »Große Feuer« fast das gesamte mittelalterliche London verschlang. In der »Museum Tavern« in Bloomsbury machte sich Virginia Woolf Notizen, und Karl Marx erholte sich dort von seiner Arbeit im Britischen Museum, wo er »Das Kapital« verfasste. Zu allen Zeiten diente der Pub eben nicht nur dem Bierkonsum, sondern war auch Nachrichtenbörse, Treffpunkt und Fluchtburg aus dem Alltag.

i Die besten Fish & Chips

- Bardsley's, 22/23/23A Baker Street, Brighton, Tel. (012 73) 68 12 56 – probieren Sie auch Roys Spezialitäten wie Haisteak und frische Krabben!
- The Blue Dolphin, 61 High Street, Hastings, Tel. (014 24) 42 57 78 – das Richtige nach einem langen Strandspaziergang
- Rock & Sole Plaice, 47 Endell Street, London WC2, Tel. (020) 78 36 37 85 – seit 1871 eine Institution, um die Ecke von Covent Garden. Neben den üblichen Cod und Chips gibt es Lachs, Forelle und Scampi.
- Harbour Fish Café, 27 Victoria Parade, Torquay, Tel. (0 18 03) 21 21 45 – Preisgekrönt für seine Fish & Chips, direkt an der Hafenpromenade

nen haben. Der Name »Pub« ist die Abkürzung für »Public House«. Doch genau das waren viele Gasthäuser früher nicht. Streng unterschieden sie nach sozialer Herkunft: Die Public Bar war für Arbeiter, die Saloon Bar für Besserverdienende, die Private Bar für Damen und Herren ohne Begleitung. Viele Pubs bieten neben einfachen Snacks wie Sandwiches und Würstchen auch typische Gerichte wie Shepherd's Pie oder Steak & Kidney Pie. Häufig gibt es einen separaten Raum mit Restaurantplätzen und Bedienung, der abends öffnet. Traditionsbewusste Wirte halten sich an die alten Schankzeiten und schließen zwischen 15.00 und 17.00 Uhr.

Feiertage · Feste · Events

1. Januar/Neujahr (New Year's Day)
Karfreitag (Good Friday)
Ostermontag (Easter Monday)
1. Montag im Mai (May Day Bank Holiday)
Letzter Montag im Mai (Spring Bank Holiday)
Letzter Montag im August (Late Summer Bank Holiday)
25. Dezember/Erster Weihnachtsfeiertag (Christmas Day)
26. Dezember/Zweiter Weihnachtsfeiertag (Boxing Day)

Veranstaltungen

Kuriose Veranstaltungen

Neben den unten aufgeführten Festen und Veranstaltungen gibt es in Südengland eine Reihe äußerst kurioser »Events«: Beim »Freistilfliegen« zappelt der »Birdman« des Jahres in Bognor Regis so lange wie möglich in der Luft (www.birdman.org.uk). Fantastische Kostüme machten den Notting Hill Carnival berühmt – die Faschingsparade wird seit 1966 am Bank Holiday im August gefeiert (www.mynot tinghill.co.uk/article/about-notting-hill-carnival).

 FESTKALENDER

JANUAR
▶ **London**
Lord Mayor's New Year's Parade (1. Januar)
In Chinatown und Soho: Chinesisches Neujahr (Ende Januar)

FEBRUAR
▶ **London**
Great Spitalfields Pancake Day Race (Hindernisrennen mit Pfannkuchen und Pfanne in der Hand, Fastnachtsdienstag)

▶ **Corfe Castle (Dorset)**
Am Fastnachtsdienstag traditionelles Fußballspiel in den Gassen des Dorfes

MÄRZ
▶ **London**
Internationale Buchmesse

OSTERN
▶ **London**
London Harness Horse Parade (malerische Parade alter Pferdekutschen im Battersea Park, Ostermontag)

APRIL
▶ **London**
Queen's Birthday (Salutschießen zum Geburtstag der Queen am 21. April)

▶ **Badminton (Somerset)**
Horse Trials (weltgrößtes Militaryturnier)

MAI
▶ **Padstow (Cornwall)**
Obby' Oss, 1. Mai (eigentl. Hobby Horse, d. h. Steckenpferd; Umzug zur Austreibung des Winters)

▶ **Helston (Cornwall)**
Furry Dance am 6. Mai (Umzug in historischen Kostümen, Paraden)

▶ **Rochester (Kent)**
Ch. Dickens Festival (Ende Mai)

▶ **London**
Royal Windsor Horse Show (Pferdeschau, 2. Maiwoche)
Chelsea Flower Show (Blumenschau, Ende Mai)
Freilichtaufführungen im Regent's Park (bis September)

▶ **Brighton (East Sussex)**
Brighton International Festival mit über 450 Kunst-Events in 24 Tagen

▶ **Bath (Avon)**
Internationales Musik- und Kunstfestival (bis Juni)

▶ **Torquay (Devon)**
English Riviera Dance Festival (Tanzfestival, bis Juni)

▶ **Cathedral Classics**
Klassische Konzerte in zahlreichen Kathedralen Südenglands (bis Juli)

▶ **Glyndebourne (East Sussex)**
Opernfestival (bis August)

► **Chichester (West Sussex)**
Theaterfestival (bis September)

JUNI

► **Shepton Mallet (Somerset)**
Royal Bath and West Show
(Landwirtschaftsmesse)

► **Broadstairs (Kent)**
Broadstairs Dickens Festival
(zu Ehren von Charles Dickens)

► **Epsom (Surrey)**
Weltberühmtes Pferderennen

► **Glastonbury (Somerset)**
Glastonbury Festival
Englands Woodstock – das
fünftägige Rock-Festival

► **London**
Trooping the Colour (Geburts-
tagsparade für Königin Elisabeth II. am 2. Junisamstag)
Academy Summer Show (vier
Vernissagen im Burlington House,
bis August)

Auf dem Mittelalterfest in Old Sarum

► **Stonehenge (Wiltshire)**
Mitsommernachtsfest

► **Bournemouth (Dorset)**
Musikfestival (Chor, Orchester,
Bands, bis Juli)

► **Great Elm (Somerset)**
Musikfestival (bis Juli)

JULI

► **Old Sarum (Wiltshire)**
Mittelalterfest mit Markt, Umzügen und Kunsthandwerk

► **London**
Wimbledon: All England Lawn
Tennis Championships
Swan Upping (Schiffsprozession
auf der Themse zur Zählung

der Schwäne und Markierung
der Jungtiere)
Royal Tournament (Militärparade)
Henry Wood Promenade Concerts
(»Proms«: Konzertreihe von Jazz
bis Symphonie in der Royal Albert
Hall, bis September)

► **Winchester (Hampshire)**
Southern Cathedrals Festival
(geistliche Musik)

JULI–AUGUST

► **Goodwood (West Sussex)**
Pferderennwoche

► **Goodwood (West Sussex)**
Internationale Dressurmeister-
schaften

► **Sidmouth (Devon)**
Internationales Volksmusikfestival
(Musik, Tanz, bis August)

► **Isle of Wight**
Admiral's Cup (Segelregatta) und
Cowes Week (Jachtfestival)

AUGUST

► **London**
Notting Hill Carnival (farben-
prächtiger Straßenkarneval der
Einwanderer aus der Karibik)

► **Reading (Berkshire)**
Reading Rock Festival

► **Rochester (Kent)**
Norman Rochester (Bogen-
schießen, Falknerei, normannische
Sportarten und historische
Schlachtszenen)

► **Arundel (West Sussex)**
Arundel Festival (Oper, Tanz,
Shakespeare-Freilichtaufführun-
gen, bis September)

SEPTEMBER

► **Liskeard (Cornwall)**
Cornish Gorseth bzw. Gorsedd

(Treffen der Barden aus Cornwall
mit Musik, Tanz und Umzügen in
historischen Kostümen)

► **Salisbury (Wiltshire)**
Festival of the Arts

► **Farnborough (Hampshire)**
Luftfahrtausstellung mit Flugschau

► **London**
Chelsea: Antiquitätenmesse London, Wembley: Pferdeausstellung

OKTOBER – NOVEMBER

► **London**
State Opening of the Parliament
(traditionelle Parlamentseröffnung
durch die Queen)

NOVEMBER

► **London – Brighton**
Oldtimerrennen von London nach
Brighton

► **Landesweit**
Guy Fawkes Night (Feuerwerk mit
Freudenfeuer zur Erinnerung an
den Gunpowder Plot 1605), große
Feste in Ottery St. Mary (Devon)
und Lewes (East Sussex)

Geld

Großbritannien gehört nicht zur EU-Währungsunion. So bleibt den **Währung**
Briten und ihren Besuchern das britische Pfund (Pound Sterling; £)
zu je 100 Pence (p, Einzahl Penny) als Währung. Es gibt Banknoten
zu 5, 10, 20 und 50 £ sowie Münzen zu 1 Penny, 2, 5, 10, 20, 50
Pence und zu 1 £.

Die **Ein- und Ausfuhr** von in- und ausländischen Zahlungsmitteln un- **Devisen-**
terliegt keinerlei Beschränkungen. **Kreditkarten, Traveller- oder ande-** **bestimmungen**
re Reisechecks werden von den meisten Hotels, Restaurants und Geschäften akzeptiert.

WECHSELKURSE

▶ **1 £**   = 1,19 €
▶ **1 €**   = 0,83 £
▶ **1 £**   = 1,57 CHF
▶ **1 CHF** = 0,64 £

Karte verloren?

Dann unverzüglich sperren lassen! Es gibt eine einheitliche Notfall-Nummer für sämtliche sperrbaren Medien wie Bank- und Kreditkarten, aber auch für Handys. Innerhalb Deutschlands ist die Nummer kostenlos, aus dem Ausland müssen die Gebühren übernommen werden. Tel. *(+49) 116 116*

Geldwechsel An **Geldautomaten** kann man mit Bank- oder Kreditkarten Bargeld abheben. **Geldwechselstellen** gibt es außer in Banken auch in großen Hotels. Gelegentlich kann man auch in Kaufhäusern, an U-Bahn-Stationen und Bahnhöfen wechseln. Der Nachteil: schlechte Kurse und hohe Gebühren.

Gesundheit

Ärztliche Hilfe Bürger aus Staaten der Europäischen Union haben im Krankheitsfall in England Anspruch auf kostenlose Behandlung durch den Staatlichen Gesundheitsdienst (**National Health Service**). Selbst zu zahlen sind zahnärztliche Behandlungen und verschriebene Medikamente (prescription). Nicht-EU-Bürger sollten eine Reisekrankenversicherung abschließen. **Apotheken** (chemist, pharmacy) sind oft nur Abteilungen einer Drogerie.

Notfall Tel. 999

Mit Kindern unterwegs

Baden, bauen und entdecken Burgen und Schlösser, Tier- und Themenparks, Besucherbauernhöfe, Erlebnismuseen, Badeorte mit täglich wechselndem Kinderprogramm und zahlreiche flache Sandstrände oder Kieselbuchten, die zum Spielen, Plantschen, Bauen und Entdecken einladen: Südengland ist ideal geeignet für einen abwechslungsreichen Familienurlaub. Mit speziellen Familientickets oder Rabatten für den Nachwuchs wird der Eintritt bei zahlreichen Attraktionen deutlich günstiger, und auch auf den Speisekarten der Restaurants und Pubs sind kindgerechte Gerichte zu finden, häufig sogar Kindermenüs – und Spielecken für die Kleinen.

▶ WAS FINDEN KINDER GUT?

▶ **Die Welt der bunten Steinchen**
Legoland Windsor
(www.legoland.co.uk)

▶ **Adrenalin auf der Achterbahn**
Thorpe Park (Chertsey, Surrey
www.thorpepark.com)

▶ **Hautnah mit Haien**
Blue Reef Aquarium
(Portsmouth, Newquay,
www.bluereefaquarium.co.uk)

▶ **Löwen im Schlosspark**
Longleat (www.longleat.co.uk)

▶ **Nostalgische Zeitreise**
Bygones (Torquay,
www.bygones.co.uk)

▶ **Königliches Abenteuer**
Wie der Paddington Bär den
Londoner Tower besuchen,
»Paddington und die Königin«
gibt es auf DVD.

Liebenswerter, pelziger Freund, der ständig neue Pläne schmiedet: Bär Paddington.

Knigge für Großbritannien

»Nebel im Kanal – Kontinent abgeschnitten« – diese legendäre Schlagzeile kombiniert treffend die geografische Lage Großbritanniens mit dem Selbstverständnis der Briten hinsichtlich ihrer Nachbarn. Selbst Winston Churchill konstatierte: »Der Kanal ist keine Wasserstraße, sondern eine Weltanschauung«. Seien Sie bei einem Besuch auf den Britischen Inseln daher auf die Frage gefasst, ob Sie denn vom Kontinent bzw. aus Europa angereist seien!

Die Briten sind keine Kontinental-Europäer

Freundlich sind sie, die Briten, und – entgegen landläufiger Meinung – auch recht unkonventionell. Bringen Sie etwas Zeit, Geduld und Humor beim Schlange stehen am Bus oder vor der Kasse mit. Beim freundlichen Smalltalk übers Wetter, Warten und andere Widrigkeiten sind Religion und Politik stets tabu! Nach einem

Britische Höflichkeit

»How do you do« oder »How are you« spricht man sich beim ersten Kennenlernen meist gleich mit Vornamen an. Eifriges Händeschütteln geht den eher auf physische Distanz bedachten Briten zu weit. Auch Titel spielen eine untergeordnete Rolle, wird doch Understatement groß geschrieben: Selbst herausragende Talente werden nur in aller Bescheidenheit zur Schau gestellt. Eine fundamentale Höflichkeit bestimmt den alltäglichen Umgangston; schon die Kleinsten sagen selbstverständlich »Please« und »Thank you«. Es ist ratsam, immer ein »Sorry« oder »Excuse me« auf den Lippen zu haben. Was mancher Gast als übertriebene Höflichkeit definiert, ist für den Einheimischen gerade gut genug, und wer erst einmal in die »not very friendly«-Kiste gesteckt wurde, ist im sozialen Abseits. Wundern Sie sich also nicht, wenn die Person, der Sie auf den Fuß treten, sich zuerst bei Ihnen entschuldigt und dann bedankt, nachdem Sie Ihren Fauxpas korrigiert haben!

Pub-Etikette Im Pub werden Getränke an der Theke bestellt und sofort bezahlt, ebenso oft auch das Essen. Große Tafeln an der Bar ersetzen Speisekarten. Kinder sind nur willkommen, wenn es einen Restaurantbereich, einen Garten oder »family room« gibt! Trinken Briten gemeinsam, ordert niemand für sich allein, sondern stets »rounds«, eine Runde für alle. Seit 2007 herrscht in allen Pubs **Rauchverbot!**

Britischer Humor Besonders stolz sind die Briten auf ihren Humor. Gute und schlechte Situationen werden ironisch oder mit schlichtem Witz gewürzt, der kollektiv belacht und verstanden wird.

Literaturempfehlungen

Belletristik **Jane Austen**: Emma. Dtv, 2008. Eine junge, schöne und selbstbewusste Frau spielt mit dem Schicksal anderer Menschen, bis sie merkt, dass sie Unglück stiftet, wo sie Glücksfee spielen wollte.

Geoffrey Chaucer: Die Canterbury-Erzählungen. Anaconda, 2008.
24 Geschichten in Vers und Prosa erzählen von einer Pilgerschar auf dem Weg von London zum Grab von Thomas Becket in Canterbury: ein lebendiges Sittenbild Südenglands im 14. Jahrhundert.

Charles Dickens: Große Erwartungen. Insel 2010. Als der Waisenjunge Pip einen entflohenen Sträfling rettet, stellt ihm ein unbekannter Gönner Erziehung und Wohlstand in Aussicht. Für Pip beginnt ein abenteuerliches Leben.

T. S. Eliot, Jean Anouilh: Mord im Dom / Becket oder die Ehre Gottes. Bange 1996. Beide Dramen kreisen um die Ermordung von Thomas Becket in Canterbury im Auftrag Heinrichs II.

Ken Follett: Säulen der Erde. Bastei 2010. Im mittelalterlichen Südengland träumt der Steinmetz Tom Builder davon, eine Kathedrale zu bauen und verwirklicht den Traum allen Widerständen zum Trotz – 2009 fürs Fernsehen verfilmt.

John Fowles: Die Geliebte des Französischen Leutnants. List Tb 2006. Lovestory zwischen dem jungen Geologen Charles Smithson und der geheimnisvollen schönen Sarah Woodruff. 1980 wurde der Roman über die Doppelmoral der viktorianischen Ära, der 1867 in Lyme Regis spielt, mit Meryl Streep und Jeromy Irons verfilmt. Das Drehbuch schrieb Harold Pinter, der 2005 mit dem Nobelpreis für Literatur ausgezeichnet wurde.

Thomas Hardy: Der Bürgermeister von Casterbridge. Aufbau Tb 2002. Die tragische Chronik von Aufstieg und Fall des Michael Henchard spielt im heutigen Dorchester.

Daphne de Maurier: Gasthaus Jamaica. Fischer TB 2005. Der Erfolgsroman verknüpft das Seemannsgarn über die an Cornwalls Klippen gestrandeten Schiffe und die im Bodmin Moor ihr Unwesen treibenden Schmuggler mit einer Liebesromanze.

Rosamunde Pilcher: Sommerwind. Rowohlt Tb 2007. Die britische Erfolgsautorin fängt in ihren Erzählungen den Duft des Sommers in ihrer Heimat Cornwall ein.

i Südengland im Film

- Sinn und Sinnlichkeit. Gelungene Jane-Austen-Verfilmung mit Emma Thompson – England in schönen Bildern.
- Stolz und Vorurteil. 2005 verfilmte Joe Wright den klassischen Jane-Austen-Stoff – ein Frauenepos für Kopf und Herz.
- Was vom Tage übrig blieb. Die tragische Geschichte eines englischen Butlers, sensibel von Anthony Hopkins gespielt, ▶ S. 181.
- Segel der Liebe. Lovestory um die junge Töpferin Anne Carter nach dem Roman von Rosamunde Pilcher mit herrlichen Auf-nahmen aus Cornwall.
- Stirb an einem anderen Tag. Cornwalls Küste als Kulisse für einen 007-Thriller: Holywell Bay wurde »nordkoreanisches« Grenzgebiet, der Surf-Club zum Bunker eines Bond-Schurken.
- Harry Potter. Einige Szenen der ersten sieben Harry-Potter-Filme (2003 – 2010) entstanden in Südengland. Drehort für den Wohnort von Harry Potters Onkel und Tante war der Picket Post Close in Bracknell, Berkshire; Harry Potters Schule Hogwarts ist eine Abtei im mittelalterlichen Dorf Lacock in Wiltshire. In »Harry Potter und der Feuerkelch« diente als Landschaft rund um Hogwarts der Exmoor Nationalpark.
- Notting Hill: Julia Roberts und Hugh Grant beim Turteln. Den Londoner Reisebuchladen gibt es wirklich: No. 13-15 Blenheim Crescent.
- Grasgeflüster: Als Graces Ehemann stirbt, hinterlässt er ihr nur Schulden. Die alte Dame sieht als einzigen Ausweg, Marihuana anzubauen … eine mitunter groteske, aber immer unterhaltsame Komödie aus Cornwall.

Virginia Woolf: Mrs. Dalloway, Fischer 2006. Clarissa Dalloway, Ehefrau eines Abgeordneten, bereitet 1923 eine Dinnerparty in London vor. Der unerwartete Besuch von Peter Walsh, den sie seit der Ablehnung seines Heiratsantrags vor mehr als 30 Jahren nicht mehr sah, bringt sie ins Grübeln. Hat sie damals die richtige Wahl getroffen?

Crime Time **Agatha Christie**: 16.50 Uhr ab Paddington. Fischer, 2005. Einer der berühmtesten Kriminalromane der Schriftstellerin mit Miss Marple als Detektivin.

Sir Arthur Conan Doyle: Der Hund der Baskervilles. Insel, 2007. Sherlock Holmes muss sich mit den mysteriösen Vorkommnissen im düsteren Dartmoor auseinandersetzen.

Celia L. Grace: Die Heilerin von Canterbury. Heyne 2006. Vier spannende Krimis vor der farbigen Kulisse des Mittelalters.

Graham Greene: Am Abgrund des Lebens, ►Baedeker Tipp, S. 168

Anne Perry: Gefährliche Trauer. Goldmann 2005. Hester Latterly und William Monk auf spannender Spurensuche in London zur Zeit Königin Viktorias.

Charles Todd: Flügel aus Feuer. Heine 2009. Dorfkrimi mit literarischem Anspruch – diesmal untersucht Inspektor Ruthledge an der Küste von Cornwall zwei mysteriöse Selbstmorde und einen Unfall.

Sachbücher **John Sykes und Holger Leue:** DuMont Bildatlas Südengland. Dumont
und Bildbände 2010. Prachtvolle Gärten, idyllische Fischerorte und zerklüftete Klippen – Impressionen aus England zwischen Cornwall und Kent.

Patrick Taylor: Englische Gärten. Dorling Kindersley 2009. Eine Reise zu mehr als 250 der schönsten britischen Gärten, fundiert charakterisiert und stimmungsvoll präsentiert.

Hans-Dieter Gelfert: Wie die Briten wurden, was sie sind. C. H. Beck 2002. Humor, Höflichkeit und das Ideal des Gentleman werden verblüffend plausibel aus der englischen Geschichte erklärt.

Maße · Gewichte

ENGLISCHE MASSE

1 inch = 2,54 cm
1 foot = 30,48 cm
1 yard = 91,44 cm
1 mile (mi) = 1,61 km
1 pint (pt) = 0,568 l
1 pound = 453,59 g

KONFEKTIONSGRÖSSEN

D:	36	38	40	42	44
GB:	8	10	12	14	16

SCHUHGRÖSSEN

D:	38	39	40	42	43	44
GB:	5	6	7	8	9	10

Seit 1995 gilt in Großbritannien das metrische System für Maße und Gewichte. Beibehalten wurden das Pint für Bier und Milch, die Meile als Maß für Entfernungen und die eigenen Konfektionsgrößen.

Medien

Drei Viertel der Briten lesen regelmäßig eine Zeitung. Sie können dabei zwischen 160 Tages- und Sonntagszeitungen, 2000 Wochenblättern und 6700 Periodika wählen. Zu den traditionsreichsten Zeitungen der Welt gehören die 1785 gegründete **Times**, der seit 1791 verlegte **Observer** und der seit 1821 erscheinende **Guardian**.

Zu den seriösen »**Quality Papers**« zählt die konservative Times (Auflage 521 000) mit ihrer Sonntagsausgabe Sunday Times (1,1 Mio.), Auflagenkönig an Wochentagen ist der Daily Telegraph (691 000; Spitzname Torygraph) mit dem Sunday Telegraph (525 100). Ein Muss in der Geschäftswelt ist die Financial Times. Dazu kommen The Guardian, The Independent mit Independent on Sunday und das Sonntagsblatt Observer.

Ganz andere Auflagen erreichen die Blätter der Yellow Press. Sie erfreuen ihr Publikum mit Klatsch über Reiche und Adlige, besonders die Royal Family. Jede Zeitung hält sich eine eigene Truppe von »Royal Watchers«, die Schlösser und Wohnungen der Königsfamilie belagern und hemmungslos ausspionieren. Auflagenstärksten Blätter sind **The Sun** (3 Mio.) mit der Sonntagsausgabe News of the World (2,9 Mio.), **Daily Mirror** (1,2 Mio.) mit Sunday Mirror (1,1 Mio.), **Daily Mail** (2,1 Mio.) mit Mail on Sunday (2 Mio.) und **Daily Express** (674 000) mit Sunday Express (585 000). Nur am Sonntag ist The People (577 000) zu haben, nur in London der Evening Standard (310 000). Größte der britischen Gratiszeitungen ist »Metro« mit einer täglichen Auflage von 1,3 Millionen.

Museen

Die **Öffnungszeiten** von Museen, v. a. von kleineren Museen, sind sehr unterschiedlich und ändern sich häufig. Wer genau planen oder ein bestimmtes Museum ansehen möchte, sollte sich vorab bei der Touristeninformation vor Ort erkundigen. Meist öffnen Museen zwischen 9.30 und 17.00 oder 18.00 Uhr, letzter Einlass ist oft eine halbe Stunde vor der Schließzeit. Viele Museen sind täglich geöffnet, manche haben an Wochenenden, am Sonnabend oder Sonntag geschlossen; kleine Museen kann man oft nur nach Vereinbarung besuchen.

Tempel für Kunst und Archäologie: das British Museum in London

Notdienste

▶ **Allgemeiner Notruf**
999 für Polizei (police),
Feuerwehr (fire brigade),
Krankenwagen (ambulance)
landesweiter kostenloser Service

▶ **Pannenhilfe des AA**
Tel. (08 00) 88 77 66

▶ **Pannenhilfe des RAC**
Tel. (08 00) 82 82 82

▶ **ADAC Pannenhilfe
und Notruf**
Tel. (02) 66 15 91

▶ **ACE-Notrufzentrale Stuttgart**
Kranken- und Fahrzeugrückhol-
dienst
Tel. 00 49 (0) 18 02 34 35 36

▶ **ADAC-Ambulanzdienst
München**
Tel. 00 49 (0) 89 / 76 76 76

▶ **DRK-Flugdienst Bonn**
Tel. 00 49 (0) 228 / 23 00 23

▶ **Deutsche Rettungsflugwacht
Stuttgart**
Tel. 00 49 (0) 711 / 70 10 70

Post · Telekommunikation

Postkarten und Briefe bis 20 g nach Kontinentaleuropa müssen mit 56 pence frankiert werden. Briefmarken (stamps) erhält man in Postämtern und vielen Kiosken und Souvenirläden.   **Post**

Die öffentlichen Fernsprecher von British Telecom (BT) akzeptieren meistens Münzen (10, 20, 50 Pence, 1 £) und Telefonkarten (»Phonecards«); von Telefonzellen anderer Anbieter kann man mit Kredit- oder Telefonkarten der jeweiligen Firma telefonieren. Wer von einer BT-Telefonzelle ins Ausland telefonieren will, muss zum Verbindungsaufbau mindestens 1 £ einwerfen. Ermäßigte Tarife gelten wochentags zwischen 18.00 und 8.00 Uhr und am Wochenende. **Mobiltelefone** schalten sich automatisch in das britische Partnernetz des heimatlichen Netzbetreibers ein.   **Telefon**

▶ INFORMATIONEN TELEFON

VORWAHLEN UND SERVICENUMMERN

▶ **Von Deutschland, Österreich und der Schweiz**
nach Großbritannien
Tel. 00 44

▶ **Aus Großbritannien**
nach Deutschland: Tel. 00 49
nach Österreich: Tel. 00 43
in die Schweiz: Tel. 00 41

▶ **Vermittlung (»Operator«)**
Tel. 100

▶ **Zeitansage**
Tel. 123

▶ **Auskunft (directory inquiries)**
für London Tel. 142
außerhalb Londons Tel. 192
international Tel. 153

Preise · Vergünstigungen

London ist eine der teuersten Städte Europas, aber auch anderswo in Südengland ist Übernachten und Essen gehen nicht preiswert. Und doch: Der Kurs des britischen Pfundes ist **so günstig wie lange nicht**. Die Mehrwertsteuer, im Dezember 2008 vorübergehend auf 15 Prozent abgesenkt, wurde 2010 wieder auf 17,5 Prozent angehoben.   **Teures Reiseland**

Vergünstigungen

Saubere Betten zum Einheitspreis bieten Hotelketten wie Travel Inn, Holiday Inn Express oder Travelodge. Eine gute Alternative sind   **Unterkunft**

▶ WAS KOSTET WIE VIEL?

**3-Gang-
Menü**
ab 30 £

**Einfache
Mahlzeit**
ab 10 £

**Eine Tasse
Kaffee**
2,40 £

**Einfaches
Doppel-
zimmer**
ab 70 £

**Ein Pint
Bitter**
2,90 £

**Benzin
(1 l Super)**
ca. 1,25 £

TRINKGELD

▶ **Restaurants**
10–15 % der Rechnung

▶ **Pubs**
10–15 % bei Tischbedienung

▶ **Taxi**
10–15 % vom Fahrpreis

INFOS IM INTERNET

▶ **Visitbritain**
neuer Webbereich für Sparfüchse:
www.visitbritain.com/en/things-to-see-and-do/things-to-do-for-people-like-me/budget-travellers

▶ **www.venuemasters.co.uk**
Campusunterbringung

▶ **www.farmstay.co.uk**
Urlaub auf dem Bauernhof

▶ **www.britaindirect.com
www.visitbritain.com/
heritagepass
www.britrail.com**
Laufzeiten und Gebühren für den
Great British Heritage Pass, Brit-
Rail-Pässe und London Pass

Bed-&-Breakfast-Unterkünfte. Sehr preiswert sind Jugendherbergen und, außerhalb der Semester, Studentenwohnheime. In vielen Hotels, Lodges und Jugendherbergen gibt es »Family Rooms« mit drei bis fünf Betten, die deutlich preiswerter sind als zwei Doppelzimmer. Mit einer Familie oder einer Gruppe kann es günstiger sein, eine Ferienwohnung oder ein Ferienhaus zu mieten.

Essen gehen Mittags und abends locken zahlreiche Restaurants mit Menüs oder Buffet zum Festpreis. In Kettenrestaurants wie J D Wetherspoons oder Wagamama gehört ein kostenloses Getränk zur Mahlzeit. Auch Pub Food ist recht preiswert. Die unabhängigen »Les-Routiers«-Lokale verbinden gute Küche und angenehme Atmosphäre mit fairen Preisen. Günstig sind auch indische, chinesische, thailändische, vietnamesische, koreanische, indonesische Restaurants und das japanische Wagamama. In Einkaufszentren findet man oft preiswerte Lokale, auch die Museumsrestaurants sind mitunter nicht zu teuer. Gute Adressen für Pizzaesser sind Pizza Express und Ask. Eine Alternative sind »Fish and Chips« zum Mitnehmen. Leckere Sandwiches gibt es nicht nur an der Sandwichbar, sondern auch abgepackt von Marks & Spencer, Boots oder Sainsburys.

Die **BritRail- und Flexipässe** der Bahn erlauben unbegrenzte Fahrten im Land während einer festgelegten Zeitdauer. Die Busgesellschaft National Express verkauft den **Tourist Trail Pass** für England und Wales.
Reisen im Land

Der Eintritt für Schlösser, Burgen, Gartenanlagen und historische Stätten ist recht hoch. Freien Zutritt zu fast 500 Kulturstätten, die wie Stonehenge vom British Heritage verwaltet werden, gewährt der **Great British Heritage Pass** für 7 Tage, 15 Tage oder einen Monat. Sondertarife für Familien gibt es beim Erwerb des English Heritage Overseas Pass. Mit dem **London Pass** von hat man freien Eintritt zu über 50 Sehenswürdigkeiten der britischen Hauptstadt.
Schlösser, Burgen und historische Stätten

In vielen großen **Kirchen und Kathedralen** wird um 11.00 Uhr eine kostenlose Führung angeboten.
Führungen

Reisezeit

Der Sommer ist mit seinen angenehmen Tages- und Nachttemperaturen für viele die beste Reisezeit. Wer zeitlich flexibel ist und nicht unbedingt baden will, sollte – z. B. für den Besuch von London – die schöne und ruhige Vorsaison im Mai und Juni wählen. Entfesselte Naturgewalten kann man von November bis Februar an Cornwalls Küsten erleben, wenn hohe Brecher an die Steilküsten der Halbinsel peitschen. Wer Sehnsucht nach Frühling hat, fahre Anfang März die Südküste von Cornwall und Devon entlang. Durch die klimatische Gunst des Golfstromes entfaltet sich hier die Blütenpracht in Parks und Gärten früher als in vielen Teilen Deutschlands. Milde, regenreiche und bisweilen stürmische Winter und mäßig warme Sommer prägen das Klima in Südeng-
Blumenpracht im Frühling

? WUSSTEN SIE SCHON …?

■ ... dass wegen des häufig schlechten Wetters im Frühling der Geburtstag der Queen nicht am 21. April, sondern offiziell im Juni gefeiert wird?

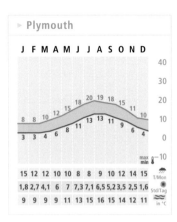

▶ **Plymouth**

J	F	M	A	M	J	J	A	S	O	N	D	
					20	19	18					40
			18					15				30
		15							11			20
8	8	10	12			13	13	11		10		10
3	3	4	6	8	11				9	6	4	0
												max −10 min

15	12	12	10	10	8	9	10	12	14	15		T/Mon
1,8	2,7	4,1	6	7	7,3	7,1	6,5	5,2	3,5	2,5	1,6	Std/Tag
9	9	9	11	13	15	16	15	14	12	11		in °C

Immer parat:
die Regenjacke

land. Durch den Golfstrom, dessen Temperatur selbst im Winter nie unter 10 °C fällt, ist das Klima an den Südküsten von Devon und Cornwall sehr mild. Im Landesinnern ist das Winterwetter mit Nachtfrost und gelegentlichem Schnee deutlich strenger. Im Sommer ist der Süden Englands durchschnittlich zwei Grad kühler als Deutschland. Bläst der Wind jedoch aus Osten, kann es heiß und schwül werden – so beträgt in Southampton der Hitzerekord 33,9 °C. Die Niederschläge fallen nahezu gleichmäßig über das Jahr verteilt. Kurze Schauer oder plötzliche Wetterumschwünge sind jederzeit möglich. Viele Briten haben daher einen faltbaren Poncho aus klarem Plastik stets dabei.

Englische Riviera

Mit jährlich 1700 Stunden scheint die Sonne an der Südküste Englands genauso lange wie in Süddeutschland – und 400 Stunden länger als im restlichen Königreich. Generell gilt: je weiter nach Westen, desto weniger Sonne.

Shopping

Öffnungszeiten

Banken sind in der Regel Mo. – Fr. 9.30 – 15.30, in Hauptgeschäftsstraßen bis 17.30 Uhr geöffnet; manche Geldinstitute öffnen auch Samstagvormittag; auf den Flughäfen Heathrow und Gatwick sogar rund um die Uhr. **Postämter** sind von Montag bis Freitag von 9.00 bis 17.30 Uhr und am Samstag von 9.00 bis 12.30 Uhr geöffnet. Seit der Abschaffung des Ladenschlussgesetzes können **Einzelhändler** ihre Geschäfte rund um die Uhr geöffnet haben. Regional sehr unterschiedlich gehandhabt wird der **Early Closing Day**, an dem Geschäfte und Banken bereits um 13 Uhr schließen.

Beliebte
Mitbringsel

Anzüge aus Tweed mit Lederapplikationen und Golffalten oder strapazierfähigem Shetland-Stoff in Melangeoptik, Wollmäntel oder ein Burberry – im Englischen längst Synonym für einen Regenmantel –, handgenähte Hemden, kuschelige Wolldecken im Karomuster, edle Paisley-Tücher, feinste Kaschmir-Pullover und traditionelle Twinsets sind britische Textil-Klassiker, beliebte Mitbringsel sind Schaffelle und Bärenfellmützen. An Lederwaren findet man schicke Jacken und

Ultimatives Shoppingerlebnis: »Alles für alle« bei Harrods in London

handgenähtes Schuhwerk.
Teetrinker können unter vielen
feinen Sorten wählen. Dazu
passen buttriges Shortbread-
Gebäck und köstliche Marmeladen (Jam). Pfeifenraucher
finden allerfeinste Tabake und
teilweise sehr teure Pfeifen.
Vielerorts kann man günstig
Keramikerzeugnisse (Pottery)
einkaufen. Das Angebot an
CDs ist groß und meist preiswerter als daheim. Auch Liebhaber von Antiquitäten (Möbel, Silber u. a.) finden eine
beachtliche Auswahl. Nicht zu
vergessen ist das große Angebot an Spazierstöcken und
Regenschirmen.

! **Baedeker** TIPP

The Englisch Scent

Natürliche Essenzen aus Lavendel, Sandelholz und
Bergamotte – Düfte englischer Hoflieferanten, die
seit Generationen Mitglieder des Königshauses ver-
sorgen und so wohlklingende Namen tragen wie
Woods of Windsor, J. Floris und Truefitt & Hill, das
mit seinem aus Zitrus, Zeder und Jasmin gebrauten
»Trafalgar« auch den Herzog von Edinburgh beliefert.
Penhaligon's hat seit 1870 über 20 verschiedene
Düfte entwickelt, darunter »Blenheim Bouquet«, ein
Zitrus-Eau de Cologne, das Winston Churchill liebte.
Sein »Royal Cologne« kreierte Trumper eigens für
Prince Charles zur Hochzeit. Wer nicht in England
fündig wird, kann die Düfte auch in Deutschland über
Lothar Ruff in Berlin beziehen, www.english-scent.de.

Sprache

Angesichts der Verbreitung ihrer Muttersprache lernen Briten nur
selten Fremdsprachen, sondern erwarten, dass sich Fremde auf Eng-

Weltsprache
Englisch

lisch verständlich machen können – und sehen über Unvollkommenheiten gern hinweg. Zahlreiche Veranstalter bieten Feriensprachkurse an – eine gute Übersicht bietet die jährlich aktualisierte Broschüre »Learning English« von VisitBritain (▶Auskunft).

SPRACHFÜHRER ENGLISCH

Auf einen Blick

Ja / Nein	Yes / No
Vielleicht.	Perhaps. / Maybe.
Bitte	Please.
Danke. / Vielen Dank!	Thank you. / Thank you very much.
Gern geschehen.	You're welcome.
Entschuldigung!	I'm sorry!
Wie bitte?	Pardon?
Ich verstehe Sie / dich nicht.	I don't understand you
Ich spreche nur wenig ...	I only speak a bit of ...
Können Sie mir bitte helfen?	Can you help me, please?
Ich möchte ...	I'd like ...
Das gefällt mir (nicht).	I (don't) like this.
Haben Sie ...?	Do you have ...?
Wie viel kostet es?	How much is it?
Wie viel Uhr ist es?	What time is it?

Kennen lernen

Guten Morgen!	Good morning!
Guten Tag!	Good afternoon!
Guten Abend!	Good evening!
Hallo! Grüß dich!	Hello! / Hi!
Mein Name ist ...	My name's ...
Wie ist Ihr / Dein Name?	What's your name?
Wie geht es Ihnen / dir?	How are you?
Danke. Und Ihnen / dir?	Fine, thanks. And you?
Auf Wiedersehen!	Goodbye! / Bye-bye!
Tschüs!	See you! / Bye!

Auskunft unterwegs

links / rechts	left / right
geradeaus	straight on
nah / weit	near / far
Bitte, wo ist ...?	Excuse me, where's ..., please?

... die Bushaltestelle	... the bus stop
... der Hafen	... the harbour
... der Flughafen	... the airport
Wie weit ist das?	How far is it?
Ich möchte ... mieten.	I'd like to hire ...
... ein Auto	... a car
... ein Fahrrad	... a bike / bicycle

Panne

Ich habe eine Panne.	My car's broken down.
Würden Sie mir bitte einen Abschleppwagen schicken?	Would you send a breakdown truck, please?
Gibt es hier in der Nähe eine Werkstatt?	Is there a service garage nearby?

Tankstelle

Wo ist die nächste Tankstelle?	Where's the nearest petrol station?
Ich brauche ...	I need...
... Liter ...	... litres of ...
... Normalbenzin.	... three-star
... Super.	... four-star
... Diesel.	... diesel
Volltanken, bitte.	Full, please.

Unfall

Hilfe!	Help!
Achtung!	Attention!
Rufen Sie bitte ...	Please call ...
... einen Krankenwagen.	... an ambulance.
... die Polizei.	... the police.
Es war meine/Ihre Schuld.	It was my/your fault.
Geben Sie mir bitte Ihren Namen und Ihre Anschrift.	Please give me your name and address.

Essen

Auf Ihr Wohl!	Cheers!
Bezahlen, bitte.	May I have the bill, please?

Wo gibt es hier ...	Is there ... here?
... ein gutes Restaurant?	... a good restaurant?
... ein typisches Restaurant?	... a restaurant with local specialities?
Gibt es hier eine gemütliche Kneipe?	Is there a nice pub here?
Reservieren Sie uns bitte für heute Abend einen Tisch.	Would you reserve us a table for this evening, please?

Einkaufen

Wo finde ich ... eine / ein ..?	Where can I find a ...?
Apotheke	chemist / pharmacy
Bäckerei	bakery
Kaufhaus	department store
Lebensmittelgeschäft	grocery store
Markt	market

Übernachtung

Können Sie mir ... empfehlen?	Could you recommend ... ?
... ein Hotel / Motel	... a hotel / motel
... eine Pension.	... a guest-house
Ich habe ein Zimmer reserviert.	I've reserved a room.
Haben Sie noch ...?	Do you have ...?
... ein Einzelzimmer	... a single room
... ein Doppelzimmer	... a double room
... mit Dusche / Bad	... with a shower / bath
... für eine Nacht	... for one night
... für eine Woche	... for a week
Was kostet das Zimmer	How much is the room
... mit Frühstück?	... with breakfast?
... mit Halbpension?	... with half board?

Arzt

Ich brauche einen Arzt / Zahnarzt.	I need a doctor / dentist.
Ich habe hier Schmerzen.	I've got pain here.

Bank / Post

Wo ist hier bitte eine Bank?	Where's the nearest bank, please?
Ich möchte ... Euro (Franken) wechseln.	I'd like to change ...Euro (Swiss Francs).

Was kostet ...	How much is ...
... ein Brief ...	... a letter ...
... eine Postkarte ...	... a postcard ...
nach Deutschland?	to Germany?
nach Österreich?	to Austria?
in die Schweiz?	to Switzerland?

Speisekarte

Breakfast	*Frühstück*
coffee (with cream / milk)	Kaffee (mit Sahne / Milch)
hot chocolate	heiße Schokolade
tea (with milk / lemon)	Tee (mit Milch / Zitrone)
scrambled eggs	Rühreier
poached eggs	pochierte Eier
bacon and eggs	Eier mit Speck
fried eggs	Spiegeleier
hard-boiled / soft-boiled eggs	harte / weiche Eier
(cheese / mushroom) omelette	(Käse- / Champignon-) Omelett
bread / rolls / toast	Brot / Brötchen / Toast
butter	Butter
honey	Honig
jam / marmalade	Marmelade / Orangenmarmelade
yoghurt	Joghurt
fruit	Obst

Starters and Soups	*Vorspeisen und Suppen*
clear soup / consommé	(Fleisch-) Brühe
cream of chicken soup	Hühnercremesuppe
cream of tomato soup	Tomatensuppe
mixed / green salad	gemischter / grüner Salat
onion rings	frittierte Zwiebelringe
seafood salad	Meeresfrüchtesalat
shrimp / prawn cocktail	Garnelen- / Krabbencocktail
smoked salmon	Räucherlachs
vegetable soup	Gemüsesuppe

Fish and Seafood	*Fisch und Meeresfrüchte*
cod	Kabeljau
crab	Krebs
eel	Aal
haddock	Schellfisch
herring	Hering
lobster	Hummer
mussels	Muscheln

oysters	Austern
plaice	Scholle
salmon	Lachs
scallops	Jakobsmuscheln
sole	Seezunge
squid	Tintenfisch
trout	Forelle
tuna	Tunfisch

Meat and Poultry	*Fleisch und Geflügel*
barbequed spare ribs	gegrillte Schweinerippchen
beef	Rindfleisch
chicken	Hähnchen
chop / cutlet	Kotelett
fillet	Filetsteak
duck(ling)	(junge) Ente
gammon	Schinkensteak
gravy	Fleischsoße
ham	gekochter Schinken
kidneys	Nieren
lamb (with mint sauce)	Lamm (mit einer sauren Minzsoße)
liver (and onions)	Leber (mit Zwiebeln)
minced meat	Hackfleisch
mutton	Hammelfleisch
pork	Schweinefleisch
rabbit	Kaninchen
sausages	Würstchen
sirloin steak	Lendenstück vom Rind, Steak
turkey	Truthahn
veal	Kalbfleisch
venison	Reh oder Hirsch

Dessert and Cheese	*Nachspeisen und Käse*
apple pie	gedeckter Apfelkuchen
Cheddar	kräftiger Käse
chocolate biscuit	Schokoladenplätzchen
cottage cheese	Hüttenkäse
cream	Sahne
custard	Vanillesoße
fruit salad	Obstsalat
goat's cheese	Ziegenkäse
ice-cream	Eis

pastries . . . . Gebäck

Vegetables and Salad . . . . *Gemüse und Salat*
baked beans . . . . gebackene Bohnen in Tomatensoße
baked potatoes . . . . gebackene Kartoffeln mit Schale
cabbage . . . . Kohl
carrots . . . . Karotten
cauliflower . . . . Blumenkohl
chips . . . . Pommes frites
cucumber . . . . Gurke
fritters / hash browns . . . . Bratkartoffeln
garlic . . . . Knoblauch
leek . . . . Lauch
lettuce . . . . Kopfsalat
mashed potatoes . . . . Kartoffelpüree
mushrooms . . . . Pilze
onions . . . . Zwiebeln
peas . . . . Erbsen
peppers . . . . Paprika
spinach . . . . Spinat
sweetcorn . . . . Mais
tomatoes . . . . Tomaten

Fruit . . . . *Obst*
apples . . . . Äpfel
apricots . . . . Aprikosen
blackberries . . . . Brombeeren
cherries . . . . Kirschen
grapes . . . . Weintrauben
lemon . . . . Zitrone
oranges . . . . Orangen
peaches . . . . Pfirsiche
pears . . . . Birnen
pineapple . . . . Ananas
plums . . . . Pflaumen
raspberries . . . . Himbeeren
strawberries . . . . Erdbeeren

Beverages . . . . *Getränke*
beer on tap . . . . Bier vom Fass
shandy . . . . Bier mit Zitronenlimonade
cider . . . . Apfelwein
red / white wine . . . . Rot- / Weißwein
dry / sweet . . . . trocken / lieblich

sparkling wine	Sekt
soft drinks	alkoholfreie Getränke
fruit juice	Fruchtsaft
lemonade	gesüßter Zitronensaft
milk	Milch
mineral water	Mineralwasser

Zahlen

1	one
2	two
3	three
4	four
5	five
6	six
7	seven
8	eight
9	nine
10	ten
11	eleven
12	twelve
13	thirteen
14	fourteen
15	fifteen
16	sixteen
17	seventeen
18	eighteen
19	nineteen
20	twenty
21	twenty-one
30	thirty
40	forty
50	fifty
60	sixty
70	seventy
80	eighty
90	ninety
100	hundred
1000	(a) one thousand
1/2	a half
1/3	a third
1/4	a quarter

Übernachten

Südengland bietet moderne Hotels, mittelalterliche Fachwerkhäuser, gemütliche Pensionen, Bauernhöfe oder Privatvermieter – für jeden Geschmack und jede Reisekasse ist etwas dabei. Man hat verschiedene Möglichkeiten, Unterkünfte vorab zu buchen. Ab ► S. 115 sind einige Adressen zum **Reservieren** aufgelistet. Auch VisitBritain (► Auskunft) hilft weiter. Wer aufs Geratewohl losfahren möchte, kann sich in den Touristenbüros vor Ort informieren oder direkt in Hotels, Pensionen oder Bed-&-Breakfast-Unterkünften fragen. Etwas länger suchen muss man in der Hauptreisezeit im Juli und August.

Breit gefächertes Angebot

i Preiskategorien

■ Luxus	über 150 £
■ Komfortabel	bis 150 £
■ Günstig	unter 80 £

für ein Doppelzimmer mit Frühstück

Hotels, Pensionen und B&B
► Reiseziele von A bis Z

Britische Hotels werden mit einem bis fünf Sternen ausgezeichnet; andere Unterkünfte, wie Bed & Breakfast oder Pensionen, erhalten einen bis fünf Diamanten. Die Kategorisierung bewertet die Ausstattung und ist nur bedingt Anhaltspunkt für den Preis. Die nachstehend aufgeführten Preise sind Durchschnittspreise für ein Doppelzimmer mit kontinentalem Frühstück – für ein English Breakfast wird mitunter ein Aufpreis erhoben. Die Hotelpreise in London liegen höher; generell wird in der Luxusklasse für ein Zimmer oft bedeutend mehr verlangt als hier angegeben. Auf die Preise werden 17,5 % Mehrwertsteuer (VAT) aufgeschlagen.

Kategorien und Preise

Es gibt viele gute Hotels – herrlich eingerichtet in schönen Häusern. Dort zu nächtigen ist ein ziemlich teures Vergnügen. Manche Hotels bieten aber spezielle Wochenendtarife oder Vergünstigungen für »Short Breaks« über drei oder vier Tage an. Immer mehr Verbreitung finden »**Budget Hotels**« von Ketten wie Travelodge, Campanile Hotels und Premier Inn.

Hotels

►Baedeker Special, S. 110 – 113

Schlosshotels

Bed and Breakfast (B&B) ist eine preiswerte Alternative zum Hotel. Man wohnt bei einer britischen Familie, wobei man ein gemütliches Zimmer und das berühmte »**English Breakfast**« erhält. Die Unterkunft kann in einem Privathaus, einem Farmhaus, einem Landgasthof oder einem luxuriösen Landhaus sein – je nachdem, wer B&B anbietet. Die Häuser sind durch Schilder mit »Bed and Breakfast«, »**B&B**« oder »**Vacancies**« gekennzeichnet. Eine vorherige Reservierung ist nicht Pflicht, aber möglich – direkt beim Anbieter oder einer Agentur. VisitBritain (► Auskunft) gibt die jährlich aktualisierte Broschüre »Bed and Breakfast« und eine »Bed and Breakfast Touring

Bed & Breakfast

◄ Weiter auf S. 114

*Stilvoll entspannen
in der Bibliothek von
Hartwell House mit
einem Marmorkamin
im Renaissancestil.*

LOGIEREN WIE IHRE LORDSCHAFT

Die historischen Burgen und Schlösser gehören zu den Highlights einer Reise
durch Südengland – doch haben Sie schon einmal daran gedacht, in einem
Castle zu übernachten oder dort vorzüglich zu tafeln?

Eine Nacht in einer trutzigen Burg, einem prunkvollen Schloss oder einem stattlichen Manor House ist ein Erlebnis, das man nicht vergisst. Unzählige Landsitze, einst dem Adel vorbehalten, verwöhnen heute auch bürgerliche Gäste mit exquisitem Service, erlesener Küche, gut bestücktem Weinkeller und luxuriösen Zimmern, deren aufwändige Einrichtung Antiquitäten und Erbstücke adliger Familien mit höchstem Komfort vereint. Im Salon prasselt das Kaminfeuer, eine Bibliothek lädt zu Mußestunden, Mylord begrüßt zum Welcome Drink an der Bar. Jedes Anwesen, meist in ausgedehnten Parks oder liebevoll gestalteten Gärten gelegen, besitzt seine ganz eigene Note, geprägt von der Jahrhunderte langen Familiengeschichte und dem Stil der heutigen Hausherren.

Um London

Zwar ist Gatwick Airport nur zehn Autominuten entfernt, doch wer etwas auf sich hält, fliegt mit dem Hubschrauber zum Langshott Manor, ein Helipad gehört so selbstverständlich zum Tudor-Anwesen von 1580 wie die ägyptische Leinenwäsche der Himmelbetten, Marmorbäder und die raffinierte Regionalküche, die in der St. Peter's Brasserie und im eleganten Mulberry Restaurant zu 140 ausgesuchten Tropfen der Weinkarte serviert wird (Langshott, Horley / bei Gatwick, Surrey RH6 9LN, Tel. 0 12 93 / 78 66 80, www.alexanderhotels. co.uk/langshott, DZ ab £ 190).

Kinofreunde kennen das prachtvolle Cliveden aus der jüngsten Sherlock-Holmes-Verfilmung (2009). Charles Berry ließ den Landsitz der Familie Astor 1851 direkt an der Themse erbauen. Wo Henry James, Rudyard Kipling, Charlie Chaplin und Winston Churchill einst gesellige Abende verbrachten, begann 1961 die skandalumwitterte Affäre zwischen Kriegsminister John Profumo und Christine Keeler – politisch äußerst brisant, da das Fotomodell auch eine Liaison mit dem russischen Militärattaché hatte. Dieser wurde wenig später als Spion enttarnt, Profumo trat 1963 zurück, Keeler musste für neun Monate ins Gefängnis – und Hollywood verewigte die »Profumo-Affäre« 1989 im Film »Scandal« mit Bridget Fonda. Heute

Verwöhnt alle Sinne: das traumhaft gelegene Eastwell Manor bei Ashford

verwöhnt die preisgekrönte Nobel-herberge mit erlesener Kochkunst, jedes Zimmer ist nach einem prominenten Gast benannt wie die Lady Astor Suite – Nancy Astor war das erste weibliche Mitglied im britischen Parlament (Taplow, Berkshire SL6 0JF, Tel. 0 16 28 / 66 85 61, www. cliveden house.co.uk, DZ £ ab 280).

Eine Autostunde trennt London vom hochherrschaftlichen Hartwell House & Spa aus dem 17. Jh., das vom National Trust verwaltet wird. Kein Geringerer als Frankreichs König Ludwig XVIII. residierte in dem denkmalgeschützten Bau während seines Exils von 1809 bis 1814. Eine kunstvoll geschnitzte Treppe im Renaissancestil führt hinauf zu 30 eleganten Zimmern und Suiten mit kostbaren Antiquitäten. Jakobsmuscheln, Entenleber und zarte Rinderfilets gehören zum 6-Gänge-Tasting-Menü, das kulinarische Höhenflüge verspricht. Im preisgekrönten Spa garantieren Hydrotherapie, Massagen, Sauna und Dampfbad wohltuende Entspannung (Pride-of-Britain-Hotel, Oxford Road bei Aylesbury, Buckinghamshire HP17 8NR, Tel. 0 12 96/ 74 74 44, www. hartwellhouse.com, DZ ab £ 200).

Das Pride-of-Britain-Hotel Eastwell Manor verwöhnt alle Sinne: mit Wellness pur, Massagen und Aromatherapie im traumhaften Spa, französisch inspirierter Haute Cuisine unter der Ägide von Paul Owens im holzgetäfelten Manor Restaurant oder der charmanten Pavilion-Brasserie und erholsamen Nächten in 23 klassisch-edel gestylten Zimmern (Eastwell Park, Boughton Lees, Ashford TN25 4HR, Tel. 0 12 33 / 21 30 00, www.east wellmanor.co.uk, DZ £ 245 – 450; Afternoon Tea ►Special Guide S. 14).

Um Chichester und Brighton

Mitten in den South Downs lockt mittelalterliche Romantik: Amberley Castle. Das alte Jagdschloss der Bischöfe von Chester kam Ende des 16. Jh.s in den Besitz von Königin Elizabeth I. und blieb bis 1749 Eigentum der Krone. Unter dem 15. Duke of Normandy begannen 1893 erste Restaurierungen. Nach 900 Jahren in Privatbesitz öffnete Amberley 1989 seine Tore für Besucher, die heute im Manor und Tower House in 19 Luxuszimmern mit Himmelbett und Jacuzzi logieren. Mittelalterliche Eichenpaneele, Wandteppiche und Waffen schmücken die drei Speisesäle. Außerhalb der Burg liegen die fünf »Bishopric Suites« in zwei Gebäuden des 17. Jh.s und die Mistletoe Lodge, ein Baumhaus neben dem Haupteingang (Amberley, nahe Arundel, BN18 9ND, Tel. 0 17 98/83 19 92, www.am ber leycastle.co.uk, DZ ab £ 190).

Nicht einmal 100 Jahre alt ist Bailiffs-court Hotel & Health Spa, das Lord

Schicke Suite mit Himmelbett und Balkendecke – Ockenden Manor im Herzen von Kent

Moyne 1927 als mittelalterliches Manor House mit Steinen und Hölzern erbaute, die er in ganz England aus historischen Bauten zusammengetragen hatte. Bailiffscourt ist der Tipp für Brautpaare: Sein Music Room ist zugelassen für standesamtliche Trauungen, in der Norman Chapel wird der kirchliche Segen erteilt, im Tapestry Restaurant richtet Russell Williams das Hochzeitsmahl aus. Erholung bietet das Spa mit Pool, Dampfbad und Beauty-Anwendungen, bevor sich die Frischvermählten ins »Baylies« zurückziehen, der schönsten Suite mit Himmelbett und Balkendecke (östl. Chichester, Climbing, West Sussex BN17 5RW, Tel. 0 19 03 / 72 35 11, www.hshotels.co.uk; Pride-of-Britain-Hotel, DZ £ ab 240; Afternoon Tea, ▸ Special Guide S. 10).

Das elisabethanische Ockenden Manor ist ein stilvoller Ausgangspunkt für Touren durch Kent und Sussex. Seine 22 zauberhaften Zimmer mit knarrenden Dielen und erlesenen Antiquitäten erinnern mit ihren Namen an die beiden Familien, die seit 1520 das Anwesen besaßen. Im michelinbesternten holzgetäfelten Restaurant serviert Stephen Crane französisch inspirierte Gerichte aus den besten Zutaten der Region (Ockenden Lane, Cuckfield RH17 5LD, Tel. 014 44/41 61 11, www.hshotels.co.uk, Pride-of-Britain-Hotel, DZ £ 190 – 385).

New Forest

Whitley Ridge bei Brockenhurst, ▸ Baedeker Empfehlung, S. 323
Am Rande des New Forst verwöhnen Brigitte und Martin Skan ihre Gäste im Chewton Glen. Zum palladianischen Herrenhaus gehören 58 zauberhafte Zimmer mit Balkon, Terrasse oder Privatgarten, ein Traum: die Jacob Faithful Suite im luxuriösen Landhausstil. Beim Gourmand-Menü mit französischen Wchteln, Jakobsmuscheln und schottischem Rinderfilet empfiehlt Chefkoch Luke Matthews zu jedem Gang den passenden Wein. Buchen Sie im preisgekrönten Spa eine Manipura-Ganzkörpermassage (Christchurch Road, New Milton BH25 6QS, Tel. 0 14 25 / 27 53 41, www.chewtonglen.com, DZ ab £ 330 bis 1400).

Um Bristol und Bath

Manor House von Castle Combe, ▸ Baedeker Tipp, S. 157.
Eine Wellnessoase ersten Ranges ist auch das 2010 von Conde Nast Johansen zum besten Country House Hotel Englands gekürte, efeuumrankte Bishopstrow House im idyllischen Wyle-Tal. Sensationell sind sowohl das Spa wie das Gourmetrestaurant Mulberry von Ben Streak (▸ Abb. S. 13, Warminster, Wiltshire BA12 9HH, Tel. 019 85/21 23 12, www.bishopstrow.co.uk, von-Essen-Hotel, DZ ab £ 170).

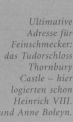

Ultimative Adresse für Feinschmecker: das Tudorschloss Thornbury Castle – hier logierten schon Heinrich VIII. und Anne Boleyn.

Englands einziges Tudorschloss, das zum Hotel umfunktioniert wurde, ist Thornbury Castle nördlich von Bristol. Nicht nur Hochzeitsgäste buchen gern das Duke's Bedchamber, in dem 1535 König Heinrich VIII. und seine zweite Frau Anne Boleyn logierten. Zur mächtigen Trutzburg mit den ältesten Tudor-Gärten des Landes, gehören außerdem Weinberge – der schmackhafte Müller-Thurgau wird zum Dinner serviert. Speisen Sie lieber im sechseckigen Tower Dining Room oder in der Tudor-Halle aus dem 16. Jh.? Probieren Sie in jedem fall die geschmorte Kalbsschulter mit Mangopüree und die weiße Mousse au Chokolat mit Erdbeeren an Minzsoße (Thornbury Castle, Thornbury BS35 1HH , Tel. 0 14 54 / 28 11 82, www.thornburycastle.co.uk; das Spa, DZ £ 190 – 890).

Zarte Beige- und Gelbtöne, weich fallende Stoffe und Stuckrelief verleihen dem palladianischen Ston Easton Park Hotel Eleganz und Stil. Schönstes Zimmer: der Master Bedroom mit einem riesigen Chippendale-Himmelbett und Panoramablick ins Norr-Tal. Im Cedar Tree Restaurant serviert Matthew Butcher beste englische Küche mit mediterranen Einflüssen (Ston Easton, nahe Bath, Somerset BA3 4DF, Tel. 0 17 61 / 24 16 31, www.stoneaston.co.uk, von-Essen-Hotel, DZ £ 175 – 545).

Am Rande von Dartmoor

Nach ausgedehnten Wanderungen durch das Hochmoor empfängt das etwas versteckt gelegene Lewtrenchard Manor, dessen Wurzeln bis ins frühe 16. Jh. zurückreichen, den Gast mit besonderer Eleganz: dunkle, holzgetäfelte Zimmer mit floralen Textilen, prasselndes Kaminfeuer in der Bibliothek und Jason Hornbuckles preisgekrönte Spitzenküche – probieren Sie das exquisite Wildmenu, das ein Lycheesorbet mit Champagner abschließt (Lewdon, Okehampton, Devon EX20 4 PN, Tel. 0 15 66 / 78 32 22, www.lewtrenchard.co.uk; Pride-of-Britain-Hotel, DZ £ 135 – 365).

Informationen und Reservierungszentralen

Small Luxury Hotels of the World
2nd Floor, Grantham House
North Street Leatherhead
Surrey KT22 7AX
Tel. 0 13 72 / 36 18 73
www.slh.com
in D: Tel. 069 / 66 41 96 01
Pride of Britain Hotels
Cowage Farm, Foxley, Wiltshire
SN16 0JH, Tel. 0 16 66 / 82 46 66
www.prideofbritainhotels.com
Von Essen Hotels
von Essen House, Roman Way, Bath
Business Park, Bath BA2 8SG
Tel. 0 17 61 / 30 10 01
www.vonessenhotels.co.uk

Map« heraus. Eine B&B-Übernachtung kostet pro Person ab 30 £ in London ab 50 £.

Inns Sehr verbreitet sind Inns (**Gasthöfe**) aus der Zeit der Postkutschen. Viele der meist kleinen Inns sind daher von beträchtlichem Alter, oft mit von Kletterpflanzen bedeckten Fassaden und Strohdächern. Ein Inn ist bequem ausgestattet, ohne luxuriös zu sein, recht günstig und besitzt nur wenige Fremdenzimmer. Die Küche bietet teilweise hervorragende regionale Speisen. Die Broschüre »Stay at an Inn« ist bei VisitBritain (►Auskunft) erhältlich.

Lodges Lodges (**Motels**) liegen meist direkt an der Autobahn und bieten Durchreisenden Zimmer mit Einheitspreisen für ein bis vier Personen.

Self-Catering Von einfachen Cottages auf dem Land oder an der Küste bis hin zu Stadt-Apartments reicht die Auswahl der **Ferienhäuser** und **Apartments**, die VisitBritain (► Auskunft) im Verzeichnis »Self-Catering

Bezaubernde Domizile: die reetgedeckten englischen Cottages

Holiday Homes« aufführt. Der **Landmark Trust**, 1965 von einem Londoner Bankier zum Schutz historischer Stätten gegründet, bietet von der Mietwohnung bis zum Schloss originelle Feriendomizile, ebenso der **National Trust for England**.

Zahlreiche Höfe bieten **Urlaub auf dem Bauernhof** an – meist als Übernachtung mit Frühstück, gelegentlich auch mit Halbpension möglich. Oft sind Reitzentren und Angelreviere in der Nähe. Bei VisitBritain gibt es kostenlos die Broschüre »Stay on a Farm«.

Farm Holidays

In Südengland liegen 62 **Jugendherbergen**, davon 7 gut verteilt in London. Viele wurden in den letzten Jahren modernisiert. Nicht nur Jugendliche, auch Erwachsene und Familien können hier preiswert übernachten. Je nach Ausstattung zahlen Erwachsene pro Nacht zwischen 10 und 20 £, Jugendliche unter 18 Jahren weniger. Zugang gewährt der internationale Jugendherbergsausweis. Die Aufenthaltsdauer ist auf drei Tage, in London auch bei Wechsel der Herberge auf vier Tage begrenzt. Eine Voranmeldung ist ratsam. In der Nebensaison haben einige Jugendherbergen wöchentliche Ruhetage. Während der Wintermonate bleiben viele Jugendherbergen geschlossen.

Youth Hostels

Während der Semesterferien kann man auch günstig in Wohnheimen von **Universitäten** oder **Colleges** übernachten.

Studentenwohnheime

▶ ÜBERNACHTEN

BED & BREAKFAST

▶ **Bed & Breakfast**
Ferienhäuser am Atlantik
Zur Gräfte 16
48161 Münster
Tel. (0 25 33) 93 13-0
Fax (0 25 33) 93 13-25
www.ferienhaus-neukirchen.de

▶ **British Link Tours**
Gossbach 4a
55270 Jugenheim
Tel. (061 30) 94 68 93
Fax (061 30) 94 68 96
www.british-link-tours.de

SELF-CATERING

▶ **British Cottages**
Mülheimer Straße 87 a
D-51375 Leverkusen
Tel. (02 14) 500 65 79

Fax: (02 14) 500 65 78
www.british-cottages.com

▶ **England for Runaways**
Ferienhäuser
in Großbritannien
Friedrich-Ebert-Str. 26 b
63179 Obwertshausen
Tel. (0 61 04) 78 96 80
Fax (0 61 04) 78 96 80
www.britain.de/ferienhaeuser/
index.html

▶ **Landmark Trust**
Shottesbrooke
Maidenhead
Berkshire, SL6 3SW
Tel. 00 44 (0) 1628 / 82 59 25
www.landmarktrust.org.uk
(Urlaub in historischen Häusern)

JUGENDHERBERGEN

▶ **Youth Hostel Association**
Trevelyan House
Dimple Road, Matlock
Derbyshire DE4 3YH, England
Tel. 00 44 (0) 16 29 / 59 26 00
Fax 00 44 (0) 16 29 / 59 27 02
www.yha.org.uk

▶ **Unabhängige
Jugendherbergen**
www.backpackers.co.uk

STUDENTENWOHNHEIME/ COLLEGEZIMMER

▶ **Venuemasters**
The Workstation
Paternoster Row
Sheffield S1 2 BX, England
Tel. 00 44 (0) 114 / 249 30 90

Fax 00 44 (0) 114 / 249 30 91
www.venuemasters.co.uk

CAMPING UND CARAVANING

▶ **Nützliche Websites**
www.abacusmotorhomehire.co.uk
www.caravanclub.co.uk
www.swiftgroup.co.uk

UNGEWÖHNLICHE UNTERKÜNFTE

▶ **National Trust**
www.nationaltrustcottages.co.uk

▶ **Landmark Trust**
www.landmarktrust.org.uk

▶ **Distinctly Different**
www.distinctlydifferent.co.uk

Camping und Caravaning Wildes Campen ist nicht erlaubt. Man darf aber auf Privatgelände zelten, wenn es der Besitzer gestattet. Campingplätze sind meist für Zelte, Wohnwagen und Wohnmobile eingerichtet. Auf einigen Plätzen werden auch Wohnwagen vermietet. Bei VisitBritain erhält man die kostenlose Broschüre »Camping & Caravan Parks in Britain«.

Ungewöhnliches Der **National Trust**, der **Landmark Trust** und **Distinctly Different** bieten so ungewöhnliche Unterkünfte wie Mühlen, Leuchttürme, Kirchen oder Doppeldeckerbusse an.

Urlaub aktiv

Mutterland des Fußballs In Großbritannien, dem Mutterland des Fußballs, schicken England, Schottland, Wales und Nordirland eigene Nationalteams zu Welt- und Europameisterschaften und tragen landeseigene Meisterschaften aus. Die englischen Fußballer Stanley Matthews und Bobby Charlton haben es gar zu einem Adelstitel gebracht. Spiele der ersten Ligen werden samstags um 15.00 und mittwochs um 19.00 Uhr angepfiffen. Höhepunkt und Abschluss der englischen Saison ist das Cup Final im Londoner Wembley-Stadion im Mai.

Nationalsport Cricket Nationalsport des Commonwealth ist Cricket; Höhepunkt sind die Länderspiele der dazu gehörigen Nationen. Das dem Baseball ähnliche, manchmal tagelang dauernde Ballspiel ist auch ein gesellschaftliches Ereignis: Man sitzt am Spielfeldrand bei Tee und Sandwiches und hält Konversation, an der sich auch manch ein Spieler beteiligt. Das Mekka der Fans ist der Lord's Cricket Ground in London, wo es auch ein Cricket-Museum gibt.

Als »Pferderennen des kleinen Mannes« beliebt sind **Hunderennen** mit rassigen Greyhounds. Ascot, Epsom und Derby sind weltweit Synonyme für exklusive **Pferderennen**, bei denen sich der britische Hochadel ein Stelldichein gibt. Beliebt, aber im Ausland wegen Todesfällen von Pferden umstritten, sind die »Steeple chases«, bei denen die Pferde in vollem Galopp Hindernisse überwinden. **Polo** ist ebenfalls ein exklusiver Pferdesport. Neben Argentinien ist Großbritannien eine der führenden Polo-Nationen. Beliebt ist auch **Rugby**. In der Saison von September bis Mai strömen besonders zu Länderspielen oft mehr Zuschauer als zum Fußball.

Rennen, Polo, Rugby

Sport & Fun

Dank seiner Seen, Flüsse und Küsten bietet Südengland ausgezeichnete Angelreviere. Angelgerät wird in den örtlichen Angelzentren vermietet. Informationen über gute Angelstrecken mit Hoteltipps gibt VisitBritain (►Auskunft) heraus. Für den Lachs- und Forellenfang (**Game Fishing**) benötigen Angler über 12 Jahre eine NRA Rod Licence (Angellizenz), die bei Postämtern, in Geschäften für Angelbedarf und einigen Läden und Hotels erhältlich ist. Die Forellensaison beginnt Ende März und endet im späten September; die Lachssaison startet im Januar und dauert bis Oktober.
Für **Coarse Fishing**, z. B. in den Flüssen Avon (Hampshire) und Stour (Dorset), benötigt man keinen Erlaubnisschein. Die wichtigsten Arten sind Hecht (pike), Brasse (bream), Schleie (tench), Rotfeder (rudd), Rotauge (roach), Flussbarsch (perch), Karpfen (carp) und Aal (eel). Fangsaison ist zwischen Mitte Juni und Mitte März.
Vor der Westküste finden Hochseeangler hervorragende Fanggründe für **Deep Sea Fishing** auf Hai, Rochen, Dorsch, Schellfisch, Seehecht, Seebarsch, Seekarpfen, Meeräsche und Meerbrasse. Saison ist das ganze Jahr.

Angeln

►dort

Badeurlaub

Mehr als 2000 Plätze warten in England auf Golfer. Sie werden unterteilt in »Link Courses«, Anlagen, die überwiegend dem natürlichen Landschaftsverlauf folgen, und »Parkland Courses«, die von Landschaftsarchitekten entworfen wurden. Die meisten Plätze stehen nach Zahlung der Greenfee auch Gästen offen. Da Golf hier **Volkssport** ist, sind die Gebühren in der Regel erschwinglich. Besonders schöne Golfplätze befinden sich in Burnham und Berrow (Somerset) und in Moretonhampstead (Dartmoor). Bekannt sind auch Old

Golf

Sein Handicap verbessern: Golf ist Volkssport in Großbritannien.

Thorns in Hampshire, der Parklandcourse in Falmouth, der St. Mellion Golf and Country Club in Cornwall und der St. Enodoc Golf Club im Norden Cornwalls.

Hausboote An vielen Orten können Hausboote ohne Bootsführerschein gemietet werden. Attraktive südenglische Reviere sind die Themse und der 140 km lange **Kennet & Avon Canal**, auf dem man von Reading über Padworth, Newbury, Devizes und Bath in zwei Wochen gemütlich bis nach Bristol schippern kann. In der der Hauptsaison ist eine frühzeitige Buchung ratsam. Prospekte gibt es bei Reisebüros und VisitBritain (▶Auskunft).

Jagd Für die Niederwildjagd (Game Shooting) benötigt man einen Jagdwaffenschein. Beim **Grouse Shooting** werden Fasan, Birkhuhn, Rebhuhn, Schnepfe und Wildente gejagt. Die Lizenzbestimmungen, Saisonzeit, Adressen von Jagdklubs und Veranstaltern von Pauschalreisen können erfragt werden beim Department for Environment, Food and Rural Affairs, Tel. (0 84 59) 33 55 77, www.defra.gov.uk.

Die herrlichen Landschaften Südenglands lassen sich hervorragend mit dem Fahrrad entdecken. Leihräder gibt es vielerorts; kostengünstige Transporte bietet die Bahn. Ein empfehlenswerter Radweg ist z. B. der **South Downs Way** zwischen Eastbourne und Winchester (▶ Wandern, s. unten). Informationen über die schönsten Routen gibt es bei den lokalen Fremdenverkehrsämtern (▶ Auskunft). Tipps und Kontaktadressen von Cyclists Touring Club (CTC), SUSTRANS u. a. finden sich auf der von VisitBritain (▶ Auskunft) herausgegebenen Faltkarte »Radurlaub in Großbritannien« mit einer Übersicht aller Radfernrouten.

Rad fahren

Außer Reitstunden werden von verschiedenen Veranstaltern und Reiterhöfen auch mehrtägige Überlandritte (Pony Trekking) und Unterricht in Disziplinen wie Querfeldein- und Springreiten erteilt.

Reiten

Lange Sandstrände, malerische Buchten und ein milder Golfstrom bieten Surfern und Seglern an den Küsten Devons und Cornwalls optimale Bedingungen. Entsprechend gut ist die Infrastruktur von modernen Jachthäfen über den Verleih von Wassersportausrüstungen bis hin zu Klubs und Segelschulen.

Segeln und Surfen

Eine Vielzahl von Tennisplätzen wartet in Südengland auf Urlauber. Die von Ende Juni bis Anfang Juli über zwei Wochen ausgetragenen **Wimbledon Championships** sind das berühmteste Grand-Slam-Turnier der Welt. Wer auf den Centre Court will, muss sich ein Jahr im Voraus bewerben – Formulare für die Ticketlotterie gibt es von: AELTC, P.O. Box 98, London SW19 5 AE. Für behinderte Besucher gibt es eine gesonderte Lotterie. Wimbledonkarten gibt es in Deutschland bei West End Theatre Tickets, Eicher Straße 91, 56626 Andernach-Eich, Tel. (0 26 32) 49 67 45, www.westendtickets.de.

Tennis

Viele landschaftlich reizvolle Gebiete sind nur zu Fuß erreichbar. Besonders in den **Nationalparks**, Areas of Outstanding Natural Beauty und an den Heritage Coasts kann man herrliche Wanderungen unternehmen. Die mit dem Symbol einer Eichel markierten **Fernwanderwege** sind für erfahrene Wanderer angelegt. Ein kostenloses Faltblatt der Fernwanderwege ist bei VisitBritain (▶ Auskunft) erhältlich. Der **South West Coast Path**, mit 962 km längster National Trail, führt die spektakuläre Küste von Devon und Cornwall entlang, vorbei an idyllischen Dörfern, kleinen Häfen, herrlichen Sandstränden, weiten Flussmündungen und felsigen Landzungen. Der auch für Anfänger geeignete **South Downs Way** erschließt zwischen Eastborne und Winchester auf 171 km Länge aussichtsreiche Hügellandschaften und weite Ebenen. Der **North Downs Way** verläuft im »Garten Englands« 246 km von Farnham (Surrey) nach Dover (Kent). Zwei Nationalparks berührt der 166 km lange **Two Moors Way** von Ivybridge über Dartmoor und Exmoor bis an die Küste von Nord-Devon. Der **Tarka Trail** führt 290 km durch die Moore von Nord-Devon.

Wandern

ADRESSEN FÜR SPORTLER

ALLGEMEINE AUSKÜNFTE

► **Sport England**
3rd Floor, Victoria House
Bloomsbury Square
London WC1B 4SE
Tel. (08 45) 850 85 08
www.sportengland.org

ACTION AND FUN

► **British Travel Company**
Hedderichstr. 120
60596 Frankfurt
Hotline: (07 00) 11 88 12 88
Tel. (0 69) 66 37 99 60
Fax (0 69) 66 37 99 62
www.btco.de
Auch für Ungeübte: Rafting, Canyoning, Bergsteigen, Mountainbike-Touren

GOLF

► **The English Golf Union Ltd.**
The National Golf Centre
Woodhall Spa LN10 6PU
Tel. (0 15 26) 35 45 00
Fax (0 15 26) 35 40 20
www.englishgolfunion.org
www.uk-golfguide.com

► **Bader Golfreisen**
Günterstr. 29
47226 Duisburg
Tel. (0 20 65) 310 29
Fax (0 20 65) 310 30, E-Mail:
Bader-Golfreisen@arcor.de

► **Peter Koenig Golfreisen**
Dreispitzstraße 2b
65191 Wiesbaden
Tel. (06 11) 565 76 06
Fax (06 11) 565 76 07
www.erfolgreich-golfen.de

HAUSBOOTE

► **Ashley's European Travel**
2 Salisbury Avenue
Broadstairs, Kent CT10 2DT
Tel. 00 44 (0) 21 61 / 6 74 64
www.britaineuro.com

► **Ferienboot-Charter
Hoseasons Holidays Ltd**
Lowestoft Suffolk NR32 2LW
Tel. 00 44 (0) 15 02 / 50 05 05
Fax 00 44 (0) 15 02 / 51 42 98
www.hoseasons.co.uk

► **Hausboot Böckl**
Zeppelinstr. 73
81669 München
Tel. (0 89) 54 29 01 09
Fax (089) 54 29 01 07
www.hausboot-boeckl.de

RAD FAHREN

► **Radreisen**
AmphiTrek Radreisen Ltd.
Hamburger Str. 21
19230 Hagenow
Tel. (0 38 83) 622 67 47
Fax (0 38 83) 622 67 48
www.amphitrek.de

► **GB-Rad im Internet**
www.sustrans.org.uk
(alles rund ums Radfahren
in Großbritannien)
www.ctc.org.uk
(Cyclists Touring Club)
www.forestry.gov.uk
(Mountainbiking in den Wäldern
Großbritanniens)

REITEN

► **Das Urlaubspferd
Internationale
Reiterreisen**
Wiesenstr. 25
64331 Weiterstadt
Tel. (0 61 51) 89 56 38
Fax (0 61 51) 89 38 91
www.urlaubspferd.de

Verschnaufpause am Roche Rock in Cornwall

SEGELN – JACHTCHARTER

▶ **Dartmouth Yacht Charters**
Raddicombe Heights
Kingswear Road
Hillhead, Brixham TQ5 0EX
Tel./Fax: 00 44 (0) 18 03 / 88 37 18
www.dartmouth
yachtcharters.co.uk

▶ **Clarity Charters**
21 Universal Marina
Salisbury Green
Southampton SO31 7ZN
Tel. 00 44 (08 00) 44 88 001
www.clarityyachts.com

WANDERREISEN

▶ **Wikinger Reisen**
Kölner Str. 20
58135 Hagen
Tel. (0 23 31) 90 46
Fax (0 23 31) 90 47 04
www.wikinger-reisen.de

Verkehr

Autoverkehr

Auf den Britischen Inseln herrscht Linksverkehr, überholt wird
rechts. Doch nicht automatisch hat der von links kommende Verkehr
Vorfahrt. »Vorfahrt gewähren« wird durch die Schilder »Stop« oder
»Give Way« angezeigt. An Straßenmündungen mit doppelter Linie
muss man anhalten, an doppelt unterbrochene Linien langsam he-
ranfahren. Im Kreisverkehr (roundabouts) haben Fahrzeuge im Kreis
Vorfahrt.

Linksverkehr!

Höchstgeschwindigkeit

Höchstgeschwindigkeit ist auf Autobahnen und Straßen mit zwei Spuren 70 mph (112 km/h), mit Anhänger 60 mph (96 km/h); auf anderen Straßen 60 mph (96 km/h), mit Anhänger 50 mph (80 km/h); innerhalb geschlossener Ortschaften 30 mph (48 km/h). Fahrzeuge mit Anhänger dürfen auf dreispurigen Autobahnen nicht die äußere Überholspur benutzen, also nicht ganz innen fahren.

Anschnall- und Helmpflicht

Es besteht Anschnallpflicht, auch auf den Rücksitzen. Für Motorrad- und Mopedfahrer besteht Helmpflicht.

Promille-Grenze

Die Höchstgrenze für den Blutalkoholgehalt beträgt **0,8 Promille**.

Parken

Im Stadtzentrum ist Parken oft nur an Parkuhren möglich. Gelbe Doppellinien bedeuten Parkverbot. An einer einfachen gelben Linie darf zu den Zeiten, die auf einem Schild angegeben sind, nicht geparkt werden.

Benzin

Benzin (petrol) wird in Litern, an älteren Tankstellen noch in Gallonen (1 Gallone = 4,54 l) abgegeben. Es gibt bleifreies (unleaded) Super plus mit 98 Oktan, bleifreies Eurosuper mit 95 Oktan und verbleites Super. Dieselkraftstoff (Derv) und Flüssiggas (LPG = Liquid Petroleum Gas) sind fast überall erhältlich.

Verkehrsunfall: Was tun?

Trotz aller Vorsicht am Steuer kann einmal etwas passieren. Auch wenn der Ärger groß ist: Ruhe bewahren, höflich bleiben – und Folgendes tun: Absichern der Unfallstelle, Bergung von Verletzten, ggf. Krankenwagen anfordern, Polizei benachrichtigen (▶ Notdienste), Unfallhergang, Fahrzeugkennzeichen, Versicherungsnummern, Namen und Anschrift anderer Unfallbeteiligter und evtl. Zeugen in einem Unfallbericht aufnehmen und vom Unfallgegner unterzeichnen lassen (möglichst Europäischen Unfallbericht vor Reiseantritt beim Versicherungsfachmann anfordern), Beweismittel sichern (Skizze und Fotos vom Unfallort). Unterschreiben Sie kein Schuldanerkenntnis und kein Schriftstück, das Sie nicht verstehen!

Bahn

Von London nach Südengland

Von sechs der zehn Londoner Hauptbahnhöfe fahren Züge nach Südengland ab: Charing Cross (Süd-London, Kent), Liverpool Street (Stansted Express, Kanalfähren ab Harwich), London Bridge (Süd- und Südost-London, Kent, Sussex), Paddington Station (Südwestengland sowie Wales, Heathrow Express), St. Pancras International (Thameslink-Verbindungen, Eurostar-Züge durch den Kanaltunnel), Victoria (Kent, Surrey, Sussex, Gatwick Express), Waterloo (Süd- und Südwestengland).

InterCity-Züge

InterCity-Züge verbinden London mit Brighton und Poole sowie via Exeter mit Torquay, Plymouth und Penzance. Vom IC-Zug über Reading und Swindon nach Bristol bestehen Anschlüsse via Exeter und Plymouth nach Penzance. Malerische Strecken finden sich im Themsetal, zwischen Liskeard und Looe, zwischen Penzance und St. Ives sowie zwischen Poole und Wareham.

Seit 2007 ist ein **Hochgeschwindigkeitsbahnnetz** in Planung, das 2014 in Betrieb gehen und die bisherigen InterCity-Züge ersetzen soll. Während die InterCity-Express-Züge noch gebaut werden, sind erste Hochgeschwindigkeitsstrecken bereits fertig gestellt worden. Seit Ende 2007 beispielsweise verbindet ein InterCity das südenglische Ashford und London St. Pancras mit Tempo 180, seit 2009 auch Reading mit London.

Stark ermäßigt sind **Point-to-Point-Tickets** für die zweite Klasse – Gruppen von sechs Erwachsenen erhalten noch einen zusätzlichen Rabatt von 30% Ermäßigung. Freie Fahrt gewähren **BritRail-Pässe** für 4 bis 22 Tage, die auch auf den Flughafen-Zubringern Heathrow Express, Gatwick Express und Stansted Express gelten. Die **London Visitor Travelcard**, die es für die Innenstadt oder für Groß-London gibt, ergänzt ein Gutscheinheft mit Ermäßigungen für Sehenswürdigkeiten, Restaurants und Geschäfte. *Ermäßigungen*

In Deutschland erhält man Bahntickets und -pässe bei Britain Direct und bei VisitBritain (► Auskunft), in Reisebüros mit Bahnagentur und an größeren Verkaufsstellen der Deutschen Bahn. In der Schweiz bekommt man Tickets und Pässe bei Falcon Travel in Zürich, in Österreich beim Bahn & Fähren Center in Wien.

Sehr flexibel und preisgünstig wird der **Londoner Nahverkehr** mit der **Oyster Card**, die auf allen EasyJet-Flügen nach London, in vielen Geschäften und an den Fahrkartenschaltern sowie außerhalb von Südengland bei Visit Britain und vielen Reisebüros gegen ein Pfand von 2 £ erworben werden kann. Sie ist eine elektronische Fahrkarte, die übertragbar ist und erhältlich in zwei Versionen: mit festgelegten Guthaben (£10, £20, £30) oder frei wählbaren Startguthaben zwischen £5 und maximal £90, die auch über das Internet auf die Karte geladen werden können. Pfand und Restguthaben werden bei Rückgabe erstattet (https://oyster.tfl.gov.uk/oyster/entry.do).

Busreisen

Südengland durchzieht ein dichtes Netz von Fernbuslinien, das von **National Express** betrieben wird. Kommunale und private Gesellschaften ergänzen das regionale Busnetz. Wichtig: Fernbusse heißen »Coaches«; »Buses« verkehren nur örtlich. Eine Besonderheit stellen die **Postbusse der Royal Mail** dar, die in ländlichen Regionen bei ihrer Postzustellung auch Personen mitnehmen. **Backpacker-Busse** fahren von einer Herberge zu nächsten.

Besonders günstig wird die Busfahrt für Senioren über 60. Für sie gibt es **Routesixty Fares** – sie zahlen damit auf vielen Strecke nur den *Ermäßigungen* halben Fahrpreis. Mit dem Buspass **National Express Brit Xplorer** können die 1000 Routen im Streckennetz an 7 Tagen (£79), 14 Tagen(£139) oder 28 Tagen (£219) unbegrenzt genutzt werden.

Fähren und Flugverkehr

▶Anreise / Reiseplanung, S. 70

Mietwagen

Im Voraus buchen! Wer ein Auto mieten möchte, muss mindestens 21 (z. T. 25) Jahre alt sein, seit einem Jahr einen Führerschein besitzen und vor Ort eine Kaution hinterlegen – in bar oder per Kreditkarte. Spartipp: das Auto bereits in Deutschland buchen!

Taxi

Black Cab Früher ausschließlich schwarz, heute farbig unterwegs, sind die nostalgischen Dieseltaxis Black Cab. Ist es frei, leuchtet das Schild »Taxi« oder »For Hire«. Den Fahrpreis zeigt der Taxameter an, bei Fahrten über sechs Meilen (9,6 km) verdoppelt sich der Betrag.

 WICHTIGE ADRESSEN

AUTOMOBILKLUBS

▶ **Automobile Association (AA)**
Lambert House, Stockport Road
Cheadle SK8 2DY
Tel. (0161) 49 58 945
(08 00) 88 77 66, www.theaa.com

▶ **Royal Automobile Club (RAC)**
Great Park Road, Bradley Stoke
Bristol BS32 4QN
Tel. (087 05) 72 27 22
www.rac.co.uk

PANNENHILFE

▶ **Pannenhilfe des AA**
Tel. 08 00 0 28 90 18

▶ **Pannenhilfe des RAC**
Tel. 08 00 82 82 82

▶ **ADAC Pannenhilfe und Notruf**
Tel. 02 66 15 91

ÖFFENTLICHE VERKEHRSMITTEL

▶ **Internet**
www.pti.org.uk
www.traveline.info

BUSFAHRTEN

▶ **Reisebüro Winkelmann**
Schulstr. 2
D-29308 Winsen/Aller
Tel. (0 51 43) 9 88 20
Fax (0 51 43) 23 37
http://reisebuero-winkelmann-winsen.pro-tours.de
Auskünfte, Fahrkartenvorverkauf und Discount-Pässe

▶ **Royal Mail Postbusse**
www.royalmail.com/postbus/home.htm

► **Backpacker-Busse**
Radical Travel Network
www.radicaltravel.com

► **National Express**
4 Vicarage Road, Edgbaston
Birmingham B15 3ES
Tel. (0 87 05) 80 80 80
www.nationalexpress.com
u.a. Fahrpläne

BAHNFAHRTEN

► **Britain Direct GmbH**
Ruhbergstr. 8
D-69242 Mühlhausen
Tel. (0 62 22) 67 80 50
Fax (0 62 22) 678 05 19
www.britaindirect.com

► **Falcontravel**
MTCH AG
Sägereistrasse 20
CH –8152 Glattbrugg
Tel. 043 (1) 211 71 21
Fax 043 (1) 222 93 14
www.falcontravel.ch

► **Bahn & Fähren Center**
Kärntner Ring 10 / Top 1
A-1010 Wien
Tel. 0043 (1) 503 00 20 - 10
Fax 0043 (1) 503 00 20 - 99

► **BritRail**
Tel. (0 62 22) 67 80 50

www.britrail.com
Auskünfte über kostengünstige
BritRail- und Flexipässe für
England und London

► **National Rail Call Centre**
Tel. 00 44 (0) 84 57 / 48 49 50
www.nationalrail.co.uk
Auskünfte zu Bahnverbindungen

MIETWAGEN

► **Alamo**
Tel. (0 18 05) 46 25 26
www.alamo.de

► **Avis**
Tel. (0 18 05) 21 77 02
www.avis.de

► **Europcar**
Tel. (0 18 05) 80 00
www.europcar.de

► **National**
Tel. (08 00) 46 47 336
www.nationalcar.de

► **Sixt**
Tel. (0 18 05) 23 22 22
www.sixt.de

► **Reiseroutenplanung**
www.reiseplanung.de
www.web.de (Routenplanung)

Zeit

Großbritannien folgt der **Greenwich Mean Time** (GMT) = MEZ –
1 Std., d. h. die Uhren müssen eine Stunde zurückgestellt werden.
Von Ende März bis Mitte Oktober gilt die **Sommerzeit** (Daylight Sa-
ving Time: GMT + 1 Std.). Die Stunden vor Mittag werden mit a.m.
(ante meridiem), die nach Mittag mit p.m. (post meridiem) bezeichnet (z. B. 6 a.m. = 6.00 Uhr morgens; 6 p.m. = 18.00 Uhr).

Touren

AN DER KÜSTE ENTLANG ODER
LIEBER DURCHS HINTERLAND? WIR LOTSEN SIE
ZU HERRLICHEN STRÄNDEN UND PRACHTVOLLEN
SCHLÖSSERN, DURCH NATIONALPARKS UND WILDE
HOCHMOORE, IN MONDÄNE BADEORTE UND
BILDERBUCHSTÄDTCHEN WIE SHAFTESBURY.

TOUREN DURCH SÜDENGLAND

Zwischen Kent und Cornwall erstreckt sich das Stammland Englands: zwölf Grafschaften, die mit weißen Kreideklippen und nostalgischen Seebädern, einsamen Mooren und pulsierenden Hafenstädten, mystischen Steinkreisen und endlosen Sandstränden einladen, Kulturerbe aus 8000 Jahren zu entdecken.

TOUR 1 **Der Garten Englands**
Schon weit über das Meer grüßen die weißen Klippen von Dover mit der ältesten Festung Englands. Hinter den Kalksteinhügeln erstreckt sich Kent, laut Charles Dickens ein Land der Äpfel, der Kirschen, des Hopfens und der Frauen. Was er vergaß: 24 500 historische Bauwerke sind hier registriert, darunter die berühmteste Kathedrale Englands – Canterbury.   ▸ **Seite 132**

TOUR 2 **Cäsar, Drake und »Dirty Weekends«**
Römische Fundorte und prunkvolle Herrenhäuser, mittelalterliche Marktflecken, elegante Seebäder und lebhafte Küstenstädte lassen in Surrey, Sussex und Hampshire die abwechslungsreiche Geschichte Englands von der Antike bis zum Empire Revue passieren – verbunden mit Ferienfreuden für Aktive und Genießer.   ▸ **Seite 135**

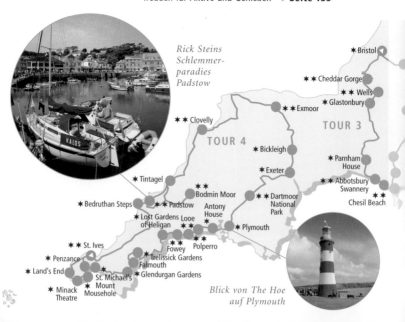

Rick Steins Schlemmerparadies Padstow

✻ Bristol
✻ ✻ Cheddar Gorge
✻ ✻ Wells
✻ Glastonbury
✻ ✻ Exmoor
✻ ✻ Clovelly
TOUR 3
TOUR 4
✻ Bickleigh
✻ Parnham House
✻ Exeter
✻ Abbotsbury Swannery
✻ Tintagel
✻ ✻ Bodmin Moor
✻ ✻ Dartmoor National Park
Chesil Beach
✻ Bedruthan Steps ✻ ✻ Padstow   Antony House
✻ Lost Gardens Looe of Heligan ✻ ✻
✻ Plymouth
✻ ✻ St. Ives
Fowey Polperro
✻ Penzance   Trelissick Gardens
Falmouth
✻ Land's End   ✻ Glendurgan Gardens
St. Michael's
✻ Minack ✻ Mount
Theatre Mousehole

Blick von The Hoe auf Plymouth

TOUR 3 Englische »Essentials«
Von der quirligen Hafenstadt Bristol zur eleganten georgianischen Bäderstadt Bath, von mystischen Steinkreisen
wie Stonehenge zu den Schwänen von Abbotsbury, vom
Gral König Artus' in Glastonbury nach Cheddar, der Heimat des berühmtesten englischen Hartkäses: Eine Rundreise durch die Grafschaften Avon, Wiltshire, Somerset
und Dorset führt zu den Wurzeln von »Englishness«.
► Seite 137

TOUR 4 Märchen, Mythen und Legenden
Im Norden ist die Klippenküste, von der tosenden See attackiert, rau und romantisch, im Süden wecken idyllische
Buchten und feine Sandstrände, gesäumt von Palmen, Zedern und Mimosen, mediterrane Feriengefühle. Im Landesinnern inspirierten die Hochmoore von Dartmoor, Exmoor
und Bodmin Moor Literaten wie Conan Doyle, Richard D.
Blackmore und Daphne du Maurier: willkommen in Devon
und Cornwall! ► Seite 139

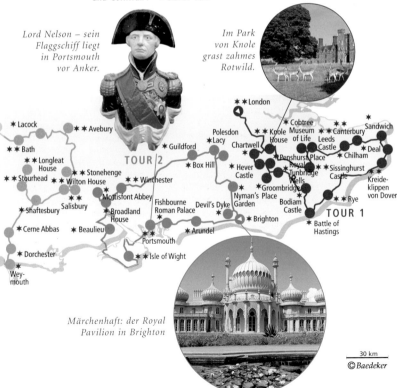

Lord Nelson – sein Flaggschiff liegt in Portsmouth vor Anker.

Im Park von Knole grast zahmes Rotwild.

Märchenhaft: der Royal Pavilion in Brighton

30 km
© Baedeker

Unterwegs in Südengland

On the road

»Please drive on the left« informieren Verkehrsschilder ankommende Autoreisende vom europäischen Festland, wenn sie von der Fähre hinabrollen: In England herrscht **Linksverkehr**. Im Leihwagen fällt die Umstellung nicht schwer: Wo der Fahrer sitzt, ist stets der Fahrbahnrand. Im eigenen Wagen können Probleme auftreten: Die Sicht ist schlechter und die Macht der Gewohnheit – besonders auf freien Strecken – oft stärker, rechts zu fahren. Je weiter man nach Westen gelangt, desto mehr weichen breite, doppelt angelegte »Dual Carriageways« einspurigen, engen Straßen, die in vielen Kurven und Kehren durch das Land mäandern. Lange Baumreihen oder hohe Hecken bilden grüne »Tunnel«, die schlecht einzusehen sind. Gut ausgebaute Hauptstraßen enden mitunter unerwartet in einer Sackgasse, so manches Sträßchen mitten auf einem Acker. Statt Ampeln lieben die Engländer die »Roundabouts« – Kreisverkehre, die auch dicht hintereinander gekoppelt werden. Vorfahrt hat immer das Fahrzeug im Kreis.

> ! **Baedeker** TIPP
>
> **Von Garten zu Garten**
>
> Wer der Gartenleidenschaft verfallen ist, kann mit Büchern wie dem »Gardeners Guide to Britain«, dem »Yellow Book« oder den nach Grafschaften eingeteilten Broschüren des »National Gardens Scheme« (www.ngs.org.uk) die Gärten und Parks Südenglands entdecken. Organisierte Rundfahrten bieten Spezialreiseveranstalter wie Garten Reisen Baur GmbH (Tel. 0 75 55 / 92 06 11, Fax 0 75 55 / 92 06 22, www.gartenreisen.de) und Elk Tours (Tel. 0 89 / 84 05 09 05, Fax 0 89 / 84 05 09 14, www.elktours.de).

Bus oder Bahn?

Gut ausgebaut ist das Busnetz in Südengland; National Express bedient fast jede Stadt, kleinere Regionalbuslinien jedes noch so kleine Dorf. Weniger zu empfehlen ist die Bahn: Die Fahrpreise sind teurer, die Verbindungen schlechter, die Bahnhöfe nicht immer im Zentrum. Freie Fahrt zu allen Zielen in Südostengland, einschließlich der Städte London, Cambridge und Oxford, gewährt der **South East Pass**, der vor Reiseantritt im Heimatland gekauft werden muss. Schienennostalgie wird wach bei Fahrten mit der **Kent & East Sussex Railway**, die von Tenterden nach Bodiam schnauft – die Wasserburg Bodium Castle aus dem 14. Jh. ist fünf Gehminuten vom Bahnhof entfernt. Die 14 mi / 22,4 km lange Schmalspurbahn **Romney, Hythe & Dymchurch Railway** rattert von Hythe zum Leuchtturm auf der Landzunge Dungeness.

Naturnah: Wandern, Rad fahren, Pferde-Trekking

Fast die gesamte Küste lässt sich auf alten Zöllnerpfaden umrunden. Je nach Region wechselt der **Coast Path** jedoch seinen Namen. Ein dichtes Netz an Wanderwegen durchzieht auch die South Downs und North Downs, die Mendips, die Quantock Hills, den New Forest und die Hochmoore Dartmoor, Exmoor und Bodmin Moor. Exmoor

Die Briten lieben Kinder – »Family Entertainment« für Jung und Alt gibt es überall.

und Dartmoor verbindet der **Two Moors Way**, der **Tarka-Trail** führt durch die Moore Ost-Devons. Ausgebaut wurde auch das Radwegenetz. Zu den schönsten Routen gehört der **South Downs Way** zwischen Eastbourne und Winchester. Deutlich hügeliger wird es gen Westen; in Devon und Cornwall geht es beständig bergauf und bergab. Wachsender Beliebtheit erfreuen sich mehrtägige Überlandritte und Pony-Trekkings mit oder ohne Führer.

Geruhsam und idyllisch wie das Land ist ein Hausbooturlaub. Attraktive Reviere sind vor allem die **Themse** und der 140 km lange **Kennet & Avon Canal**, der von Reading via Padstow und Devizes nach Bath und weiter nach Bristol führt.

Hausboot-Urlaub

Auf den Spuren von Agatha Christie, Daphne du Maurier, Charles Dickens, Thomas Hardy oder Rosamunde Pilcher – Südengland hat die Literaten wie kaum eine zweite Region inspiriert. Themenspaziergänge und Touristenrouten laden ein, Stationen aus dem Leben und Werk der berühmten Autoren zu entdecken, Auskünfte erteilen die örtlichen Touristeninformationen.

Themenreisen

Von Mai bis Oktober verwandelt sich Südengland in eine riesige Bühne, die allerorten mit Konzerten, Open-Air-Aufführungen und Festivals lockt – vom alternativ angehauchten Folk Festival in **Glastonbury**, den Opernfestspielen in **Glynebourne**, dem Theaterfestival in **Chichester** und dem Freilichttheater im **Minack Theatre** bis zu Orgelkonzerten in den Kathedralen von Canterbury, Winchester und Salisbury.

Kultur-Sommer

Tour 1 Der Garten Englands

Länge der Tour: 260 mi / 430 km   **Dauer:** 3 – 4 Tage

Kent ist das Tor zu England: Schon weit über das Meer grüßen die weißen Klippen von Dover mit der ältesten Festung Englands. Hinter der Kalkhügelkette erstreckt sich der Garten Englands: Kent, so ließ Dickens schon Mr. Jingles in den »Pickwick Papers« sagen, ist ein Land der Äpfel, Kirschen, des Hopfens und der Frauen. Was er vergaß: 24 500 historische Bauwerke sind hier registriert, darunter auch die berühmteste Kathedrale Englands – Canterbury.

Klippen, Burgen, Hopfen und Gärten

Von ❶ ** **London** geht es auf der M 25 südlich nach Sevenoaks, wo das ❷ ** **Knole House** als Gewirr aus Giebeln, Zinnen und Türmchen den Besucher begrüßt. Das riesige Anwesen mit sieben Innenhöfen, 52 Treppen und 365 Zimmern inmitten eines Wildparks gehörte erst dem Erzbischof von Canterbury, dann Heinrich VIII. Sei-

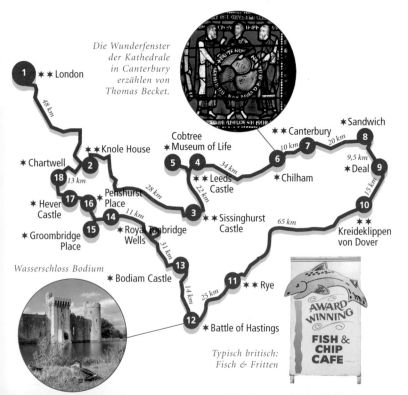

Die Wunderfenster der Kathedrale in Canterbury erzählen von Thomas Becket.

Wasserschloss Bodium

Typisch britisch: Fisch & Fritten

AWARD WINNING FISH & CHIP CAFE

ne Tochter Elisabeth I. überließ es Sir Thomas Sackville, einem frühen Vorfahren von Vita Sackville-West. Gemeinsam mit ihrem Mann Sir Harold Nicolson hat sie in ❸✶✶ **Sissinghurst Castle** zwischen den Ruinen eines elisabethanischen Herrenhauses eine Gartenanlage geschaffen, die durch ihre Raumaufteilung, Blickachsen und Farbgebung besticht – besonders schön: der »Weiße Garten«.

❹✶✶ **Leeds Castle**, 12 mi / 19 km nördlich, gilt als schönste Burg Englands: ein Wasserschloss in einem See mit schwarzen Schwänen, umgeben von Gärten Capability Browns. Einen Abstecher wert ist das ❺✶ **Cobtree Museum of Kent Life** am Stadtrand von Maidstone, das mit Farmtieren, Hopfendarren und Traktorfahren den Bauernalltag von einst aufleben lässt. Nächster Halt ist das malerische Dörfchen ❻✶ **Chilham** mit schwarz-weißen Fachwerkhäusern aus dem 17. Jh., dem weiß verputzten White Horse Inn und Chilham Castle, 1616 von Inigo Jones erbaut und ebenfalls von Capability Brown mit einem prachtvollen Landschaftspark umgeben. Das 6 mi / 9,6 km entfernte ❼✶✶ **Canterbury** gilt als Wiege des englischen Christentums; 597 gründete hier der Mönch Augustinus im Auftrag Roms Englands erstes Kloster, 603 wurde eine Kirche, 1175 bis 1498 die heutige Kathedrale erbaut, die wie die stillen Ruinen von St. Augustine's Abbey zum UNESCO-Weltkulturerbe gehört.

Auf der A 257 geht es zur Küste nach ❽✶ **Sandwich**, im Domesday »1066 Country« Book Wilhelm des Eroberers noch die viertgrößte Stadt Englands. Ein Spaziergang auf den alten Festungswällen »Butts« oder durch die engen Kopfsteingassen führt in die Vergangenheit der denkmalgeschützten Altstadt. ❾✶ **Deal** lockt mit Golf in den Dünen, Badestränden, einem Pier und Deal Castle, einer der drei mächtigen Burgen, die Heinrich VIII. 1539 zum Schutz der Küste anlegte. Walmer Castle wenig weiter südlich war einst die offizielle Residenz des Lord Warden der Hafenvereinigung »Cinque Ports«. Auf den 120 m hohen ❿✶✶ **Kreideklippen von Dover** thront die Ruine der Normannenburg, die in vielen Filmen als dramatische Kulisse diente, darunter Franco Zeffirellis »Hamlet« mit Mel Gibson und Glenn Close. 12 mi / 19 km südwestlich im Seebad Hythe beginnt der Royal Military Canal, auf dem man mit Leihbooten durch die weite Landschaft der Romney Marsh mit ihren grasenden Schafen und einsamen Kirchen schippern kann. ⓫✶✶ **Rye** ist eine mittelalterliche Stadt wie aus dem Bilderbuch, mit mächtigen Mauern, wuchtigen Stadttoren und engen Kopfsteingassen, deren Häuser gebeugt sind von der Last der Jahrhunderte. In Hastings flicken Fischer ihre Netze am Strand. Die berühmte

> ## *i* Highlights der Tour 1
>
> - Sissinghurst Castle – bezauberndes Gartenparadies von Vita Sackville-West
> - Leeds Castle – Märchenschloss im See
> - Canterbury Cathedral – Wiege und Hochburg der anglikanischen Kirche
> - Chartwell – Churchills Landhaus
> - Dover – das Tor zu England mit den berühmten weißen Kreideklippen

Wahrzeichen des Seebades Eastbourne ist der gewaltige Pier.

⑫ ✳ Battle of Hastings von 1066 fand 10 km nördlich in Battle statt, wo die Schlachtfelder an der Battle Abbey die Kampfeshandlungen dokumentieren. Von perfekter Symmetrie und Schönheit ist die Wasserburg **⑬ ✳ Bodiam Castle**, die 1385 – 1388 zum Schutz vor französischen Einfällen erbaut wurde. Auf der A 21 geht es rasch nach **⑭ ✳ Royal Tunbridge Wells**. Herzstück des einstigen Modebades ist das Altstadtviertel »Pantiles«, das seinen Namen einer 200 m langen hübschen Ladenallee verdankt. Peter Greenaway machte **⑮ ✳ Groombridge Place**, rund 6 mi / 9,6 km westlich, mit seinem Film »Der Kontrakt des Zeichners« weltweit bekannt; Sir Conan Doyle verlegte sein Sherlock-Holmes-Abenteuer »The Valley of Fears« hierher. Doch statt Verbrechern stolzieren heute nur einige Pfauen durch die ummauerte Gartenanlage. **⑯ ✳ Penshurst Place** von 1340 gehört zu den frühesten Herrenhäusern des Mittelalters, die ohne Wehranlagen erbaut wurden. Wunderschön sind die Stichbalkendecke der Great Hall und die formalen Gartenanlagen, ein Genuss die Tropfen der Penshurst Vineyards. Von hier ist es nur ein Katzensprung zum **⑰ ✳ Hever Castle**, auf dem Anne Boleyn ihre Kindheit verbrachte und ihren späteren Gatten Heinrich VIII. traf. 1903 erwarb William Waldorf-Astor das Schloss von 1270, restaurierte die romantische Burg und ließ die bezaubernden Gärten, den See und das Tudordorf anlegen – im Sommer lassen hier Ritter und Bogenschützen das Leben im Mittelalter wieder erstehen. Letzter Höhepunkt der Rundfahrt ist **⑱ ✳ Chartwell**. Der einstige Landsitz von Sir Winston Churchill, auf dem der Staatsmann, Dichter und Maler von 1924 bis zu seinem Tod 1965 mit seiner Familie lebte, ist heute Museum. Über Westerham erreicht man schließlich wieder die **Londoner** Ringautobahn M 25.

Tour 2 Cäsar, Drake und »Dirty Weekends«

Start L 35

Länge der Tour: 250 mi / 400 km   **Dauer:** 3 – 4 Tage

Römische Mosaiken, prunkvolle Herrenhäuser, alte Marktflecken, nostalgische Seebäder und pulsierende Hafenstädte lassen bei der Rundreise durch die Grafschaften Surrey, Sussex und Hampshire die abwechslungsreiche Geschichte Englands von der Antike bis zum Empire Revue passieren. Auf der Isle of Wight und im idyllischen New Forest verbindet sich der Streifzug durch die Vergangenheit mit Ferienfreuden für Aktive und Genießer.

Von ❶ ✴ **Brighton**, das mit seinem Palace Pier, dem Royal Pavilion und dem Altstadtviertel »The Lanes« wie kein anderer Ort die Atmosphäre englischer Seebäder verkörpert, geht es auf der gut ausgebauten A 27 nach ❷ ✴ **Arundel** mit seiner viktorianischen Prunkburg. Schon von weitem grüßt der schlanke Turm der Kathedrale von **Chichester**. 2 mi / 3,2 km westlich wurde die größte römische Wohnanlage Englands ausgegraben: ❸ ✴ **Fishbourne Roman Palace**. Einen Abstecher wert ist Goodwood House, 4 mi / 6,4 km nördlich, mit seiner kostbaren Sèvres-Porzellansammlung. ❹ ✴ ✴ **Portsmouth** ist seit

Von der Antike bis zum Empire

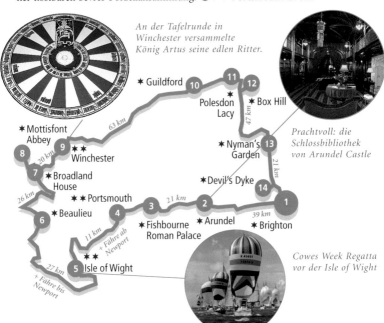

An der Tafelrunde in Winchester versammelte König Artus seine edlen Ritter.

✴ Guildford 10 11 12
Polesdon ✴ Box Hill
Lacy

Prachtvoll: die Schlossbibliothek von Arundel Castle

✴ Mottisfont
Abbey 9
8   ✴ ✴
Winchester

✴ Nyman's 13
Garden

7 ✴ Broadland
House

✴ Devil's Dyke

✴ ✴ Portsmouth 3 21 km 2 14 1

6 ✴ Beaulieu 4

39 km

✴ Fishbourne ✴ Arundel ✴ Brighton
Roman Palace

63 km

20 km

26 km

47 km

21 km

21 km

11 km
+ Fähre ab
Newport

27 km
+ Fähre bis
Newport

✴ ✴ 5 Isle of Wight

Cowes Week Regatta vor der Isle of Wight

900 Jahren Englands wichtigster Marinestützpunkt. An die glorreiche Vergangenheit erinnern Lord Nelsons Flaggschiff HMS »Victory«, die HMS »Warrior« von 1866, einst das schnellste Kriegsschiff der Welt, und die »Mary Rose« von Heinrich VIII. Mit der Autofähre geht es in 30 Minuten hinüber nach Fishbourne auf der ❺ ✱ ✱ **Isle of Wight**. Start der Inselrundfahrt ist im Segelparadies Cowes, Wahlheimat der Einhand-Seglerin Ellen MacArthur (► Berühmte Persönlichkeiten) und Königin Victorias, die an der Medina-Mündung ihren italienisch inspirierten Landsitz Osborne House erbauen ließ, wo sie 1901 verstarb. Nach Zwischenstopp in der Inselhauptstadt Newport mit dem sehenswerten Carisbrooke Castle geht es über Ventnor und St. Catherine's Point vorbei an der Freshwater Bay die herrliche Küste entlang zur Alum Bay mit den schroffen Felsnadeln The Needles.

Highlights der Tour 2

- Englands Seebad Nummer eins: Brighton mit Palace Pier und Royal Pavilion
- Fishbourne Roman Palace: das Erbe der Antike
- Portsmouth: der Stolz der britischen Marine
- Isle of Wight: Segler, Sandstrände und Klippen
- Winchester: die erste Hauptstadt Englands

Wilde Ponys und idyllische Gärten

In Yarmouth legt die Autofähre nach Lymington ab, dem Tor zum New Forest. Am Westrand der Wald- und Heidelandschaft, in der Szenen des Pilcher-Films »Der Preis der Liebe« gedreht wurden, verbindet ❻ ✱ **Beaulieu** drei Attraktionen: eine alte Abtei, ein beeindruckendes Stately Home – und ein Automobilmuseum. Über Lyndhurst wird auf der A 35 die pulsierende Hafenstadt **Southampton** erreicht, von der 1912 die »Titanic« ihre einzige Fahrt antrat. Auf ❼ ✱ **Broadlands House** residierte Lord Mountbatten – eine Audiovisionsschau in den Stallungen dokumentiert Leben und Werk des letzten indischen Vizekönigs. Nördlich von Romsey, einer Kleinstadt am Test, die sich um ihre normannische Klosterkirche drängt, erhebt sich ❽ ✱ **Mottisfont Abbey**, die unter Heinrich VIII. in einen eleganten Tudorlandsitz umgewandelt wurde. Die erste Hauptstadt Englands, ❾ ✱ ✱ **Winchester**, besitzt mit 178 m die längste mittelalterliche Kathedrale der Welt. Die Great Hall birgt den legendären Round Table, an dem sich der Sage nach King Arthur und die Ritter der Tafelrunde versammelten. Die A 35 führt durch die Ausläufer der North Downs nach ❿ ✱ **Guildford**, Hauptstadt und Herz von Surrey. Unser Tipp für den Abend: eine Vorstellung im Yvonne-Arnaud-Theater von 1958. Die Villa von ⓫ ✱ **Polesdon Lacy**, 14 mi / 22,4 km östlich, entführt in die glanzvolle Zeit Edwards VII. – in der Studierstube hängt ein Foto Kaiser Wilhelms II., der hier häufig zu Gast war. Der nahe ⓬ ✱ **Box Hill** gehört zu den schönsten Aussichtspunkten von Surrey. An der A 23 zurück nach Brighton lohnt ⓭ ✱ **Nyman's Garden** einen Besuch, mit einem versunkenen und einem japanischen Garten eine der schönsten Anlagen des Sussex Weald. Den aussichtsreichen Abschluss der Rundtour bildet ein Stopp am ⓮ ✱ **Devil's Dyke** – die Fernsicht ist fantastisch!

Tour 3 Englische »Essentials«

Start G 20

Länge der Tour: 240 mi / 385 km   **Dauer:** 4 – 5 Tage

Von der quirligen Hafenstadt Bristol zur eleganten georgianischen
Bäderstadt Bath, von mystischen Steinkreisen in Stonehenge und
Avebury zu den Schwänen von Abbotsbury, vom Gral König Artus'
in Glastonbury nach Cheddar, der Heimat des berühmtesten englischen Hartkäses: Eine Rundreise durch Avon, Wiltshire, Somerset
und Dorset führt zu den Wurzeln von »Englishness«.

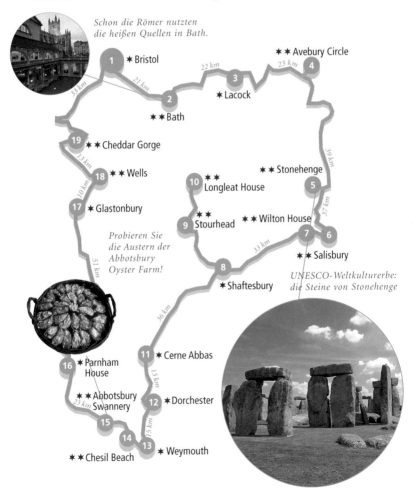

*Schon die Römer nutzten
die heißen Quellen in Bath.*

1 ★ Bristol
22 km
3
23 km
★★ Avebury Circle
4
21 km
2
★ Lacock
33 km
★★ Bath
39 km
19 ★★ Cheddar Gorge
13 km
18 ★★ Wells
10 ★★ Longleat House
★★ Stonehenge
5
17 ★ Glastonbury
9 ★★ Stourhead
★★ Wilton House
37 km
7   6
*Probiere Sie
die Austern der
Abbotsbury
Oyster Farm!*
8
33 km
★★ Salisbury
51 km
★ Shaftesbury

*UNESCO-Weltkulturerbe:
die Steine von Stonehenge*

36 km
11 ★ Cerne Abbas
16 ★ Parnham
House
13 km
★★ Abbotsbury
Swannery
12 ★ Dorchester
23 km
15
15 km
14
13 ★ Weymouth
★★ Chesil Beach

England einst und jetzt

Von ❶ ✳ **Bristol** geht es auf der A4 nach ❷ ✳✳ **Bath** mit römischen Bädern und eleganter georgianischer Architektur. Im denkmalgeschützten Dörfchen ❸ ✳ **Lacock** erinnert im Herrenhaus von Lacock Abbey ein Museum an Henry Fox Talbot, einen Pionier der Fotografie. Vorbei am Cherhill White Horse von 1780 wird Avebury erreicht, dessen Steinkreisanlage ❹ ✳✳ **Avebury Circle** nicht nur 1000 Jahre älter, sondern mit 12 ha auch größer als Stonehenge ist. Unweit südlich befindet sich mit dem West Kennett Long Barrow das größte Kammergrab Englands. Die weltberühmten Steinkreise von ❺ ✳✳ **Stonehenge** erheben sich am Schnittpunkt von A303 und A344. Der Turm der gotischen Kathedrale von ❻ ✳✳ **Salisbury**, 6 mi / 9,6 km südlich, ist mit 123 m der höchste im Königreich. ❼ ✳✳ **Wilton House**, 3 mi / 4,8 km westlich, gehört zu den schönsten Landsitzen Englands – besonders eindrucksvoll: der Double Cube Room mit zehn Gemälden von van Dyck. Auf einem Hügel über dem Blackmore thront ❽ ✳ **Shaftesbury** – seine steile Gasse Gold Hill ist die meistfotografierte Straße in Dorset. Gartenfreunde sollten von hier aus unbedingt einen Abstecher nach ❾ ✳✳ **Stourhead** machen, dem Inbegriff eines englischen Landschaftsparks. ❿ ✳✳ **Longleat House**, 6 mi / 9,6 km weiter nördlich, lockt mit Löwen und luxuriösen Staatsgemächern.

Stolze Schwäne und tiefe Schluchten

In ⓫ ✳ **Cerne Abbas** schwingt ein 60 m hoher Riese seine Keule – der Gigant wurde in prähistorischer Zeit in den grünen Kreidehügel eingeritzt. Europas größte Hügelfestung der Vorzeit, Maiden Castle, erhebt sich 2 mi / 3,2 km südlich von ⓬ ✳ **Dorchester**, bekannt für seine Modellsiedlung Poundbury nach Plänen von Prinz Charles. Georg III. machte ⓭ ✳ **Weymouth** zum Modebad der oberen Zehntausend – die Bürger dankten dies dem König mit einem Denkmal an der Seepromenade. Auf **Portland** wird seit dem Mittelalter der gleichnamige grau-weiße Stein abgebaut, aus dem u. a. St. Paul's Cathedral in London errichtet wurde. Die bis zu 9 m hohe, 20 m breite und 30 km lange Kiesbank von ⓮ ✳✳ **Chesil Beach** ist ein Paradies für Angler;

ⓘ Highlights der Tour 3

- UNESCO-Weltkulturerbe Bath: römische Bäder und georgianische Architektur
- Stonehenge: mystische Steinkreise der Vorzeit
- Salisbury: Englands höchster Kathedralturm
- Abbotsbury: Schwanenkolonie des Mittelalters
- Glastonbury: legendäres Grab von König Artus

in der Lagune »The Fleet« tummeln sich die mehr als 1000 Schwäne, die in der ⓯ ✳✳ **Abbotsbury Swannery** ihre Heimat haben. Auf dem eleganten Tudor-Landsitz ⓰ ✳ **Parnham House** richtete 1976 der berühmte Designer John Makepeace seine Schule für Möbelhandwerk ein. Über Yeovil und Somerton führt die Fahrt weiter nach ⓱ ✳ **Glastonbury** mit seiner berühmten Abteiruine – im Chor markiert eine Steinplatte das Grab von König Artus und seiner Frau Guinevere. Vom Glastonbury Tor reicht der Blick bei klarer Sicht über die Quantock Hills bis zum Bristol Channel. ⓲ ✳✳ **Wells** ist die kleinste Kathedralstadt Englands. In der Kathedrale mit figuren-geschmückter Westfassade führt eine wunderschöne Treppe hinauf zum Kapitelhaus mit einem einzigartigen Fächergewölbe von 1306. Bei Wookey Hole, 2 mi / 3,2 km nordwestlich, beginnen die Kalkfelsen der Mendips mit der 130 m tiefen Schlucht ❿ ✱ ✱ **Cheddar Gorge**. Im Dörfchen **Cheddar** stellen noch heute Käsereien den würzigen englischen Hartkäse her. Zurück nach **Bristol** geleitet die A 38.

Tour 4 Märchen, Mythen und Legenden

Start O 3

Länge der Tour: 420 mi / 672 km   **Dauer:** 7 – 8 Tage

Im Norden ist die Klippenküste, von der tosenden See attackiert, rau und romantisch, im Süden wecken idyllische Buchten und feine Sandstrände, gesäumt von Palmen, Zedern und blühenden Mimosen, mediterrane Feriengefühle, im Landesinnern inspirierten die Hochmoore von Dartmoor, Exmoor und Bodmin Moor Literaten wie Conan Doyle, Richard D. Blackmore und Daphne du Maurier: willkommen in Devon und Cornwall!

Vom Nizza des Nordens, ❶ ✱ ✱ **St. Ives**, führt die landschaftlich schöne B 3306 zum westlichsten Punkt Englands: ❷ ✱ **Land's End** – am eindrucksvollsten sind die Granitklippen, die in den tosenden Atlantik abfallen, im Abendlicht. Ein besonderes Erlebnis ist ein Besuch des ❸ ✱ **Minack Theatre**, das auf den Klippen bei Porthcurno Oper und Schauspiel open-air präsentiert. ❹ ✱ **Mousehole** hat trotz der Tagesausflügler den Charme eines cornischen Fischerdorfes bewahrt: Schiefergedeckt umrahmen die granitgrauen Häuschen im Halbkreis den Hafen. Das 2 mi / 3,2 km entfernte ❺ ✱ **Penzance** ist der Hauptferienort des südlichen Cornwall: mit der einzigen Promenade der Duchy, dem exotischen Egyptian House und den 1814 angelegten Trengwainton Gardens, 5 km nordwestlich. In der St. Michael's Bay ragt die Klosterfestung ❻ ✱ **St. Michael's Mount** aus dem Meer auf – bei Ebbe kann man zu Fuß zum kleinen Tochterkloster des Mont St-Michel spazieren.

20 mi / 32 km östlich in den ❼ ✱ **Glendurgan Gardens** mit einem Irrgarten aus Lorbeerhecken blüht als Besonderheit der Tulpenbaum Liriodendron. Sieben Flüsse münden in die weite Bucht von **Falmouth**. Magnolien, Azaleen, Rhododendren und 130 Hortensienarten gedeihen hier üppig im ❽ ✱ **Trelissick Garden** an der B 3289. Zauberhaft verwunschen und überwältigend in ihrer Blütenpracht sind 17 mi / 27 km weiter östlich die ❾ ✱ **Lost Gardens of Heligan**. Rund um **St. Austell** erheben sich die »cornischen Alpen«, weiße Abraumhalden, die bei der Gewinnung von Kaolin zurückbleiben. Ver-

Künstler, Kelten und Land's End

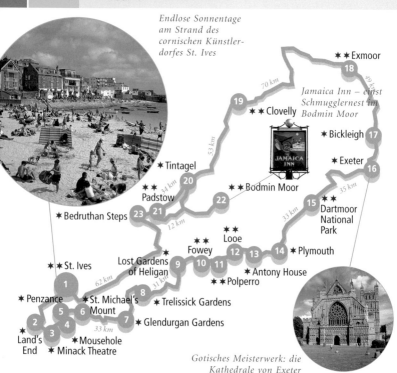

*Endlose Sonnentage
am Strand des
cornischen Künstler-
dorfes St. Ives*

★★ Exmoor
18

*Jamaica Inn – einst
Schmugglernest im
Bodmin Moor*

70 km

19 ★★ **Clovelly**

★ **Bickleigh** **17**

53 km

★ **Tintagel**

20

★ **Exeter**

16

★★ **Padstow** 34 km

22 ★★ **Bodmin Moor**

23 **21**

★ **Bedruthan Steps**

12 km

15 ★★ **Dartmoor National Park**

35 km

33 km

★★ **Looe**

★★ **Fowey**

12 **13** **14** ★ **Plymouth**

★★ **St. Ives**

★ Lost Gardens of Heligan

9 **10** **11**

★ **Antony House**

★★ **Polperro**

1

★ **Penzance**

62 km

★ **St. Michael's Mount**

8 ★ **Trelissick Gardens**

5 **6**

2

3 **4** **7** ★ **Glendurgan Gardens**

33 km

★ Land's End

★ **Mousehole**

★ **Minack Theatre**

31 km

*Gotisches Meisterwerk: die
Kathedrale von Exeter*

laden wurde der Rohstoff zur Porzellanherstellung seit dem Mittelalter im nahen ⑩ ★★ **Fowey**. Heute erinnern Stadt und Umland mit einem zehntägigen Festival im Mai an ihre berühmteste Bürgerin: die Autorin Daphne du Maurier. Der Maler Oskar Kokoschka hat die mediterrane Atmosphäre von ⑪ ★★ **Polperro** mit seinen weißen und pastellfarbenen Häusern, die den Hang hinaufklettern, in unzähligen Bildern eingefangen. Die Mündung des gleichnamigen Flusses teilt ⑫ ★★ **Looe** in Ost und West – am Hafen im Gassenlabyrinth von East Looe lebt noch die Atmosphäre von einst. Kurz vor Torpoint, Anleger für die Autofähre nach Plymouth, lohnt ⑬ ★ **Antony House** mit Stilmöbeln, Porträts von Reynolds und van Dyck und einer Liliensammlung im Garten einen Besuch.

**Heldentaten und
Teufelsmacht**

⑭ ★ **Plymouth** schrieb Seefahrtsgeschichte. Hier wurde die spanische Armada geschlagen, begann Englands Aufstieg zum Empire – auf dem Aussichtsplateau von The Hoe erinnern zahlreiche Monumente und ein Museum an die glorreiche Vergangenheit. Die wilde Landschaft des ⑮ ★★ **Dartmoor National Park** hat Legenden inspiriert: Im gewaltigen Hochmoor mit Krüppelkiefern, Heideflächen und bizarren Granitkuppen, Thor genannt, leben nicht nur wilde

Ponys und grasende Schafe, sondern auch Riesenhunde wie Conan Doyles »Hund der Baskerville« und Tausende Teufel, so weiß es der Volksmund. Im Nordwesten von Dartmoor erinnert Europas jüngstes Schloss, Castle Drago, an den Spleen von Teehändler Julius Drewe: Er hielt sich für den Nachfahren des legendären Normannengrafen Drago. In ⑯ ✳ **Exeter** hat das Viertel um die Kathedrale das Erbe der im Zweiten Weltkrieg zerstörten Stadt liebevoll bewahrt. Zwischen Killerton Gardens, einem Landschaftspark um ein Herrenhaus mit Kostümsammlung, und

Tiverton bildet ⑰ ✳ **Bickleigh** ein idyllisches Dorfensemble mit einer ursprünglich normannischen Burg, weiß getünchten Cottages, Wiesen, Weiden und einer Mühle am Fluss, in der Weber und Töpfer arbeiten und ausstellen.

Sagenhafte Nordküste

Im Gegensatz zum wildromantischen Dartmoor präsentiert sich das ⑱ ✳✳ **Exmoor** als liebreizende Landschaft mit sanft gewellten Wiesen, schattigen Wäldern mit Rotwild, Wildblumen und purpurner Heidepracht im Herbst. Die **Tarr Steps** wurden im Mittelalter als Brücke über den Barle aus geschichteten Steinplatten errichtet. Über **Ilfracombe**, das älteste Seebad von Nord-Devon, und die geschäftigen Marktstädtchen Barnstaple und Bidford wird Devons berühmtestes Fischerdorf erreicht: ⑲ ✳✳ **Clovelly,** das sich mit weiß gekalkten Cottages malerisch zwischen die Klippen zwängt. Ein lohnenswerter Abstecher führt auf der B 3248 zum sturmumtosten Leuchtturm am Hartland Point. Vorbei am Seebad Bude, wo Surfer auf den Wellen reiten, geht es zum Zentrum der Artussage: ⑳ ✳ **Tintagel.** Auf der Burg Tintagel, die aussichtsreich auf hohen Klippen thront, soll der legendäre Herrscher geboren worden sein – ob es stimmt, was der Chronist Geoffrey of Monmouth in seiner »Historia Regum Britanniae« 1136 behauptet, ist bis heute nicht geklärt. Ein herrlicher Klippenweg führt nach Boscastle, wo ein Hexenmuseum Einblicke in die Magie und Mystik Cornwalls gewährt. ㉑ ✳✳ **Padstow** an der Mündung des Camel ist nicht nur ein Zentrum der Dinghi-Segler, sondern seit Rick Stein auch ein Schlemmerparadies.

Heimat der Schmuggler

Nur 10 mi / 16 km landeinwärts beginnt die karge Landschaft des ㉒ ✳✳ **Bodmin Moor** mit zerklüfteten Hügeln, die aus dem Hochmoor ragen, und einer weltberühmten Gastwirtschaft: dem »Jamaica Inn«, das Daphne du Maurier zu ihrem gleichnamigen Schmugglerroman inspirierte. Letzter landschaftlicher Höhepunkt der Rundfahrt sind die ㉓ ✳ **Bedruthan Steps**, riesige Felsbrocken, von der rauen Brandung der cornischen Küste umtost. Zurück nach **St. Ives** führt die gut ausgebaute A 30.

Reiseziele
von A bis Z

WILDE KLIPPEN UND WUNDER-
SCHÖNE GÄRTEN, VERTRÄUMTE
FISCHERDÖRFER UND MYSTISCHE
STEINKREISE, SPANNENDE STÄDTE
UND NOSTALGISCHE SEEBÄDER WIE
BRIGHTON MIT SEINEM EXOTISCHEN
ROYAL PAVILION – ENTDECKEN SIE SÜDENGLAND!

★ ★ Avebury

G 24

Grafschaft: Wiltshire   **Einwohner:** 486

Als größter neolithischer Steinkreis in Europa gehört Avebury zu den 14 Stätten des Weltkulturerbes der UNESCO in Großbritannien.

Mystik der Steinzeit

Während die Kultstätte von ►Stonehenge isoliert in der Landschaft liegt, umschließt die mehr als 4000 Jahre alte Steinkreisanlage von Avebury mit Sandsteinblöcken, Erdwällen und Graben ein ganzes Dorf samt Manor House, weidenden Schafen und einer Straßenkreuzung, die die neolithische Kultstätte viertelt.

Sehenswerte Megalithkultstätten

★ Alexander Keiller Museum ⊕

Das nach dem Archäologen Alexander Keiller benannte Museum hinter der Pfarrkirche St. James erläutert mit Modellen, Schautafeln und Funden die Steinkreisanlage (Öffnungszeiten: April – Okt. tgl. 10.00 – 18.00 Uhr, Nov. – März tgl. 10.00 – 16.00 Uhr).

► AVEBURY ERLEBEN

AUSKUNFT
Tourist Information Centre
Avebury Chapel Centre
Green Street, Avebury SN8 1RE
Tel. (0 16 72) 53 94 25
http://193.129.1.226/planservices/
AveburyW.nsf/touravetourism

SPAZIEREN
IN DER STEINZEIT

Die Steinkreise und andere neolithische Monumente der Umgebung erschließen 6 markierte Wanderwege. Eine Broschüre stellt die Routen vor.

WOHNEN AUF
DEM WASSER

Durch den Norden Wiltshires fließt der Kennet & Avon Canal, der zu Beginn des 19. Jh.s zwischen Reading am Kennet und Bristol am Avon als 56 mi / 90 km langer Wasserweg für den Kohletransport angelegt wurde –

heute schippern hier Hausboote gemütlich dahin.

ESSEN UND ÜBERNACHTEN
► Günstig
The New Inn
Winterbourne Monkton
Avebury SN4 9NW
Tel. (0 16 72) 53 92 40
Fax (0 16 72) 53 91 50
www.thenewinn.net
Über 200 Jahre alt sind die Gebäude des Hotels mit 5 netten Zimmern. Probieren Sie die Fischgerichte und Real Ales wie Ramsbury »Gold« und »Flintknapper« aus der Lokalbrauerei.

The Circle Restaurant
High Stree, Avebury
Tel. (0 16 72) 53 95 14
Gutes Restaurant mit vegetarischen Vollwert-Gerichten direkt am Steinkreis

Besucher können in Avebury nach Lust und Laune zwischen den rätselhaften Steinkreisen der Megalithzeit umherwandeln.

Irgendwann zwischen 2500 und 2200 v. Chr. entstand der Avebury Circle. Die 11,5 ha große Anlage umgaben einst ein 15 m hoher Erdwall von 1,5 km Länge und ein Graben mit Durchlässen in den vier Himmelsrichtungen. Dahinter erhoben sich 100 **Sarsen Stones**, 20 bis 65 t schwere Sandstein-Monolithe. Zwei weitere Steinkreise umschlossen das zentrale Allerheiligste. Im nördlichen Ring bildeten gewaltige Blöcke ein U, im Süden ein Z. Nach 1000-jähriger Nutzung diente die Kultstätte späteren Generationen als Steinbruch.

✷ ✷
Avebury Circle

Als 2,5 km lange und 15 m breite Prozessionsallee, die 200 Findlinge säumten, verband die Kennet Avenue den Avebury Circle mit dem Heiligtum auf dem Overton Hill, dessen Rundbau ab 3000 v. Chr. vermutlich für Begräbnisriten errichtet wurde.

✷
Kennet Avenue, Overton Hill

Mit 40 m Höhe und 180 m Durchmesser ist Silbury Hill von 2600 v. Chr. der größte von Menschen geschaffene Hügel Europas. Beim Bau des Schotter- und Kalkstein-Kegels verwendeten die Steinzeitmenschen Spitzhacken aus Rentiergeweihen und Schaufeln aus Schulterblättern von Ochsen.

✷
Silbury Hill

West Kennett Long Barrow, 0,6 mi / 1 km südlich von Silbury Hill, ist die **größte Grabkammer Englands**. Sie wurde von 3700 bis 2000 v. Chr. für Begräbnisse genutzt. Hinter dem monumentalen Eingang führt ein 100 m langer Korridor zu fünf Kammern, in denen 46 Skelette und Grabbeilagen gefunden wurden.

✷
West Kennett Long Barrow

Zeitgleich entstand 1,3 mi / 2 km nordwestlich von Avebury Windmill Hill mit drei konzentrischen Wällen und Gräben, in denen das Vieh für die Schlachtung im Herbst zusammengetrieben wurde.

Windmill Hill

Umgebung von Avebury

Marlborough Die Marktstadt am Kennet-Fluss, 7 mi / 11,4 km östlich von Avebury, liegt an der alten Handelsroute zwischen ►London und ►Bath. Die platzartige High Street, im Osten vom viktorianischen Rathaus und der Kirche St. Mary's, im Westen von St. Peter and Paul aus dem 15. Jh. begrenzt, säumen georgianische Ladenkolonnaden. Die Reste der Normannenburg wurden im 16. Jh. in ein Herrenhaus integriert, in dem seit 1843 das renommierte Marlborough College residiert.

Savernake Forest Von der Normannen- bis zur Tudorzeit jagten die englischen Könige im 8 km² großen Savernake Forest südöstlich von Marlborough. Besonders schön spazieren lässt es sich auf der 6 km langen Buchenallee **Grand Avenue**.

Swindon Die mit 145 000 Einwohnern größte Stadt Wiltshires, 12 mi / 20 km nördlich von Avebury, entwickelte sich im 19. Jh. durch Eisenbahnwerkstätten zum Industriestandort. **Steam**, das Museum der Great Western Railway, die 2010 ihre Gründung vor 175 Jahren feierte, zeigt Lokomotiven des 19. und 20. Jh.s (Öffnungszeiten: tgl. 10.00 bis 17.00 Uhr, www.steam-museum.org.uk). Im denkmalgeschützten Railway Village stehen ca. 300 Wohnhäuser für Eisenbahnangestellte.

White Horses Sechs in Kalk geritzte Pferde leuchten weiß aus dem Wiesengrün der Wiltshire Downs. Ältestes ist das **Uffington White Horse** an der B 4057 zwischen Swindon und Wantage. Der 114 m lange Pferdekörper aus der späten Eisenzeit war das Stammeszeichen der Bewohner von Uffington Castle. Das **Westbury/Bratton White Horse** südwestlich von Devizes an der B 3098 entstand 1778 auf den Umrissen eines älteren Pferdes und wurde 1873 mit Steinen eingefasst. 1780 ließ ein Bürger aus Calne das weiße Pferd von **Cherhill** ausheben. Glitzernde Glasscherben zierten einst sein Auge. Ähnlich gestaltet ist das Pferd von **Alton Barnes** von 1812, 6 mi / 9,6 km südlich von Avebury. Die Kreidepferde von Marlborough und Hackpen Hill, 10 mi / 16 km weiter nördlich, imitieren seit dem 19. Jh. das Uffington White Horse.

Barnstaple

J 11

Grafschaft: Devon   **Einwohner:** 24 500

Wilde Klippen, Heide und Hochmoore: Nord-Devon bietet Natur pur – und Barnstaple, 1996 für seinen Blumenschmuck als »Prettiest Floral Town in Europe« ausgezeichnet, ist ein idealer Ausgangspunkt für Entdeckungen.

► BARNSTAPLE ERLEBEN

AUSKUNFT

Tourist Information Centre
The Square, Barnstaple EX32 8LN
Tel. (0 12 71) 37 50 00
Fax (0 12 71) 37 40 37
www.northdevon.com

NORTH DEVON FESTIVAL

Im Juni präsentiert Devon 30 Tage lang seine kulturelle Vielfalt – mit 250 Veranstaltungen in Barnstaple und 60 weiteren Städten und Dörfern. Höhepunkt ist das Gold Coast Oceanfest am Croyde Beach Mitte Juni; Infos: www.northdevonfestival.org.

KINDERTRÄUME AM TARKA-TRAIL

Auf den Spuren von »Tarka, der Otter«, dem Kinderbuchklassiker von Henry Williamson, führt der Tarka-Trail durch Nord-Devon. Start und Ziel der 77 mi / 123-km-Strecke vorbei an Wiesen und Weiden, Heide und Hochmoor, Dünen und Klippen ist Barnstaple.

ESSEN UND ÜBERNACHTEN

► Luxus/Komfortabel

Halmpstone Manor
Bishop's Tawton
Barnstaple, EX32 0EA
Tel. (0 12 71) 83 03 21
Fax (0 12 71) 83 08 26
www.halmpstonemanor.co.uk
Jane und Charles Stanbury verwöhnen ihre Gäste mit exquisiten Menüs bei Kerzenschein in einem Speisesaal aus dem 16. Jh. und Himmelbetten in allen fünf Zimmern.

► Komfortabel

New Inn
High Street, Clovelly EX39 5TQ
Tel. (0 12 37) 43 13 03
Fax (0 12 37) 43 16 36
www.clovelly.co.uk/new_inn_intro.php
27 klein-feine Zimmer, 8 davon mit Bad, in zwei Häusern mit nettem Restaurant im Oberdorf

Baedeker-Empfehlung

Royal & Fortescue
Boutport Street, Barnstaple EX31 1HG
Tel. / Fax (0 12 71) 34 22 89, www.brend-hotels.co.uk/TheRoyalFortescue/Home.cfm
Ehemalige Kutschenstation im Zentrum mit 47 schönen Zimmern. Gespeist wird im eleganten »Lord Fortescue's« oder im sympathischen Bistro »62 The Bank«.

► Günstig

Stoke House
Higher Davis Close, Stoke Rivers
Barnstaple EX32 7LD
Tel. (0 15 98) 71 05 42
www.stokehousedevon.co.uk
Landluft schnuppern und entspannen kann man in dem urgemütlichen B & B 5 mi / 8 km östlich im Dörfchen Stoke Rivers.

The Towers
Chambercombe Park Road
Ilfracombe EX34 9QN
Tel. (0 12 71) 86 28 09
www.thetowers.co.uk
Über dem Hafen von Ilfracombe thront das viktorianische Hotel mit acht hübschen Zimmern und bodenständiger Küche.

Autofrei: Cornwalls idyllischstes Fischerdorf Clovelly

Marktstädtchen am Taw Wahrzeichen der größten Stadt von Nord-Devon, wo sich jeden Freitag die Bauern zum Viehmarkt treffen, ist eine mittelalterliche Long Bridge, die den Taw mit 16 Bögen überspannt. Berühmtester Bürger ist der Dichter John Gay (1685–1732), dessen »Beggar's Opera« Bertolt Brecht als Vorlage zur »Dreigroschenoper« diente.

Sehenswertes in Barnstaple

Heritage Trail Ein Heritage Trail mit Begleitheft lädt ein, das historische Erbe des Handelsstädtchens zu entdecken, das seit dem Bau der Umgehungsstraße umfangreich in das Stadtzentrum investiert – und sich mit The Square einen neuen, zentralen Stadtplatz geschenkt hat. Den Samstag sollte man mit einem Besuch der Buden von Butchers Row und des **Pannier Market** beginnen – die Tragekörbe der Händler gaben der Markthalle von 1855 ihren Namen. Die 1318 geweihte St.-Peter-Kirche birgt im Innern Porträts einflussreicher Kaufleute. Die benachbarte Kapelle der hl. Anna aus dem 14. Jh. diente nach der Reformation als Schule. Die Armenhäuser im Innenhof errichteten Gilbert Paige und Thomas Horwood 1659. Die 158 m lange **Steinbrücke** über den Taw wurde 1273 erbaut, 1539 um drei Bögen verlängert und im 18. Jh. erweitert. Hinter der Kolonnade des Queen Anne's Walk zeigt das **Heritage Centre**, ab 1708 eine Börse für Reeder und Handelsleute, Ausstellungen zur Lokalgeschichte (Öffnungszeiten: April–Okt. Mo.–Sa. 10.00 – 17.00, Nov.–März Di.–Fr. 10.00–16.30, Sa. 10.30 – 15.30 Uhr). Vor seinem Eingang illustriert das **Millennium Mosaic** in 53 Szenen die Stadtgeschichte. In die Vergangenheit der Region entführt das **Museum of North Devon** (Öffnungszeiten: Mo.–Sa. 9.30–17.00 Uhr).

Mitten im Wald liegt der **Combe Matin Wildlife & Dinosaur Park** mit Wölfen, Schneeleoparden und Saurier-Repliken (Öffnungszeiten: Mitte März – Okt. tgl. 10.00 – 17.00 Uhr, www.dinosaur-park.com).

✴ Dinopark

Umgebung von Barnstaple

Mehr als 500 Jahre residierte die Familie Chichester auf dem 2700 ha großen Anwesen von Arlington Court, 9,3 mi / 15 km nordöstlich von Barnstaple. Hinter der Regency-Fassade des Herrenhauses von 1822 lebte die exzentrische Miss **Rosalie Chichester** ihre Leidenschaft fürs Meer in Form von Sammelwut aus: Modellschiffe, Muscheln und Meer, wohin man blickt. Im Stallgebäude hortete sie 58 Kutschen – nur die Queen besitzt mehr (Öffnungszeiten: Mitte März bis Ende Okt. tgl. 11.00 – 17.00 Uhr, Haus Sa. geschlossen).

Arlington Court

Im 19. Jh. kam die High Society zur Sommerfrische nach Ilfracombe, 13 mi / 21 km nördlich von Barnstaple, heute hat das **älteste Seebad** von Nord-Devon (►Hotel, S. 147) Patina angesetzt. Die Unterwasserwelt vor der Küste präsentiert das frisch sanierte **Ilfracombe Aquarium** (Öffnungszeiten: März – Jan. tgl. 10.00 – 15.30, Ostern bis Okt. bis 16.30, Juli/Aug. bis 17.30 Uhr). Felstunnel führen zu steinigen Badeständen hinter hohen Klippen. Schöner ist der Sandstrand von Woolacombe. Durch die Dünenwelt der **Braunton Burrows**, 9,3 mi/ 15 km südlich von Barnstaple, führen zwei Lehrpfade.

Ilfracombe

Knapp 9 mi / 14,5 km südwestlich von Barnstaple überspannt seit dem 13. Jh. die Stadtbrücke von Bideford mit 24 Bögen die Mündung des Torridge. Die Burton Art Gallery, Sitz der Tourist Information, zeigt Porzellan, Gemälde und Schiffsmodelle (Di. – Sa. 10.00 bis 17.00 Uhr, So. 14.00 – 17.00 Uhr). Eine Statue erinnert an **Charles Kingsley** (1819 – 1875), der hier den Seefahrerroman »Westward Ho!« schrieb und so dem Badeort **Westward Ho** seinen Namen gab.

Bideford

Das 11 mi / 17,6 km entfernte Fischerdorf gehörte über 600 Jahre zum Clovelly Estate, der heute als Trust darüber wacht, dass keine Zeichen der Moderne das autofreie **Idyll aus dem 16. Jh.** stört. Nach Ticketkauf und Videofilm im Visitor Centre flanieren die Besucherscharen vom Felskamm über das Kopfsteinpflaster der steilen High Street mit ihren weißen, blumengeschmückten Cottages hinab zum Pier am kleinen Hafen (Öffnungszeiten: Juli – Sept. tgl. 9.00 – 18.00, April – Juni, Okt. tgl. 9.30 bis 17.30, Nov. – Feb. tgl. 10.00 bis 16.00 Uhr; www.clovelly.co.uk; Hotel, ► S. 147). Übernachtungsgästen wird das Gepäck übrigens per Schlitten oder Esel zur Herberge gebracht.

✴ ✴ Clovelly

! *Baedeker* TIPP

Handgemacht

In der Töpferei von Clovelly können Besucher Keramik aus Devon und Cornwall kaufen, Töpfern bei der Arbeit zusehen und selbst erste Versuche an der Drehscheibe wagen. Töpferkurse. Mo. – Sa. 9.30 – 18.00 Uhr; Tel. (0 12 37) 43 10 42.

✳✳
**South West
Coast Path**

Reich an spektakulären Ausblicken ist das 5 mi / 8 km lange, gebührenpflichtige Teilstück des South West Path von Hartland Quay zum
Leuchtturm am **Hartland Point**, dem stürmischen Westzipfel Devons.
Hunderte von Schiffen sind vor seinen 112 m hohen Klippen schon
zerschellt.

✳
Lundy

Von Barnstaple, Ilfracombe und Bideford setzen Fähren in 2,5 Stunden zur Granitinsel Lundy über, einem **Vogelschutzgebiet** für Papa-
geientaucher und 400 andere Arten. An die Vergangenheit als Pira-
ten- und Schmugglernest erinnern die Ruinen des Marisco Castle.

✳✳ Bath

G 21

Grafschaft: Avon   **Einwohnerzahl:** 85 000

»Von wunderbar einziger Schönheit ist der Anblick der Stadt ...«
schrieb Johanna Schopenhauer 1803, und ihr Urteil über Englands
einziges Mineralbad mit heißen Quellen ist bis heute gültig. Die
elegante Unistadt mit goldgelben Fassaden, anheimelnden Plätzen,
bezaubernden Parkanlagen, interessanten Museen und geschmackvollen Geschäften ist ein architektonisches Juwel und seit 1988 ein
UNESCO-Weltkulturerbe.

▶ BATH ERLEBEN

AUSKUNFT

Tourist Information Centre
Abbey Chambers, Abbey Churchyard
Bath BA1 1LY, Tel. (08 44) 847 52 57
www.visitbath.co.uk

*Baths berühmtester Autorin gewidmet:
das Jane Austen Centre*

EVENTS

Im April lädt Bath zum Comedy-
Festival, im März bietet das Interna-
tional Music Festival Konzerte aller
Stilrichtungen, im Sept. ist Kultautorin
Jane Austen ein eigenes Festival ge-
widmet, www.janeaustenfestival.co.uk.

SHOPPING

Bath ist ein Einkaufsparadies – und
präsentiert die Vielfalt seiner Geschäfte im Internet samt Suchma-
schine (www.cityofbath.co.uk/
shopping/shopping.html). Zu den
Top-Adressen für einen Einkaufsbummel gehören »The Corridor«,
die erste Einkaufspassage Englands aus
dem Jahr 1825, mehrere Geschäfte des
Traditionskaufhauses Jolly's von 1831

und das kleine, feine Podium Shopping Centre in der Northgate Street. Neben London gilt Bath als Mekka für Antiquitäten. Beim Saturday Antique Market in der Walcot Street bieten 40 Händler jeden Sonnabend Edles und Exquisites aus früheren Zeiten. Zu den ersten Adressen für Kunsthandwerk gehört die landesweit bekannte Glasbläserei »Bath Aqua Glass« Ecke Old Orchard/Walcot Street.

ESSEN
► Erschwinglich
① *The Hole in the Wall*
16 George Street
Tel. (0 12 25) 42 52 42
www.theholeinthewall.co.uk
Küchenchef Gerry Dowd zaubert exquisite Gerichte für Bath's bestes Restaurant mit stilvoller Atmosphäre und ausgesuchtem Weinkeller.

② *The Pump Room*
Stall Street, Tel. (0 12 55) 44 44 77
Klassische Musik erfüllt den diskret beleuchteten Raum aus dem 18. Jh. – direkt neben den Römischen Bädern.

③ *Popjoy's*
Beau Nash House, Saw Close
Tel. (0 12 25) 46 04 94, So. Ruhetag
Im ehemaligen Wohnhaus von Beau Nash und seiner Geliebten Juliane Popjoy speist man heute in zwei Sälen kreative britische Gerichte – probieren Sie die Fischplatte.

► Preiswert
④ *Sally Lunn's Buns*
► Baedeker Tipp, S. 155

⑤ *Jamie's Italian*
10 Milsom Place
Tel. (0 12 25) 51 00 51
www.jamieoliver.com/italian
Preiswert, gesund und köstlich: italienische Hausmannskost von Kult-

koch Jamie Oliver. Herrlich im Sommer: ein Mahl auf der Dachterrasse.

⑥ *Coeur de Lion*
17 Northumberland Place
Tel. (0 12 25) 46 35 68
Im kleinsten Pub der Stadt produziert die einzige Brauerei aus Bath süffige Abbey Ales – und auch das Essen mundet!

Baedeker-Empfehlung

Käse-Paradies
Baby Cheddar, Sharpham Brie, Stilton, Mönchskäse und Aged Winchester: In ihrer »Fine Cheese Company« begestert Anne-Marie-Dyas Käsefans mit 100 handgemachten Rohmilch-Köstlichkeiten. Dazu passen ihre hausgemachten Celery oder Chili Crackers und Frucht-Pickles (29 & 31 Walcot St, www.finecheese.co.uk).

ÜBERNACHTEN
► Luxus
① *The Royal Crescent*
16 Royal Crescent, Bath BA2 6FJ
Tel. (0 12 25) 82 33 33
www.royalcrescent.co.uk, 45 Z.
Diskret-geschmackvolles Luxushotel, dessen Zimmer sich auf mehrere Gebäude um einen bezaubernden Garten verteilen. Das Feinschmeckerrestaurant »Pimpernel's« sorgt fürs leibliche Wohl.

Bishopstrow House
► Baedeker Special, S. 112

► Komfortabel
② *Apsley House*
Newbridge Hill, Bath BA1 3PT
Tel. (0 12 25) 33 69 66
www.apsley-house.co.uk
Der Duke of Wellington gab um 1830 das georgianische Landhaus

1 mi / 1,6 km westlich vom Zentrum in Auftrag. Heute bieten hier Nicholas und Claire Potts 10 stilvolle Zimmer und ein fantastisches Frühstück.

③ *Dukes Hotel*
Great Pulteney Street
Bath BA2 4DN
Tel. (0 12 25) 78 79 60
Fax (0 12 25) 78 79 61
www.dukesbath.co.uk
Prachtvolles palladianisches Stadthaus mit 18 eleganten Zimmern und dem Gourmetrestaurant Cavendish

④ *Old Red House*
37 Newbridge Road, Bath BA1 3HE

Tel. (0 12 25) 33 04 64
Fax (0 12 25) 33 16 61
Hübsch eingerichtetes B & B in einem Häuschen aus der Zeit um 1900; 1,5 km vom Stadtzentrum entfernt

Baedeker-Empfehlung

▶ **Günstig**
⑤ *The Albany*
24 Crescent Gardens
Upper Bristol Road, Bath BA1 2NB
Tel. (01225) 31 33 39, www.albanybath.co.uk
Jan and Bryan Wotley haben vier liebevoll eingerichtete Zimmer, und das Frühstück ist super!

Kurort seit Römertagen
Schon die Römer errichteten zwischen den Hügeln der Cotswolds und Mendip Hills an den heißen Quellen im Avon-Tal luxuriöse Badeanlagen im späteren Bath, das im 18. Jh. als **Modebad der englischen Oberschicht** in den Romanen »Tom Jones« von Henry Fielding sowie »Northanger Abbey« und »Persuasion« von **Jane Austen** zum Spiegelbild der Gesellschaft wurde.
Das Gesicht der Uni- und Einkaufsstadt, die in der Unterstadt noch Bausubstanz aus römischer und mittelalterlicher Zeit besitzt, prägte vor allem **John Wood der Ältere**, der mit The Crescent, Parades und Queen Square ganze Anlagen im georgianischen Stil des 18. Jh.s errichtete. Die einheitlichen Fassaden der meist dreigeschossigen Häuserensembles sind mit **leuchtend gelbem Bath-Stone** aus den nahen Steinbrüchen von Combe Martin verkleidet.

Stadtgeschichte
Der als Schweinehirt herumziehende Prinz Bladud soll um das Jahr 500 v. Chr. die heißen Quellen entdeckt und seine Leprawunden im Thermalschlamm geheilt haben. 44 n. Chr. gründeten die Römer das Badezentrum **Aquae Sulis**, das nach ihrem Abzug verfiel. Die Sachsen errichteten im 7. Jh. innerhalb der römischen Mauern einen kleinen Ort mit einer Abtei, der im Spätmittelalter Zentrum der Tuchherstellung war. 1702 leitete ein Besuch von Queen Anne, die hier logierte, eine neue Epoche ein: Bath wurde Schauplatz der eleganten Welt. Prägend für den Geschmack der feinen Gesellschaft wurde der größte Dandy des 18. Jh.s, **Richard Nash**, »The Beau« genannt, der Etikette und Umgangsformen für Adel und Bürgertum gleichermaßen festlegte. Heute werden mit Hilfe vom Bath Spa Project die alten Bäder restauriert und neue kulturelle Glanzlichter gesetzt – wie das Bath International Festival für Musikliebhaber.

Sehenswertes in Bath

Die Römischen Bäder wurden ab 75 n. Chr. erbaut, bis ins 4. Jh. genutzt, nach der keltischen Gottheit Sulis benannt und der römischen
Göttin Minerva geweiht. Ihre vergoldete Bronzebüste ist im Museum
zu sehen, das auch Altarsteine, Votivgaben und Mosaike zeigt. Den
Mittelpunkt der Anlage, die erst ab 1755 wieder entdeckt wurde, bildet das 1,60 m tiefe und 12 x 24 m **Große Bad** (Great Bath) mit frei-

✶ ✶
Roman Baths

Bath Orientierung

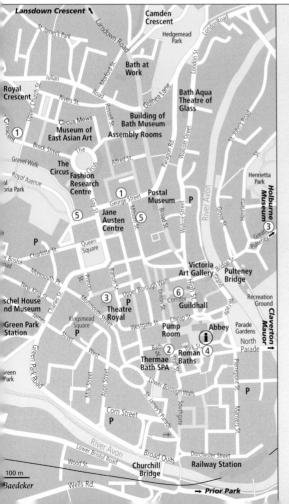

Essen
① The Hole In the Wall
② The Pump Room
③ Popjoy's
④ Sully Lunn's
⑤ Jamie's Italian
⑥ Cœur de Lion

Übernachten
① The Royal Crescent
② Apsley House
③ Dukes
④ Old Red House
⑤ The Albany

Fußgängerzone

100 m

Baedeker

Open-Air: Mittelpunkt der Römischen Bäder von Bath ist das 24 m lange Große Bad unter freiem Himmel.

www.romanbaths.co.uk ▶

⊙

em Blick in den Himmel. Das 46,5 °C warme Quellwasser aus 3000 m Tiefe enthält 43 verschiedene Mineralien – täglich sprudeln hier rund 1 250 000 Liter hervor. Um das dampfend-grüne Herz des Bades, das Statuen und Balustraden aus späterer Zeit einfassen, gruppieren sich auf mehreren Ebenen weitere Becken und Saunen (Öffnungszeiten: März – Juni, Sept., Okt. 9.00 – 18.00, Juli, Aug. 9.00 bis 22.00, Nov. – Feb. 9.30 – 17.30 Uhr).

Pump Room

Den Zugang zu den Bädern bildet der Pump Room, in dem bis heute das Heilwasser gekostet werden kann (▶Abb. S. 156, ▶Special Guide S. 12), das **Charles Dickens** (▶Berühmte Persönlichkeiten) in seinen »Pickwick Papers« 1836 mit einem heißen Bügeleisen verglich. In der mit goldenen Stuckaturen verzierten Brunnenhalle musiziert Englands ältestes Ensemble zum Afternoon Tea.

✱
Thermae Bath Spa

Herz des Kurbetriebs ist seit 2006 eine spektakuläre **Wellnessoase** von Nicholas Grimshaw mit diversen Schwimm- und Dampfbädern. Fantastisch: der Dachpool mit Blick zur Kathedrale (Öffnungszeiten: New Royal Bath 9.00 – 22.00, letzter Einlass 19.30, Cross Bath 10.00 bis 20.00, letzter Einlass 18.30, www.thermaebathspa.com).

Ein Traum, festgehalten an der Westfassade, veranlasste **Oliver King** zum Bau einer Kathedrale auf den Fundamenten einer sächsischen Kirche. Als er 1495 die Bischofswürde erhielt, sah er Engel eine Leiter auf- und absteigen, während eine Stimme verkündete: »Lass einen Olivenbaum die Krone errichten und einen König die Kirche erneuern.« Im Innern beeindrucken das reich geschmückte **Fächergewölbe** aus dem 19. Jh. und mehr als 400 Denkmäler und Grabtafeln.

Bath Abbey

1770 errichtete Robert Adam im Auftrag von Sir William Pulteney die berühmteste Brücke über den Avon: Sie trägt auf ihren drei Bögen zwei schmale **Ladenzeilen** und führt auf die klassizistischen Gebäudefluchten der Great Pulteney Street zu.

Pulteney Bridge

Der rechteckige Platz wurde von John Wood d. Ä. (1704 – 1754) angelegt, der Obelisk 1738 von »Beau« Nash gestiftet. Hohe Fenster, Säulen und Pilaster gliedern die einheitlichen Fassaden der Häuser. John Wood d. Ä. wohnte in Nr. 24, Jane Austen lebte 1799 in Nr. 13.

Queen Square

In der viel befahrenen Gay Street berichtet das Jane Austen Centre vom Leben und Werk der bekanntesten Tochter Baths (▶ Berühmte Persönlichkeiten), der ein eigenes Festival gewidmet ist (▶ Events, S. 150; Öffnungszeiten: April – Sept. tgl. 9.45 – 17.30, Okt. – März So. bis Fr. 11.00 – 16.30, Sa. 9.45 – 17.30 Uhr; www.janeausten.co.uk).

✱
Jane Austen Centre
☉

Nach römischem Vorbild begann John Wood d. Ä. in seinem Todesjahr 1754 mit dem Bau der kreisrunden Anlage, die vier Jahre später von seinem Sohn fertig gestellt wurde. Die einheitlichen Fassaden der 33 Wohnhäuser gliedern aufsteigende Säulenordnungen mit dorischen, ionischen und korinthischen Kapitellen; niedrige Mansardendächer und ein umlaufender Fries mit 560 Motiven schließen die **dreistöckigen Prachtbauten** ab. Am Circus, Vorbild für spätere Wohnkreise in England und Deutschland, wohnte die Prominenz: Premierminister William Pitt (1708 – 1778), der Afrikaforscher David Livingstone (1813 – 1873) und der Maler Thomas Gainsborough (1727 – 1788).

✱ ✱
Circus

! *Baedeker* TIPP

Sally Lunn's Buns

Im ältesten Haus der Stadt erfand 1680 eine junge Französin ein locker-leichtes Brötchen – die Geschichte der berühmten »Sally Lunn's Buns« erzählt ein Museum; Gerichte mit den berühmten Rosinenbrötchen serviert der Tearoom; 4 North Parade Passage, Tel. (0 12 25) 46 16 34, www.sallylunns.co.uk

Wellness: das Wasser der Heilquelle

Museum of Costume: Auch die eleganten **Assembly Rooms** aus der Mitte des 18. Jh.s, die der Abendunterhaltung der Badegäste dienten, sind das Werk des jüngeren Wood. Modefans sollten sich die ausgezeichnete Kostümsammlung ansehen (www.museumof costume.co.uk, Öffnungszeiten: Nov. – Feb. 10.30 – 16.00, März bis Okt. 10.30 – 17.00 Uhr).

Building of Bath Museum: In der gotischen Countess of Huntingdon's Chapel erklärt ein großes Stadtmodell die historische Entwicklung und Architektur Baths (Öffnungszeiten: Di. – So. 10.30 bis 17.00 Uhr, www.bath-preservation-trust.org.uk).

Royal Crescent: Das Meisterstück von John Wood d. J. (1728 bis 1781) stellt der 184 m lange »Halbmond« des Royal Crescent aus 30 Bürgerhäusern dar, deren Fassaden monumentale ionische Säulen bis zur Dachbalustrade zieren. Im 18. Jh. diente der **No. 1 Royal Crescent** als Wohnsitz des Herzogs von York, heute ist der georgianische Bau Museum (Öffnungszeiten: Mitte Feb. – Okt. tgl. 10.30 – 17.00, Nov. – 16.00 Uhr). Die königlich anmutende Reihenhaussiedlung wurde im 18. Jh. in Bath mehrfach kopiert: John Palmer schuf mit Landsdown Crescent eine mehrere Hundert Meter lange Wohnzeile, John Eveleighs Camden Crescent wurde wegen Statikproblemen nie vollendet.

Weitere Museen

Holburne Museum

Sir Thomas William Holburnes (1793 – 1874) Sammlungen bilden den Kern vom Holburne of Menstrie Museum und Crafts Study Centre. Die **hervorragende Gemäldesammlung** residiert in einer palladianischen Villa, die John Wood d. Ä. 1797 erbaute, und zeigt neben flämischen, holländischen und italienischen Künstlern Werke von Gainsborough, Stubbs und Raeburn. Ausgestellt sind ferner Silberwaren, Keramik, italienische Majolika und Porzellan (bis 2011 wegen Umbau geschlossen, www.bath.ac.uk/holburne). Das Crafts Study Centre widmet sich modernem Kunsthandwerk der Region.

Umgebung von Bath

Steile Gässchen und malerische Häuser prägen das Bild der alten Tuchhändlerstadt 8 mi / 13 km östlich von Bath. Eine Steinbrücke aus dem 13. Jh. überspannt den Avon, am Flussufer birgt die Tithe Barn aus dem 14. Jh. ein Bauernmuseum (Öffnungszeiten: Mo. – Sa. 10.30 – 16.00 Uhr). Um 700 wurde die Kirche St. Lawrence erbaut. Nehmen Sie den Tee in den **Bridge Tearooms**, ►Special Guide S. 13.

✶ **Bradford-on-Avon** ⊙

Kinogänger kennen die spätmittelalterlichen Bürger- und Wirtshäuser des winzigen Denkmaldorfes 12,4 mi / 20 km östlich von Bath aus der jüngsten Jane-Austen-Verfilmung »Emma«. **Lacock Abbey**, 1229 als Augustinerinnenabtei gegründet und 1539 in ein Herrenhaus für die Familie Talbot umgewandelt, wurde 1755 von Sanderson Miller im Stil des Gothic Revival umgebaut und im Jahr 2000 als Kulisse für den Film »Harry Potter und der Stein des Weisen« genutzt. An den Fotopionier und Erfinder des Negativs, **William Henry Fox-Talbot** (1800 – 1877), erinnert ein sehenswertes Museum (Öffnungszeiten Abbey: Mitte Feb. – Okt. tgl. 11.00 – 16.00 (Museum) bzw. 17.00 Uhr (Abtei), sonst nur Sa./So.).

✶ **Lacock** ⊙

❗ *Baedeker* TIPP

Tea Time

Im denkmalgeschützten Bilderbuchdorf Castle Combe, 7,5 mi / 12 km nordwestlich von Lacock, mit Burgruine, pittoresken Steinhäusern und stattlicher Wool Church sollten Sie den Afternoon Tea im eleganten Manor House einnehmen. Oder dinieren Sie hier in Richard Davies michelinbesternten Bybrook Restaurant mit Blick auf den bezaubernden Garten (Castle Combe, Wiltshire, SN14 7HR, Tel. 0 12 49 / 78 22 06, www.manor house.co.uk, s. auch Special Guide S. 13).

Paul Methuen ließ Mitte des 18. Jh.s den elisabethanischen Landsitz Corsham Court 8 mi / 13 km nordöstlich von Bath von namhaften Architekten – John Nash, Thomas Bellamy, Capability Brown – verfeinern. Zu bewundern sind **kostbare Möbel** von Chippendale, Thomas Johnson und Adam, Statuen und Bronzen sowie eine erlesene Gemäldesammlung mit Werken von Caravaggio, Rubens, van Dyck, Reynolds und Romney (Öffnungszeiten: April – Sept. Di. – Do., Sa., So. 14.00 – 17.30, Okt. – März Sa., So. 14.00 – 16.30 Uhr).

✶ **Corsham Court** ◄ www. corsham-court.co.uk ⊙

Bowood House

✳ Der berühmte Gartenarchitekt **Capability Brown** legte 1768 den 42 ha großen Landschaftspark von Bowood House 4,3 mi / 7 km östlich der Lacock Abbey mit See, Kaskaden, Tempel, Rhododendronhainen, 10 m hohem Wasserfall und elf Baumriesen wie der Libanonzeder, die heute 45 m hoch ist. Während sich der Nachwuchs auf dem Abenteuerspielplatz austobt, lohnt ein Besuch der 1769 von Robert Adam erbauten Orangerie, heute eine Skulpturengalerie, und des Herrenhauses mit Hauskapelle und Bibliothek (Öffnungszeiten: März – Okt. 11.00 bis 17.30 Uhr, www. bowood-house.co.uk) Der von Dave Thomas auf dem Gut angelegte 18-Loch-**Golfplatz** gehört zu den schönsten Greens Südenglands (www.bowood-golf.co.uk).

Longleat House

✳✳ Das elisabethanische Landschloss 25 mi / 40 km südlich gehört zu Britanniens Big 5, den fünf meistbesuchten Adelsresidenzen des Königreichs. Longleat ist nicht nur der **älteste englische Landsitz der Frührenaissance** und seit über 400 Jahren in Familienbesitz, sondern

auch ein Pionier des »stately home business«. 1948 öffnete Henry Thynne, 6. Marquis of Bath, als erster Adliger das Gros der 118 Räume seines Schlosses der Öffentlichkeit; 1966 schuf er den größten privaten **Safaripark** Europas mit Löwen, Nashörnern, Giraffen und Elefanten. Seit 1992 verwaltet der skandalträchtige 7. Marquis als langhaariger Späthippie und Businessman das ertragreiche Erbe. Weitere Publikumsmagneten sind die Repräsentationsräume und die mit 40 000 Exemplaren größte Privatbibliothek Großbritanniens im Herrenhaus, der Landschaftspark von Capability Brown, das größte Heckenlabyrinth der Welt, eine Kleineisenbahn sowie ein Abenteuerpark für Kinder (Safari-Park: März – Okt. Mo. – Fr. 10.00 bis 16.00, Sa./So. bis 17.00, Longleat House: 10.00 – 17.00, Sa./So. bis 17.30 Uhr, www.longleat.co.uk).

Ausladender Kamin in Longleat

Stourhead House and Garden

✳✳ Stourhead, 6 mi / 9,6 km südlich von Longleat, ist das Urbild eines perfekten englischen Gartens: ein **Gesamtkunstwerk** aus gestalteter Landschaft und freier Natur, geschaffen nach Popes Diktum: »All gardening is landscape painting«. Bis auf die im 19. Jh. angepflanzten Rhododendren und Magnolien ist alles unverändert im Stil des 18. Jh.s erhalten. Baumbestandene Hügel mit kleinen klassizistischen

Tempeln ziehen sich um einen künstlichen See. Der Park und das noble palladianische Landhaus wurden 1721/1722 für die Londoner Bankiersfamilie Hoare von Colen Campbell entworfen. Für die Bibliothek des Hauses lieferte Thomas Chippendale kostbare Stilmöbel, die Gemäldegalerie zieren Arbeiten von Canaletto,

Baedeker TIPP

Fête Champêtre

... heißt der Höhepunkt des Sommers in Stourhead Garden: ein großes Konzert unter freiem Himmel mit Picknick und Feuerwerk – jedes Jahr an einem Wochenende im Juli.

Raffael, Nicolas Poussin und Angelika Kauffmann (Öffnungszeiten: Garten tgl. 9.00 – 18.00 Uhr; Haus Fr. – Di. 11.00 – 17.00 Uhr).

✶ ✶ Bodmin Moor

M / N 7 / 8

Grafschaft: Cornwall

Das einzige Moor Cornwalls war jahrhundertelang wegen seiner nächtlichen »Irrlichter« gefürchtet – wandernden Strandräubern, Vagabunden und Schmugglern. Ihr Treffpunkt, ein alter Gasthof mitten im wilden Hochmoor, inspirierte Daphne du Maurier zu ihrem Roman »Jamaica Inn«.

Das 260 km² große Bodmin Moor, das heute die A 30 durchschneidet, ist geologisch und landschaftlich eine kleinere Version von Dartmoor. Oft fegt ein rauer Wind über die unwirtliche Ebene, aus der immer wieder aufeinander getürmte Granitfelsen, im Volksmund »tors« genannt, aufragen – das **Rough Tor** in der Nähe des Brown Willy, mit 419 m die höchste Erhebung, das Kilmar Tor und das Garrow Tor. Von der frühen prähistorischen Besiedlung zeugen die bronzezeitlichen **Hurlers-Steinkreise** und der **Cheeswring** (► Abb. S. 161) bei Minions im Süden des Moors.

Wildes Hochmoor

»Nach Bodmin wird man entweder gesteckt oder gebracht«, verraten die Einheimischen schmunzelnd. Sie verweisen damit auf die einst berühmt-berüchtigten Institutionen der Stadt, das Gefängnis **Bodmin Jail** aus dem 18. Jh. in der Berrycombe Road, heute ein Museum, und die psychiatrische Anstalt, in der die Insassen – eine Neuerung für die damalige Zeit – Geld für ihre Familien verdienen konnten und Lesen und Schreiben lernten. Im Gefängnis von Bodmin wurden während des Ersten Weltkriegs die Kronjuwelen aufbewahrt.

Bodmin

Die viktorianisch geprägte Kleinstadt, die 1989 den Titel der Grafschaftshauptstadt an Truro abtreten musste, ist neben guten Einkaufsmöglichkeiten für die **größte Pfarrkirche Cornwalls** bekannt. Im Innern von St. Petroc, 1472 erbaut, beeindruckt das aufwändig

St. Petroc

▶ BODMIN MOOR ERLEBEN

AUSKUNFT

Tourist Information Centre
Shire House, Mount Folly Square
Bodmin, PL1 2DQ
Tel. / Fax (0 12 08) 7 66 16
www.bodminlive.com
www.visitbodminmoor.co.uk

Ein Muss: Lanhydrock House

WANDERN UND RADELN

Auf der stillgelegten Bahnlinie von
Bodmin nach Padstow entstand für
Wanderer und Radfahrer der Camel
Trail. Rund um das Bodmin Moor

führt der 60 mi / 96 km lange Copper
Trail. Fahrräder können vor Ort gemietet werden.

ESSEN UND ÜBERNACHTEN

▶ Komfortabel

Trehellas House
Washaway, Bodmin PL30 3AD
Tel. (0 12 08) 72 700, 74 499
Fax (0 12 08) 73 336
www.trehellashouse.co.uk
11 hübsche Zimmer in einem Landhaus aus dem frühen 18. Jahrhundert,
7 mi / 11,2 km nordwestlich von
Bodmin. Im 2010 preisgekrönten
Restaurant kann man ab 19.00 Uhr
bei Kerzenschein dinieren.

Tredethy Country House
Helland Bridge
Wadebridge PL30 4QS
Tel. (0 12 08) 84 12 62
Fax (0 12 08) 84 17 07
www.tredethyhouse.com
Elegantes viktorianisches Herrenhaus
mit Himmelbetten und gemütlicher
Trattoira; am Ufer des Camel, 8 mi /
12,8 km nördlich von Bodmin.

verzierte normannische Taufbecken aus dem 12. Jh. mit Engelsköp-
fen, Lebensbaum und Allegorien von Gut und Böse. Sehenswert sind
auch zwei deutsche Tafelbilder von 1500 und das Marmorgrabmal
für Prior Thomas Vivian aus dem 16. Jahrhundert.

✱
**Lanhydrock
House**

Lanhydrock House liegt 3 mi / 5 km südlich von Bodmin auf einem
Hügel inmitten einer 364 ha großen Parklandschaft. Das Haus, im
17. Jh. von Lord Robartes errichtet, brannte 1881 bis auf das Torhaus
und den Nordflügel mit seiner 35 m langen **Long Gallery** ab, deren
Stuckdecke Szenen des Alten Testaments zieren. Der »Neubau« im
Tudorstil vermittelt mit 49 Räumen ein anschauliches Bild vom
Leben in einem reichen viktorianischen Haushalt (Öffnungszeiten:
April – Okt. Di. – So. 11.00 – 17.30 Uhr).

Cheeswring, »Käsepresse«, wird der Stapel urzeitlicher Felsblöcke genannt.

Den mächtigen Bergfried von Restormel Castle zwischen Bodmin und Lostwithiel umgibt ein 5 m tiefer Burggraben – ein beeindruckendes Beispiel für die Militärarchitektur Cornwalls im 12./13. Jahrhundert.

★
Restormel Castle

Daphne du Maurier (►Berühmte Persönlichkeiten) ließ sich von einem alten Gasthof bei Bolventor, wo sie in den 1920er-Jahren logierte und den Gästen lauschte, zu ihrem Schmugglerkrimi **»Jamaica Inn«** (►Baedeker Special S. 230) inspieren, den Alfred Hitchcock 1939 verfilmte. Heute ist die alte Postkutschenstation Jamaica Inn (Tel. 015 66/86 250, www.jamaicainn.co.uk) zwar noch immer stimmungsvoll, doch als Restaurant mit Erlebniscenter häufig überlaufen.

Bolventor

Gegenüber führt ein Pfad zum angeblich bodenlosen Dozmary Pool, in dem das sagenhafte Schwert **Excalibur** von König Artus ruhen soll. Das größte Wasserreservoir Cornwalls bildet zusammen mit dem nahen Fowey-Fluss den Lebensraum für zahlreiche Wasservögel.

Dozmary Pool

Launceston

Eine normannische Verteidigungsanlage überragt die einstige Grafschaftshauptstadt am Nordrand des Moors. Brian de Bretagne, ein Halbbruder Williams des Eroberers, errichtete auf einem Erdwall im 11. Jh. eine erste Residenz für die Grafen von Cornwall. 100 Jahre später kam ein Bergfried hinzu, den Herzog Richard im 13. Jh. durch einen Rundturm erweiterte. Heute genießt man von der Burgruine einen herrlichen Blick über Devon und Cornwall (Öffnungszeiten: tgl. 10.00 – 16.00 Uhr).

◄ Castle

Von der mittelalterlichen Stadtmauer ist das **Southgate** aus dem 12. Jh. am besten erhalten. Biegt man von hier rechts in die Market Street ein, kann man in der Markthalle durch Geschäfte und Tea Rooms bummeln. Hinter Church Stile, einem mit Stuckarbeiten verzierten georgianischen Stadthaus, erhebt sich die Granitkirche **St. Mary Magdalene** aus dem 16. Jahrhundert. Unter dem Ostfenster ist die Schutzpatronin der Kirche liegend mit ihrem wertvollen Balsamgefäß dargestellt. Zu den ältesten Ausstattungsstücken gehören ein normannisches Taufbecken und eine vorreformatorische Kanzel. Die schönsten georgianischen Bauten von Launceston finden sich in der kopfsteingepflasterten **Castle Street.** Im stilvollen Eagle House Hotel kann man drinnen oder draußen den Afternoon Tea zu sich nehmen.

Bournemouth · Poole

L 24/25

Grafschaft: Dorset   **Einwohner:** 310 000

Das Duo an der Küste von Dorset könnte unterschiedlicher nicht sein: Während sich im Seebad Bournemouth Sprachschüler aus aller Welt an den 10 km langen Sandstränden tummeln, blickt Poole mit dem zweitgrößten Naturhafen der Welt auf eine lange Seefahrertradition zurück.

Zwar haben Bournemouth und Poole eine ganz unterschiedliche Geschichte, doch heute sind sie längst untrennbar zusammengewachsen. Während sich in der geschützten Bucht von Poole bereits im 12./13. Jh. ein Hafen etablierte, ist Bournemouth, das 2010 sein 200-Jahr-Jubiläum feierte, seit dem 19. Jh. ein beliebtes Seebad, in dessen mildes Klima Berühmtheiten wie **Robert Louis Stevenson**, der hier u. a. »Die Schatzinsel« und »Dr. Jekyll and Mr. Hyde« verfasste, Heilung von ihrem Lungenleiden suchten. »Herr der Ringe«-Autor J. R. R. Tolkien starb hier 1973.

? WUSSTEN SIE SCHON …?

■ … dass Marin Alsop, seit September 2002 Chefdirigentin des Bournemouth Symphony Orchestra, 2005 mit dem renommierten Classical Brit Award als »Künstlerin des Jahres« ausgezeichnet wurde? Unter ihrer Leitung haben sich die Musiker aus Bournemouth einen Platz unter den besten Orchestern der Welt erspielt.

▶ BOURNEMOUTH · POOLE ERLEBEN

AUSKUNFT

**Bournemouth Visitor
Information Bureau**
Westover Road
Bournemouth BH1 2BU
Tel. (0 8 45) 051 17 00
Fax (0 12 02) 45 17 43
www.bournemouth.co.uk

VERKEHR

Brittany und Condor Ferries fahren
von Cherbourg, St-Malo und den
Kanalinseln nach Poole (►Anreise,
S. 71). Bournemouth International
Airport, 3 mi / 4,8 km nördl der City,
wird u. a. von Easyjet und Ryanair
angeflogen (www.bournemouthair
port.com). »The Dorset Belles«
(Tel. 0 12 02 / 55 85 50) schippern
vom Bournemouth Pier durch den
Hafen von Poole und die Küste
entlang nach Swanage, Brownsea
Island und zur ►Isle of Wight.

*Zum Afternoon Tea: Scones mit
Clotted Cream und Erdbeerkonfitüre*

EVENTS

Bournemouth schwingt im Takt: Im
Mai trifft sich der Nachwuchs zum
Music Competitions Festival, im Juni
spielen die Bands der Stadt beim Live
Music Festival auf, im Aug. lädt das
Symphonieorchester zu den BSO

Classical Proms. Die Köstlichkeiten
der Region lassen sich Juli – Sept.
beim Dorset Farmers Fayre genießen.

SHOPPING

Für einen Einkaufsbummel empfehlen sich die großzügige Fußgängerzone, das Castlepoint Centre nördlich
der Stadt – und das 1881 von John
Elmes Beale gegründete Kaufhaus an
der Old Church Street.

Baedeker-Empfehlung

Fernblick aus dem Ballon
Der Bournemouth Eye Balloon, ein Heli-
umballon mit geschlossener Gondel, bietet
von März bis Oktober den ungewöhnlichs-
ten Ausblick auf das Seebad und die
Kanalküste – er schwebt in 170 m Höhe
über den Lower Gardens.

ESSEN UND ÜBERNACHTEN

▶ Komfortabel

Menzies Carlton Hotel
Meyrick Road, East Overcliff
Bournemouth BH1 3DN
Tel. (08 71) 472 40 14
www.menzies-hotels.co.uk
73 großzügige Zimmer mit Seeblick.
Frederick's Restaurant bereitet beste
englische Küche mit Blick auf die
Bucht. Entspannung bieten zwei Pools
nebst Fitnessbereich.

▶ Günstig

Cartrefle Guest House
45 St. Michaels Road, West Cliff
Bournemouth BH2 5DP
Tel. / Fax (0 12 02) 29 78 56
www.cartrefleguesthouse.co.uk
Zentrales Haus mit netten Zimmern
und leckerem Frühstück. Dinner auf
Anfrage.

Sehenswertes in Bournemouth

Chines Die Klippen von Bournemouth unterbrechen tief eingeschnittene Täler – »Chines« – mit prächtigen Rhododendren. Zum 10 km langen Sandstrand mit Pier und Promenade führen Treppen und zwei Lifte. Im **Oceanarium** beim Pier tummeln sich Clownfische und Seepferdchen, im Unterwassertunnel schweben blau gesprenkelte Rochen über die Besucher hinweg (Öffnungszeiten: tgl. 10.00 – 17.00 Uhr).

St. Peter's Church Frankenstein-Fans zieht es zur St. Peter's Church – hier liegt **Mary Wollstonecraft Shelley** (1797 – 1851), die Autorin des Monster-Romans und eine der ersten Feministinnen Englands, neben ihrem Dichtergatten Percy Shelley begraben.

Russell-Cotes Museum In einer viktorianischen Villa von 1884 mit einer Art Gallery von 1926 zeigt das Russell-Cotes Museum die Sammlung des Hoteliers Sir Russel Cotes: Gemälde und Skulpturen, vor allem des 19. Jh.s, sowie japanische Kunst (Öffnungszeiten: Di. – So. 10.00 – 17.00 Uhr, www.russell-cotes.bournemouth.gov.uk).

Sehenswertes in Poole

★ **Naturhafen** **Poole Quay** ist das alte Herz des Hafens mit traditionsreichen Kneipen und alten Speichern, in denen man u. a. den Töpfern der **Poole Pottery** zusehen kann. Über die Geschichte vom Seeräubernest zum modernen Hafen informiert das **Waterfront Museum** (Öffnungszeiten: April – Okt. tgl. 10.00 – 17.00 Uhr, Nov. – März tgl. 10.00 – 15.00 Uhr, Eintritt frei).

Nur für Tagesgäste geöffnet ist **Brownsea Island**, in 30 Minuten per Boot zu erreichen. Die 200 ha große Insel im Besitz des National Trust (Öffnungszeiten: Juli, Aug. tgl. 10.00 – 18.00 Uhr, 27. März bis 3. Okt. tgl. 10.00 – 17.00 Uhr) bietet im Norden ein **Vogelschutzgebiet** und im Süden herrliche Wanderwege und Sandstrände.

? **WUSSTEN SIE SCHON …?**

■ … dass Baden-Powell 1907 auf Brownsea Island mit einem Zeltlager für Jungen und Mädchen den Grundstein für die weltweite Pfadfinderbewegung legte?

★ **Compton Acres** Das erst kurz nach dem Ersten Weltkrieg angelegte Compton Acres, auf der B 3369 rund 3 mi / 5 km südöstlich, ist eine **perfekte Symphonie von Gartenstilen** von Rom bis Japan, garniert mit herrlichen Ausblicken auf den Hafen von Poole (Öffnungszeiten: Sommer 10.00 – 18.00, Winter bis 16.00 Uhr, www.comptonacres.co.uk).

Umgebung von Bournemouth und Poole

Wimborne Minster Das Zentrum der 5 mi / 9 km nördlich von Poole gelegenen Marktstadt bildet eine prächtige Kathedrale mit gescheckten Mauerwerk und mächtigem Vierungsturm, die auf das Jahr 705 zurückgeht. Im Inneren ummantelt Bausubstanz aus dem 14. und 15. Jh. den normannischen Kern. Berühmt sind die astronomische Uhr von 1320 und die **»Chained Library«** von 1868, die erste öffentliche Bibliothek Englands – die wertvollsten ihrer 250 Bücher waren angekettet.

Das idyllische Landschloss der Familie Bankes, 3 mi / 8 km nordwestlich von Wimborne Minster, wurde 1663 erbaut und im 19. Jh. von Sir Charles Barry erheblich verändert. In der Eingangshalle führen marmorne Treppen zur Bibliothek mit Familienporträts und Kinderbildnissen von Sir Peter Lely; der Drawing Room birgt Porträts von **Van Dyck**. Im Speisesaal, nach einem Brand 1910 neu eingerichtet, beeindruckt das Sebastiano del Piombo zugeschriebene Deckengemälde. Im Salon hängen unter einem Tonnengewölbe aus dem 18. Jh. Gemälde von Jan Brueghel d. Ä., Tizian und Rubens. Der Spanische Saal vereint die Gemälde spanischer Meister. Den rosafarbenen **Obelisken** aus Granit im Garten brachte Bankes 1815 von einer Ägyptenreise mit. Im Park treffen sich die Briten im Frühjahr zum Schneeglöckchen-Spaziergang.

★ ★
Kingston Lacy

⏱
Öffnungszeiten:
Mitte März – Okt.
Mi. – So.
11.00 – 17.00

Isle of Purbeck

Die Halbinsel Purbeck ist bekannt für ihren »Purbeck-Marmor«, eigentlich ein dunkler Muschelkalk, mit dem schon die Römer regen Handel trieben – und u. a. beim Bau der Londoner St. Paul's Cathed-

Purbeck Marble

Bournemouth gehört zu den beliebtesten Badeorten für Familien.

Über dem gleichnamigen Dörfchen thront die Burg Corfe Castle.

ral verwendet wurde. Zwischen Kimmeridge und Lulworth Cove ist die »Area of Natural Beauty« ein militärisches Sperrgebiet und darf nur am Wochenende betreten werden.

Swanage
Das größte Seebad der Halbinsel, von dem aus bis zum Bau der Eisenbahn der Purbeck-Marmor verschifft wurde, besitzt **Londoner Baufragmente**, die der Steinhändler John Mowlem im 19. Jh. hierher transportieren ließ: Das Rathaus ziert die Barockfassade der Londoner Mercer's Company, dem Pier wurden Teile der London Bridge einverleibt, und der Konvent Our Lady of Mercy erhielt Statuen der Royal Exchange, Säulen des Billingsgate Market und Dachziegel der Houses of Parliament.

✱ **Worth Matravers**
Das hübsche Dörfchen Worth Matravers lieferte einst den hochwertigsten Purbeck-Marmor. In einem der stillgelegten Steinbrüche wurden Dinosaurier-Abdrücke entdeckt. Ein Weg führt an der Kapelle des heiligen Aldhelm vorbei zur hoch gelegenen Landspitze **St. Aldhelm's Head** mit grandioser Aussicht.

✱ **Corfe Castle**
Corfe Castle gehört zu den schönsten Ruinen Englands. In der normannischen Burganlage aus dem 11. Jh., im Bürgerkrieg 1646 zerstört, wurde König Eduard der Märtyrer 987 auf Betreiben seiner Stiefmutter Elfrieda ermordet, die daraufhin ihrem Sohn Aethelred die Krone zusprach. Die Ruine thront über dem malerischen Dorf – beide sind ein beliebtes Ausflugsziel.

Lulworth Cove
Hohe, steile Klifformationen umschließen fast völlig die kreisförmige Bucht Lulworth Cove. Östlich beginnt der 0,6 mi / 1 km lange **Fossil Forest** mit versteinerten Waldpflanzen. 3 mi / 5 km weiter erreicht der Küstenpfad das Felsportal **Durdle Door**.

✴ Brighton · Hove

K/L 34/35

Grafschaft: East Sussex   **Einwohner:** 250 000

Brighton ist der Inbegriff eines englischen Seebades. Ab Mitte des 18. Jh.s. mauserte sich das Fischernest an der Kanalküste von East Sussex zum mondänen »London by the Sea«, in dem der spätere Georg IV. mit seiner Geliebten gerne »Dirty Weekends« genoss.

 BRIGHTON ERLEBEN

AUSKUNFT

Visitor Information Centre
Royal Pavilion, 4-5 Pavilion Buildings
Brighton BN1 1EE
Tel. (09 06) 711 22 55
www.visitbrighton.com

EVENTS

Topevents sind das alljährliche Brighton Kulturfestival im Mai und die Opernabende im nahen Glynde-bourne – unbedingt rechtzeitig buchen! (www.glyndebourne.com, ►S. 174). Seit 1896 wird jeden Nov. die Oldtimer-Rallye London – Brighton ausgetragen.

AUSGEHEN

Brightons Clubszene ist berühmt – und hat zwei Weltstars hervorge-bracht: The Kooks und Fatboy Slim. Die wichtigsten Clubs beschallen den Strand, darunter der Honey Club, das Digital, Coalition, Funky Buddha und der Kooklub.

SHOPPING

In den schmalen Gassen von North Laine (www.northlaine.co.uk) mit ih-ren quietschbunten Fassaden drängen sich 300 Shops mit Krimskrams, Retro und Avantgarde. An der Gard-ner Street liegt der berühmte »Vitas«-Schuh-Shop, schräg gegenüber die

Antiquitätenfreunde, willkommen in den Lanes!

Mods-Hochburg »Jump the Gun«. Die ehemaligen Fischerhäuser der Lanes sind fest in der Hand von Schmuckhändlern. Gute Antiquariate hat Kemp Town. Sonntagvormittag verwandelt sich Brightons Bahnhofs-parkplatz in einen Open-Air-Markt.

ESSEN

► Fein und teuer

① ***Blanch House***
17 Atlingworth Street, Tel. (0 12 73) 60 35 04, www.blanchhouse.co.uk
Im modern gestylten viktorianischen Blanch House kocht Adrian Geddes mit heimischen Produkten wie Sirloin Steak mit Black Pudding.

► Erschwinglich

② ***Terre-à-Terre***
71 East Street, Tel. (0 12 73) 72 90 51 www.terreaterre.co.uk

Preisgekrönte vegetarische Küche mit gelungenem Mix aus Asien und Mittelmeer. Zum Nachkochen gibt's seit 2009 das passende Kochbuch.

③ *English's of Brighton*
29-31 East Street, Tel. (0 12 73) 32 79 80, www.englishs.co.uk
Seit über 150 Jahren wird in den drei ehemaligen mittelalterlichen Fischerhütten gespeist, heute serviert hier Trish Goodwin die besten Austern und fangfrischen Fisch.

ÜBERNACHTEN

► **Luxus**

① *Drakes*
44 Marine Parade, Brighton BN2 1PE
Tel. (0 12 73) 69 69 34
Fax (0 12 73) 68 48 05
www.drakesofbrighton.com
Designhotel mit postmodernem Glamour. 20 spektakulär eingerichtete Zimmer mit Power-Duschen und Meerblick. Im Gingerman Restaurant serviert Ben McKellar Meerestiere auf die feine leichte Art.

② *Grand Hotel*
King's Road, Brighton BN1 2FW
Tel. (0 12 73) 22 43 00
www.devere.co.uk/our-locations/the-grand
Nostalgische Nobelherberge von 1884 direkt an der Promenade (Abb. S. 66/67). Auch wer nicht hier wohnt, sollte einmal den Tee im romantischen Wintergarten einnehmen.

Ockenden Manor
► Baedeker Special, S. 112

► **Komfortabel**

③ *Kempton House*
33/34 Marine Parade
Brighton BN21TR
Tel. (0 12 73) 57 02 48
Fax (0 12 73) 60 14 34
Kleine, aber feine Erkerzimmer mit Meerblick hat das sympathische Haus unweit vom Palace Pier.

④ *Kings Hotel*
139-141 Kings Road,
Brighton BN1 2NA
Tel. (0 12 73) 82 08 54
Fax (0 12 73) 82 83 09
www.kingshotelbrighton.co.uk
Gepflegte Zimmer mit Seeblick neben dem West Pier

»London by the Sea« Fast könnte man sich zwischen den Coffee Shops, Restaurants, Straßenmärkten und Nachtlokalen von Brighton in einem Stadtteil Londons wähnen, wären da nicht die lang gezogene Strandpromenade mit weißen Hotelfassaden, der Palace Pier und die allgegenwärtige Atmosphäre der Prinzregentenzeit, die sich architektonisch in den Häuserreihen der Crescents und Terraces und dem exotischen Royal Pavilion verewigt hat. Unter Queen Victoria, der Brighton zu überlaufen und vulgär geworden war, entstanden 1841 die Bahnlinie nach London sowie zwei Piers. In den

Baedeker TIPP

Am Abgrund des Lebens

Als Graham Greene 1938 seinen berühmten Krimi »Brighton Rock« veröffentlichte, war dies eine literarische Revolution: Erstmals wurden Religion und Moral in einem packenden Thriller thematisiert. Für die Verfilmung 1947, in der Richard Attenborough den jungen Gangster spielt, schrieb Greene selbst das Drehbuch.

Brighton *Orientierung*

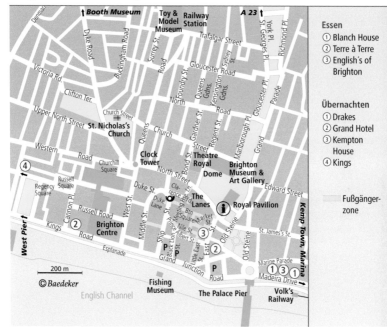

Essen
① Blanch House
② Terre à Terre
③ English's of Brighton

Übernachten
① Drakes
② Grand Hotel
③ Kempton House
④ Kings

Fußgänger-zone

1960er-Jahren lieferten sich Teds, Mods und Rocker Schlachten in der Stadt, 1984 entging Margaret Thatcher im Grand Hotel nur knapp einem IRA-Attentat. Seit der Fusion mit Hove im Jahr 1997 ist Brighton nicht nur das größte Seebad Englands, sondern eine Großstadt mit zwei Universitäten und einem Kongresszentrum, in dem alljährlich die Tories ihren Parteitag abhalten.

✶ Royal Pavilion

Als »Lustschloss, stolz und kuppelschwer ...« beschrieb Coleridge den Royal Pavilion, der sich wie ein indischer Maharadscha-Palast auf grünem Rasen mitten im Stadtzentrum erhebt. Der Prince of Wales und spätere **Georg IV.**, der 1783 erstmals das Seebad besuchte und sich sogleich in die Witwe Maria Anne Fitzherbert verliebte, ließ 1815 – 1822 seine klassizistische Villa vom Hofbaumeister John Nash in einen exotischen Prunkbau umwandeln: mit Zwiebeltürmen, Minaretten, Hufeisenbogen und Chinoiserien im Innern. Bei ihrem einzigen Besuch missfiel Königin Viktoria nicht nur die Stadt, sondern auch der opulent-orientalische Bau – für £ 50 000 verkaufte sie ihn 1850 an die Stadt. Heute für 10 Mio. £ restauriert, können jetzt wieder alle Räume im Originalzustand besichtigt werden.

Öffnungszeiten:
April – Sept.
tgl. 9.30 – 17.00,
Okt. – März
tgl. 10.00 – 16.30

◄ www.brighton-hove-rpml.org.uk/
RoyalPavilion/Pages/
home.aspx

◄ Weiter auf S. 172

Badeleben vor über 100 Jahren an der Strandpromenade von Eastbourne

ZWISCHEN GESTERN UND MORGEN: DAS ENGLISCHE SEEBAD

Im 18. und 19. Jahrhundert reisten Adel und Gesellschaft in die Badeorte an der englischen Südküste, um im Seeklima zu kuren. Prächtige Piers und elegante Fassaden künden von dieser Glanzzeit. Als Ferien am Meer für alle erschwinglich wurden, änderte sich auch das Badeleben: Highlife statt High Society prägt heute den Alltag an der Küste.

Ein Sommertag am Meer. Menschen in langen Badekleidern strecken mit Todesverachtung die Zehen ins Wasser und waten durch Sand, Schlick und Muscheln. Nichtschwimmer werden von »dippers«, den Ehefrauen örtlicher Fischer, ins erfrischende Nass getaucht: Badeleben um die Mitte des 18. Jh.s im Fischerdorf Brighton, das bald als »Perle der Südküste« berühmt werden sollte. 1750 hatte hier der Arzt **Dr. Richard Russell** den gesundheitsfördernden Badeurlaub eingeführt und das Wasser des Meeres zur Linderung von Drüsenkrankheiten empfohlen – das englische Badewesen war geboren. Diese Einrichtung sollte das Leben der Briten um exquisite Vergnügungen bereichern. Dazu gehört das **Dirty Weekend**, der Zweitagesausflug in ein plüschiges Küstenhotel an der Seite eines Menschen, der nicht der angetraute Partner ist, und Amüsements wie Karaoke singen, Karussell fahren, und Kampftrinken.

Anfänge

In den Tagen vor Dr. Russel glaubte man, Ganzkörperbaden sei ein eher schädlicher Prozess, dem man sich daher nur ein oder höchstens zwei Mal pro Jahr unterzog, um die obersten Schmutzschichten abzutragen. Russel verstörte seine Zeitgenossen nun mit der radikalen These, dass es nicht nur heilsam sei, ins Seewasser einzutauchen, sondern es auch zu trinken – je nach Krankheitsbild angereichert mit Milch oder auch **pulverisierten Krabbenaugen.**

In guter Gesellschaft

In Brighton fand die junge Bäderbewegung im späteren **Prinzregenten George** einen prominenten Befürworter. Auch er gab vor, die Heilwirkung des Seewassers erproben zu wollen, als er 1783 erstmals hierher kam. Tatsächlich jedoch genoss der Prince of Wales in dem aufstrebenden Modebad hauptsächlich die Gesellschaft der schönen katholischen Witwe **Maria**

Fitzherbert, einer gänzlich unpassenden Partie für den Erben des britischen Königreichs. Und so prägte der berühmte Badegast gleich die künftigen Gewohnheiten für das Leben an der Küste. Baden – gut und schön, wichtiger war aber schon in Gründertagen das **gesellige Rahmenprogramm.** Elegante Regency-Gebäude schossen bald überall aus dem Boden, und jeder, der in der Hauptstadt etwas darstellte, mietete oder kaufte sich hier ein – »**London by the Sea**« war geboren.

London by the Sea

Es dauerte nicht lange, bis es Tausende von wohlhabenden Städtern der Aristokratie nachmachten. Nicht nur in Brighton, sondern auch in den anderen **seaside towns** der Südküste setzte der Fremdenverkehr ein – im mediterranen Torquay ebenso wie im behäbigen Bournemouth, im leicht verschlissenen Bognor Regis und im viktorianisch-eleganten Eastbourne. Dem Hochadel folgte die Bourgeoisie, und nach den middle classes reiste das Proletariat an die Küste: Ferien am Meer waren bald kein Privileg der Oberschicht mehr. Mit steigender Popularität begann auch der Glanz zu blättern. Nicht nur Wind und Salzwasser haben an den prächtigen Hotelfassaden genagt, sondern auch die hohe Arbeitslosigkeit in einigen Küstenorten und last but not least die Ansprüche der neuen Klientel veränderten den Charakter der Seebäder. Wo früher die Damen der Society promenierten, dudeln heute Spielautomaten zwischen Wahrsagerbuden, Softeisständen, Bingohallen und Billig-Pubs. Erholung oder gar Gesundheit sind nicht mehr Zweck des Badeurlaubs – Fun ist die Devise.

Entertainment statt Erholung

Obwohl es die Engländer heute auch in südlichere Gestade zieht, erfreut sich die eigene Küste nach wie vor großer Beliebtheit – nirgendwo sonst ist das Freizeitangebot so exakt auf englische Bedürfnisse zugeschnitten. Doch es gibt auch noch Seebäder, die der **nostalgische Charme vergangener Noblesse** umspült. Bournemouth und Eastbourne haben sich einen Namen als Konferenz- und Tagungsorte gemacht. In Brighton veranstalten die beiden großen Parteien, Labour und die Konservativen, ihre Parteitage. Das älteste und größte englische Seebad ist zugleich auch Universitätsstadt und beliebtes Ziel für Einkaufslustige und Antiquitätensammler. Und trotzdem: Die Jahrmarktatmosphäre, der Duft von Zuckerwatte und Fish & Chips und die leicht lädierten Fassaden der Grand Hotels – auch das gehört zum Reiz der zukunftsorientierten Bäder.

Das Wahrzeichen von Brighton: der extravagante Royal Pavilion

Man betritt den Palast durch die Oktogon-Halle. In der Long Gallery, die den Bankettsaal mit dem Musiksaal verbindet, verdienen die Bambus-Möbel und das Bambus imitierende eiserne Treppengeländer besondere Beachtung. Auf der Glaskuppel des **Bankettsaals** wiegt sich die Blätterkrone einer Bananenstaude, aus deren Mitte ein silberner Drache herauswächst. Zwischen seinen Flügeln hängt ein 9 m hoher Kristalllüster mit Lotusblütenlampen, der fast eine Tonne wiegt. Die anschließende große Küche gehörte mit kupfernen Absaug-Baldachinen und automatischen Grillspießen zu den modernsten ihrer Zeit. Über Bankettsaalgalerie, Salon und Musiksaalgalerie wird der **Musiksaal** erreicht, eine märchenhafte »Höhle« in Gold, Rot und Blau, beleuchtet von Gaslampen – damals eine viel bestaunte Neuigkeit. Eher schlicht gehalten sind die mit dezenten Regency-Möbeln eingerichteten Privatgemächer von Georg IV.

Der Rundgang endet im **Adelaide Teesalon**, der zu einer Verschnaufpause mit Ausblick auf den Garten einlädt.

Brighton Museum & Art Gallery

Zwischen Reitställen im indischen Stil birgt der Kuppelbau der einstigen Hofreitschule die Konzerthalle »**The Dome**«. Das Brighton Museum besitzt ein Sofa von Salvador Dali in Form von Mae Wests Lippen, Kunstobjekte und Möbel im Jugendstil und eine Modegalerie (Öffnungszeiten: Di. – So. 10.00 – 17.00 Uhr, www.brighton-hove-rpml.org.uk/Museums/brightonmuseum/Pages/home.aspx).

Theatre Royal

Im Norden grenzt die Gartenanlage des Royal Pavilion an das klassizistische Theatre Royal, das 1806 erbaut und 20 Jahre später durch eine Säulenkolonnade ergänzt wurde. – Zwischen dem Künstlerviertel North Laine und The Lanes entstand in den letzten Jahren das **Culture Quarter** mit der 2005 eröffneten Public Library.

Palace Pier

13 300 Glühbirnen illuminieren nachts den 521 m langen, 1899 aus Gusseisen errichteten Palace Pier (►S. 174), auf dem sich **Kitsch und**

Kirmes zum nostalgischen Seebad-Ambiente verbinden: mit Liegestühlen, Karussells, Spielhallen – und klebrig-süßen **Brighton Rocks**
in allen Geschmacksvarianten.

Die West Pier von 1866, seit 1995 nach Brand wegen Baufälligkeit ge-   **West Pier**
schlossen, soll neben einem »West Pier Heritage Center« eine Dependance des London Eye erhalten: das **i360**, einen 183 m hohen Aus-
sichtsturm, der bis zu den Olympischen Spielen 2012 fertig sein soll
(www.westpier.co.uk).

Vom Palace Pier rattert die älteste elektrische Eisenbahn seit 1883 ein   **Brighton Marina**
Meile gen Osten zur Brighton Marina. Erbaut wurde die **Volk's Elec-
tric Railway** von Magnus Volk, dem Sohn eines deutschen Uhrma-
chers. Bislang wenig einladend wirkt die 1979 eröffnete Marina mit
1600 Liegeplätzen – nach harscher Kritik wird seit 2008 ein neuer
Habour Square gebaut. Bislang durch Bürgerproteste gestoppt ist der
Bau des 28-stöckigen Marina Point Tower.

Das **Fishing Museum** an der Promenade erzählt von der Blütezeit des   **Weitere Museen**
Fischfangs (Öffnungszeiten: tgl. 9.00 – 17.00 Uhr). Der **Clock Tower**   ⊕
nordwestlich der Lanes war früher telegrafisch mit dem Observato-
rium in Greenwich verbunden und maß die Zeit mit einem stündlich
auf- und abfallenden »Zeitball«. Teddys, Eisenbahnen und Schiffsmodelle sind im **Toy & Model Museum** im Bahnhof an der Trafalgar
Street zu bewundern (Öffnungszeiten: Di. – Fr. 10.00 – 17.00, Sa.   ⊕
11.00 – 17.00 Uhr; www.brightontoymuseum.co.uk).
Das **naturgeschichtliche Museum** an der Dyke Street ist ein vikto-   ✴
rianischer »Zoo« für ausgestopfte Tiere – mit über einer halben Mil-   ◄ Booth Museum
lion Exemplare (Öffnungszeiten: Mo. – Sa. 10.00 – 17.00 Uhr, So.   ⊕
14.00 – 17.00 Uhr). 150 Arten in Ozeanen und den Gewässern der
tropischen Regenwälder präsentiert das **Brighton Sea Life Centre**,
das 2009 um den Bereich »Wasserschlangen« erweitert wurde (Marine Parade, Öffnungszeiten: tgl. 10.00 – 17.00 Uhr).   ⊕

Umgebung von Brighton

Nicht Brighton, sondern das 9 mi / 15 km nordöstlich gelegene Lewes   ✴
ist Grafschaftshauptstadt von East Sussex. Der gepflegte Ort mit   **Lewes**
16 000 Einwohnern liegt weithin sichtbar auf einem Hügel der South
Downs, um den sich der Fluss Ouse windet. Eine normannische
Burgruine mit aussichtsreichem Bergfried dominiert die Stadt.
Hauptachse der Altstadt ist die High Street mit Fachwerkbauten,
georgianischen Häusern und schindelverkleideten Fassaden.
Das **Anna of Cleves House** in der Southover High Street erhielt 1541
die vierte Gattin von Heinrich VIII. als Scheidungsabfindung; allerdings lebte Anna nie in dem Tudorbau, dessen Inneneinrichtung aus
dem 17. und 18. Jh. stammt (Öffnungszeiten: Sommer tgl., Winter   ⊕
Di., Do., Sa. 10.00 – 17.00, So. ab 12.00 Uhr). In der **Guy Fawkes**

Kitschig und doch wunderschön: 13 300 Glühbirnen beleuchten Brightons Palace Pier.

Night am 5. November wohnen alljährlich Schaulustige aus ganz England in Lewes einem turbulenten Umzug mit Feuerwerk bei. In einem der vielen Pubs sollte man einmal das lokal gebraute Bier »**Harveys of Lewes**« probieren.

Opernhaus von Glyndebourne

Ganz besonders stilvoll ist ein Opernbesuch in Glyndebourne, 4,3 mi / 7 km östlich von Lewes. John Christie gründete 1934 diese Privatoper, um den Auftritten seiner Sopranistengattin einen würdigen Rahmen zu verleihen. Mit Mozarts »Hochzeit des Figaro« begann eine Tradition **anspruchsvoller Opernfestspiele**, die zwischen Mai und August Musikliebhaber und Künstler aus aller Welt anziehen. Die Aufführungen beginnen am Spätnachmittag, in der langen Pause begeben sich die Gäste in Abendgala auf den grünen Rasen, um das Opernerlebnis mit einem Champagnerpicknick abzurunden. Seit 1994 sorgen eine neue Konzerthalle mit 1200 Sitzplätzen und aufgespannte Segeltücher dafür, dass die Veranstaltung auch bei Regen nicht ins Wasser fällt (Kartenvorverkauf: Tel. 0 12 73 / 81 38 13, www.glyndebourne.com).

Monk's House

In das schlichte Cottage Monk's House im Dörfchen **Rodmell**, das 4,3 mi / 7 km südlich von Lewes an der Landstraße nach Newhaven liegt, zog sich **Virginia Woolf** (▶ Berühmte Persönlichkeiten) regelmäßig mit ihrem Gatten Leonard zum Schreiben zurück. Von 1939 bis zu ihrem Freitod in der nahen Ouse 1941 lebte sie ständig hier. Die schlichten Räume mit Möbeln der Omega-Group geben intime Einblicke in das Alltagsleben der gefeierten Essayistin, Literaturkritikerin und Romanautorin. Virginia Woolfs Asche ist zwischen den Blumenbeeten und Apfelbäumen des Gartens verstreut, dessen

Schreberhäuschen der Schriftstellerin als Arbeitszimmer diente (Öffnungszeiten: April–Okt. Mi., Sa. 14.00–17.30 Uhr). ⏱

Der 130 km lange Reit- und Wanderweg South Downs Way berührt auf seinem Weg von Buriton nach ►Eastbourne die Hügelforts **Cissbury Ring** und **Chanctonbury Ring**, herrliche Aussichtspunkte wie **Devil's Dyke** und das denkmalgeschützte Dörfchen **Steyning**, 11 mi / 18 km nordwestlich von Brighton, dessen High Street mit Fachwerkbauten aus der Tudorzeit zu den schönsten Straßen in Sussex zählt.

✱ South Downs Way

Über drei Generationen gestaltete Familie Messel von 1890 bis 1992 ihren Nyman's Garden, 15,5 mi / 25 km nördlich von Brighton. Das 1947 durch Feuer zerstörte Landhaus auf gepflegtem englischen Rasen umgeben mehrere Themengärten wie der Versunkene Garten, der Japanische Garten und ein Rosengarten mit 150 Sorten (Öffnungszeiten: März–Okt. Mi., Sa. 14.00–17.00 Uhr). ⏱

✱ Nyman's Garden

✱ Bristol

G 20

Grafschaft: Bristol   **Einwohner:** 421 500

Der Hafen ist Bristols Lebensader: Wo 1497 John Cabot zur Entdeckung Nordamerikas aufbrach, rollen bis heute Fässer aus Spanien an Land, die eine hochprozentige Spezialität bergen: Sherry – Harvey's Bristol Cream gehört seit 1880 zu den bekanntesten Sherry-Marken der Welt.

▶ BRISTOL ERLEBEN

AUSKUNFT

Bristol Visitor Information Centre
E Shed, 1 Canons Road
Bristol BS1 5TX, Tel. 08 70 / 444 06 54
http://visitbristol.co.uk

VERKEHR

Über die A 38 erreicht man den Flughafen 13 km südwestlich (www.bristolairport.co.uk, Tel. 08 70 / 12 12 747), der von Easyjet, Ryanair, KLM und Air France angeflogen wird; Bus- und Zuganschluss ins Zentrum. Vom City Centre und von Temple Meads aus kann man Hafen und Avon per Boot erkunden (www.bristolferry. com). Von Ostern bis Sept. bieten die Doppeldeckerbusse *Hop on – hop off* tgl. Sightseeing-Touren an, bei denen man beliebig oft aus- und zusteigen kann (www.bristolvisitor.co.uk).

EVENTS

Betagte Dreimaster und schnittige Jachten kann man im Juli beim Bristol Harbour Festival bestaunen. Zur Bristol International Balloon Fiesta Mitte August steigen über 100 Heißluftballons in den Himmel auf (www.bristolfiesta.co.uk).

SHOPPING

Beliebte Adressen im Zentrum sind das Broadmead Centre und The Mall sowie The Guild von 1908 an der Park Street. Direkt an der Abfahrt der M 5 lockt The Mall at Cribbs Causeway mit 135 Geschäften und mehr als 17 Cafés. Wer Designermode, Antiquitäten, Schmuck oder Kunsthandwerk sucht, wird in den Geschäften der White-ladies Road und im Clifton Village fündig. St. Nicholas Market bietet Stände mit Tand, Traditionellem und täglichem Bedarf. Wie das berühmte blaue Glas aus Bristol mundgeblasen wird, zeigt die Bristol Blue Glass Factory (Unit 7, Whitby Road, St. Phillips, www.bristol-glass.co.uk). Auf dem Biomarkt am Narrow Quay gibt es jeden Samstag Produkte der Region.

ESSEN

► Fein und teuer

① *Casamia*
38 High Street, Westbury-on-Trym
Tel. (01 17) 959 28 84
www.casamiarestaurant.co.uk
Die Präsentation ist puristisch perfekt, die Geschmackserlebnisse sind so himmlisch, dass sich die Kritiker in ihren Lobpreisungen überschlagen — und Michelin 2009 den ersten Stern vergab. In der Küche stehen zwei Brüder Anfang 20 am Herd: Jonray und Peter Sanchez-Iglesias.

► Erschwinglich

② *Seafood Loch Fyne*
51 Queen Charlotte Street
Tel. (0 11 7) 930 71 60
www.lochfyne.com
Im liebevoll restaurierten Korn-speicher werden fangfrische Austern, Hummer und schottischer Lachs aus dem Loch Fyne serviert.

③ *Llandoger Trow*
► S. 178, 179

④ *Goldbrick House*
69 Park Street, Tel. (01 17) 945 19 50
www.goldbrickhouse.co.uk
Ob im Restaurant, auf der Dachter-rasse, an der Champagner- und Cock-tailbar oder im gemütlichen Café: Im Goldbrick House stimmen stets Qualität, Preis und Ambiente. Am Wochenende unbedingt reservieren!

ÜBERNACHTEN

► Luxus

① *Hotel du Vin and Bistro*
The Sugar House, Narrow Lewins Mead, Bristol BS1 2NU
Tel. (01 17) 925 55 77
www.hotelduvin.com
Nobelherberge in einer ehemaligen Zuckerraffinerie des 18. Jh.s. Jedes der 40 eleganten Zimmer ist nach einem großen Weinhaus benannt. Tipp auf der Speisekarte: Maishuhn mit Gänseleber und Trüffeln.

② *Thornbury Castle*
► Baedeker Special, S. 113

► Komfortabel

③ *Clifton*
St Paul's Rd, Clifton
Bristol BS8 1LX, Tel. (01 17)
973 68 82, www.cliftonhotels.com
Schickes Hotel im ruhigen Vorort Clifton. Gespeist wird in Racks Restaurant und Weinbar.

Bristol *Orientierung*

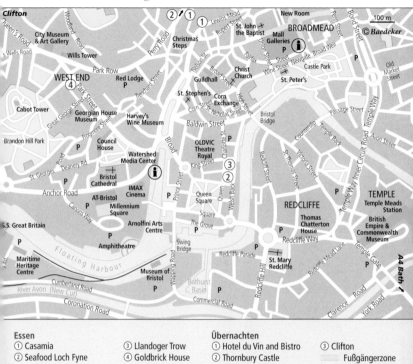

Essen
① Casamia
② Seafood Loch Fyne
③ Llandoger Trow
④ Goldbrick House

Übernachten
① Hotel du Vin and Bistro
② Thornbury Castle
③ Clifton

░ Fußgängerzone

Die Industrie- und Hafenstadt an einer Schleife des Avon wurde im Zweiten Weltkrieg stark zerstört. Zwei gotische Sakralbauten und georgianische Häuserensembles jedoch überlebten den Bombenhagel. Die alte Marktstadt mit Bischofssitz ist durch die renommierte Universität quicklebendig, bunt und in der britischen Pop- und Kunstszene oft tonangebend. Zum Bummeln laden der Floating Harbour und die nahe Altstadt mit Hafenkneipen ein.

»The Western City«

Das um 1000 gegründete und 1373 in den Grafschaftsstand erhobene Bristol war jahrhundertelang der **transatlantische Haupthafen** Großbritanniens. Der Reichtum der Stadt beruhte ab dem 17. Jh. auf einem **Dreieckshandel** zwischen England, Westafrika, wo billige Metall- und Glaswaren gegen Sklaven eingetauscht wurden, und Nordamerika, wo man auf den Plantagen für die Sklaven Baumwolle, Zuckerrohr, Kaffee und Tabak erhielt. Die Konkurrenz mit dem Hafen von Liverpool und vor allem die gesetzliche Abschaffung des Skla-

Stadtgeschichte

Highlights Bristol

St. Mary Redcliffe
Die schönste Pfarrkirche Englands
▶ Seite 178

SS Great Britain
Der erste Ozeandampfer der Welt
▶ Seite 180

Floating Harbour
Kunst und Kultur am Hafen
▶ Seite 179

British Empire Museum
500 Jahre britische Kolonialgeschichte
▶ Seite 179

venhandels 1807 sorgten im 19. Jh. für wirtschaftlichen Niedergang. 1809 wurde der Floating Harbour eingerichtet, dessen Schleusen den städtischen Hafen konstant mit Wasser versorgten.

Temple Meads Station und St. Mary Redcliffe

Old Station

Neben dem heutigen Bahnhof Temple Meads Station steht die Bristol Old Station, 1835 unter der Leitung des berühmten Ingenieurs Isambard Kingdom Brunel (1806–1859) als Endstation der **Great Western Railway** errichtet, die ab 1841 zwischen London und Bristol verkehrte. Hinter der neogotischen Fassade verbirgt sich eine dreischiffige Halle, die mit einer Spannweite von 22 m die größte Gusseisenkonstruktion ihrer Zeit war.

Die vom Verkehr umtoste **St. Mary Redcliffe** wurde von Elisabeth I. bei ihrem Besuch 1574 als schönste Pfarrkirche Englands gerühmt. Weithin sichtbar ist der erst 1872 vollendete Turm. Das Nordportal von 1325 ist ein Glanzstück der Hochgotik. Durch einen orientalisch anmutenden Vorhangbogen mit filigraner Steinmetzkunst tritt man in die sechseckige Vorhalle, in der einst Händler und Matrosen vor dem Marienschrein für sichere Überfahrten beteten. Im Inneren beeindruckt eleganter **Perpendicular Style** des 15. Jh.s mit hohen Arkaden, schlanken Bündelpfeilern und hellen Obergadenfenstern. 1200 goldene Schlusssteine leuchten im Netzgewölbe. Eine Grabplatte erinnert an Admiral Sir William Penn († 1670), dessen Quäker-Sohn Pennsylvania gründete. Im Chorumgang zeigt das Händel-Fenster von 1859 Szenen aus dem Messias – Georg Friedrich Händel (1685 bis 1759) hat hier öfter Orgel gespielt.

Stevensons Stammkneipe Llandoger Trow

✳ Altstadt

Legendär ist das Wirtshaus **Llandoger Trow** von 1669 in der King Street (Tel. 01 17 / 926 07 83). Sein Name geht auf die flachen Lastkähne zurück, die mit walisischer Kohle am benachbarten Welsh Back vor Anker gingen. In dem dreigiebligen Fachwerkhaus soll der Kaufmann, Kritiker und Schriftsteller **Daniel Defoe** (1660 bis 1731) vom Inselexil des Matrosen Selkirk gehört und danach seinen Debütroman »Robinson Crusoe« geschrieben haben. 1883 nahm **Robert Louis Stevenson** (1850 – 1894) den Pub als Vorbild für seine Kneipe »The Admiral Bembow« in der »Schatzinsel«.

King Street

> ## ❗ *Baedeker* TIPP
>
> ### Sklaven, Samt und Seide
>
> Von den ersten Entdeckern bis zum Ende des Empire: Das 2003 eröffnete British Empire & Commonwealth Museum in der Bristol Old Station führt 500 Jahre Kolonialgeschichte lebendig vor Augen (Öffnungszeiten: tgl. 10.00 bis 17.00 Uhr, www.empiremuseum.co.uk).

Das 1766 eröffnete Theatre Royal (Tel. 0 12 25 / 44 88 44) ist die älteste durchgehend bespielte Theaterbühne Englands. Hinter der klassizistischen Fassade hat heute die **Bristol Old Vic Company** ihren Sitz.

Theatre Royal

In der Nähe des überdachten Marktes erhebt sich seit 1743 die Corn Exchange mit ihren mächtigen Pilastern. Vor dem Bau der Getreidebörse musste auf den vier niedrigen Nageltischen aus Bronze bezahlt werden – der Ausdruck **»to pay on the nail«** ist bis heute verbreitet.

Corn Exchange

✳ Floating Harbour

Kunst und Kultur haben sich entlang des Floating Harbour angesiedelt, der hufeisenförmig die Altstadt umfließt. Die alten Stapelhäuser von The Watershed beherbergen heute Cafés, Kinos und ein Medienzentrum, in einem einstigen Teespeicher am Narrow Quay zeigt das **Arnolfini Arts Centre** zeitgenössische Kunst. Davor erinnert eine bronzene Sitzfigur an den Entdecker **John Cabot**. Zwischen den Galerien, Pubs und anderen Attraktionen pendeln Wassertaxis.

Kulturmeile am Hafen

At-Bristol an der Anchor Road birgt eine beliebte Familien-Attraktionen: **Explore-at-Bristol** vermittelt höchst unterhaltsam wissenschaftliche Erkenntnisse (www.at-bristol.org.uk). Daneben eröffnete im Herbst 2009 das fünfte englisch Blue Reef Aquarium mit Bassins tropischer und atlantischer Unterwasserwelten sowie einem IMAX 3D-Kino, das täglich maritime Tierfilme zeigt.

✳ At-Bristol

Auf der Prince's Wharf am Hafen wird bis 2011 das ehemalige **Industrial Museum** mit in Bristol hergestellten Autos, Motorrädern und Flugzeugen für £ 22 Mio. zum neuen Museum of Bristol umgebaut (www.bristol.gov.uk/museums).

✳ Museum of Bristol

Maritime Heritage Centre ★ Mit dem Boot oder einem Zug der Bristol Harbour Railway geht es flussabwärts zum Maritime Heritage Centre, das einen Einblick in die Geschichte des Hafens und des Schiffbaus gibt. In den Great **SS Great Britain ►** Western Docks wurde das heutige Museumsschiff SS Great Britain nach Plänen I. K. Brunels erbaut. 1843 lief der 98 m lange, weltweit **erste Ozeandampfer** mit Schraubantrieb vom Stapel. Daneben liegt ★ eine Replik der »Matthew« vor Anker, mit der **John Cabot** 1497 Neu- **Matthew ►** england entdeckte – wie das Leben damals an Bord war, kann man ⊕ beim Matthew Medieval Festival Ende Oktober erleben (Öffnungs- zeiten: April – Okt. tgl. 10.00 – 17.30, Nov. – März bis 16.30 Uhr).

Oberstadt

Christmas Steps Die Oberstadt kann man über die steilen Christmas Steps mit hüb- schen Geschäften erreichen. **The Red Lodge** von 1590 veranschau- ⊕ licht das Leben eines Kaufmanns in elisabethanischer Zeit (Öff- nungszeiten: Sa. – Mi. 10.00 – 17.00 Uhr).

Bristols Kathedrale

Neben dem über 60 m hohen, neogo- tischen Turm **Will's Tower** von 1925 auf dem weitläufigen Campus der Universität besitzt das **City Museum & Art Gallery** eine orientalische Samm- lung, informiert über Archäologie und Geologie in Englands Südwesten und zeigt Gemälde von Renoir, Vuil- lard und Tissot (Öffnungszeiten: tgl. 10.00 – 17.00 Uhr).

Das **Georgian House Museum** in der Great George Street wurde für den Zuckerhändler John Pinney erbaut. Das Innere ist prächtig in Adams-Ma- nier dekoriert und spiegelt auf drei Etagen das Leben in einem eleganten Stadthaus um das Jahr 1790 wider (Öffnungszeiten: Sa. bis Mi. 10.00 bis 17.00 Uhr).

Die **Bristol Cathedral** ging nach der Gründung des Bistums Bristol aus ei- ner Augustinerkirche hervor. Ihr Bau zog sich über Jahrhunderte hin: Vom 1165 geweihten normannischen Kir- chenbau sind der Kapitelsaal und das Torhaus erhalten, Chor und Lady Chapel wurden zwischen 1298 und 1330 errichtet, Querschiff und Vierungsturm um 1500 vollendet, Langhaus und Doppelturmfassade im Westen folgten im 19. Jahrhundert. Der hallenartige Aufbau des Chors vermittelt mit seinen 17 m hohen Arkaden einen ungewöhnlichen **Raumeindruck**. Sehenswert sind die restaurierten Glasmalereien aus dem 14. Jh. in der Marienkapelle und die Miserikordien des Chorgestühls von 1520. Die Elder Lady Chapel aus dem 13. Jh. birgt filigrane Steinmetzarbeiten und das Doppelgrab des 1368 verstorbenen Lord Berkeley und seiner Mutter. Das Kapitelhaus ist ein Meisterwerk normannischer Bildhauerkunst mit Zacken-, Kreuzbogen- und Schup-penmustern.

Clifton ist bis heute eine bevorzugte Wohngegend. In Anlehnung an ► Bath entstanden im Vorort sichelförmig angeordnete Häuserensembles, die im fast 400 m langen **Royal York Crescent** gipfeln. Ganze Straßenzüge sind mit den dreigeschossigen Reihenhäusern im Regency-Style bebaut, durch Grünanlagen aufgelockert – oft mit wunderschönen Ausblicken ins Avon-Tal. Die 80 m tiefe Schlucht des Avon überspannt die gebührenpflichtige Clifton Suspension Bridge, die zwischen den beiden Pylonen 243 m lang ist und 1864 nach Plänen von Isambard Kingdom Brunel fertig gestellt wurde.

✳
Clifton

✳
◄ Clifton
Suspension Bridge

Umgebung von Bristol

Im 5 mi / 8 km nordwestlich gelegenen Dorf **Henbury** entwarf John Nash 1811 die Siedlung Blaise Hamlet mit neun romantisch-rustikalen Cottages für pensionierte Arbeiter des Blaise Castle. Das Herrenhaus des 19. Jh.s birgt eine sehenswerte sozialgeschichtliche Sammlung (Öffnungszeiten: Sa. – Mi. 10.00 – 17.00 Uhr).

✳
Blaise Hamlet

🕑

1947 wurden bei Bauarbeiten die Überreste einer römische Villa aus dem 3./4. Jh. entdeckt. Freigelegt und restauriert sind der farbige Mosaikboden, die römischen Bäder und das Heizungssystem (Long Cross, Lawrence Weston, Öffnungszeiten: Sa. – Mi. 10.00 – 17.00 Uhr; zur Besichtigung Schlüssel beim Blaise Castle House Museum).

King's Weston Roman Villa

🕑

12 mi / 20 km östlich von Bristol entstand im weitläufigen **Wildgehege** Dyrham Park 1710 das Anwesen für William Blathwayt, der unter Wilhelm III. als Staatssekretär diente. Als Diplomat lebte Blathwayt viele Jahre in Den Haag und brachte eine beträchtliche Kollektion an Porzellan und niederländischen Gemälden nach England mit (Öffnungszeiten: Mitte März – Okt. Fr. bis Di. 12.00 – 16.00 Uhr).

✳
Dyrham Park

In **Clevedon Court**, östlich des gleichnamigen Badeortes, schrieb William Makepiece Thackeray große Teile seines Gesellschaftsromans

❓ WUSSTEN SIE SCHON …?

■ ... dass der Landsitz Dyrham als Kulisse für den Kinoklassiker »Remains of the Day« (»Was vom Tage übrig blieb«) diente, den James Ivory 1993 nach einem Roman von Kazuo Ishiguro drehte?

»Vanity Fair«. Beim Bau des Landhauses der Eltons im 16. Jh. wurden das Turmhaus und die Great Hall aus dem 14. Jh. integriert. Ausgestellt sind Töpferwaren von Sir William Elton und Möbel (Öffnungszeiten: April – Sept. Mi., Do., So. 14.00 – 17.00 Uhr; Schiffsverbindung ab Bristol).

Ashton Court
Beliebtes Ausflugsziel ist das Anwesen Ashton Court mit seinen Wanderwegen, Wildgehegen, den Schluchten des Avon und dem Kunst- und Musikfest Orange Ashton Court Festival, der Balloon Fiesta (www.bristolballoonfiesta.co.uk) und dem Drachen-Festival (tgl. 8.00 bis Sonnenuntergang, www.ashtoncourtestate.co.uk).

✴✴ Canterbury

H 42

Grafschaft: Kent　　　　　　　　**Einwohner:** 50 000

»There is no lovelier place in the world ... and I have seen Venice, too«, schrieb Virginia Woolf 1904 begeistert über Canterbury, das mit seiner Kathedrale, St. Martin's Church und der Ruine der St. Augustine Abbey gleich drei Stätten des UNESCO-Weltkulturerbes besitzt.

▶ CANTERBURY ERLEBEN

AUSKUNFT
Tourist Information Centre
12/13 Sun Street, Buttermarket
Canterbury CT1 2HX
Tel. (0 12 27) 37 81 00
www.canterbury.co.uk

ANREISE UND SHOPPING
Etwa 1,5 Std. brauchen die Züge von London Charing Cross oder Victoria Station bis zum Bahnhof East Station in Canterbury. Rund um die Stadtmauer gibt es bewachte Parkplätze. Gute Einkaufsmöglichkeiten bieten sich in der Fußgängerzone High Street, im Shoppingkomplex Long Market und auf den Straßenmärkten, die montags und freitags in der Altstadt abgehalten werden. Lokale Spezialitäten aus Kent gibt es tgl. außer Mo. bei den 17 Bauern des Farmers Market im restaurierten viktorianischen Warenlager an der Good Shed Station Road. Wunderschönes Steingut in erdigen Blau-, Grün- und Brauntönen fertigt die Canterbury Pottery (38a Burgate, www.canterburypottery.co.uk).

PUNT TRIPS
Am West Gate Slip beginnen 30- und 45-minütige Bootsfahrten auf dem Stour. Das Besondere: Die kleinen Kähne werden wie Gondeln gestakt.

CANTERBURY FESTIVAL
Zwei Wochen lang werden im Oktober für das größte Festival in Kent sowohl im festlich geschmückten Canterbury als auch in den Dörfern von East Kent zahlreiche Konzerte, Theaterauffüh-

rungen und Ausstellungen veranstaltet (www.canterburyfestival.co.uk).

ESSEN

▶ Erschwinglich

① *Alberry's Wine Bar*
38 St. Margaret's Street, Tel. (0 12 27)
45 23 78, www.alberrys.co.uk
Ausgesuchte Weinliste, tolle Cocktails
und leckeres Essen

② *The Goods Shed*
Station Road West
Tel. (0 12 27) 45 91 53, Markt: Di. bis
Sa. 9.00 – 19.00, So. 10.00 – 16.00
www.thegoodsshed.net
Für Jay Rayner vom »Observer« ist
the Goods Shed ein »Gastro Porn«,
ein Mekka für Foodies, die von der
rustikalen Galerie über der Markthalle
auf Slow-Food-Produkte schauen,
die sie gerade genießen.

▶ Preiswert

③ *The Hobgoblin*
40 St. Peters Street
Tel. (0 12 27) 45 55 63
Populärer Studententreff mit gutem
Bier von der Wychwood Brauerei

④ *Tiny Tim's Tea Room*
▶Special Guide S. 15

ÜBERNACHTEN

▶ Luxus

Eastwell Manor
▶Baedeker Special, S. 111
▶Special Guide S. 14

▶ Komfortabel

① *Castle House*
28 Castle Street
Canterbury CT1 2PT
Tel. (0 12 27) 76 18 97
www.castlehousehotel.co.uk
Historisches Gebäude aus der Mitte
des 18. Jh.s gegenüber der Burg mit
sieben großzügigen Zimmern.

Baedeker-Empfehlung

② *ABode Canterbury*
High Street, Canterbury CT1 2RX
Tel. (0 12 27) 76 62 66
Fax (0 12 27) 45 15 12
www.abodehotels.co.uk
Nostalgisches Fachwerkhaus aus dem
17. Jh. mit 74 geschmackvollen Zimmern
im Tudor-, Kolonial- oder georgianischen
Stil. Starkoch Michael Caines sorgt für
Hochgenüsse – exquisit zu erleben im
Restaurant, gemütlich und lecker in der
Old Brewery Tavern.

Canterbury ist das geistliche Zentrum Englands. Die Kathedrale ist **Englands Rom**
Sitz des Primas der anglikanischen Kirche mit weltweit 70 Mio.
Gläubigen. Canterbury wird auch »Wiege des Christentums« genannt, weil von hier ab dem 6. Jh. die Missionierung Englands ausging. 1170 wurde der **Erzbischof Thomas Becket** in der eigenen Kathedrale hinterrücks erschlagen. Mit seiner Heiligsprechung 1173
avancierte Canterbury zur wichtigsten Pilgerstätte auf englischem
Boden. Das städtische Herz des eher ländlich geprägten Ostkent ist
seit 1962 Universitätsstadt. Literaten fühlten sich schon von jeher angezogen, allen voran **Charles Dickens** (▶Berühmte Persönlichkeiten).

Schon während der Eisenzeit existierte hier eine Siedlung namens **Stadtgeschichte**
»**Cantii**«, von der sich die Namen Canterbury und Kent herleiten las-

Canterbury Orientierung

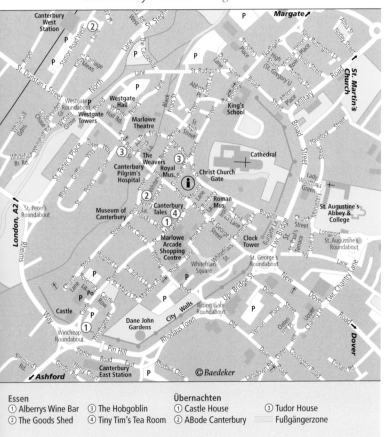

Essen
① Alberrys Wine Bar
② The Goods Shed
③ The Hobgoblin
④ Tiny Tim's Tea Room

Übernachten
① Castle House
② ABode Canterbury
③ Tudor House
　 Fußgängerzone

sen. Die römische Stadt an der Handelsroute zwischen ► London und ► Dover war um 100 n. Chr. bereits von beachtlichem Ausmaß. Im 6. Jh. bekehrte der römische Missionar **Augustinus** den heidnischen Ethelbert von Kent und nahm 597 die erste Bischofswürde von Canterbury an. Nachdem Heinrich II. 1162 Thomas Becket zum Erzbischof ernannt hatte, gerieten sie bald in Interessenskonflikt (► Geschichte), und am 29. Dezember 1170 wurde Becket von vier königlichen Rittern in der Kathedrale ermordet. Dem Märtyrerblut wurde Wunderkraft zugesprochen, so dass die Pilger in Scharen zu seinem Schrein strömten. Heinrich VIII. wollte das Wallfahren beenden, beschuldigte Becket des Hochverrats und ließ den Schrein zerstören. Inspiriert von den Pilgerströmen schrieb **Geoffrey Chaucer** im

14. Jh. mit den »**Canterbury Tales**« ein Meisterwerk der englischen Literatur. Im 16. Jh. ließen sich flämische und französische Protestanten in Canterbury nieder und trugen mit ihrem Woll- und Seidenhandwerk zum Reichtum der Stadt bei. Die Altstadt wird im Osten von der zum Teil noch begehbaren, normannischen Stadtmauer, im Westen von den beiden Flussarmen des Stour begrenzt. Beiderseits der High Street, die schnurgerade durch das Zentrum führt, erstreckt sich das mittelalterliche Gassengewirr mit Fachwerkbauten. Den Nordosten der Altstadt nimmt die ausgedehnte Domfreiheit mit der Kathedrale ein.

✷ ✷ Canterbury Cathedral

Vom 11. bis 19. Jh. wurde an der Kathedrale gearbeitet. Sie entstand auf den Ruinen der 1067 abgebrannten angelsächsischen Bischofskirche unter dem ersten normannischen Erzbischof Lanfranc (1070 bis 1077) nach dem Vorbild seiner heimatlichen Abtei St. Etienne in Caen. Der 1130 geweihte Chor wurde nach dem Brand von 1174 unter Federführung des Baumeisters William of Sens wieder aufgebaut, der in der dreiteiligen, hochstrebenden Wandgliederung mit Spitzbögen den frühgotischen Baustil aus Frankreich in England einführte und zugleich mit den doppelten Querschiffen ein Charakteristikum

Baugeschichte

◄ www.canterbury-cathedral.org

Die Kathedrale von Canterbury ist die älteste christliche Kirche des Königreichs.

CANTERBURY CATHEDRAL

✶✶ Am 29. Dezember 1170 wurde der Erzbischof von Canterbury, Thomas Becket, auf Anordnung von Heinrich II. von königlichen Rittern in der Kathedrale erschlagen. Dem Märtyrerblut wurden Wunderkräfte zugesprochen, und der Schrein Thomas Beckets wurde zum Ziel von Abertausenden von Pilgern.

Öffnungszeiten:
Mo.–Sa. 9.00–18.00 Uhr (Okt.–März bis 17.00)
So. 9.00–14.30 Uhr (Okt.–März 10.00 –14.00)
Letzter Einlass eine halbe Stunde vor Schließzeit

① Langhaus
Das Hauptschiff der Kathedrale ist mit 100 m eines der längsten Kirchenschiffe in Europa.

② Lettner
Am Lettner sind die englischen Bischöfe, die zwölf Apostel und die Könige Englands in Stein verewigt. Von links nach rechts: Heinrich V., Richard II., Ethelbert von Kent, Edward der Bekenner, Heinrich IV., Heinrich VI.

③ Bell Harry Tower
Lohnend ist ein Blick hinauf zum Vierungsturm:

Das Fächergewölbe ist in reinstem Perpendicularstyle gebaut.

④ Martyrdom
An dieser Stelle wurde Thomas Becket ermordet. Ein Altar erinnert an das Geschehen.

⑤ Früherer Standort des Becket-Schreins
Die Trinity Chapel wurde eigens für das Grab des Märtyrers gebaut. Der Schrein, der von 1220 bis zu seiner Zerstörung im Jahr 1538 hier stand, war Ziel unzähliger Pilger, die ihn ein- oder zweimal am Tag in Augenschein nehmen konnten.

⑥ Grabmal des Schwarzen Prinzen
Prinz Edward, der älteste Sohn von Edward III., war ein zäher Kämpfer im Hundertjährigen Krieg; sein Grab zeigt ihn in voller Ritterrüstung.

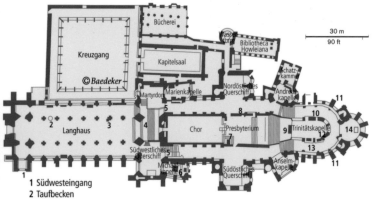

Canterbury Cathedral Orientierung

1 Südwesteingang
2 Taufbecken
3 Kanzel
4 Lettner
5 Zugang zur Krypta
6 Grabmal von Lady
   Margaret Holland,
   Earl of Somerset,
   Duke of Clarence

7 Erzbischofsthron
8 Grabmal des Erzbischofs
9 Chichele
10 Inthronisierungsstuhl
   Grabmal von Heinrich IV.

11 Wunderfenster
12 Standort des Becket-Schreins
   von 1220 bis 1538
13 Grabmal des Schwarzen Prinzen
14 Corona
   (Thomas Beckets Krone)

wurde. Das Fresko »Paulus mit der Schlange auf Malta« aus dem 12. Jh. in der Apsis zählt zu den bedeutendsten Zeugnissen romanischer Wandmalerei.

Die niedrige normannische **Krypta** wird von einem Wald aus Säulen getragen, deren Kapitelle und Schäfte über und über mit Tieren, Pflanzenornamenten und Dämonen geschmückt sind.

Durch den 1397–1411 gebauten **Kreuzgang** mit bemalten Schlusssteinen im Gewölbe wird der **Kapitelsaal** erreicht, wo 1935 T. S. Eliots »Mord im Dom« uraufgeführt und 1986 der Vertrag zum Bau des ► Eurotunnels von Margaret Thatcher und François Mitterrand unterzeichnet wurde.

King's School

In der King's School, die auf Lehrstätten aus viel früherer Zeit basiert, wird seit Heinrich VIII. die Elite des Landes ausgebildet. Zu ihren Schülern zählten der in Canterbury geborene Dramatiker Christopher Marlowe (1564–1593) und William Somerset Maugham (1874–1965), der in seinem Roman »Of Human Bondage« das Schulleben schildert.

★★
St. Martin's Church ⊘

Ebenfalls zum UNESCO-Weltkulturerbe gehört St. Martin's Church vor der östlichen Stadtmauer. Seit Ethelbert von Kent hier 597 vom heiligen Augustinus getauft wurde, werden in der **ältesten Pfarrkirche Englands** Gottesdienste abgehalten (Öffnungszeiten: Di., Do. 10.00–15.00 Uhr, Sa. 10.00–13.00 Uhr).

St. Augustine's Abbey and College ⊘

Von der Abtei, die der hl. Augustinus 604 gründete, wurden die Grundmauern der Abbey Church sowie die Gräber des hl. Augustinus, des Königs Ethelbert und seiner Gemahlin Bertha freigelegt; Torhaus und St. Augustine's College stammen aus dem 12. Jahrhundert (Öffnungszeiten: Apr.–Sept. tgl. 10.00–18.00, Okt.–März Mi.–So. 10.00–16.00 Uhr, kostenlose Audiotour).

Altstadt

Zurück zur Altstadt geht es zum ehemaligen Butter Market mit Stadtkreuz. Rechter Hand in der Sun Street liegt das gleichnamige Hotel aus dem 16. Jh., das Charles Dickens in seinen »Travels through Kent« erwähnte. Vom Butter Market zweigt die **Mercery Lane** mit herrlichen Fachwerkbauten ab.

Das unterirdische **Roman Museum** in der Butchery Lane zeigt Reste eines römischen Stadthauses mit gut erhaltenem Fußbodenmosaik (Öffnungszeiten: Mo.–Sa. 10.00 bis 17.00, So. 13.30–17.00 Uhr).

Baedeker TIPP

Eintritt sparen

Für £ 18.50 (Kind: £ 14.25) gewährt der »Attractions Passport« Eintritt in die Kathedrale, St. Augustine's Abbey, die Canterbury Tales und ein städtisches Museum nach Wahl (Museum of Canterbury mit dem Rupert the Bear Museum, Roman Museum oder Westgate Towers).

Schlemmen, wo früher geschuftet wurde: in den Weberhäusern am Stour

Canterbury Tales

In der St. Margaret's Street werden fünf der mittelalterlichen Canterbury Tales von **Chaucer** als Audiovisionsschau präsentiert (Öffnungszeiten: Nov. – Feb. 10.00 – 16.30, März, Juni, Sept., Okt. bis 17.00, Juli / Aug. ab 9.30 Uhr, www.canterburytales.org.uk).

Museum of Canterbury

Zu einem interaktiven Spaziergang durch 2000 Jahre Stadtgeschichte lädt das erweiterte Museum of Canterbury im ehemaligen Poor Priests' Hospital in der Stour Street ein, zu dem auch die **Teddybärsammlung** des Rupert Bear Museum gehört (Öffnungszeiten: Mo. bis Sa. 10.30 – 17.00, Juni – Sept. auch So. 13.30 – 17.00 Uhr).

High Street

In der Fußgängerzone High Street ist die Fachwerk- und Stuckaturenfassade des Hauses Queen Elisabeth's Chamber aus dem 16. / 17. Jh. beachtenswert sowie das bei Chaucer erwähnte Gasthaus Chequers of Hope. Schräg gegenüber zeigt das **Royal Museum** römisches Glas, feines Porzellan, sächsische Münzen und Regionalkunst (Öffnungszeiten: Mo. – So. 10.00 – 17.00 Uhr). Wenige Schritte weiter diente das **Eastbridge Hospital** mit Kapelle, Refektorium und Dormitorium bereits im 12. Jh. als Pilgerherberge.

Weiter geht es zur Brücke über den Stour mit malerischem Blick auf das Fachwerkensemble der Canterbury Weavers, den früheren **Weberhäusern** mit den Woll- und Seidenwerkstätten flämischer und französischer Hugenotten.

★
◄ The Weavers

Von der High Street erreicht man durch die St. Peter's Street die 1380 errichteten West Gate Towers mit Ecktürmen, Fallgattern und Zugbrücke. Im letzten der sieben **Stadttore** von Canterbury werden Waffen und Rüstungen ausgestellt (Öffnungszeiten: Mo. – Sa. 11.00 bis 12.30, 13.30 – 15.30 Uhr, Mitte Aug. – Okt. nur nachmittags).

West Gate Towers

☉

Von der normannischen Burg sind nur Ruinen erhalten. In den angrenzenden Dane John Gardens werden im September die English Food Fare, im Dezember der Christmas Euromarket abgehalten.

Canterbury Castle

Umgebung von Canterbury

Chilham, 5 mi / 8 km südwestlich von Canterbury, ist ein **idyllisches Dorf**, das aus einem zentralen Platz mit verwinkelten Fachwerkhäusern und reizendem Pub besteht, auf den vier Straßen zuführen. Die eine Seite des Dorfplatzes nimmt St. Mary mit spätgotischem Turm ein, auf der anderen Seite ist der von **Capability Brown** angelegte Landschaftsgarten des 1616 erbauten Chilham Castle zugänglich.

★
Chilham

Knapp 5 mi / 8 km nordöstlich von Canterbury liegt das charaktervolle Dorf Wickhambreaux, dessen Kirche **St. Mary** aus dem späten 14. Jh. Jugendstil-Glasmalereien von Arild Rosenkrantz besitzt; besonders eindrucksvoll ist das 1896 entstandene Ostfenster.

Wickhambreaux

Die Nordostecke Kents bildet die Halbinsel Thanet mit den Hauptorten Ramsgate und Margate, beides typische Badeorte der Viktorianer und betriebsame Fährhäfen. **Ramsgate** wurde von Jane Austen in »Pride und Prejudice« und »Mansfield Park« erwähnt. In **Broadstairs** verbrachte **Charles Dickens** (►Berühmte Persönlichkeiten) zwischen 1837 und 1859 seine Sommerurlaube – er nannte die Stadt liebevoll »Our English Watering Place«. Alljährlich findet im Juni ein Dickens-Festival mit Theateraufführungen und Kostümumzügen statt; in der Victoria Parade ist ein Dickens House Museum eingerichtet. Im Bleak House oberhalb des Hafens verfasste Dickens »David Copperfield«, »American Notes« und »Haunted Man«. **Margate** ist mit 39 000 Einwohnern die größte Stadt der Halbinsel. An das einstige Fischerdorf erinnern der kleine Hafen der Margate Bay und das Tudor House aus dem 16. Jahrhundert. Die Kirche St. John the Baptist aus dem 12. Jh. wurde später gotisch umgebaut; im 19. Jh. erhielt Margate halbrunde »Crescents« mit vornehmen Stadthäusern. Zwischen Margate und Cliftonville können die riesigen Kalksteinhöhlen der **Margate Caves** besichtigt werden, die als Gefängnis und Schmugglerversteck dienten.

Halbinsel Thanet

Whitstable Die National Cycle Route 1 führt im Gleisbett der Bahnlinie **Crab &
Winkle Way** durch **The Blean**, mit 3000 ha Englands größter Wald,
bis hin zur Hauptstadt der englischen Auster: Whitstable. Die **Oyster
and Fishery Exhibition** am East Quay rollt die 200-jährige Geschichte
✳
Austern ▶ der Austernzucht auf (Öffnungszeiten: Mai – Aug. tgl. 10.00 – 16.00
🕓 Uhr, April, Sept., Okt. nur Sa., So.), und natürlich kann man nicht
nur zum Oyster Festival im Juli frische Austern probieren.

Howletts Wild Seltene und vom Aussterben **bedrohte Tierarten Afrikas** lassen sich
Animal Park in Howletts Wild Animal Park an der Bekesbourne Road in Bekesbourne bestaunen. Richtiges Serengeti-Feeling kommt bei der Nacht
in der Safari Lodge auf (Öffnungszeiten: tgl. 10.00 – 16.00 Uhr,
www.totallywild.net).

✳ Chichester

K/L 31

Grafschaft: West Sussex   **Einwohner:** 26 000

**Die einzige Kathedralstadt von Sussex, idyllisch zwischen den
South Downs und Chichester Harbour gelegen, war Roms Brücken-
kopf nach England – das antike Erbe ist nicht nur im Straßenkreuz
der umwallten Altstadt, sondern auch in den Mosaiken des Fishbourne Palace erhalten.**

Kleinstadt der Chichester hat bis heute Signalwirkung: Der hohe Turmhelm des ge-
Künste schichtsträchtigen Bischofssitzes ist als einziger in England vom Meer
aus zu sehen. Und Chichesters **Theaterfestival** bringt bis heute frischen Wind in die britische Theaterlandschaft. Das alte Zentrum der
Verwaltungshauptstadt der Grafschaft West Sussex ist kompakt und
malerisch zugleich. Die nach den vier Himmelsrichtungen benannten Hauptstraßen treffen sich am Marktkreuz. Die verschlungenen
Gassen mit mittelalterlichen Fachwerkhäusern lockern georgianische
Fassaden stilvoll auf.

Sehenswertes in Chichester

Market Cross Die East, West, South und North Street, teilweise als Fußgängerzone
ausgewiesen, treffen sich am Market Square. Sein Marktkreuz wurde
1501 im spätgotischen Stil aus Caen-Stein gemeißelt.

✳
Cathedral Die Dreifaltigkeitskathedrale in der West Street ist als Mutterkirche
für die Diözese West und East Sussex zuständig. Ihr Bau begann
1081, nachdem Chichester 1075 Bischofssitz geworden war. 1108
wurde der Chor, 1184 die Kathedrale geweiht, doch bereits 1187
zerstörten Flammen den Ostteil und den Holzdachstuhl. Der Neubau
eines Steingewölbes und eines Retrochors erfolgte im Early English

CHICHESTER ERLEBEN

AUSKUNFT
Tourist Information Centre
29a South Street
Chichester PO19 1AH
Tel. (0 12 43) 77 58 88
www.visitchichester.org

CHICHESTER FESTIVAL

Das Theaterfestival von Mai bis Sept.
gelangte durch Sir Laurence Olivier
(► Berühmte Persönlichkeiten) zu
internationalem Ruhm – hier standen
auch Julie Christie, Anthony Hopkins
und Peter Ustinov auf der Bühne,
www.cft.org.uk.

ESSEN
► Fein & teuer
West Stoke House
West Stoke, Tel. (0 12 43) 57 52 26
www.weststokehouse.co.uk
Darren Brown wurde 2009 mit einem
Michelin-Stern ausgezeichnet. Zum
herrlich gelegenen Restaurant gehö-
ren 8 schicke Doppelzimmer.

ÜBERNACHTEN
► Luxus
*Bailiffscourt Hotel und
Amberley Castle*
►Baedeker Special, S. 111

► Komfortabel
Suffolk House
3 East Row, Chichester PO19 1PD
Tel. (0 12 43) 77 88 99
Fax (0 12 43) 78 72 82
www.suffolkhousehotel.co.uk
In dem charmanten georgianischen
Hotel mit 11 Zimmern nahe der
Altstadt residierte einst der Herzog
von Richmond. 3-Gänge-Menü auf
Anfrage.

Crouchers Country Hotel
Birdham Road, Chichester PO20 7EH

Traumhaft logieren im Bailiffscourt Hotel

Tel. (0 12 43) 78 49 95
Fax (0 12 43) 53 97 97
www.croucherscountryhotel.com
Zwischen Del Quay und der Chichester Marina bietet das ehemalige
Farmhaus aus dem 19. Jh. 18 liebevoll
eingerichtete Zimmer. Im Haupthaus
verwöhnt Nicholas Markey seine
Gäste mit einer exzellenten Küche –
lassen Sie Platz für ein Dessert!

Baedeker-Empfehlung

The Town House
65 High Street, Arundel BN18 9AJ
Tel. (0 19 03) 88 38 47
Fax (0 19 03) 88 96 01
www.thetownhouse.co.uk
Im Zentrum des Bilderbuchstädtchens
8 mi/12,8 km östl. von Chichester hat man
die Wahl zwischen 5 lichtdurchfluteten
stilvollen Zimmern. Gespeist wird unter
einer goldverzierten Stuckdecke, abends
untermalen Jazzklänge bei Kerzenschein die
Feinschmeckermenüs von Lee Williams.

► Günstig
Richmond Close
Hunters Way, Chichester PO19 5RB
Tel. (0 12 43) 532470, www.
chichesterweb.co.uk/richmond.htm
Drei hübsche Zimmer und ein be-
zaubernder Garten; in der Nähe vom
Festival Theatre

Style, in England **Transitional Style** genannt. Im 13. Jh. kamen Seitenkapellen hinzu, im 14. Jh. folgten der Vierungsturm und die Marienkapelle. Unter Cromwell wurden große Teile der Innenausstattung und alle Glasfenster zerstört. Der Vierungsturm stürzte 1861 ein und erhielt beim Wiederaufbau im Jahre 1866 eine neogotische Spitze.

Die schlichte Westfassade bietet Zugang zum normannisch-frühgotischen Innenraum mit einem gelungenen Mix von mittelalterlichen und modernen Kunstwerken. Hinter der Chorschranke von 1475 mit feinem Netzgewölbe und einem um das Jahr 1330 gefertigten Chorgestühl leuchtet farbig ein Gobelin am Hochaltar: »Die Dreifaltigkeit«, 1966 gestaltet von John Piper. Der Wandteppich von 1985 im Retrochor reflektiert als deutsch-englisches Gemeinschaftswerk mit abstrakt-biblischen Symbolen die Versöhnung und Freundschaft zwischen beiden Nationen. Im nördlichen Chorumgang gestaltete **Marc Chagall** 1976 den 150. Psalm, die Lobpreisung Gottes, als leuchtend rotes Fenster. Zu den Kostbarkeiten aus dem Mittelalter gehören zwei Steinreliefs des romanischen Lettners aus dem frühen 12. Jh. im südlichen Chorumgang, die die Ankunft Christi bei Maria und Martha in Bethanien und die Erweckung des Lazarus darstellen. Beachtenswert ist auch das Arundel-Grabmal im nördlichen Seitenschiff: Der 1375 verstorbene Graf Richard Fitzalan, in Ritterrüstung ruhend, hält die Hand seiner Gattin.

St. Richard – ab 1244 Bischof der Stadt

Der frei stehende Bell Tower aus dem 15. Jh. ist der einzige noch erhaltene Campanile in England.

Bell Tower

Da der Kathedrale von Chichester nie ein Kloster angegliedert war, besteht der Kreuzgang lediglich aus drei überdachten Passagen, die um 1400 um den früheren Kirchenfriedhof herum errichtet wurden. Durch ein Tor geht es in der Canon Lane zum 1327 erbauten Bishop's Palace, bis heute Bischofsresidenz mit öffentlich zugänglichem Garten. Die Domfreiheit umschließt auch mittelalterliche Klerikerhäuschen und endet am Canon Gate von 1894.

Bishop's Palace

In der nahen West Pallant Street präsentiert das stilvoll restaurierte Pallant House, das der wohlhabende Weinhändler Henry Peckham 1712 in Auftrag gab, eine ausgezeichnete Sammlung moderner Kunst mit Werken von Moore, Sutherland, Piper, Klee und Cézanne (Öffnungszeiten: Di. – Sa. 10. 00 – 17.00, Do. bis 20.00 Uhr, So. 12.30 bis 17.00 Uhr, www.pallant.org.uk).

★
Pallant House

Östlich des St. Mary Hospitals aus dem 13. Jh., heute ein Altenheim, liegt das Stadtviertel Little London mit dem Chichester District Museum, das in einem Kornspeicher aus dem 18. Jh. die Stadtgeschichte dokumentiert (Öffnungszeiten: Mi. – Sa. 10.00 – 17.30 Uhr). Zum Museum gehört die **Guildhall** im Priory Park: Die Kapelle eines ehemaligen Franziskanerklosters aus dem 13. Jh. dokumentiert die Geschichte von Orden und Kloster.

Chichester District Museum

Umgebung von Chichester

Der Römische Palast in der Salthill Road von Fishbourne, knapp 1,8 mi / 3 km westlich der Stadt, der 1960 bei Kanalisationsarbeiten entdeckt wurde, gilt als **besterhaltene römische Villa** in England. Vom palastartigen Landsitz des keltischen Stammesfürsten Togidubnus mit mehr als 100 Räumen, der im 3. Jh. abbrannte, ist bislang nur der Nordflügel vollständig ausgegraben. Er zeigt unter einem Schutzdach 20 **Mosaike**, darunter die wunderschöne Steinlegearbeit eines Amor, der auf einem Delfin reitet. Über die Entstehung erzählt ein kleines Museum mit Videoshow (Öffnungszeiten: tgl. 10.00 – 17.00, Aug. tgl. 10.00 – 18.00, Feb., Nov., Dez. tgl. 10.00 – 16.00 Uhr).

★
Fishbourne Roman Palace

Mit mehr als 45 historischen Fachwerkhäusern in einer Parklandschaft vermittelt das Museum 7 mi / 11,2 km nördlich von Chichester einen hervorragenden Eindruck von der **mittelalterlichen Baukunst** in Sussex. Ein- und zweigeschossige Hallenhäuser, Scheunen und ein Marktstand können besichtigt werden, dazu lassen Schmiede, Wassermühle, Bauernhoftiere und Feuerstellen vergangene Zeiten wieder lebendig werden (Öffnungszeiten: Ende März. – Okt. tgl. 10.00 bis 18.00, Nov., Dez. tgl. 10.30 – 16.00, Jan., Feb. Mi., Sa., So. 10.30 bis – 16.00 Uhr, www.wealddown.co.uk).

★
Weald & Downland Open Air Museum

◀ Weiter auf S. 199

Englische Kulturdenkmäler: King Arthur's königliches Wappen und der Wildpark von Knole Palace

ENGAGEMENT FÜR DAS ERBE

Ob Stonehenge, Sissinghurst Castle, die Kreidefelsen von Dover oder Petworth House – English Heritage und National Trust leisten einen entscheidenden Beitrag zur englischen Denkmalpflege.

Als Englands führende Denkmalpflegeorganisation hat **English Heritage** die Fürsorge für mehr als **400 historische Attraktionen** übernommen. Allein in Südengland verwaltet English Heritage über 180 Kulturdenkmäler, zu denen prähistorische Steinkreise, römische Forts, mittelalterliche Abteien, prunkvolle Herrenhäuser, wehrhafte Burgen, schicke Schlösser und einzigartige Industriedenkmäler gehören, wie z. B. Stonehenge, Tintagel Castle, das Schlachtfeld von Hastings oder Osbourne House auf der Isle of Wight, das Lieblingsrefugium von Queen Victoria. Alle Liegenschaften stehen zur Besichtigung offen – die meisten von ihnen kostenpflichtig, andere aber auch kostenlos. Freien Eintritt zu allen English-Heritage-Attraktionen gewährt der **Overseas Visitor Pass**, der für ausländische Einzelreisende, Paare und Familien für sieben oder 14 Tage erhältlich ist. Jeden Sommer organisiert English Heritage in historischen Ruinen und Herrenhäusern wie Kenwood House in London die Konzertreihe **Music on a Summer Evening** (Infos unter www.picnicconcerts.com), die wie die zahlreichen anderen Veranstaltungen mit dem Pass kostenlos bzw. deutlich ermäßigt besucht werden kann. Zum Pass gehört eine farbige Broschüre, die Informationen in mehreren Sprachen und eine Landkarte enthält. English Heritage, das die Regierung in denkmalpflegerischen Angelegenheiten berät, wird vom Umweltministerium gefördert und finanziert sich darüber hinaus über Mitgliedsbeiträge, Eintritte, Special Events und Lotterieerlöse. Das jährliche Gesamteinkommen von rund 140 Millionen Pfund wird in die Erhaltung von Baudenkmälern, in Bauforschung und in archäologische Grabungen investiert, aber auch eine breite Öffentlichkeitsarbeit gehört zu den Aufgaben.

Im Schutz des Eichenzweigs

Im Gegensatz zu English Heritage ist der **National Trust** eine **regierungsunabhängige Stiftung**, die auf Sponsoren, Mitgliedsbeiträge und die Hilfe von Volontären angewiesen ist. Überall, wo es schön ist, prangt mittlerweile ihr Symbol, der Eichenzweig: am Eingang von Nationalparks, auf Wanderwegen, an **300 historischen Häusern** und Gärten sowie 49 Industriemonumenten. Die Geburtsstunde des »National Trust for Places of Historic Interest or National Beauty« schlug 1895, als eine Sozialreformerin, ein Pfarrer und ein Rechtsanwalt eine Bürgerinitiative gründeten und erfolgreich das Pfarrhaus von Alfriston in East Sussex vor dem Abbruch bewahrten. »Mark my words, Miss Hill, this is going to be a very big thing«, prophezeite damals der Duke von Westminster, in dessen Londoner Haus der Vertrag unterzeichnet wurde. Er hatte Recht: Der National Trust ist heute nicht nur die **größte Naturschutzorganisation** des Landes, sondern auch der **größte private Grundbesitzer** Großbritanniens: Ihm gehören 248 000 ha der schönsten Regionen in England, Wales und Nordirland und mehr als **1000 km Küste**. Durch einen speziellen Parlamentsbeschluss kann der National Trust zudem besonders schützenswerte Gebiete für unveräußerlich erklären – sie sind dann für die Ewigkeit gesichert.

Herrenhäuser mit Ambiente

Das Gros der Herrenhäuser kam nach dem Zweiten Weltkrieg in den Besitz des National Trust, als die ohnehin bankrotten Landbesitzer mit einer **hohen Erbschaftssteuer** konfrontiert wurden und ihre Anwesen nicht mehr unterhalten konnten. Indem sie ihre Besitzungen dem National Trust überschrieben, konnten sie in ihren Häusern wohnen bleiben, mussten aber im Gegenzug ihre **Anwesen öffentlich** zugänglich machen. Der Trust darf jedoch nur solche Objekte annehmen, deren Unterhalt mindestens für die kommenden zehn Jahre gesichert ist. Dass viele Landsitze noch immer von Nachkommen der einstigen Besitzer bewohnt werden, macht den **Charme** dieser Herrenhäuser aus. Hier ein Foto der Familie auf dem Konzertflügel, da ein Porträt des freundlich blickenden Hausherrn, die selbst gemachte Marmelade der Lady im

Weltkulturerbe: der magische Steinkreis von Stonehenge

Souvenirshop – all das vermittelt ein Gefühl von Kontinuität und Gemeinschaftssinn.

Freiwillige Ferien für die Natur

Die Basis für die seit mehr als 100 Jahren erfolgreiche Arbeit der unabhängigen Stiftung bilden die knapp **3 Mio. Mitglieder**. Rund 4000 Mitarbeiter bemühen sich, den Andrang der Besucher mit den Bedürfnissen der Natur in Einklang zu bringen. Sie werden unterstützt von rund **38 000 Freiwilligen**, die jedes Jahr mehr als zwei Millionen Stunden ihrer Freizeit für den National Trust opfern – ist doch das Anliegen, britisches Kulturerbe zu bewahren, längst ein Teil der nationalen Identität geworden. Während der landesweit veranstalteten **Naturschutzferien** arbeiten diese »Volunteers« eine Woche lang für den Trust – im Naturschutz, in Gärten oder bei Ausgrabungen. Auch Gäste können in ihrer Urlaubszeit mithelfen.

Geldmangel und Kompromisse

Mehr als zehn Millionen Touristen besuchen jährlich die Objekte des National Trust. Freien Eintritt zu den Liegenschaften in England und Wales bietet der **National Trust Touring Pass**, der ebenfalls nur für ausländische Besucher für die Dauer von sieben oder 14 Tagen für ein oder zwei Personen oder Familien erhältlich ist und im Voraus gebucht werden muss unter **www.nationaltrust.org.uk**.

Einen Gewinn kann die Vereinigung trotz hoher Eintritte und ständig steigender Mitgliedsbeiträge, Spenden und Sponsoren nicht verzeichnen. Im Gegenteil: Vier von fünf Häusern erzielen alljährlich Defizite und sind auf zusätzliche finanzielle Unterstützung angewiesen. Außer mit **chronischem Geldmangel** kämpft der National Trust aber auch mit **ökologischen Problemen**. Im Landesinneren sind es vor allem die intensive Landwirtschaft und die Überweidung der Highlands. Auf seinen Ländereien, die der Trust zum Teil an Landwirte verpachtet hat, soll das Land so weit wie möglich nach ökologischen Kriterien bearbeitet werden. Daher wird für jede Farm ein individueller Managementplan erstellt. Doch es kommt immer wieder zu Kompromissen – und damit zur Kritik von Naturschützern.

Goodwood House, 5 mi / 8 km südöstlich vom Weald & Downland
Museum, ist Sitz der Herzöge von Richmond. Das Herrenhaus, 1800
von James Wyatt erbaut, birgt im Innern lichtdurchflutete Staatsgemächer mit prachtvollen Möbeln und eine Gemäldesammlung mit
Werken von Canaletto, van Dyck, Reynolds und Stubbs. Seit mehr
als 150 Jahren werden von Mai bis
September die »Glorious Goodwood«-Pferderennen veranstaltet.
Die Schau »Sculpture at Goodwood« präsentiert im Park zeitgenössische britische Plastik (Öffnungszeiten: Mitte März – Sept.
So., Mo. 13.00 – 17.00 Uhr, Aug.
auch Di. – Do.).

★
**Goodwood
House**

> ## ! *Baedeker* TIPP
>
> ### Nostalgiefieber auf der Rennstrecke
>
> Ein rennsportbegeisterter Earl, eine historische
> Rennstrecke, Formel-1-Legenden, Oldtimer und
> viel Prominenz: Beim Goodwood Revival lebt
> alljährlich für drei Tage im September die große
> Zeit des britischen Rennsports (1948 – 1966)
> wieder auf. Perfekt wird das Ambiente von einst
> inszeniert: Die Fahrer tragen Lederhauben, die
> Zuschauer Petticoats und Pfennigabsätze, selbst
> die Fish & Chips werden in Zeitungspapier aus
> den 1950er-Jahren eingeschlagen. Info:
> www.goodwood.co.uk.

Eine zinnenbekrönte Burg beherrscht das Stadtpanorama von
Arundel (►Hotel, S. 193), das sich
8 mi / 12,8 km östlich von Chichester am Arun mit malerischen Gassen an die Ausläufer der South
Downs schmiegt. Arundel Castle
(►Abb. S. 200) war Sitz der Adels-
familien Montgomery, de Albini und Fitzalan. Seit dem 16. Jh. stellen
die Howards den Grafen von Arundel und vereinen neben der Her-
zogswürde von Norfolk auch noch den Titel »Earl Marshal« auf sich,
der sie für die Krönungszeremonie des jeweiligen Monarchen verantwortlich macht. Die **Herzöge von Norfolk** waren nach der Reformation ein Bollwerk des Katholizismus im protestantischen England
und mussten dafür teilweise mit dem Leben und mit der Zerstörung
ihres Hab und Guts bezahlen. Ihre gewaltige Festung, von den Normannen im 11. Jh. gegründet und 1644 während des Bürgerkrieges
fast völlig zerstört, wurde im 19. Jh. unter dem 15. Herzog von Norfolk nach dem Vorbild von Windsor Castle neu errichtet. Daneben
wurde die katholische Kathedrale 1868 – 1873 im neogotischen Stil
entworfen. Von der normannischen Burganlage existieren nur noch
der Bergfried und ein Torhaus. Aus dem 14. Jh. stammt die Pfarrkirche St. Nicholas, mit der durch einen Lettner abgetrennten **Fitzalan-
Kapelle** als Familiengruft der Herzöge von Norfolk. Die Burgsäle
sind mit feinen Möbeln und Tapisserien aus dem 16. Jh. ausgestattet,
die Wände schmücken Porträts von Gainsborough, Reynolds, van
Dyck, Mytens und Lawrence (Öffnungszeiten: Ostern – Okt. Di. bis
So. 10.00 – 17.00, Garten/Kapelle, 12.00 – 16.30 Uhr Schloss).

★
Arundel Castle

◄ www.
arundelcastle.org.uk

⏲

Erker- und kaminreich, mit vielen Fenstern in der Gartenfront, gibt
sich das elisabethanische Parham House, 8,3 mi / 12 km nordöstlich
von Arundel. Heinrich VIII. übergab die zur Westminster Abbey ge-
hörenden Besitzungen 1540 an Robert Palmer, der sich zu einem

★
Parham House

Bücherschätze in der Schlossbibliothek von Arundel Castle

Neubau entschloss. Hauptattraktion des Landsitzes ist neben der Great Hall und dem Great Chamber die holzgetäfelte **Long Gallery** mit hohen Gitterfenstern und einer reich verzierten, fünfkantigen Tonnendecke aus dem 19. Jahrhundert. Die umfangreiche Sammlung an Gemälden des 16. und 17. Jh.s birgt auch ein Porträt der jungen Elisabeth I. in Staatsrobe (Öffnungszeiten: April – Sept. Mi, Do., So., Aug. auch Di., Fr. 14.00 – 17.00 (Schloss), April – Sept. Mi, Do., So., Aug. auch Di., Fr. 12.00 – 17.00 (Gärten), Okt. nur So. 14.00/12.00 bis 17.00 Uhr, www.parhaminsussex.co.uk).

✳✳
Petworth House & Park

Petworth House ist von Chichester aus auf der A 285 nach 16 mi / 25,6 km zu erreichen und dominiert die gleichnamige Marktstadt mit ihren engen Gassen. Das monumentale Anwesen mit der knapp 100 m langen Gartenfront erhielt 1696 unter dem 6. Herzog von Somerset sein heutiges Aussehen. Capability Brown legte den weitläufigen Landschaftsgarten mit Wildpark im 18. Jh. formvollendet an. Im 18. Jh. versammelte der Mäzen Sir George O'Brian, 3. Earl of Egremont, die bedeutendsten Künstler des Landes hier um sich: Reynolds und Constable waren gern gesehene Gäste, Turner unterhielt hier von 1830 bis 1837 ein Atelier und machte Haus und Garten zum Ge-

genstand zahlreicher Gemälde. Es ist diesem »Proud Duke« zu verdanken, dass Petworth House eine der wertvollsten Gemälde- und Skulpturensammlungen des Landes besitzt, die heute vom National Trust verwaltet wird. Zu den Höhepunkten zählen der **Turner-Raum** mit 19 Ölgemälden des Künstlers und die Porträts von van Dyck im Square & Little Dinig Room. Ein Meisterwerk der Holzschnitzkunst ist der 1690 von Grinling Gibbons geschaffene **Carved Room**: Girlanden und Friese aus Lindenholz gliedern in feinster Ornamentik die Wände und bilden perfekte Rahmen für Gemälde von Reynolds und Lely. Die North Gallery wurde 1824 für die Skulpturensammlung erweitert, die neben antiken Figuren klassizistische Werke von Flaxman u. a. zeigt. Zugang zu den Schlafgemächern im Obergeschoss bietet die Grand Staircase, ein im frühen 18. Jh. von Laguerre ausgemaltes Treppenhaus. Zum Rundgang gehören auch die reich mit Kupfer bestückten Küchen des Palastes, die Hauskapelle und ein Spaziergang zum aussichtsreichen Steinsitz auf dem Lawn Hill (Öffnungszeiten: ⏲ Mitte März – Okt. Sa. – Mi. 11.00 – 17.00 Uhr).

6 mi / 9,6 km südlich entdeckte 1811 ein Bauer beim Pflügen die **Bignor Roman** Mauern der römischen Villa von Bignor, einer Residenz mit 70 Räumen und prachtvollen Mosaiken, darunter ein Medusen- und ein Venusmosaik (Öffnungszeiten: März – Okt. tgl. außer Mo. 10.00 bis ⏲ 17.00 Uhr, Juni – Sept. bis 18.00 Uhr). **Villa**

✶ ✶ Dartmoor National Park

L–N 11–13

Grafschaft: Devon   **Fläche:** 950 km²

Einsam, geheimnisvoll, gefährlich: Die Moor- und Heideflächen des Dartmoors, das nur die nackten Granithügel der Tors überragen, beflügeln seit Jahrhunderten die Fantasie. Sir Conan Doyle ließ hier seinen »Hund der Baskervilles« Feuer speien, Alfred Hitchcock und Edgar Wallace wurden vom düsteren Gefängnis in Princeton zu ihren Krimis inspiriert.

Mit 953 km² ist der 1949 gegründete Dartmoor National Park im westlichen Devon eines der größten und einsamsten **Naturschutzgebiete** Europas. Es erstreckt sich von Okehampton im Norden über Bovey Tracy im Osten nach Ivybridge im Süden und weiter bis zum westlichen Tavistock. Mitten im Moor entspringt der zweiarmige Dart, der bei Dartmouth ins Meer mündet. Ein Unikum der ehemaligen

? WUSSTEN SIE SCHON …?

■ ... dass sich Agatha Christie zum Schreiben ins Hotel Moorland in Haytor zurückzog? Vormittags verfasste die 26-Jährige die letzten Seiten ihres ersten Romans »The Mysterious Affairs at Styles« (»Das fehlende Glied der Kette«), nachmittags streifte sie stundenlang durchs Moor.

▶ DARTMOOR NATIONAL PARK ERLEBEN

AUSKUNFT

Dartmoor Partnership Ltd.
Unit 6, Okehampton Business CentreHigher Stockley MeadOkehampton, Devon EX20 1FJ
Tel. 01837 / 522 00
www.discoverdartmoor.co.uk

Dartmoor National Park Authority
Parke, Bovey Tracey
Newton Abbot TQ13 9JQ
Tel. (0 16 26) 83 20 93
Fax (0 16 26) 83 46 84
www.dartmoor-npa.gov.uk

LETTERBOXING

Ein beliebter Sport der Langstreckenwanderer ist das Letterboxing. Die erste Letterbox wurde um 1850 im Nordwesten des Moors installiert, inzwischen gibt es mehr als 400 inoffizielle Briefkästen im Moor, und es gilt, diese in Büschen und hohlen Baumstämmen aufzuspüren. Jede Letterbox besitzt einen Stempel mit Kissen, so dass man auf Postkarten seinen Besuch im tiefsten Moor nachweisen kann. Sind die eigenen Grüße dann deponiert, sollte bereits hinterlegte Post mitgenommen und mit der Royal Mail weiterbefördert werden.

AUF DEM RÜCKEN DER PFERDE

Hoch zu Ross durchs wilde Dartmoor: ein unvergessliches Erlebnis. Geführte

Liebling aller Kinder:
die halbwilden Ponys im Dartmoor

Ausritte von einer Stunde bis zu einem Tag oder länger bieten an: Dartmoor & South Hams Riding Centre, Cheston, South Brent, nahe Ivybridge, Tel. (0 13 64) 7 32 66

Shilstone Stables, Widecombe in the Moor, Newton Abbot
Tel. (0 13 64) 62 12 81
www.dartmoorstables.com

White Tor Stables, Cudlipptown
Tel. (0 18 22) 81 07 60

ESSEN
► Fein und teuer
Gidleigh Park
Chagford
Devon TQ13 8HH
Tel. (0 16 47) 43 23 67
www.gidleigh.co.uk
Michael Caines' Michelin-besterntes Feinschmeckerlokal (►Baedeker Special, S. 79)

► Erschwinglich
The Forest Inn
Hexworthy
Dartmoor PL20 6SD
Tel. (0 13 64) 63 12 11
www.theforestinn.co.uk
Knapp 6 mi / 9,6 km östlich von Princetown kocht Glynn Proctor köstliche Gerichte aus frischen Zutaten der Region. Wer will, kann hier auch übernachten.

ÜBERNACHTEN
► Luxus
Lewtrenchard
►Baedeker Special, S. 113

► Komfortabel
Lydford House
Lydford House
Lydford EX20 4AU
Tel. (0 18 22) 82 03 47
Fax (0 18 22) 82 05 39

www.lydfordcountryhouse.co.uk
Das viktorianische Landhaus in einem großen Garten bei Okehampton bietet neun großzügige Zimmer, z. T. mit Himmelbetten. Außerdem kann man hier nach einem Ausritt durch das Moor sein Pferd unterstellen.

The Highwayman Inn
Sourton
Südl. von Okehampton
Tel. (0 18 37) 86 12 43
www.thehighwaymaninn.net
Wer etwas Außergewöhnliches sucht, sollte sich bei Sally Jones einquartieren, deren Vater den skurrilen Gasthof mit Kuriositäten aus aller Welt sehr originell eingerichtet hat.

Baedeker-Empfehlung

Gate House
North Bovey
(nahe Moretonhampstead)
Devon TQ13 8RB
Tel. / Fax (0 16 47) 44 04 79
www.gatehouseondartmoor.co.uk
Im reetgedeckten Fachwerkhaus aus dem 15. Jh. gibt es drei elegante Zimmer mit Gartenblick. John und Sheila Williams verwöhnen ihre Gäste mit einem ausgezeichneten Dinner. Nehmen Sie den Tee am einladenden Swimmingpool oder vor dem knisternden Kaminfeuer.

► Günstig
Beechwood B & B
Postbridge, Yelverton, Devon PL20 6SY, Tel. (0 18 22) 88 03 32
www.beechwood-dartmoor.co.uk
Aus zwei Cottages des 19. Jh.s entstand das hübsche Häuschen der Popes mit 5 gemütlichen Doppelzimmern mitten in Dartmoor.

*Bei Postbridge führt eine der »Clapper Bridges« über den Dart:
Einst diente sie schwer mit Zinn bepackten Pferden als Flussübergang.*

Vulkanregion mit Heideflächen, Hochmooren und uralten Zwergei-
chenhainen sind die **»Tors«**, kahle Granitspitzen, die vor 290 Mio.
Jahren durch Magmamassen an die Oberfläche gedrückt und durch
Erosion bizarr geformt wurden.

Besiedlung Vor mehr als 5000 Jahren kamen Jäger und Sammler ins Dartmoor
und hinterließen ihre Feuersteinwerkzeuge. Im Neolithikum wurden
die Menschen hier sesshaft und errichteten für ihre Toten kollektive
Megalithgräber wie **Spinster's Rock**. In der Bronzezeit entstanden
Steinkreise wie Scorhill Circle bei Gidleigh, Steinalleen, Tumuli und
Siedlungen wie **Grimpspound**. Als sich um 1000 das Klima ver-
schlechterte, breiteten sich die Sümpfe weiter aus – und Ortschaften
am Rande des Hochmoors entstanden. Bestes Beispiel einer mittelalterlichen Dorfanlage ist **Hound Tor** westlich von Bovey Tracy – auch
drei Langhäuser wurden hier freigelegt.

Wirtschaft Bereits die bronzezeitlichen Bewohner wussten um den Zinnreich-
tum des Moors und schürften Metall in den Flussniederungen. Im
Mittelalter wurden für den Zinntransport **»Clapper Bridges«** aus
dünnen Granitplatten über den Flüssen angelegt – die schönsten sind
in Postbridge, Dartmeet und Bellever erhalten. Tavistock, Chagford,
Ashburton und Plympton florierten als »Stannary Towns«, in denen
Zinn gestempelt und gewogen wurde. 1930 wurde die letzte Zinnmi-
ne stillgelegt. Als Packtiere setzte man die halbwilden **Dartmoor-Po-
nys** in den Minen ein – heute grasen noch rund 2500 Ponys sowie
unzählige Schafe auf den offenen Moorflächen.

**Achtung
Sperrgebiet!** Der wilde Nordwestrand des Moores ist als **militärischer Truppen-
übungsplatz** ausgewiesen und für Wanderer gesperrt, wenn rote Sig-
nalbälle gehisst sind oder rote Warnlampen leuchten.

Sehenswertes im Dartmoor

Das hübsche Dorf Chagford im Osten des Nationalparks gruppiert sich mit Läden, Pubs und Teestuben um den Marktplatz herum. Beim pittoresken Dorf Gidleigh, 1 mi / 1,6 km nordwestlich, begeistert das **Gidleigh Park Hotel** Gourmets (►Baedeker Special, S. 79).

Chagford, Gidleigh

Castle Drogo, 2,2 mi / 4 km nordöstlich von Chagford, wurde 1910 bis 1930 als **Großbritanniens jüngste Schlossanlage** vom Teehändler Julius Drewe erbaut, der sich als direkter Nachfahre des Normannen Drogo de Teine verstand, dem unter Heinrich II. das Land gehörte. Drewe, reich geworden durch eine Kaufhauskette, beschloss bereits im Alter von 33 Jahren, sich als »landed gentleman« zur Ruhe zu setzen – auf einem pompösen Landsitz. Sein 60 m langes Granitschloss verbindet originell römische, normannische und elisabethanische Elemente. Im Inneren warten eine gewölbte Schlosskapelle, eine Waffenkammer, eine Bibliothek mit flämischen Tapisserien und eine Gesindeküche auf den Besucher (Öffnungszeiten: April bis Okt. Mi. – Mo. 11.00 – 17.00 Uhr).

✱ **Castle Drogo**

> ! **Baedeker TIPP**
>
> ### Wandern und Radeln
>
> Die wilde Einsamkeit des Dartmoors lässt sich erst beim Wandern und Rad fahren so richtig erleben. Ein einfacher Pfad führt zum kahlen, 454 m hohen Kletterfelsen Haytor Rock, 3 mi / 5 km westlich von Bovey Tracy. Wer länger unterwegs sein möchte, kann auf dem 90 mi / 140 km langen Dartmoor Way (www.devon.gov.uk) zu Fuß oder per Rad das Moor umrunden. Der 102 mi / 163 km lange Two Moors Way (www.devon.gov.uk/walking/two_ moors _way.html) verbindet Ivybridge im Süden des Dartmoors mit Lynmouth an der Nordküste des Exmoors.

Pastellfarbene Cottages, Kletterrosen und Tea-Time im Bauerngarten des Primrose Cottage: Das winzige Dörfchen 10 mi / 16 km südöstlich ist bezaubernd.

✱ **Lustleigh**

Mit 3500 Einwohnern ist Ashburton am Fluss Dart der größte Ort im Nationalpark. Antiquitätengeschäfte und nette Pubs säumen seine Hauptstraße. **Buckfast Abbey**, 2,5 mi / 4 km südlich von Ashburton, wurde 1018 von Benediktinermönchen gegründet und nach der Reformation dem Erdboden gleichgemacht. 1882 erwarben französische Benediktiner das Grundstück und erbauten von 1907 bis 1937 eigenhändig ein neues Kloster samt Kirche.

Ashburton

Die als **Moorkathedrale** bekannte Pfarrkirche des verträumten Dörfchens wurde von Zinnarbeitern finanziert: Die karge Innenausstattung des gotischen Granitbaus aus dem 14. Jh. spiegelt das entbehrungsreiche Leben der Metallarbeiter wider. Um die Kirche herum versammeln sich getünchte Häuschen mit Reetdächern, der Rugglestone Inn, ein uralter Pub, und eine Teestube. Lohnend: die Widecombe Fair, ein großer Markt im September.

✱ **Widecombe in the Moor**

Princetown Mitten im wilden Moor, wo Conan Doyle seinen »Hund von Baskerville« herumstreunen ließ, wurde 1806 Englands berühmtestes Gefängnis erbaut: das **»Dartmoor Prison«** von Princetown, seit 1850 Zuchthaus für lebenslänglich Inhaftierte – passende Souvenirtassen gibt es im Informationsbüro, das auch die Geschichte der düsteren Strafanstalt dokumentiert.

Tavistock In der einstigen »Stannary Town«, 9 mi / 15 km weiter westlich, erinnert eine Statue im Ortskern an Tavistocks berühmtesten Sohn: 1540 erblickte **Sir Francis Drake**, später Admiral und Weltumsegler, auf der Crowndale Farm im Südwesten der Stadt das Licht der Welt.

✳
Lydford Die normannische Burgruine von Lydford am Nordwestrand des Dartmoors war bis zum Jahr 1800 als Zinngericht und Gefängnis gefürchtet, galt doch der Reim: »Oft have I heard of Lydford law, / how in the morn they hang and draw, / and sit in judgement after...« – zuerst wurden die Angeklagten hingerichtet, und dann wurde ihnen der Prozess gemacht. Wer Zinn gestohlen hatte, dem wurde flüssiges

✳ ✳
Lydford Gorge ▶ Metall in die Kehle gegossen. Ein fantastisches Naturschauspiel bietet die südlich gelegene Lydford Gorge. Der Fluss Lyd rauscht durch eine 2,5 km lange Schlucht mit dichtem Wald und stürzt beim White-Lady-Wasserfall als Gischt sprühende, weiße Säule 27 m in die Tiefe.

Okehampton Knapp 9 mi / 14,4 km nördlich in Okehampton informiert das **Museum of Dartmoor Life**, wie sich das Leben im Moor in den letzten 100 Jahren verändert hat (3 West Street, Öffnungszeiten: Ostern bis Okt. Mo. – Sa. 10.15 – 16.30 Uhr, www.museumofdartmoorlife.eclipse.co.uk).

Dorchester

L 21

Grafschaft: Dorset   **Einwohner:** 17 000

In der Antike haben die Römer, in der Neuzeit Prinz Charles die kleinste Kapitale aller südenglischen Grafschaften entscheidend geprägt, in der bis heute das »Casterbridge« der Romane Thomas Hardys weiterlebt.

Von Durnovaria bis Poundbury Die Kleinstadt im Kreidetal des River Frome war als Durnovaria die einzige römische Siedlung in Dorset. Auf den im 18. Jh. geschleiften, antiken Stadtmauern verlaufen heute breite, schattige Kastanien- und Ahornalleen, »Walks« genannt.

Städtebauliche Vision Seit 1992 verwirklicht **Prince Charles**, einer der schärfsten Kritiker zeitgenössischer Architektur, im Nordwesten der Stadt mit **Poundbury** seine städtebauliche Vision. Für die Stadterweiterung, die Le-

● DORCHESTER ERLEBEN

AUSKUNFT

Tourist Information Centre
11 Antelope Walk
Dorchester DT1 1BE
Tel. (0 13 05) 26 79 92
Fax (0 13 05) 26 60 79
www.westdorset.com
www.visit-dorchester.co.uk

AUF DEN SPUREN VON THOMAS HARDY

Dorset und Dorchester sind untrennbar mit dem Dichter Thomas Hardy (►Berühmte Persönlichkeiten) verbunden, der in zahlreichen Romanen seine Heimat beschrieben hat. Seinen Spuren folgt der Hardy Trail, der in drei Stunden von seinem Geburtshaus in Higher Bockhampton, vorbei am Old School House in Lower Bockhampton, wo Hardy einer der ersten Schüler war, und seinem Anwesen »Max Gate«, in dem der Dichter von 1883 bis zu seinem Tod lebte, zum Grab in Stinsford führt. Der Hardy Way (www.walkingpages. co.uk/trails_paths/LDP_hardyway. htm) ist ein 210 mi / 336 km langer Fernwanderweg, der Dorchester, Bere Regis, Wimborne, Weymouth und andere Orte seines Wirkens berührt.

SHOPPING

Kleine Boutiquen und Einkaufspassagen findet man in der Fußgängerzone von Cornhill und South Street. Das Armenhaus Napper's Mite aus dem 17. Jh. birgt heute ein Café und Shops.

ESSEN

► Erschwinglich
The Mock Turtle
34 High West Street
Tel. (0 13 05) 26 43 69
Sehr gemütlich sitzt man auf einer der drei Etagen des ehemaligen Pfarrhauses mit preiswerter, guter Regionalküche.

ÜBERNACHTEN
► Komfortabel

Baedeker-Empfehlung

Yalbury Cottage
Lower Bockhampton, Dorchester DT2 8PZ
Tel. (0 13 05) 26 23 82
Fax (0 13 05) 26 64 12

Hochgenuss zartes Lamm mit grünen Bohnen

www.yalburycottage.com
Über 300 Jahre alt ist das reetgedeckte Landhotel inmitten grüner Felder und Wiesen 2 mi / 3,2 km östl. von Dorchester. Reservieren Sie rechtzeitig für ein Dinner im Feinschmeckerrestaurant!

The Casterbridge Hotel
49 High East Street
Dorchester DT1 1HU
Tel. (0 13 05) 26 40 43
Fax (0 13 05) 26 08 84
www.casterbridgehotel.co.uk
Das zentral gelegene, georgianische Hotel besitzt 15 elegante Zimmer. Zum Frühstück gibt es hausgemachte Marmalade, Croissants und Muffins.

bensraum für 5000 Einwohner schafft, hatte er zuvor 158 ha seiner Pfründe freigegeben. Als Herzog von Cornwall besitzt Prinz Charles bei Dorchester 1000 ha Land. Kritiker bespötteln die Mustersiedlung als »Charlieville«: Das nostalgische Retortendorf in der Dorfarchitektur Dorsets vom 17./18. Jh. habe versäumt, heutige Haus- und Umwelttechnik zu integrieren.

Sehenswertes in Dorchester

High West Street   Bei der Thomas-Hardy-Statue am oberen Ende der High West Street geht es links in der Northernhay Street zu einem **römischen Stadthaus** mit 18 Räumen und wunderschönem Fußboden aus dem 4. Jahrhundert.
Die High West Street führt zum Old Crown Court, in dem 1834 sechs Männer aus dem Dorf Tolpuddle zu siebenjähriger Zwangsarbeit in Australien verurteilt wurden, weil sie höhere Löhne für die Landarbeiter gefordert hatten. Nach vehementen Protesten wurden die Märtyrer von Tolpuddle nach zwei Jahren begnadigt.

Dorset County Museum   Wenig weiter führt das Regionalmuseum in Archäologie und Geologie der Region ein und präsentiert **Thomas Hardys** Arbeitszimmer als Nachbildung (Öffnungszeiten: Juli – Sept. tgl. 10.00 – 17.00, Okt. bis Juni Mo. – Sa. 10.00 – 17.00 Uhr; www.dorsetcountrymuseum.org).

High East Street   Neben der Pfarrkirche St. Peter diente die um 1850 errichtete **Corn Exchange** mit markantem Eckturm als Gefängnis, Markthalle und heute als Rathaus. Die Wirtshäuser King's Arms und Borough's Arms aus dem 16. und 17. Jh. gehören zu den ältesten der Stadt.

Maumbury Rings   In der Weymouth Avenue braut die **Eldridge-Pope-Brauerei** seit dem 18. Jh. ein starkes Ale. Die neolithische Steinkreisanlage Maumbury Rings etwas weiter südlich nutzten die Römer als Amphitheater.

! *Baedeker* TIPP

Familienspaß

Englands einziges Dinosaurier-Museum begeistert am Icen Way seit über 25 Jahren mit Fossilien, Skeletten und lebensgroßen Rekonstruktionen der Giganten der Urzeit (Öffnungszeiten: tgl. 10.00 – 17.00 Uhr, www.thedinosaurmuseum.com). Teddies von mini bis menschengroß präsentiert das Dorset Teddybear Museum an der Ecke High East / Salisbury Street (Öffnungszeiten: Mo. – Sa. 9.30 – 17.00 Uhr, So. 10.00 – 16.00 Uhr, www.teddybearmuseum.co.uk).

Umgebung von Dorchester

Von den Hügelfestungen Dorsets ist Maiden Castle, 2 mi / 3,2 km ✶ südwestlich von Dorchester, die größte **eisenzeitliche Wehranlage**. **Maiden Castle** Die mit bis zu 25 m hohen Erdwällen befestigte Siedlung aus der Zeit zwischen 800 und 60 v. Chr. wirkt von außen wie ein unförmiger Grashügel; im Innern begleiten Informationstafeln den einstündigen Rundgang. Maiden Castle wurde 43 n. Chr. von den Römern erobert.

Will man ein Gespür für das ländliche Dorset entwickeln, so folge **Cerne Abbas** man der A 352 durch das wunderschöne Cerne-Flusstal nach ►Sher- **Giant** borne. In Cerne Abbas schwingt ein **nackter Riese** seine Keule. Warum und wann der Mann 55 m groß in den Kalk geritzt wurde, ist bis heute ungeklärt – sein gewaltiges Geschlechtsteil ist jedoch unstrittig ein Fruchtbarkeitssymbol. Im Dorf Cerne Abbas stehen in der Abbey Street mehrere Landhäuser aus dem 16. Jh., von der ehemaligen Benediktinerabtei sind Torhaus und Zehntscheuer erhalten.

Die Modellsiedlung 10 mi / 16 km östlich entstand 1780 auf Geheiß **Milton Abbas** Lord Miltons. Der erste Earl of Dorchester ließ die Konventsgebäude einer Abtei zum Herrenhaus umbauen und betraute **Capability Brown** mit einer Parkanlage. Da ihm das Dorf Middleton die Aussicht verdarb und er dessen Bewohner als lästig empfand, ließ er den Ort abreißen und die Bürger nach Milton Abbas umsiedeln. In der Klosterkirche aus dem 14. / 15. Jh. steht ein marmornes Grabmal für Lord und Lady Milton.

✶ Dover

J 43

Grafschaft: Kent   **Einwohner:** 41 000

Jeder Engländer kennt dieses Zitat: »This precious stone set in silver sea« ließ bereits Shakespeare Richard II. über die Kreidefelsen von Dover sagen, die strahlend weiß aus dem Wasser ragen und als Wahrzeichen Englands die Besucher vom Kontinent begrüßen.

Für viele ist Dover, seit Jahrhunderten der »Gateway to England« **»Tor nach** und wichtigster Fährhafen am Ärmelkanal, nur Durchgangsstation – **England«** dabei sind die älteste Burganlage Englands, die weißen Klippen, aber auch Stadt und Hafen durchaus lohnenswert.

Sehenswertes in Dover

Im Osten der Stadt werden die steilen Kreidefelsen vom Dover Castle ✶ bekrönt, der ältesten **konzentrisch angelegten Burganlage** Englands. **Dover Castle** Nachdem Wilhelm der Eroberer nach der Schlacht von Hastings eine

⏵ DOVER ERLEBEN

AUSKUNFT

Tourist Information Centre
Old Town Gaol, Biggin Street
Dover CT16 1DL
Tel. (0 13 04) 20 51 08
www.dover-kent.co.uk
www.dover.gov.co.uk
www.doverdc.co.uk

WHITE CLIFFS, WANDERN BOOTSAUSFLÜGE

Wer an Bord der »Southern Queen« die berühmten Klippen von Dover vom Wasser aus erlebt hat und mitten durch die betriebsamste Schifffahrts-straße der Welt geschippert ist, erhält am Ende des 40-minutigen Törns eine Urkunde. Fahrten ab Clock Tower, Ostern – Mai Sa. / So., Juni – Sept. tgl., sonst nach Voranmeldung, Tel. / Fax (0 13 03) 27 13 88, www.whitecliffstours.co.uk.
Dover ist Wanderland: Der 153 mi / 211 km lange *North Downs Way* nach Farnham beginnt hier, und der 163 mi/ 262 km lange *Saxon Shore Way* von Gravesend nach Hastings führt mitten durch den Ort.

ESSEN

► Fein und teuer

Wallett's Court
West Cliffe, St. Margarets-at-Cliffe
Tel. (0 13 04) 85 24 24
www.wallettscourt.com
Wenige Meilen außerhalb liegt das luxuriöse Landhaushotel mit 17 stilvollen Zimmern und Spa-Bereich. Im Feinschmeckerrestaurant werden Wildschwein und Lamm ebenso köstlich zubereitet wie frischer Fisch.

ÜBERNACHTEN

► Luxus

The White Cliffs Hotel and The Bay Restaurant
High Street, St. Margaret's-at-Cliffe
Dover, Kent CT15 6AT
Tel. (0 13 04) 85 22 29
www.thewhitecliffs.com
Luxusrefugium im zeitgenössischen Design in einem pittoresken Dorf bei Dover, mit 16 Zimmern – davon vier mit Himmelbett –, preisgekröntem Restaurant und tollem Spa im Loft.

► Günstig

Victoria Guest House
1 Laureston Place
Dover CT16 1QX
Tel. / Fax (0 13 04) 205140
www.guest-house.fsbusiness.co.uk
Das hübsche Häuschen von Bill und Audrey Hamblin liegt 500 m östlich des Market Square mit Blick auf den Hafen.

Festung auf eisenzeitlichen, römischen und angelsächsischen Funda-menten errichtet hatte, gab 1168 Heinrich II. den Auftrag, die exis-tierenden Wälle mit wuchtigen Ringmauern zu verstärken und im Zentrum einen Bergfried mit 6 m dicken Außenmauern zu errichten. In den Burgkomplex integriert sind das mittelalterliche Colton Gate, die 12 m hohe Ruine des römischen Leuchtturms und die um 1000 erbaute Kirche St. Mary in Castro.
Tief in die Kalkfelsen hinein führt ein verzweigtes **Tunnelsystem** aus dem 13. Jh., das während der napoleonischen Kriege erweitert und

mit Kasematten versehen wurde. Im Zweiten Weltkrieg diente das Labyrinth als Kommandozentrale, in der »Hellfire-Corner« planten Sir Winston Churchill und Admiral Ramsay die Evakuierung von 338 000 alliierten Soldaten aus Dünkirchen. Eine Ausstellung dokumentiert die »Battle of Britain« und andere Ereignisse des Zweiten Weltkriegs. Vom Aussichtspunkt »Admirality Look-out« ist bei gutem Wetter Boulogne in Frankreich zu erkennen (Öffnungszeiten: ⊙ Apr. – Juni tgl. 10.00 – 18.00, Juli, Aug. 9.30 – 18.30, Sept. 10.00 bis 17.00, Okt. – März 10.00 – 16.00 Uhr).

Oberhalb von Dover Castle beginnt am Visitor Centre ein aussichtsreicher Küstenpfad über den weißen Klippen zum Leuchtturm **South Foreland Lighthouse**, von dem aus Marconi (1874 – 1937) die ersten Funkverbindungen zwischen Land und Schiff gelangen.

✶ ✶
White Cliffs

Das Dover Discovery Centre am Market Square ist nicht nur architektonisch eine Besonderheit: Wo sonst gibt es eine Bücherei, die Ruinen eines römischen Forts birgt? Ebenfalls in den Kulturkomplex integriert wurde die normannische Kirche St. Martin le Grand, die 500 Jahre lang die Silhouette der Stadt bestimmte. Besonders lohnenswert ist das Dover Museum mit einer der besten Sammlungen zur Bronzezeit (Öffnungszeiten: Mo. – Sa. 10.00 – 17.30, So. 14.00 ⊙ bis 17.00 Uhr, www.doverdc.co.uk).

✶
Dover Discovery Centre

An der illuminierten Promenade werden die Tische zum Dinner gedeckt – Burg- und Meerblick inklusive.

Roman Painted House Das Roman Painted House in der New Street diente um 200 n. Chr. als Herberge für römische Reisende. Besonders schön sind die farbigen Fresken in den drei Repräsentationsräumen (Öffnungszeiten: April – Sept. Di. – So. 10.00 – 17.00 Uhr, Juli, Aug. auch Mo.).

Maison Dieu Hinter der viktorianischen Fassade birgt das Maison Dieu die Reste einer Pilgerherberge aus dem 13. Jh. und eine mit Porträts und Fahnen geschmückte Halle im Stuartstil des 17. Jahrhunderts.

Grand Shaft Der 42 m tiefe »Große Schacht« wurde im 19. Jh. in die Kreidefelsen gehauen, um den Truppen von den Militärbaracken auf dem Kliff einen schnellen Zugang zum Hafen zu verschaffen.

Verwunschenes Walmer Castle

Umgebung von Dover

Heinrichs Burgenkette: Deal, Walmer und Sandown gehören zu einer Burgenkette von 20 Castles, die Heinrich VIII. aus Furcht vor einer französischen Invasion entlang der Kanalküste errichten ließ. Größter und vollständigster Festungsbau ist **Deal Castle** am Strand der gleichnamigen 27 000-Einwohner-Stadt. Der Grundriss der mit Graben, Wall, Bastionen und sechs Türmen versehenen Anlage erinnert an eine Tudorrose, das Wappen Heinrichs VIII. Das 1540 in Sichtweite errichtete **Walmer Castle** wurde im frühen 18. Jh. zur Residenz des »Lord Warden of the Cinque Ports« umgebaut. 1852 verstarb hier der Herzog von Wellington – eine Ausstellung erinnert an ihn und andere Besucher (Öffnungszeiten: April bis September tgl. 10.00 bis 18.00 Uhr). Am Nordende der Strandpromenade von Deal ist die Ruine von **Sandown Castle** erhalten.

Sandwich, 13 mi / 21 km nördlich von Dover, machte John Montagu, vierter Herzog von

Sandwich, berühmt: Um sein Kartenspiel nicht unterbrechen zu müssen, verlangte er, sein Fleisch zwischen zwei Brotscheiben serviert zu bekommen – damit war das »Sandwich« geboren! Der 5000-Einwohner-Ort am Stour gehörte als Hauptexporthafen für Wolle bis zu seiner Versandung zu den **»Cinque Ports«** und war gleichbedeutend mit ►Dover, ►Hastings, Romney und Hythe.

Seine **reizvolle Altstadt** umgeben Reste einer mittelalterlichen Mauer, zu der auch das aus dem 14.–16. Jh. stammende Fisher Gate gehört. Die im späten 16. Jh. erbaute Guildhall trägt das Wappen der »Cinque Ports«. King und New Street führen zu St. Bartholomew's, einer im 12. Jh. gegründeten Pilgerherberge. Auf dem schnurgeraden Rope Walk wurden einst Seile für Schiffe hergestellt, wofür ein langer und gerader »Auslauf« vonnöten war. Der Town Wall Path führt am Fisher Gate vorbei zu einer Zugbrücke über den Stour mit einem Torhaus im Schachbrettmuster aus dem 16. Jh., an dem bis 1975 eine Maut erhoben wurde.

Imposante Fachwerkhäuser finden sich parallel zum Fluss in der Strand Street, schön sind auch das »Kings Arms« aus dem Jahr 1592 in der Market Street und die »Sandwich Weavers« aus dem 16. Jh., Werkstattwohnungen von Hugenotten in der Potter Street. In den weiten Dünen, die Sandwich mit dem Meer verbinden, verstecken sich drei berühmte **Golfplätze**, auf denen seit 1894 immer wieder die »British Open« ausgetragen werden – das nächste Mal 2011 (www.royalstgeorges.com).

Folkestone

Seit der Eröffnung des Eurotunnels 1994 kommen Besucher vom Kontinent verstärkt in Folkestone, 8 mi / 13 km südwestlich von Dover. Der zweitgrößte Fährhafen an der Kanalküste unterhält ferner regelmäßige Fährverbindungen nach Boulogne. Mit Ankunft der Eisenbahn entwickelte sich Folkestone zu einem beliebten viktorianischen Badeort. Die Altstadt gruppiert sich um die malerische High Street, die hinunter zum Hafen führt. In der Kirche St. Mary & St. Eanstwythe erinnert ein Fenster an den Entdecker des Blutkreislaufs William Harvey, der 1578 in Folkestone zur Welt kam.

★
Samphire Hoe

Aus den 5 Mio. m³ Kreidegeröll, die beim Bau des Channel Tunnels anfielen, entstand zwischen Dover und Folkestone der Naturpark Samphire Hoe mit Rad- und Wanderwegen, herrlichen Ausblicken und Wildblumen wie der gelb blühenden Samphire.

Hythe

In Hythe, einem der »Cinque Ports«, verdient die Krypta der St. Leonard's Church Beachtung: 2000 menschliche Schädel sind hier aufgereiht, die aus der Zeit von 850–1500 stammen. Spazierwege säumen den Royal Military Canal, der während der napoleonischen Kriege nach Rye angelegt wurde. Von Ostern bis September rattert die **Romney, Hythe & Dymchurch Railway** als »kleinste öffentliche Eisenbahn der Welt« mit Dampf- und Diesellokzügen im Maßstab 1:3 von Hythe zu den Fischerhütten bei Dungeness.

★ Eastbourne

L 37

Grafschaft: East Sussex   **Einwohner:** 94 000

Eastbourne ist die Grand Old Lady der Seebäder. Der Badeort, der 1861 – 1871 entlang einer fast 5 km langen Strandpromenade mit vornehmen Hotels und pompösem Pier im Schatten der höchsten Klippen Englands entstand, ist heute besonders bei Rentnern und Sprachschülern beliebt.

Grandeur an der Küste

Auf Geheiß des 7. Herzogs von Devonshire entstand 1861 und 1871 unweit des einstigen Fischerdörfchens eine neue Stadt direkt an der Küste, die 1883 bereits 30 000 Einwohner zählte. Heute lockt der Badeort mit Kieselstrand vor allem Sprachschüler und Rentner, die nicht nächtliche Parties, sondern traditionelles Seaside Entertainment genießen: Kurkonzerte, Kino, Bingo und einen Bummel an der Parade mit Pier und Liegestühlen. Von Eastbourne bis ►Winchester zieht sich die Kette der South Downs, die durch die Wälder des Weald von den parallel verlaufenden North Downs getrennt wird. »The Downs are sheep, the Weald is corn« – die Downs sind Schafe, der Weald ist Getreide, so beschrieb schon Rudyard Kipling die Kreidehügel und reimte darauf »You be glad, you are Sussex born!«.

Sehenswertes in Eastbourne

Grand Parade, Marine Parade

Beim Spaziergang auf der **Strandpromenade**, die sich in der Nähe des Stadtzentrums Grand Parade und Marine Parade nennt, fällt die Fassade des Grand Hotels auf. Da der 7. Herzog von Devonshire als Gründer der Stadt die Ansiedlung von Geschäften entlang der Strandpromenade verbot, haben sich bis heute die Souvenirläden weitgehend fern gehalten. Auf der King Edward's Parade im Süden steht der **Wish Tower**, einer von 74 wehrhaften Martello-Türmen entlang der Südostküste. Zwischen Grand und Marine Parade ragt der viktorianische **Pier** aus den 1870er-Jahren (► Abb. S. 134) ins Meer hinein. Am Ende der Marine Parade dient die kreisrunde Festung »**Redoubt**« als Konzerthalle und Militärmuseum (Öffnungszeiten: April–Okt. tgl. 9.30 – 17.30 Uhr). Vom 23. Juni bis zum 1. September finden bei den **1812 Nights** in der Festung, ursprünglich als Schutz vor Napoleons Truppen erbaut, Mittwoch und Freitagabend Militärkonzerte mit Feuerwerk statt. Im nahen **Treasure Island** können sich Kinder in einem preisgekrönten Abenteuerpark austoben.

Museum »How we lived then«

Parallel zur Grand Parade verläuft die Compton Road mit viktorianischem Wintergarten, Musikpavillon und zwei Stadttheatern. Im Museum an der Cornfield Terrace lassen Ladenzeilen und über 100 000 Exponate die Zeit von 1850 – 1950 wieder aufleben (Öffnungszeiten: tgl. 10.00 – 17.30 Uhr).

● EASTBOURNE ERLEBEN

AUSKUNFT

Tourist Information Centre
Cornfield Rd, Eastbourne BN 21 4NZ
Tel. (0 8 71) 663 00 31
www.visiteastbourne.com

Sea Front Office
2 Lower Parade, Tel. (013 23) 41 06 11

HINAUF ZUM BEACHY HEAD

Der zweistündige Aufstieg zu den
höchsten Kreideklippen Englands, die
am Beachy Head 170 m steil ins Meer
stürzen, bildet den fulminanten Auftakt zum 80 mi / 128 km langen South
Downs Way von Eastbourne nach
►Winchester. Wer noch Kondition
hat, sollte dem Klippenpfad bis zu den
6 mi / 10 km entfernten Felsen der
Seven Sisters folgen. Hop-on-Hop-
off-Alternative: Offene rote Doppeldeckerbusse fahren vom Eastbourne
Pier zum Besucherzentrum am
Beachy Head und weiter über die
Seven Sisters bis nach ► Brighton.

ESSEN

► Preiswert
Marine Pub
61 Seaside Road, Tel. (0 13 23) 72 04 64
Nautisches Ambiente, ausgezeichnete
Hausmannskost und gutes Bier

ÜBERNACHTEN

► Komfortabel
Grand Hotel
King Edwards Parade, Eastbourne
BN21 4EQ, Tel. (0 13 23) 41 23 45
www.grandeastbourne.com
Der »weiße Palast« an der Strandpromenade, in dem Claude Debussy
1905 »La Mer« vollendete, bietet in
152 Zimmern besten Komfort. Im
preisgekrönten Mirabelle und im
Garden Restaurant kann man vorzüglich speisen.

The Star Inn
High Street, Alfriston BN26 5TA
Tel. (0 13 23) 87 04 95
www.thestaralfriston.co.uk
Das herrliche Fachwerkhaus aus dem
14. Jh., das zu den ältesten Gasthöfen
des Landes zählt, liegt 10 mi / 16 km
westlich an der Hauptstraße des
Bilderbuchstädtchens Alfriston. Die
schönsten der 37 Zimmer sind der
Glynde, Lullington und Jevington
Room. Das Capella Restaurant gilt als
Feinschmeckeradresse.

Baedeker-Empfehlung

Albert & Victoria
19 St. Aubyns Road, Eastbourne BN22 7AS
Tel. / Fax (0 13 23) 73 09 48
www.albertandvictoria.com
Genau das Richtige für Romantiker: ein
elegantes viktorianisches Haus aus dem Jahr
1892, vier traumhafte Zimmer mit Seeblick
– und der Strand ist nur 40 m entfernt.
Das schönste Doppelzimmer: der Alice
Room mit Kingsize-Bett.

► Günstig
Loriston Guest House
17 St. Aubyns Road
Eastbourne BN22 7AS
Tel. (0 13 23) 72 61 93
www.loriston.co.uk
Pam und Harry Pope haben fünf
gemütliche Zimmer in ihrem Häuschen um die Ecke vom Marine Pub
und keine 100 m vom Strand.

Feiner Kieselstrand säumt auf 4 km die Strandpromenade von Eastbourne.

Sovereign Centre Eastbourne ist sportlich: In der Stadt gibt es 60 Tennisplätze, drei Golfplätze – und das **Erlebnisbad** Sovereign Centre mit vier Pools, Wellenmaschine, Wasserrutsche, Babybecken und Spabereich (Royal Parade, Tel. 0 13 23 / 73 88 22).

Old Town Durch die Fußgängerzone Terminus Road und am Bahnhof vorbei geht es zur Old Town mit der High Street, dem alten Zentrum von Eastbourne. Hier haben sich Fachwerkhäuser und die Pfarrkirche St. Mary aus dem 12. Jh. erhalten.

★
Cultural Centre Seit Oktober 2005 entstand im Devonshire Park Eastbournes an der Grove Road 68 ein neues Kulturzentrum mit Kongress- und Ge-

meinschaftsräumen, Galerie und Café samt Sonnenterrasse. Im April 2009 eröffnete hier auch die **Towner Art Gallery** in einem preisgekrönten Gebäude des Architekten Rick Mather (Öffnungszeiten: Di. bis So. 10.00 – 18.00 Uhr, www.eastbourne.gov.uk/leisure/museums-galleries/towner) ☉

Umgebung von Eastbourne

Knapp 7 mi / 11,2 km nordwestlich von Eastbourne stützt sich der Long Man of Wilmington auf zwei Stäbe und tritt kreidebleich als 73 m hoher Umriss aus dem Grün des Windover Hügel hervor. Ob er die Gestalt einen Sonnengotts aus dem 7. Jh. repräsentiert oder in Verbindung mit der Benediktinerpriorei des 11. Jh.s im nahen Dorf Wilmington entstand, ist ungeklärt.

Long Man of Wilmington

Gespickt mit denkmalgeschützten Bauten ist das idyllische **Bilderbuchdörfchen** Alfriston (►Hotel, S. 215), an dem 5 mi / 8 km westlich von Wilmington der Fluss Cuckmere entlangmäandert. Die High Street flankieren Fachwerkhäuser und Fassaden, die mit Feuerstein aus den Kreideschichten der South Downs versetzt sind. Von den zahlreichen Pubs sei das »Star Inn« genannt, das bereits im 15. Jh. Pilgern eine Herberge bot. Die große Pfarrkirche St. Andrew's aus dem 14. Jh. wird auch »Kathedrale der Downs« genannt. Das zeitgleich als Pfarrhaus entstandene, reetgedeckte »Clergy House« war 1896 das erste Gebäude, das der National Trust für den Preis von 10 Pfund erstand.

✶ **Alfriston**

Auf halber Strecke zwischen Eastbourne und Lewes schufen **Vanessa Bell**, ihr Mann Clive Bell und die Maler Duncan Grant und David Garnett ein Gesamtkunstwerk: Charleston Farmhouse. Während Virginia Wolf im Monk's House bei ► Brighton schrieb, machte ihre malende Schwester Vanessa Bell ihr Haus ab 1916 zum Künstlertreff der vielseitig kreativen **Bloomsbury Group**. Wände und Einrich-

✶ **Charleston Farmhouse**

! *Baedeker* TIPP

Wine Experience

Bislang wenig bekannt ist, dass in England ausgezeichnete Weine gekeltert werden (siehe Baedeker Special, S. 234). Das English Wine Centre mit angeschlossenem Museum dokumentiert in einer Scheune in Alfriston den Weinbau seit der Römerzeit und lädt alljährlich im September zum English Wine Festival (Tel. 0 13 23 / 87 01 64, www.englishwine.co.uk).

tungsgegenstände wurden mit figürlicher und abstrakter Malerei versehen, »Tischtücher« direkt aufs Holz gemalt sowie Möbelstücke und Stoffe für die 1913 gegründete Künstlervereinigung Omega-Workshops entworfen (Öffnungszeiten: April – Okt. Mi. – So. 14.00 bis 18.00 Uhr, Juli, Aug. Mi. – Sa. 11.30 – 18.00, So. 14.00 – 18.00 Uhr, www.charleston.org.uk).

Firle Place Die Künstlerenklave Charleston gehört zum Besitz des 4 mi / 6,4 km westlich gelegenen Firle Place. Der Tudorbau, im 18. Jh. georgianisch ummantelt, beherbergt eine Sammlung von Sèvres-Porzellan und Alten Meistern, darunter Werke von Fra Bartolomeo, Corregio, van Dyck und englischen Landschaftsmalern (Öffnungszeiten: Juni bis Sept. Mi., Do., So. 14.00 – 16.15 Uhr, www. firleplace.co.uk).

Herstmonceux Castle Leuchtend rot spiegelt sich Herstmonceux Castle im Wassergraben: Die Backstein-Wohnburg aus dem 15. Jh., 1956 – 1990 Sitz des Royal Observatory, birgt heute neben dem **Observatory Science Centre** mit Astronomie zum Anfassen das internationale Studienzentrum der Queens-Universität aus Kingston/Kanada (Öffnungszeiten: Okt. bis März 10.00 – 17.00, April – Sept. 10.00 – 18.00 Uhr, www.herstmon ceux-castle.com, Museum: www.science-project.org).

✳ Exeter

L 14/15

Grafschaft: Devon   **Einwohner:** 110 000

Die alte Grafschaftshauptstadt von Devon hat trotz modernem Großstadtcharakter ihren historischen Charme bewahrt. Römische Stadtmauern, das mittelalterliche Kathedralenviertel, Häuserzeilen der Tudorzeit und zahlreiche Grünanlagen prägen das Stadtbild.

Großstadt mit Flair Das römische Straßenraster und Teile der römischen Stadtmauer verweisen auf Exeters frühe Bedeutung. Von 1050 bis 1876 war Exeter der einzige Bischofssitz in Devon und Cornwall; im 12. Jh. hatte sich die Stadt dank der Flussschifffahrt auf dem Exe zu einem blühenden Handelszentrum entwickelt. Eine Laune der Gräfin von Devon schnitt den Hafen 1290 vom Umland ab: Weil die Fischer ihren Zehnten nicht pünktlich abgeliefert hatten, ließ sie ein Wehr errichten – fortan konnten die Schiffe nur noch das südliche Topsham erreichen.

Als Exeter im 16. Jh. endlich die Hafenrechte zurückerhielt, war der Fluss völlig versandet. Seit 1564 verbindet der Exeter Ship Canal die Stadt wieder mit dem Meer. 1942 zerstörten Bomben die halbe Altstadt – unversehrt blieben einzig das Kathedralenviertel und einzelne Gebäude. So gibt sich Exeter heute vor allem als moderne Universitäts- und Verwaltungsstadt.

● EXETER ERLEBEN

AUSKUNFT

Tourist Information Centre
Civic Centre, Paris Street
Exeter EX1 1JJ
Tel. (0 13 92) 26 57 00
Fax (0 13 92) 26 52 60
www.exeter.gov.uk

VERKEHR, SHOPPING UND EVENT

Gute Zugverbindungen nach ►Torquay, ►Plymouth und ►London.
Der Flughafen Exeter Airport liegt 8 mi / 12,8 km östlich (www.exeter airport. co.uk). Parkplätze gibt es im Civic Centre Car Park. An und um die breite High Street findet man jede Menge Geschäfte und ein Shopping Centre. Im Juli wird drei Wochen beim Exeter Festival im Kathedralenbezirk mit Konzerten, Ausstellungen und Trödelmarkt gefeiert.

ESSEN
► Fein und teuer
① *Michael Caines'*
►Übernachten
ABode Exeter
www.michaelcaines.com

► Erschwinglich
② *Hanson's*
2 Cathedral Close
Tel. (0 13 92) 276913
Seit dem 16. Jh. speist man neben der Kathedrale – probieren Sie gegrillte Lammleber und die Cottage Pie.

③ *Mad Meg's*
163 Fore Street,
Tel. (0 13 92) 22 12 25
www.eclipse.co.uk/madmegs
Zünftiges Lokal in mittelalterlichen Kellergewölben eines ehemaligen Klosters

Delikatesse: Muscheln und Meerestiere

ÜBERNACHTEN
► Luxus
① *ABode Exeter*
Cathedral Yard, Exeter EX1 1HD
Tel. (0 13 92) 22 36 38
www.michaelcaines.com
In der 1769 eröffneten Nobelherberge neben der Kathedrale logierten schon Zar Nikolas I. und Lord Nelson. Toptipp für Feinschmecker: Michael Caines' Restaurant.

► Komfortabel
② *Barcelona*
Magdalen Street, Exeter EX2 4HY
Tel. (0 13 92) 28 10 00
www.hotelbarcelonaexeter.com
Junges Designerhotel mit 46 farbenfrohen Zimmern im Stil der 1960er-Jahre – alle mit Internetanschluss. Im Café Paradiso serviert Kate Lewis mediterrane Gerichte.

► Günstig
③ *The Bendene*
15-16 Richmond Rd, Exeter EX4 4JA
Tel. (0 13 92) 21 35 26, Fax (0 13 92) 25 41 62, www.bendene.co.uk
Charmantes georgianisches Haus mit Pool im Garten, 5 Gehminuten vom Zentrum

Sehenswertes in Exeter

★★
St. Peter's
Cathedral

Vom 1112 begonnenen normannischen Vorgängerbau der Petrus-Kathedrale wurden nur die beiden Querschifftürme in den hochgotischen Kirchenbau übernommen, der 1257–1369 entstand. Beachtenswert ist das untere Band der **Westfassade**. Zwischen der Portalzone und dem Maßwerk-Rosenfenster stellen drei, einst farbig gefasste Figurenreihen das himmlische Jerusalem dar: unten die Engel, in der Mitte die Könige, darüber die Apostel und Propheten.

Innenraum ►

Das Scheitelrippen-Gewölbe ist angeblich das längste gotische Gewölbe der Welt – einzig unterbrochen vom steinernen **Lettner**, auf dem der Orgelaufbau ruht. Besonders ausgeschmückt sind die

Exeter Orientierung

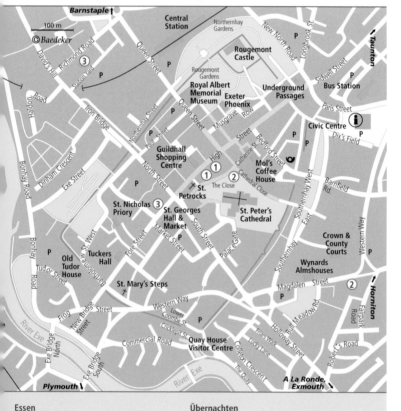

Essen
① Michael Caines'
② Hanson's
③ Mad Meg's

Übernachten
① ABode Exeter
② Barcelona
③ The Bendene
Fußgängerzone

Gotisches Meisterwerk: die Kathedrale von Exeter

Schlusssteine und die **Minstrel Gallery**, eine Spielmannsempore aus dem 14. Jh. mit musizierenden Engeln unter Baldachinen, die in Originalfarben erhalten sind. Humor beweist der Gaukler am Pfeiler jenseits der Kanzel, der Maria am gegenüberliegenden Mittelschiffpfeiler einen Kopfstand darbietet. Im 1315 entstandenen Chor wurden in das **Chorgestühl** des 19. Jh.s rund 50 Miserikordien aus der Zeit von 1230 – 1270 integriert, darunter ein Elefant mit Kuhfüßen, ein König im Siedekessel und Sirenen. Der gotische, 17 m hohe **Bischofsthron** zeigt Paneel-Bildnisse mehrerer Bischöfe. Ferner sehenswert sind das **Ostfenster** aus dem 14. Jh. mit Maria und Heiligen, die astronomische Uhr im nördlichen Querschiff und der bemalte Hochdachstuhl von 1412 im **Kapitelhaus**.

Die **Bibliothek** besitzt den aus dem 10. Jh. stammenden »Exeter Codex« mit altenglischen Gedichten sowie eine Kopie der Bibel, die John Eliot für die Indianer in Massachusetts druckte.

⏱ Öffnungszeiten:
Mo. – Sa.
9.30 – 16.45

www.exeter-cathedral.org.uk

Im Cathedral Close sind mittelalterliche Wohnstätten von Geistlichen erhalten, ferner **Mol's Coffee House** von 1598 und die kleine Kirche St. Martin aus dem 15. Jahrhundert. Das **Ship Inn** in der St. Martin Lane soll bereits Sir Francis Drake geschätzt haben.

Cathedral Close

Hauptgeschäftsstraße von Exeter ist die breite **High Street** mit der Guildhall, dem Rat- oder Zunfthaus. Vom normannischen **Rougemont Castle**, das unter Wilhelm dem Eroberer im 11. Jh. errichtet wurde, zeugen nur noch Gräben, Wallanlagen, der Athelstans Turm – von Shakespeare in »Richard III.« erwähnt – und der Torturm.

Old Town

Das Royal Albert Memorial Museum in der Queen Street birgt neben Gemälden und **Kunsthandwerk aus Devon** eine bedeutende archäologische und geologische Sammlung (Öffnungszeiten: Mo. – Sa. 10.00 bis 17.00 Uhr). Die Ruine der alten **Benediktinerabtei St. Nicholas** mit normannischer Krypta, Küche und Halle aus dem 15. Jh. gehört

Royal Albert Memorial Museum

zu den kaum bekannten Kleinoden von Exeter und wurde nach Abschluss der Restaurierungen 2006 wieder eröffnet. **Tucker's Hall** (Öffnungszeiten: Juni bis Sept. Di., Do., Fr. 10.30 – 12.30, Okt. – Mai Do. 10.30 bis 12.30 Uhr) war im Mittelalter die Zunfthalle der Weber und Gerber.

Historic Quayside

Das historische Hafenviertel an den beiden Becken des Exeter Ship Canal ist heute ein angesagtes Flanierviertel. Das **Quay House Visitor Centre** präsentiert mit einer Audiovisionsshow in 12 Min. 2000 Jahre Stadtgeschichte (Öffnungszeiten: April – Okt. tgl. 10.00 – 17.00 Uhr).

The Bill Douglas Centre for the History of Cinema

Kino- und Filmgeschichte präsentiert das Bill-Douglas-Zentrum der Exeter University mit seinem reichen Fundus – zu den ausgestellten Raritäten gehört der Lumière Cinématographe No. 108 (Öffnungszeiten: Mo. – Fr. 10.00 – 17.00 Uhr, www.exeter.ac.uk/bdc).

Umgebung von Exeter

Topsham

Rund 4 mi / 6,4 km südlich von Exeter liegt das Hafenstädtchen Topsham mit alten Lagerhallen und dem **Topsham Museum**, das in einem Herrenhaus aus dem 17. Jh. multimedial die maritime Geschichte und Gegenwart präsentiert (Öffnungszeiten: April – Okt. Mo., Mi., Sa., So. 14.00 – 17.00 Uhr). Pubs säumen die High Street; vom Anleger starten Bootsausflüge der Stuart Line.

Powderham Castle

Powderham, 8 mi / 13 km südlich am Ufer des Exe, gehört seit 600 Jahren den Grafen von Devon. Das Landschloss, 1390 von Sir Philip Courtenay begonnen, liegt in einem 1779 von Capability Brown angelegten Garten, der in einen Hirschpark übergeht (Öffnungszeiten: So. – Fr. 11.00 – 16.30, Mitte Juli – Aug. bis 17.30 Uhr).

✱ A la Ronde

Der Landsitz mit 16-seitigem Grundriss, im Süden 2 mi / 3,2 km vor Exmouth, wurde 1796 von Jane und Mary Parminter gebaut. Die beiden Frauen waren fast zehn Jahre durch Europa gereist und verlangten bei ihrer Rückkehr nach einem extravaganten und zugleich praktischen Zuhause für ihre großen Sammlungen. Die einzelnen Räume sind sternförmig um eine zentrale Kuppelhalle angelegt und voll mit Muscheln, Federn, Büchern und Aquarellen (Öffnungszeiten: April – Okt. Sa. – Mi. 11.00 – 17.00 Uhr).

Sidmouth

Eingebettet in rote Klippen liegt 14 mi / 22,4 km östlich von Exeter der alte **Badeort** Sidmouth, dessen Esplanade Regency-Bauten säumen. In der Broad Street von **Ottery St. Mary**, 10 mi / 16 km nördlich, wurde 1772 der Poet **Samuel Taylor Coleridge** (1772 – 1834) als

Eigenwilliger Landsitz reiselustiger Ladies: A la Ronde

13. Kind des Dorfpfarrers geboren. Die bemerkenswerte Kirche St. Mary besitzt den angeblich ältesten Wetterhahn Europas.

Knightshayes Court

Der elegante viktorianische Landsitz Knightshayes Court, rund 14 mi / 22,4 km nördlich von Exeter bei Tiverton, gehört zu den wenigen erhaltenen Werken von William Burges, der in den Rauch-, Billard- und Gesellschaftszimmern Mittelalterromantik mit üppigem viktorianischen Dekor verband. Die Bibliothek beherbergt eine hervorragende Gemäldesammlung. Unter den herrlichen Gärten fällt eine terrassierte Anlage mit Wasserlilienteich und zugeschnittenen Buchsbaumhecken mit Jagdszenen auf (Öffnungszeiten: Ostern bis Sept. Sa. – Do. 11.00 – 17.00 Uhr, Okt. 11.00 – 16.00 Uhr). ⏱

★★ Exmoor National Park

H/J 13 –15

Grafschaft : Somerset / Devon   **Fläche :** 686 km²

Steile Klippen, verwunschene Buchten und kleine Hafendörfer an der Küste im Norden, weite Hochmoore, urwaldartige Schluchten und fischreiche Flüsse im Landesinnern: Das Exmoor ist ein hinreißend schöner Nationalpark und ein vorzügliches Wandergebiet.

Tierparadies

Die steil abfallende Küste zwischen Minehead und Combe Martin und die dahinter liegende Hügellandschaft sind seit 1954 Nationalpark. Inmitten von Heide, Ginster, Heidelbeeren und bronzezeitli-

▶ EXMOOR NATIONAL PARK ERLEBEN

AUSKUNFT

Exmoor National Park Authority
West Somerset House
Killick Way, Williton TA4 4QA
Tel. (0 16 43) 70 37 04
www.visit-exmoor.co.uk

*Auf den weiten Hochmooren grasen
Wildponys mit braunem, zotteligem Fell.*

WANDERN, RADELN, REITEN

Die herrliche Küste am Bristolkanal
erschließt der South West Coast Path,
bester Aussichtspunkt im Hinterland
ist der 519 m hohe Dunkery Beacon.
Die Exmoor National Park Authority
bietet geführte Wanderungen an, zudem sind zahlreiche Wander- und
Fahrradwege ausgeschildert. Pferde-

freunde können im Exmoor ausreiten
oder eine Kutschfahrt machen. Far-
men mit Reitmöglichkeit: Doone Valley Trekking, Tel. (0 15 98) 74 12 34,
www.doonevalleytrekking.co.uk, Pine
Lodge Riding Stables, Tel. (0 13 98)
32 35 59, www.pinelodgeexmoor.
co.uk, Porlock Weir Riding Centre,
Tel. (0 16 43) 86 23 38, www.porlock
vale.co.uk. Nostalgische Alternative:
Die Dampflok der West Somer-set
Railway fährt gemütlich die 20 mi /
32 km zwischen Minehead und
Bishops Lydeard bei Taunton.

ESSEN UND ÜBERNACHTEN

▶ Komfortabel

Gascony
The Avenue, Minehead TA24 5BB
Tel. (0 16 43) 70 59 39
Fax (0 16 43) 70 99 26
www.gasconyhotel.co.uk
Gepflegte viktorianische Villa, 100 m
vom Meer. Probieren Sie Lammkeule
mit Minzsoße und den hausgemachten Apfelkuchen.

The Exmoor White Horse Inn
Exford TA24 7PY
Tel. (0 16 43) 83 12 29
Fax (0 16 43) 83 12 46
www.exmoor-whitehorse.co.uk
Ganz verwunschen liegt mitten im
Nationalpark die ehemalige Postkut-
schenstation mit 28 einladenden
Zimmern und vorzüglicher Küche.

chen Tumuli grasen Schafe und kleine Exmoor-Ponys mit gesprenkelten Mäulern; über ihnen ziehen Bussarde ihre Kreise. Das Rotwild ist vor allem in den waldreichen Flussniederungen zu Hause. Bis 1508 diente das Gebiet als königliches Jagdrevier, dann verpachtete die Krone das Gelände an Farmer, die einen Großteil des Moors in Felder und Äcker verwandelten.

Sehenswertes im Exmoor

Schon von weitem grüßen die Türme von **Dunster Castle**, das hoch über Dunster vom Terrassengarten mit Englands ältestem Zitronenbaum weite Ausblicke auf den Bristol Channel und das Exmoor bietet. Im Innern der Burg aus rotem Sandstein, die ihr heutiges Gesicht im 17. bis 19. Jh. erhielt, sind das Treppenhaus mit seiner geschnitzten Balustrade, die Stuckdecke mit Jagdszenen im Speisesaal sowie seltene Wandbehänge aus Leder sehenswert (Öffnungszeiten: Ostern bis Oktober Fr. – Mi. 11.00 – 16.00, Juli, Aug. bis 17.00 Uhr).

✱
Dunster

⏱

Im überdachten **Yarn Market** an der breiten High Street wurde ab 1609 mit Tuchen gehandelt. Der benachbarte Pub Luttrell Arms aus dem 15. Jh. war Residenz der Äbte von Cleeve. Die schieferverkleidete Nunnery in der Church Street entstand im 14. Jh. als Gasthaus für Geistliche. In der Priory Street steht ein Taubenschlag aus dem 16. Jh. mit mehr als 500 Nistlöchern. In der Wassermühle am Avill, die schon in normannischer Zeit betrieben wurde, demonstriert ein Museum die Mehlherstellung.

◄ High Street

Sanft gewellte Hügel zwischen Meer und Moorlandschaft: der Exmoor National Park

Selworthy

✴ Ein Dutzend Cottages in Vanilleweiß, eine steinerne Zehntscheuer, die kleine Dorfkirche All Saints und herrliche Ausblicke auf den Dunkery Beacon: Selworthy , das sich 3 mi / 4,8 km westlich von Minehead in einer Talsenke versteckt, ist ein wahres Dorfidyll, geschützt vom National Trust.

Porlock

Viel Charme und Charakter besitzt auch das blumengeschmückte Porlock, das mit seiner kurvigen Hauptstraße und der im 13. Jh. erbauten St.-Dubricius-Kirche zwischen drei Hügel gebettet ist – besonders schön ist die Aussicht vom Porlock Hill. Am winzigen Hafen **Porlock Weir** beginnt ein Spaziergang zum 2 mi / 3,2 km entfernten **Culbone** mit der kleinsten Kirche Englands, der 10 m langen St. Beuno aus dem 12. / 13. Jahrhundert. Wer einen weiten Rundblick vom 519 m hohen **Dunkery Beacon** genießen will, fahre bis Wheddon Cross und folge dann der Ausschilderung Dunkery Gate.

> ! **Baedeker TIPP**
>
> **»Lorna Doone«**
>
> 1869 erschien Richard D. Blackmores Romanze, die als BBC-Weihnachtsfilm im Jahr 2000 die Briten begeisterte – und seit 2006 auch als DVD vorliegt. Der junge Farmer John Ridd, dessen Vater von der Doones-Bande, die im Exmoor ihr Unwesen trieb, getötet wurde, verliebt sich in Lorna, die vermeintliche Enkelin des Räuberhauptmannes. Das führt zu ungeahnten Komplikationen und wilden Abenteuern in unruhiger Zeit.

Lynmouth-Lynton

Die 20 km lange Passstraße von Porlock zum Doppelort Lynmouth-Lynton, seit 1890 durch eine Klippenbahn verbunden, gehört zu den schönsten Strecken im Exmoor. Lynton blickt von einer 122 m hohen Klippe zur walisischen Küste, Lynmouth säumt die Mündung der Flüsse East und West Lyn ins Meer. In der waldreichen Schlucht **Valley of the Rocks**, 1 mi / 1,6 km westlich von Lynton, erheben sich bizarre Felsformationen aus dem ausgetrockneten Flussbett.

Tarr Steps

✴ Bei Winsford strömen mehrere Flüsse zusammen, die sieben Brücken überqueren. Älteste ist die Packhorse Bridge bei der Pfarrei, berühmt sind die 5 mi / 8 km entfernten Tarr Steps aus flachen Steinplatten auf einfachen Pfeilern, auf der Fußgänger seit dem Mittelalter den Barle-Fluss überqueren.

Umgebung von Exmoor

Taunton

Auf den Apfelplantagen rund um Taunton, der 11 mi / 17 km südöstlich gelegenen Hauptstadt Somersets, wird der traditionelle Somerset-Cider gebraut – wie, verrät das Farmmuseum **Sheppy's Cider**, wo Besucher mit dem Traktor durch die Plantage kutschiert werden und Cider kosten können. In Taunton führt ein **Heritage Trail** zum historischen Erbe, zu dem auch die Ruine einer normannischen Burg zählt. Das Feinschmeckerrestaurant des **Castle Hotel** im östlichen Burgtrakt gehört zu den 20 besten des Landes.

Cleeve Abbey, 5,5 mi / 9 km östlich von Dunster im Tal des Washford ✱
River, war vom 12. – 16. Jh. ein bewirtschaftetes Zisterzienserkloster.   **Cleeve Abbey**
Die Klosterkirche existiert nicht mehr, doch der Mönchstrakt ist außergewöhnlich gut erhalten: Im Refektorium mit Holzdachstuhl sind
Fußbodenkacheln mit Motiven aus dem 13. Jh. zu sehen, im Dormitorium Reste von Wandmalereien (Öffnungszeiten: Ostern – Sept.   ☉
tgl. 10.00 – 17.00, Okt. bis 16.00 Uhr).

✶ ✶ Fowey

08

Grafschaft: Cornwall   **Einwohner:** 2 200

**Der Hafen ist malerisch, die Gassen sind eng und steil, auf den weit
ins Land greifenden Flussarmen und Buchten dümpeln unzählige
Boote: Fowey ist die »Perle der cornischen Riviera« – und die Heimat von Daphne du Maurier.**

Dort, wo der schiffbare Fowey (sprich: Foi) sich auf seinem Weg   Idyll der
vom ►Bodmin Moor ins Meer ergießt, liegt die Heimat von **Daphne**   Literaten
du Maurier: am Westufer die anmutige Kleinstadt Fowey, am Ostufer
die Fischerdörfer Polruan und Bodinnick, wo die Autorin mit ihrer
Mutter in den 1920er-Jahren das blau-weiße Haus »Ferryside« erwarb. Später zog du Maurier nach Menabilly, wo sie ihren ersten Roman »The Loving Spirit« schrieb. Dem Cambridge-Professor **Sir Ar-**
thur Quiller-Couch, berühmt als Verfasser des »Oxford Book of English Verse«, wurde in Bodinnick ein Denkmal gesetzt.

▶ FOWEY ERLEBEN

AUSKUNFT
Tourist Information
5 South Street, Fowey PL23 1AR
Tel. (0 17 26) 83 36 16
www.fowey.co.uk

FÄHREN UND EVENT
Die Autofähre zwischen Fowey und
Bodinnick gewährt gute Verbindun-
gen nach Polperro und Looe; nach
Polruan pendelt eine kleine Passagier
fähre. In Erinnerung an die Autorin
von Erfolgsromanen wie »Rebecca«
und »Jamaica Inn« feiern Fowey und
St. Austell alljährlich im Mai ein
»Daphne du Maurier Festival of Arts

Bestsellerautorin Daphne du Maurier

and Literature« (www.dumaurier
festival.co.uk). Zeitgleich findet das
Fowey Fringe Festival in den Straßen,
Pubs und Segelclubs statt.

ÜBERNACHTEN

► Luxus
Fowey Hall
Hanson Drive, Fowey PL23 1ET
Tel. (0 17 26) 83 38 66
Fax (0 17 26) 83 41 00
www.foweyhallhotel.co.uk
Barocker Stuck, Edelholz-Paneele,
überdachter Pool, Gourmetrestaurant,
24 Suiten und Luxus-Doppelzimmer.
Große Freiheit für die Kleinen heißt es
auf dem familienfreundlichen Landsitz
mit Blick über die Bucht – hier könnte
man eine ganze Kindheit verbringen.

Number 17
Esplanade, Fowey PL23 1HY
Tel. (0 17 26) 83 33 15
www.number17esplanadefowey.co.uk
Nach Umbau im Frühjahr 2011 wie-
dereröffnete Nobelherberge am Fowey-Fluss mit 18 exquisiten Zimmern

► Komfortabel
Safe Harbour
58 Lostwithiel Street, Fowey PL23 1BQ
Tel. (0 17 26) 83 33 79

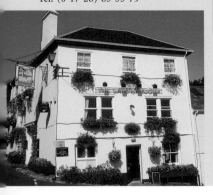

www.cornwall-safeharbour.co.uk
Sehr netter Service und leckeres
Frühstück. Den besten Blick haben
Zimmer 1 und 2.

► Günstig
St. Keverne
4 Daglands Road, Fowey PL23 1JL
Tel. (0 17 26) 83 31 64
Im edwardianischen Häuschen von
Carol und John Eardley kann man
zwischen dem Daphne-du-Maurier-
Zimmer mit Bildern, Büchern und
Videos der Schriftstellerin und dem
romantischen Hollywood Room mit
Himmelbett wählen.

ESSEN

Baedeker-Empfehlung

► Fein und teuer
Restaurant Q
28 Fore Street, Tel. (0 17 26) 83 33 02
Mit Blick aufs Wasser speist man im schick
gestylten Restaurant des Old Quay House
Hotel exquisite Fischgerichte. Ebenso
anspruchsvoll: die Weinkarte.

► Erschwinglich
Food for Thought
4 Town Quay, Tel. (0 17 26) 83 22 21
www.foodforthought.fowey.com
Im ehemaligen Zollhaus am Hafen
werden Meerestiere in allen Variationen serviert – probieren Sie die Fisch-
suppe mit Rouille und Croutons.

Rund um den Hafen Zu einem Hafen gehören Pubs, und Fowey besitzt davon viele: Im Ship Inn ist im Innern teilweise die Einrichtung von 1570 erhalten. Der King of Prussia wurde nach Friedrich dem Großen benannt; im Safe Harbour Hotel konnten Kutscher und Pferde ab 1800 eine Blei-be finden. Im Lugger Inn von 1782 wurden Zollangelegenheiten abgewickelt.

Wanderungen

Der 3 mi / 4,8 km lange Hall Walk gehört zu den 100 schönsten Kurzwanderungen im Königreich. Nach der Überfahrt nach Bodinnick geht es vorbei am Old Ferry Inn den Hang hinauf, dann hoch über der Bucht entlang bewaldeter Klippen nach Polruan.

✱ ✱
Hall Walk

Die Aussicht aufs Meer genießt man auf einer Wanderung von Fowey zu den Ruinen des um 1540 erbauten **St. Catherine's Castle**. Vorbei am Polridmouth Cove wird nach insgesamt 5 mi / 8 km die Landzunge Gribbin Head erreicht.

Gribbin Head

Mit der Fähre kann man nach Polruan übersetzen und auf dem Cornwall Coast Path 9 mi / 14,4 km weit vorbei am aussichtsreichen **St. Saviour's Point** bis nach Polperro wandern.

Cornwall Coast Path

Umgebung von Fowey

Im georgianischen Hafen von Charlestown, 1,5 mi / 2,4 km südlich von St. Austell, hat sich das Ambiente von einst erhalten. Die größte europäische Privatsammlung von Wracks und ihren Schätzen zeigt das **Shipwreck & Heritage Centre** in der Quay Road (Öffnungszeiten: März – Okt. 10.00 – 17.00 Uhr, www.shipwreckcharlestown.com).

✱
Charlestown
🕐

The verwunschene Garten (►Abb. S. 15), 4 mi / 6,4 km südlich von St. Austell, der nach dem Ersten Weltkrieg verwahrlost war, wurde 1991 von Gartenhistorikern und Botanikern im alten Glanz wieder zum Leben erweckt. Zur subtropischen Anlage mit Blick auf Mevagissey gehören Palmenhaine, Bambuswälder, ein »Dschungel« und

✱
Lost Garden of Heligan

◄ Weiter auf S. 232

❗ *Baedeker* TIPP

The Eden Project

Tim Smit, der den verlorenen Garten von Heligan restaurierte, verwandelte zum Jahr 2001 gemeinsam mit dem Architekten Nicholas Grimshaw eine aufgelassene Kaolingrube in einen Garten Eden mit einem Außengelände und drei Biotopen – tropische, mediterrane und heimische Flora – unter acht Kunststoffkuppeln. Die riesige Anlage diente unlängst auch als Kinokulisse: Im James Bond-Streifen »Stirb an einem anderen Tag« schwebte Halle Berry wie eine Spinne in das Gewächshaus hinab (Öffnungszeiten: Ostern bis Okt. 9.30 – 18.00, Nov. – Ostern 10.00 – 16.30 Uhr, www.edenproject.com).

Inbegriff eines Schmugglernestes: das Gasthaus »Jamaica Inn«, das Daphne du Maurier in ihrem gleichnamigen Roman verewigt hat.

SMUGGLING – EINST VOLKSSPORT AN ENGLANDS KÜSTEN

Wenn es Nacht wurde, begann früher für viele Bewohner der englischen Küsten erst der Arbeitsalltag. Sie fuhren mit dem Boot hinaus, um Stunden später mit Salz, Schnaps, Stoff und Wolle zurückzukehren – ganze Dörfer lebten vom Geschäft mit der illegalen Ware.

Vor allem an der Küste von Cornwall, der Wahlheimat der Romanautorin **Daphne du Maurier**, gehörte Smuggling zum täglichen Leben, denn die unverzollte Ware warf satte Gewinne ab. Zwar drohten harte Strafen vom Gefängnis bis zum Galgen, doch das Geschäft war so lukrativ, dass selbst manch schlecht belohnter Zollbeamte ein Auge zudrückte – vorausgesetzt, er erhielt eine **»Provision«**.

Schmuggler – ein ehrenwerter Beruf?

Besonders die mit Wracks gespickte Küste zwischen der Lizard-Halbinsel und Land's End im Westen Cornwalls war jahrhundertelang das Revier von Seeräubern und Schmugglern. Dort lag auch die »Preußenbucht« **Prussia Cove**, die ihren Namen der **Schmugglerlegende Jack Carter** verdankt. Fast sein ganzes Leben lang übte Jack, der offiziell sein Geld mit dem Gasthof »King of Prussia« in Fowey verdiente, den »Beruf« des Schmugglers aus – und damit eine ehrenwerte Profes-

sion, profitierten doch die meisten Bürger von den Beutezügen in Form günstiger flämischer Spitze für einen neuen Kragen oder einer Flasche zollfreien Apfelschnapses aus der Normandie. Einzig die Zollbeamten waren den Schmugglern ständig auf den Fersen. Auch »Jack's Cottage«, das über Prussia Cove aufs Meer schaut, wurde durchsucht, als sich gerade die Beute bis unter die Decke stapelte. Alles wurde beschlagnahmt und nach Penzance, der nächsten Stadt an der Südküste, gebracht. Wütend zog Jack darauf nächtens los, brach den Schuppen des Gesetzes auf und holte »seine« Ware zurück. Was ihm nicht gehörte, ließ er liegen – er war schließlich kein Gauner.

Küstenpfade

Das alte Gewerbe hat an Südenglands Küste zahlreiche Spuren hinterlassen. Mit den **Küstenpfaden**, die heute vom National Trust gepflegt werden, schlugen Zöllner und Gesetzeshüter im 17. Jh. erste Breschen in die damals

SMUGGLERS BAR

THROUGH THESE PORTALS PASSED SMUGGLERS, WRECKERS, VILLAINS AND MURDERERS
BUT REST EASY .... T'WAS MANY YEARS AGO

völlig unzugängliche Küste. So konnten sie den Schmugglern, die beim Auftauchen der Fahnder rasch in die nächste Bucht ruderten, an Land den Weg abschneiden.

Im Schutz der Dunkelheit

Nicht alle Schmuggler waren Gentlemen vom Schlage eines Jack Carter. In **Polperro**, im 18. Jh. ein winziges Fischerdorf an der Kanalküste, widmete sich zeitweise die gesamte Bevölkerung dem Schmuggel mit kontinentalen Gütern, die im Schutz der Dunkelheit von den großen Handelsschiffen auf kleine Boote umgeladen, dann in kleine Häfen oder unzugängliche Buchten an Land gebracht und über Felsen oder **unterirdische Gänge** in die Verstecke gebracht wurden. Machten sich die Ordnungshüter an die Durchsuchung ihrer Keller, verteidigten die streitbaren Bewohner ihre mühsam herbeigeschaffte Beute auch mit der Waffe. Besonders die cornische Küstenbevölkerung besaß eine große Zahl an waghalsigen Freibeutern. Während des **100-jährigen Krieges** stachen von Cornwall aus unentwegt Piratenschiffe in See, die den Ärmelkanal unsicher machten, Schiffe kaperten und versenkten, stahlen und sich mit der Fracht in die heimischen Häfen zurückzogen. Auch während der **Napoleonischen Kriege** wurden zahlreiche Schiffe überfallen.

Mancher Freibeuter verwendete seine in der Piraterie gesammelten Erfahrungen eben in der Schmuggelei.

Das Ende der Schmuggel-Ära

Mit dem Schmuggelgeschäft im großen Stil war es Mitte des 19. Jh.s vorbei. Durch bessere Straßennetze, strengere Strafverfolgung und nicht zuletzt durch das Küstenschutzgesetz, das 1856 die Bewachung der Küsten an die Admiralität übergab, war der Mythos schließlich am Ende. Hinzu kam, das die Zölle auf alkoholische Getränke reduziert wurden.

In 20. Jh. waren es dann zunehmend Wochenendausflügler und Amateure, die lediglich für den eigenen Bedarf ein paar unverzollte Flaschen Calvados aus Frankreich mitbrachten. Schriftstellerinnen wie Daphne du Maurier blieb es überlassen, das wagemutige Geschäft wenigstens in der Literatur am Leben zu erhalten. Die junge Londonerin, die sich 1930 in Cornwall zum Schreiben niedergelassen hatte, entdeckte bei einem Reitausflug im Bodmin Moor eine kleine Kneipe in Bolventor. Die Schänke, in der sich über Jahrhunderte Schmuggler und Reisende aufgewärmt hatten, inspirierte sie zu ihrem Roman »**Jamaica Inn**«, der die Hochzeit der Schmuggler im 18. Jh. heraufbeschwört – Alfred Hitchcock verfilmte den Roman 1939.

⊙ ein »verlorenes Tal« (Öffnungszeiten: Sommer tgl. 10.00 – 18.00, Winter tgl. 10.00 – 17.00 Uhr; www.heligan.com).

✱
Megavissey

Der malerisch gelegene Fischerort, 6 mi / 9,6 km südlich von St. Austell, besitzt pittoreske Schieferhäuschen. Das Megavissey Folk Museum beim West Quay am Hafen widmet sich dem Schiffbau.

✱
Looe

In Looe, 12 mi / 19,2 km östlich von Fowey, wurden in den letzten 25 Jahren mehr als 90 000 Haie aus dem Wasser gezogen – wer beim Hochseeangeln nicht so mutig ist, kann seinen Köder auch nach Makrelen auswerfen. Das traditionsreiche Fischerdorf wird vom gleichnamigen Fluss geteilt – besuchen Sie in East Looe den quirligen **Fischmarkt**! Bereits in der fünften Generation wird am Quay Pengelly's Fishmonger geführt – die leckeren Seafood-Snacks isst man gleich am Tresen.

✱ ✱
Polperro

Kaum ein Fischerort ist so malerisch wie Polperro. Terrassenartig steigen die Häuser in Weiß und Pastell den Hang hinauf, überall schmücken Blumen Vorgärten und Fassaden. Der Maler Oskar Kokoschka, der hier im Exil lebte, hat die Szenerie auf seinen Bildern festgehalten – heute hängen sie in der Londoner Tate Gallery. Im autofreien Idyll an der Mündung des Pol-Flusses, das leider im Sommer stark überlaufen ist, werden Besucher vom Parkplatz aus mit Pferdekutschen befördert. Die Geschichte des Schmugglernestes prä-
⊙ sentiert das **Polperro Heritage Museum** (Öffnungszeiten: März bis Okt. tgl. 10.30 – 17.30 Uhr).

Guildford

H 32

Grafschaft: Surrey   **Einwohner:** 67 000

Guildford ist eine bevorzugte Wohnadresse der upper middle class, die nach London zur Arbeit pendelt – und in der Hauptstadt der Grafschaft Surrey und ihren schönen Dörfern und Kleinstädten ein stilvolles Leben genießt.

Mittelalter trifft Moderne

Guildford liegt oberhalb des Flusses Wey, der sich hier seinen Weg durch die Kreidehügel der North Downs bahnt, und gehört zu den wenigen Städten Südenglands, die nicht Old England nachträumen, sondern Alt und Neu, Urban und Ländlich verbinden – so kann man neben einer modernen Kathedrale und einer jungen Universität eine historisch gewachsene Altstadt mit normannischer Burg besichtigen. P.G. Wodehouse (1881 – 1975), dessen humoristische Romanfiguren Jeeves und Wooster die Leser noch immer zum Schmunzeln bringen, wurde in Guildford geboren, Lewis Carroll, der Autor von »**Alice in Wonderland**«, 1898 hier auf dem Friedhof begraben.

▶ GUILDFORD ERLEBEN

AUSKUNFT

Tourist Information Centre
14 Tunsgate, Guildford GU1 3QT
Tel. (0 14 83) 44 43 33
Fax (0 14 83) 30 20 46
www.guildford.gov.uk

ESSEN

► Erschwinglich

Café de Paris
35 Castle Street
Tel. (0 14 83) 53 48 96
Zentrale, charmante Brasserie in einem Haus des 18. Jh.s – probieren Sie Lammkeule mit Rosmarin oder schottischen Lachs.

ÜBERNACHTEN

► Luxus

The Angel Posting House
91 High Street
Guildford GU1 3DP
Tel. (0 14 83) 56 45 55
Fax (0 14 83) 53 37 70
www.angelpostinghouse.com
Die ältesten Teile des wunderschönen Hotels stammen aus dem 13. Jh., jedes der 21 eleganten Zimmer ist nach einem berühmten Gast benannt. Die Küche ist so exquisit wie das Ambiente des Speisesaals – häufig der noble Rahmen für Hochzeiten.

► Günstig

Abeille Guest House
119 Stoke Road
Guildford GU1 1ET
Tel. (0 14 83) 53 22 00
www.abeillehouse.co.uk
Das Ehepaar Nowak hat die 4 Zimmer seines viktorianischen Hauses gegenüber des Guildford College geschmackvoll eingerichtet.

Baedeker-Empfehlung

► Weinprobe in Dorking

Edle Tropfen wie Riesling, Chardonnay und Pinot Noir kann man 14 mi / 22,4 km östlich von Guildford auf dem Weingut Denbies probieren, verbunden mit einem spannenden önologischen Rundgang
(► Baedeker Special, S. 234 / 235).

Sehenswertes in Guildford

Die steile High Street bildet das Zentrum der Stadt mit Ladenfronten und Fassaden, die stufenartig die Hanglage ausgleichen. Direkt am Fluss Wey liegt die Kirche St. Nicholas von 1877. Den Hang hinauf geht es zur **Guildhall**, die 1683 eine neue Fassade und die weit in die Straße hineinragende Uhr erhielt. Nebenan ist im Guildford House von 1660 eine Gemäldegalerie (Öffnungszeiten: Di. – Sa. 10.00 bis 16.45 Uhr) untergebracht. Am höchsten Punkt der High Street er-

★
High Street

◀ Weiter auf S. 236

EXOT IM GLAS: ENGLISCHER WEIN

Bei feierlichen Anlässen stößt Queen Elizabeth II. in Buckingham Palace mit englischem Sekt an – mit einem heimischen Cuvée, der bei Blindverkostungen französischen Champagner geschlagen hat.

Dicht an dicht bedecken Rebstöcke die Südhänge der North Downs bei Dorking. Gut 40 km südlich von London produziert Denbies Estate, mit 107 Hektar Englands größtes Weingut, edle Tropfen, die nicht nur der Queen munden. Weine von Denbies und anderen Weingütern stehen mittlerweile nicht nur auf den Tischen von Londoner Restaurants, sondern haben auch die Regale der Supermärkte erobert. Insgesamt bewirtschaften englische Weinpioniere im Süden der Britischen Insel rund **410 Weingüter** mit einer Fläche von 773 Hektar.

2000 Jahre Tradition

Die **Römer** brachten die ersten Reben auf die Insel; in der Nähe von Dorking wurden Spuren eines Weingutes aus dem 1. Jh. freigelegt. Mit Ankunft der **Normannen** verbreiteten sich die Rebstöcke über die gesamte Südküste. Als Heinrich VIII. den Thron bestieg, gab es 139 große Weingüter in England und Wales – elf gehörten der Krone, 678 dem Adel, 52 der Kirche. Im 15. Jh. beendeten die Pest und lang andauernde Kälte-

perioden den Weinbau, der erst 1875 vom Marquis von Bute mit dem Castell Coch-Weingut in Südwales wieder belebt wurde. Als Pioniere des modernen englischen Weinbaus gelten Ray Barrington Brock und Edward Hymans. Auf ihre Anregung hin legte **Sir Guy Salisbury-Jones** 1951 den ersten Weingarten der Nachkriegszeit in Hambledon bei Portsmouth an. 1955 kamen die ersten Tropfen in den Handel.

Vom Schweinestall zum Weingut

Branchenprimus **Denbies** war bis 1986 ein schlecht laufender Schweinemastbetrieb, bis einem Geologen auffiel, wie sehr sich die Kalkböden der North Downs und der Champagne ähnelten. Er riet daher, den Hof in ein Weingut zu verwandeln. Heute füllt Denbies jährlich rund 500 000 Flaschen ab – meist Weißweine aus den deutschen Rebsorten Müller-Thurgau und Reichensteiner sowie roten Pinot Noir. Für 14 Euro wird der Gutsbesuch zum önologischen Rundumerlebnis mit 45 Min. Film, Werksbesichtigung im ferngesteuerten Schienen-

fahrzeug, kommentierter Verkostung im Weinkeller, Weinbergsrundgang und Besuch des Souvenirshops. Wer mag, kann im Herbst bei der Weinlese mit anpacken.

Denbies größter Konkurrent heißt **English Wines plc**. Durch externe Traubenzukäufe produziert das 15-Hektar-Weingut in **Tenterden**/Kent ein Viertel aller englischen Weine – unter der Marke »Chapel Down Wines« werden die edlen Tropfen aus Bacchus, Pinot Noir, Dornfelder, Pinot Blanc und Chardonnay gern von den Politikern der Houses of Parliament und den Passagieren von British Airways genossen.

Kleine, feine Weine

Meist jedoch liegt der englische Weinbau in den Händen kleiner **Familienbetriebe**. Auf bis zu zehn Hektar produzieren sie kleine, feine Weine – so wie Bridget und Peter Gladwin von den Nutbourne Vineyards in Sussex. Sie lesen ihre Riesling-, Chardonnay- und Pinot-Noir-Trauben nicht mit Maschinen, sondern per Hand – um höchste Qualität zu garantieren. Für Verkostung und Verkauf restaurierte das Paar eine flügellose Windmühle, heute das Wahrzeichen des Weingutes. Schaufenster der boomenden Weinindustrie Südenglands ist ein Bauernhof in Alfriston bei Eastbourne. Hier residiert das **English Wine Centre** mit einem Weinmuseum und Walton's Oak Barn, einer restaurierten Scheune für Hochzeiten und andere Veranstaltungen. Alljährlicher Höhepunkt ist das English Wine Festival im September.

Die neue Champagne

Die Renaissance des englischen Weins beruht auf zwei Faktoren: der geologischen Ähnlichkeit südenglischer und nordfranzösischer Gebiete und dem Klimawandel. Aufgrund der globalen Erwärmung, so vermuten Wissenschaftler, könnte Südengland die Champagne in den nächsten 50 Jahren als **bestes Anbaugebiet** für Pinot Noir und Chardonnay sogar ablösen. Als erster Champagnerhersteller verließ Didier Pierson die Champagne und produziert seit 2005 in Hampshire den prickelnden Premiumwein.

! *Baedeker* TIPP

Schippern auf dem Wey

Der Wey River, der sich durch Guildford schlängelt, ist heute ein beliebtes Revier für Hausbootfahrer und andere Freizeitskipper – Leihboote gibt es am Guildford Boat House (www.guildfordboats.co.uk). Auf dem Gelände der ehemaligen Daphune-Werft lebt die Zeit der Flussschifffahrt auf dem River Wey interaktiv wieder auf. Öffnungszeiten: April – Okt. Do. – Mo. 11.00 – 17.00 Uhr.

hebt sich der strenge Bau der **Holy Trinity Church** mit ihrem wehrhaften Hauptturm von 1763; im südlichen Querschiff ruht Erzbischof George Abbot, der 1622 das Armenhaus auf der gegenüberliegenden Straßenseite erbauen ließ. Das viertürmige Hauptportal dieses Ziegelsteinbaus führt in einen Innenhof, der von Gebäuden im jakobinischen Stil umstanden ist. **Abbott's Hospital** dient heute noch als Wohnsitz für Pensionäre und ist der Öffentlichkeit nicht zugänglich. Es folgt, zwischen High Street und Sydenham Road, das stattliche Tudorhaus der 1553 von Eduard VI. gegründeten Royal Grammar School. Ihre »Chained Library«, in der wertvolle Folianten zum Schutz gegen Diebstahl an Ketten hängen, kann nur an wenigen Tagen im Jahr besichtigt werden.

Guildford Museum
In der Quarry Street steht die älteste Kirche der Stadt, St. Mary, mit einem Turm von 1050. Am Fuße der einstigen normannischen Burg mit ihrem imposanten Bergfried widmet sich das Guildford Museum unter anderem dem Leben und Werk von C. L. Dodgson alias **Lewis Carroll** (Öffnungszeiten: Mo. – Sa. 11.00 – 17.00 Uhr). Die Schwestern von Carroll wohnten im Haus »The Chestnuts« in der Castle Hill Street. Hier verbrachte der Schriftsteller regelmäßig seine Urlaube, eine Gedenktafel mit bunten Wunderland-Figuren erinnert an ihn; das Haus ist in Privatbesitz und kann nicht besichtigt werden.

Umgebung von Guildford

Clandon Park
Der Venezianer Giacomo Leoni entwarf 1730 für die Familie Onslow den Landsitz Clandon Park, 3 mi / 5 km östlich von Guildford, als palladianische Villa. Hinter dem schwerfälligen Äußeren bildet die doppelgeschossige Marble Hall den Auftakt zu reich ausgestatteten Innenräumen; besonders wertvoll ist die **Porzellansammlung**, u. a. chinesische Porzellanvögel des 17. / 18. Jh.s (nur für private Veranstaltungen und Firmenevents geöffnet, www.clandonpark.co.uk).

Hatchlands Park
Das Herrenhaus 2,3 mi / 4 km nordöstlich wurde 1758 für Admiral Edward Boscawen erbaut, das Interieur vom jungen Robert Adam entworfen – mit lichten Farbeffekten, Stuckarbeiten, Friesen und nautischen Stilelementen, die an den Beruf des Hausherrn erinnern. Die »Cobbe Collection« bildet die weltweit größte Sammlung an **Tasteninstrumenten**. Den Garten legte die Künstlerin Gertrude Jekyll an (Öffnungszeiten: Ostern – Okt. Di. – Do., So. 14.00 – 17.30 Uhr, Aug. auch Fr.).

Ronnie Greville war eine der angesehensten Gastgeberinnen zwischen den beiden Weltkriegen. Als letzte Besitzerin des Landsitzes vom Komödiendichter und Politiker Richard Sheridan (1751 – 1816) ließ sie Polesden Lacey, 5 mi / 8 km östlich, 1906 – 1910 beträchtlich erweitern und innen völlig umbauen. Im elegant-edwardianischen Ambiente genoss die Londoner High Society und königliche Hofgesellschaft manch legendäre Party; Georg VI. und die verstorbene Queen Mum verbrachten hier sogar ihre Flitterwochen. Zur Greville-Kunstsammlung gehören Gemälde von Reynolds, Lawrence, Raebur, italienische Meister des 14. – 16. Jh.s sowie flämische Gobelins und französisches Mobiliar. Ein Erlebnis sind die **Shakespeare-Open-Air**-Aufführungen im Juli (Öffnungszeiten: März – Okt. Mi. bis So. 11.00 – 17.00 Uhr, www.polesden.co.uk).

★
Polesden Lacey

Hastings

K 39

Grafschaft: East Sussex   **Einwohner:** 87 000

»Welcome to 1066 country«. Bereits auf der Fahrt nach Hastings machen Straßenschilder auf die Ereignisse von »Tensixtysix« aufmerksam – dem Jahr, in dem mit dem Sieg von William the Conqueror in der »Battle of Hastings« die Normannenherrschaft in England begann.

► HASTINGS ERLEBEN

AUSKUNFT

Hastings Information Centre
Priory Meadow
Queens Square
Tel. (0 14 24) 45 11 11
www.1066country.com

ZAHNRADBAHN

Die steilste Zahnradbahn des Königreichs klettert seit 1902 von der Rock-A-Nore Road hinauf zum East Hill. Nicht ganz so spektakulär, aber mit herrlichen Aussichten auf Beachy Head und den Ärmelkanal gespickt ist die Fahrt mit dem West Hill Lift von der George Street hinauf zum Hastings Castle. Sommer: 10.00 – 17.30, Winter: 11.00 – 16.00 Uhr.

ESSEN

► Erschwinglich

Dolphin Inn
12 Rock-a-Nore Road
Tel. (0 14 24) 43 11 97
Leckere Fischgerichte direkt gegenüber den Net Shops

Harris Restaurant
& Tappas Bar
58 High Street, Tel. (0 14 24) 43 72 21
Sympathische Kneipe mit Tapas in
allen Variationen So. Ruhetag.

ÜBERNACHTEN
▶ Komfortabel
The White Rock Hotel
1-10 White Rock, Hastings TN34 1JU
Tel. (0 14 24) 42 22 40
www.thewhiterockhotel.com
Stilvoll moderne Zimmer und traum-

hafte Ausblicke: Direkt vor dem Hotel
beginnt das Meer!

▶ Günstig
Senlac Guesthouse
47 Cambridge Gardens
Hastings East Sussex TN 34 1EN
Tel. (0 14 24) 43 00 80
www.senlacguesthouse.co.uk
12 modern gestylte Zimmer, üppiges
Frühstück und zentrale Lage: In ihrem
B &B halten Victoria und Steve für
Gäste auch zwei Leihfahrräder bereit.

Seebad mit Geschichte
Am 28. September war Wilhelm mit seinem Heer bei Hastings an
Land gegangen, einer blühenden Hafenstadt im Bund der Cinque
Ports. Bei seiner Ankunft ließ Herzog Wilhelm von der Normandie
eine Burg errichten, deren Ruinen heute auf die charmanten Gassen
der Altstadt hinunterblicken, in denen Antiquitätensammler fündig
werden. Zur Jahrtausendwende wurden viele Prachtbauten an der
Promenade renoviert, seit 2001 erstrahlt auch der viktorianische Pier
wieder in neuem Glanz.

Sehenswertes in Hastings

Hastings Castle
In der Ruine des 900 Jahre alten Normannenpalastes auf dem steilen
West Hill werden die Ereignisse von 1066 in der audiovisuellen Show
»**1066 Story**« lebendig (Öffnungszeiten: Ostern – Okt. 10.00 – 17.00,
Okt. – Ostern 11.00 – 15.00 Uhr).

St. Clement's Caves
Ein Pfad führt vom Castle zu einem Höhlensystem, das Schmugglern
einst als Lagerplatz diente und heute mit Wachsfiguren im **Smuggler's Adventure** Kindern das Gruseln
lehrt (Öffnungszeiten: Ostern bis
Okt. 10.00 – 17.30, Okt. – Ostern
11.00 – 16.30 Uhr).
Unterhalb der Burg breitet sich das
Gassengewirr von Old Hastings aus.
In der lebendigen **High Street** und
George Street haben sich Fachwerkhäuser der Tudorzeit zwischen Restaurants, Geschäften und Galerien
erhalten. Zur Strandpromenade hin
öffnet sich die halbmondförmige
Pelham Crescent von 1828 mit der
Kirche St.-Mary-in-the-Castle.

! *Baedeker* TIPP

Blumen für Hollywood
Seit über 100 Jahren fertigt die Shirley Leaf and
Petal Company nach mehr als 10 000 Vorlagen
aus Seide und anderen Materialien Blumen und
Pflanzen für Film und Fernsehen – so auch
für den Kinoklassiker »Gladiator«. Einblicke
gewährt das Flower Makers Museum in der
High Street 58a (Öffnungszeiten: Mo. – Fr.
9.30 – 16.00, Sa. 11.00 – 16.00 Uhr).

Die Fischer ziehen ihre Boote am **Stade** auf den dunklen Kieselstrand. Ihre Netze trockneten sie vom 17. Jh. an in schmalen Speicherschuppen. Wind und Wetter trotzen die denkmalgeschützten »**Net Shops**« durch den schwarzen Teeranstrich der Holzlatten. Diese »Weatherboarding«-Bauweise ist typisch für East Sussex und Kent. Von den Hütten führt die Rock-a-Nore Road erst zum **Shipwreck Heritage Centre** mit Sammlungen zur Geschichte des Schiffbruchs in Hastings (Öffnungszeiten: Ostern bis Okt. 10.30 – 17.00, Okt. – Ostern 11.00 – 16.00 Uhr), dann zum Fischereimuseum **Fisherman's Chapel** mit der »Enterprise«, dem letzten in Hastings gebauten Fischkutter aus dem Jahre 1912 (Öffnungszeiten: Ostern bis Okt. 10.00 – 17.00, Okt. bis Ostern 11.00 – 16.00 Uhr). Die **Underwater World** zeigt heimische Meerestiere (Öffnungszeiten: Ostern bis Okt. 10.00 – 17.30, Okt. bis Ostern 11.00 – 16.30 Uhr).

Wetterbeständig durch Teeranstrich: die Net Shops

Die Strandpromenade führt zum restaurierten Pier von 1872. Der **Conqueror's Stone** markiert die Stelle, an der Wilhelm der Eroberer zum ersten Mal auf englischem Boden gespeist haben soll. **Hastings Pier**

1966 fertigte die Royal School of Needlework einen 74 m langen Wandteppich, der die englische Geschichte von 1066 bis heute darstellt – das Gegenstück zum **Teppich von Bayeux** lässt sich Mo. – Fr. in der Town Hall besichtigen. **Hastings Embroidery**

Umgebung von Hastings

Nicht in Hastings, sondern im 6 mi / 10 km nördlich gelegenen Battle trug Wilhelm der Eroberer in der »**Battle of Hastings**« am 14. Oktober **1066** den Sieg über den angelsächsischen König Harold davon. Zur Erinnerung an den Kampf und zur Buße für das Blutvergießen ließ Wilhelm auf dem Schlachtfeld eine Benediktinerabtei errichten. 1538 schenkte sie König Heinrich VIII. seinem Freund Sir Anthony Browne, der Kirche und Teile des Klosters abreißen ließ und den Westflügel zum Wohnsitz umbaute. **Battle**

Burgromantik pur: Bodiam Castle am Ufer des Rother

Vom Pförtnerhaus führt ein Rundgang mit Schautafeln über das kleine Schlachtfeld. Wo Harold getötet wurde, erhebt sich der Hochaltar der 1094 geweihten Klosterkirche. Beachtenswert sind das Torhaus von 1339, die Ruinen des 1120 errichteten Dormitoriums, die Bankketthalle und die Privaträume des Abtes (Öffnungszeiten: Ostern bis Sept. 10.00 – 18.00, Okt. – Ostern 10.00 – 16.00 Uhr).

Bodiam Castle Die mittelalterliche Wasserburg 8 mi / 13 km nordöstlich von Battle gilt als eine der romantischsten Burgruinen Englands. Sie wurde 1385 für Sir Edward Dalyngrydge am Ufer des damals noch schiffbaren Rother fertig gestellt und sollte England vor einer erneuten französischen Invasion schützen. Besonders beeindruckend ist die äußere Anlage mit ihren zinnenbekrönten Ecktürmen. Das Innere zeigt den mittelalterlichen Wohnkomfort der Wehranlage (Öffnungszeiten: Mitte Feb. – Okt. tgl. 10.30 – 17.00, Jan., Feb. Sa. /So. 11.00 – 16.00, Nov., Dez. Mi. – Sa. 11.00 – 16.00 Uhr).

Bexhill-on-Sea Architekturfans finden an der Strandpromenade von Bexhill-on-Sea, 5,5 mi /9 km westlich von Hastings, einen von George Bernhard Shaw hoch gelobten »Kulturpalast fürs Volk«: den 1934 von Erich Mendelsohn errichteten **De la Warr Pavilion**.

Isle of Wight

L/M 26–29

Grafschaft: Isle of Wight   **Einwohner:** 135 000

Die 382 km² große Insel vor ►Portsmouth gilt als »Madeira Groß-britanniens« – und hat neben dem milden Klima und den berühmten weißen Kreidefelsen auch ausgezeichnete Weine zu bieten.

Die kleinste Grafschaft Südenglands wurde ob ihrer üppigen Flora und vielgestaltigen Naturlandschaft mit den Beinamen »Garteninsel« und »Diamant im Meer« versehen. Das ganze Jahr über zieht die Aussicht auf gutes Wetter zahlreiche Besucher an: Bereits im 19. Jh. hatten **Königin Viktoria** und Prinz Albert die Isle of Wight als Feriendomizil entdeckt. Nicht nur der Fremdenverkehr, auch die Landwirtschaft gedeiht bestens: Zahlreiche Inselweine wurden wiederholt mit dem Prädikat »English Wine of the Year« ausgezeichnet.

Garteninsel mit berühmten Gästen

 ISLE OF WIGHT ERLEBEN

AUSKUNFT

Isle of Wight Tourism
Westridge Centre, Brading Road
Ryde, Isle of Wight PO33 1QS
Tel. (0 19 83) 81 38 00
www.islandbreaks.co.uk
www.iwight.com

INSELVERKEHR

In rund 30 Minuten setzen Fähren von ►Portsmouth nach Fishbourne oder Ryde, von ►Southampton nach Cowes und von Lymington nach Yarmouth über (www.aferry.to). Während der Saison machen Ausflugsdampfer Fahrten um die Insel. Island Line (www.island-line.co.uk) betreibt die einzige Bahnverbindung von Ryde nach Shanklin, das Busnetz hingegen ist bestens ausgebaut. 804 km herrlicher Wander- und Reitwege überziehen die Insel.

VOLLDAMPF VORAUS!

Mit Waggons aus dem 19. und 20. Jh. schnaufen die Dampfloks der Isle of Wight Steam Railway auf einer 5,5 mi / 8,8 km langen Strecke von Wootton via Havenstreet und Ashey nach Smallbrook Junction. Etwas für Schienennostalgiker ist auch die Island Line. Die kürzeste englische Eisenbahn verkehrt mit alten Zügen der Londoner U-Bahn aus dem Jahr 1938 auf der 9 mi / 14,4 km langen Strecke von Ryde Pier Head nach Shanklin im Osten der Insel. www.iwsteamrailway.co.uk, www.southwesttrains.co.uk/island-line.aspx

ESSEN UND ÜBERNACHTEN

The Old Thatch Teashop
►Special Guide, S. 10

► Luxus
The George
Quay Street, Yarmouth
Isle of Wight PO41 0PE
Tel. (0 19 83) 76 03 31
www.thegeorge.co.uk
Charmantes Haus aus dem frühen 18. Jh. am Hafen von Yarmouth mit exquisiter Küche. Schönstes Zimmer: der Balcony Room.

▶ Komfortabel

Anchor Inn
1 High Street, Cowes
Isle of Wight PO31 7SA
Tel. (0 19 83) 29 28 23
Fax (0 19 83) 28 21 43
www.theanchorcowes.com
Traditionsreicher Gasthof mit sechs
Zimmern direkt gegenüber dem
Jachtclub; herzhaft gutes Essen und
beste Ale-Biere.

Keats Green Hotel
3 Queens Road, Shanklin
Isle of Wight PO37 6AN
Tel. (0 19 83) 86 27 42
Fax (0 19 83) 86 85 72
www.keatsgreenhotel.co.uk
Traumhaft ist der Seeblick vom
Wintergarten und Restaurant des
gepflegten Hotels. Entspannend: ein
Bad im beheizten Schwimmbad.

The Farringford
Bedbury Lane, Freshwater Bay
Isle of Wight PO40 9PE UK
Tel. (0 19 83) 75 25 00
Fax (0 19 83) 75 65 15
www.farringford.co.uk
Das einstige Heim des Dichters Alfred
Tennyson wurde in ein bezauberndes
Landhotel mit 18 stilvollen Zimmern

umgewandelt und bis 2009 komplett
renoviert. Feinschmeckeradresse: das
Downs Restaurant mit Panoramablick.

Baedeker-Empfehlung

Winterbourne Country House
Bonchurch Village Road, Bonchurch
Isle of Wight PO38 1RQ
Tel. (0 19 83) 85 25 35
www.winterbournehouse.co.uk
Wo Charles Dickens 1849 seinen »David
Copperfield« geschrieben hat, kann man
heute in 7 bezaubernden Zimmern woh-
nen – die schönsten mit Meerblick.

Rundfahrt über die Isle of Wight

✳ Segelmekka Cowes

Die Kleinstadt Cowes, durch den Fluss Medina in Ost und West geteilt, verdankt ihren Ursprung den beiden Verteidigungsanlagen, die
Heinrich VIII. hier gegen die französischen Angreifer errichten ließ.
West Cowes ist als Segelmekka weltbekannt, das alljährlich Anfang
August seine Höhepunkte bei der **Cowes Week** bzw. alle zwei Jahre
beim **Admiral's Cup** erlebt. Im 1540 erbauten Cowes Castle hat der
renommierte Jachtclub Royal Yacht Squadron seinen Sitz, dem schon
Kaiser Wilhelm II. angehörte. In Cowes lebt auch die 1978 in Derbyshire geborene Einhandseglerin **Ellen MacArthur** (▶ Berühmte Persönlichkeiten), die 2005 mit ihrem Trimaran den Weltrekord im So-
lo-Weltumsegeln brach.

In East Cowes steht die ehemalige **Sommerresidenz von Königin Viktoria**, die 1848 im Stil eines italienischen Landschlosses erbaut wurde. Dem Besucher stehen der Pavillon-Flügel und der 1890 angefügte Durbar-Flügel mit indischem Dekor offen, in dem Viktoria als Kaiserin von Indien die Gesandten empfing. Nach dem Tod ihres Mannes 1861 wurde Osborne House das Refugium Viktorias, die 1901 hier starb. Die Räume präsentieren den Stil des viktorianischen Zeitalters. Die Staatsgemächer sind gefüllt mit königlichen Familienerinnerungen, das Treppenhaus zu den Privaträumen schmückt ein Fresko von William Dyce. Im Park ist das Schweizerhäuschen erhalten, das Viktoria und Albert als Spielhaus für ihre Kinder aus der Schweiz importierten, und die »Bademaschine« Königin Viktorias (Öffnungszeiten: tgl. 10.00 – 17.00, im Winter bis 16.00 Uhr).

✱✱
Osborne
House

? WUSSTEN SIE SCHON …?

■ … dass Paul McCartney von den Beatles während seines Aufenthaltes in einem Ferienhaus auf der Insel den Song »When I'm Sixty-Four« schrieb?

Mit rund 24 500 Einwohnern ist das viktorianisch geprägte Ryde die größte Stadt der Insel, die mit Strandpromenade, 800 m langem Pier und Sandbuchten über alle Annehmlichkeiten eines Seebads verfügt.

Ryde

Über Bembridge, einen gepflegten Badeort mit Jachthafen und Windmühle aus dem frühen 18. Jh. geht es weiter nach Brading, in dessen mittelalterlicher Pfarrkirche St. Mary ein Grabmal des 1655 verstorbenen Sir John Oglander zu sehen ist – der Anhänger Karls I. hielt dem König auch während dessen Gefangenschaft auf der Insel die Treue. Das Fachwerkhaus gegenüber befand sich einst im Besitz Heinrichs VIII. und beherbergt heute ein **Wachsfigurenkabinett** (Öffnungszeiten: tgl. 10.00 – 17.00 Uhr). Rund 2000 Puppen aus 4000 Jahren zeigt das private Lilliput Antique **Doll & Toy Museum** (Öffnungszeiten: tgl. 10.00 – 17.00 Uhr). Bei Brading liegen die Überreste der größten Römervilla der Insel. Die Anlage des 3. Jh.s besteht aus 13 Räumen um ein Atrium, von denen drei mit Mosaikfußböden ausgestattet sind (www.bradingromanvilla.org.uk; Öffnungszeiten: tgl. 9.30 – 17.00, im Winter 10.00 – 16.00 Uhr). Die Römer pflanzten auch die ersten Reben auf der Insel – zur Weinprobe lädt heute der Adgestone Vineyard.

Bembridge, Brading

◄ Roman Villa

Das größte Seebad der Insel bilden die Doppelorte Sandown und Shanklin mit 20 500 Einwohnern. Das moderne Sandown ist wegen des sicheren Strandes und des kleinen Zoos im viktorianischen Fort Yaverland bei Familien beliebt. Golfer finden einen 18-Loch-Platz.

Sandown

Im südlichen Shanklin mit schönem Strand und Promenadenwegen haben seit jeher **Künstler** ihr Domizil. Den charmanten alten Dorfkern prägen reetgedeckte Cottages mit bezaubernden Vorgärten wie der Old Thatch Teeshop (► Special Guide S. 10). Der Dichter John

✱
Shanklin

Spektakuläres Segel-Event: die Cowes Week Anfang August

Keats (1795–1821) bewohnte 1819 das Englatine Cottage in der High Street. Die längste Klamm der Insel, **Shanklin Chine**, diente einst Schmugglern als Versteck.

Ventnor Durch die schützenden Kalkhügel im Norden herrscht in Ventnor das mildeste Klima auf der ganzen Insel, die Kleinstadt gilt daher als ausgezeichneter Luftkurort. Den besten Blick auf den viktorianischen Ort hat man vom Pier aus; eine großartige Aussicht auf das Kreide- und Kalksteinplateau des Undercliffs vom **Botanic Garden** mit Palmen und Rosengarten. In drei unterirdischen Galerien der Undercliffs wurde das **Museum of Smuggling History** eingerichtet (Öffnungszeiten: April–Sept. tgl. 10.00–17.30 Uhr).

Von Ventnor zur Freshwater Bay Nach dem südlichsten Zipfel der Insel mit dem Aussichtspunkt St. Catherine's Point geht es vorbei an steilen Ton-, Mergel-, und Kreideklippen und Felsstürzen – »Chines« – über die Buchten von Chale, Brighstone und Brook zur Freshwater Bay, wo sich schneeweiße Kliffs aus dem tiefen Blau der See erheben.

Zu den engsten Freunden Tennysons gehörte die Fotografin **Julia Margaret Cameron** (1815–1879), die 1860–1875 in der Dimbola Lodge lebte. Ihr Wohnhaus, heute ein Museum, birgt Porträts von Tennysons Dichterfreunden Lewis Carroll, Robert Browing, Wadsford Longfellow und William Makepiece Thackeray (Öffnungszeiten: Di. – So. 10.00 – 17.00, im Winter bis 16.00 Uhr, www.dimbola.co.uk).

✴ **Dimbola Lodge**

⏲

In der Alum Bay, einem Mekka für Geologen, verlaufen die Sandsteinschichten in den Klippen fast senkrecht und heben sich in zehn leuchtenden Färbungen von Weiß des Kalksteins ab. Eine **Seilbahn** schwebt zum Fuß der steilen Klippen, wo Ausflugsboote auf Passagiere warten. In der Bucht ragen die bis zu 30 m hohen Felsnadeln der **Needles** auf (► Abb. unten), die sich vom Boot oder von der Needles Batteries, Festigungsanlagen des 19. Jh.s, bewundern lassen.

✴ ✴ **Alum Bay**

◄ www. theneedles.co.uk

Attraktion der Hauptstadt **Newport** mit 22 500 Einwohnern ist Carisbrooke Castle, das knapp 2 mi / 3,2 km südwestlich auf einer Anhöhe an der Stelle eines römischen Forts liegt. Der massive normannische Bergfried wurde im 13. Jh. umgestaltet. **Karl I.** wurde hier von Cromwell bis zu seiner Hinrichtung 1649 in London gefangen gehalten; ein Fluchtversuch scheiterte, als der König zwischen den Gittern seines Zellenfensters stecken blieb. Gegen die Langeweile wurde dem König innerhalb der Festungsmauern eine Bowlingbahn angelegt. Prinzessin Elisabeth, die 1650 hier während ihrer Gefangenschaft im Alter von 15 Jahren verstarb, ruht in einem Marmorgrabmal in der St. Thomas Church von Newport (Öffnungszeiten: April – Sept. tgl. 10.00 – 17.00, Okt. – März tgl. bis 16.00 Uhr, www.carisbrookecastle museum.org.uk).

✴ **Carisbrooke Castle**

⏲

! *Baedeker* TIPP

Tennyson Walk

Zwischen Carisbrooke Castle bei Newport und den drei gewaltigen Felsnadeln der Needles an der Westspitze der Insel verläuft einer der schönsten Wanderwege der Isle of Wight: Der 15 mi / 25 km lange Trail, der den Spuren des Dichters Alfred Lord Tennyson (1809–1892) folgt, der 30 Jahre auf der Insel lebte. Der Küstenpfad berührt auch das aussichtsreiche Tennyson-Gedächtniskreuz auf der Spitze des High Down sowie Tennysons einstigen Wohnsitz Farringford House, wo er illustre Gäste wie Garibaldi, Lewis Carroll, Charles Darwin und den Prinzgemahl empfing – heute kann man hier wunderbar logieren, siehe Übernachten, S. 242.

✶ Isles of Scilly

P/Q 7/8

Grafschaft: Cornwall   **Einwohner :** 24 000

140 Eilande im Atlantik, nur fünf bewohnt: Die Scilly Islands vor der Küste Südwestenglands sind ein Paradies für Müßiggänger, Hochseeangler, Wracktaucher und Seh-Leute, ein Idyll zum Abschalten und Auftanken – bei mildem Klima und konstantem Wind.

 ## ISLES OF SCILLY ERLEBEN

AUSKUNFT
Tourist Information Centre
Hugh Town, St. Mary's
Isles of Scilly TR21 0LL
Tel. (0 17 20) 42 40 31
Fax (0 17 20) 42 37 82
www.simplyscilly.co.uk

INSELVERKEHR
Von ►Penzance schippert die Fähre Scillonian III in rund drei Stunden auf die Insel; der Helikopter nach St. Mary's und zu den Abbey-Gärten auf Tresco benötigt nur 20 Minuten (www.scillyhelicopter.co.uk). Der Isles of Scilly Skybus fliegt von Land's End, ►Bristol, ►Exeter, ►Southampton und Newquay nach St. Mary's (www.islesofscilly-travel.co.uk). Alle Inseln sind weitgehend autofrei, die kurzen Entfernungen sind gut zu Fuß, mit Fahrrad, Bus oder Taxi zu bewältigen. Zwischen den Inseln bestehen tägliche Schiffsverbindungen (www.st-agnes-boating.co.uk).

ESSEN UND ÜBERNACHTEN
► Luxus / Komfortabel
Star Castle
The Garrison, St. Mary's TR21 0JA
Tel. (0 17 20) 42 23 17, Fax (0 17 20) 42 23 43, www.star-castle.co.uk
2009 vom »Good Hotel Guide« mit dem César als bestes britisches Inselhotel ausgezeichnet. Burghotel mit 34 Zimmern, Hallenbad und Feinschmeckerrestaurant.

Baedeker-Empfehlung

St. Martin's on the Isle
Island of St. Martin's TR25 0QW
Tel. (0 17 20) 42 20 90, Fax (017 20) 42 22 98
www.stmartinshotel.co.uk

Traumhafte Lage direkt am Meer, 30 geschmackvolle Zimmer, beheizter Pool und ausgezeichnete Küche

► Günstig
Annet Cottage
Porthlow, St. Mary's TR21 0NF
Tel. (0 17 20) 42 24 41
Fax (0 17 20) 42 25 53
www.annet-cottage.co.uk
Drei Zimmer hat das gemütliche Cottage mit Seeblick, das die Herzogin von Cornwall 1921 erbauen ließ.

Die Scilly-Inseln, rund 45 km von Land's End entfernt, bilden die **Außenposten** letzten Erhebungen des cornischen Granitmassivs und damit den **im Atlantik** westlichsten und südlichsten Zipfel Großbritanniens. Der Legende nach lag hier das **Reich von Lyonesse**, das versank, als König Artus mit seinen Rittern vor dem blutrünstigen Mordred westwärts floh. Sicher ist, dass die Inseln bereits in der Bronzezeit besiedelt wurden, wie eine große Zahl von Grabhügeln und prähistorischen Dörfern beweist. Unter den Römern diente Silia Insula als Verbannungsort. Bis ins 19. Jh. lebten die Scillonier vom Fischfang, Schmuggel und der Wrackausbeute – mehr als 1000 Schiffe sind in den letzten 200 Jahren an den Riffs ringsum zerschellt. Seit Augustus Smith 1834 die Inseln pachtete und mit der Aufzucht von Frühlingsblumen begann, ist die **Blumenzucht** wichtigster Wirtschaftsfaktor. Die Inseln liefern Schnittblumen in alle Welt; Exportschlager ist die weiße Narzissenart Scilly White, die bereits im Dezember blüht. Touristisch erschlossen sind einzig die fünf Hauptinseln St. Mary's, Tresco, St. Martin's, St. Agnes und Bryher. Die unbewohnten Inseln stehen unter Naturschutz und dürfen nur mit Sondergenehmigung besucht werden.

St. Mary's ist mit ca. 6 km² die größte Insel des Archipels. Die meis- **St. Mary's** ten Scillonier leben in **Hugh Town**, einem netten Dorf mit Granithäusern, zwei Sandstränden, Hafen und dem Inselmuseum in der Church Street (Öffnungszeiten: Mo.–Sa. 10.00–16.30 Uhr). Auf einem Tagesausflug kann man die Insel bequem umwandern. Ein zweistündiger Spaziergang gen Westen führt zum **Star Castle** – heute ein Luxushotel (►S. 246) – und zu **The Garrison**, einer Festung des 16.–18. Jh.s. Wandert man zum Telegraph Tower, sieht man unterwegs die auf 1800 v. Chr. datierte Grabkammer **Bants Carn** und Überreste eines eisenzeitlichen Dorfes aus dem 3. Jh. v. Chr. Der Weg nach Penninis Head belohnt mit fantastisch geformten Granitfelsen, zwischen denen verschiedenste Vogelarten nisten.

Tresco ist halb so groß wie St. Mary's und teilt sich in eine felsige Nord- und eine geschützte Südküste mit Sandstränden. In der Benediktinerabtei des 12. Jh.s begann A. Smith seine Blumenzucht. Die **Abbey Gardens** haben sich in einen subtropischen Park mit Palmen, Bambus und leuchtenden Blumenteppichen verwandelt (Öffnungszeiten: tgl. 10.00–16.00 Uhr).

!

Baedeker TIPP

Strandvergnügen

Die Strand fällt flach ins Meer, das Wasser ist sauber, Imbissbuden und Großparkplätze fehlen: Die Strände der Scillys sind noch nahezu unberührte Naturparadiese. Besonders schön:
Great Bay / St. Martin's: Ein Pfad führt vom Kai vorbei an Stechginster und Fingerhut zum traumhaft langen und einsamen Sandstrand.
Pentle Bay / Tresco: Weite Dünen umgeben den Sandstrand in der Halbmondbucht.
Rushy Bay / Bryher: Der südwestlichste britische Strand – und der letzte vor Amerika
Beady Bay / St. Agnes: Im »Perlenbecken« ging im 17. Jahrhundert ein Handelsschiff unter – bis heute werden Perlen angespült.
Pelistry Bay / St. Mary's: Seetang-Gärten, Seelöwen und Tolls Island mit einer Burgruine aus dem 17. Jahrhundert.

★ ★ London

F – H 33 – 37

Einwohner: 7,8 Mio. (Greater London)

London, Hauptstadt des Vereinigten Königreichs von Großbritannien und Nordirland, Sitz von Königshaus, Parlament und Regierung, liegt an beiden Ufern der Themse (Thames), rund 45 mi / 75 km oberhalb deren Mündung in die Nordsee. London ist nicht nur wirtschaftlicher und kultureller Mittelpunkt Großbritanniens, sondern eine echte »Weltstadt«, in der Menschen aus aller Herren Länder eine kulturelle Vielfalt schaffen, die in Musik, Theater, Tanz, Literatur und in der Gastronomie zum Ausdruck kommt – kurzum: eine der aufregendsten Städte der Welt.

Die Themse, die London in großen Schleifen durchfließt, teilt das Stadtgebiet in das Nordufer, wo sich die Hauptsehenswürdigkeiten konzentrieren, und eine Südhälfte, die touristisch besonders entlang der Southbank interessant ist. Die City of London umfasst mit 2,6 km² nur ungefähr eine Quadratmeile, und wird daher auch **»Square Mile«** genannt. Rund 5000 Menschen leben hier zwischen den hohen Bürotürmen, in denen 400 000 Menschen arbeiten. Die City ist ein Finanzplatz ersten Ranges: 520 Banken tätigen hier 20 % aller Transaktionen der Welt, mehr als 500 Versicherungsunternehmen sind hier ansässig, und mit einem täglichen Umsatz von rund 450 Milliarden Euro ist die Stadt weltgrößter Devisenumschlagplatz. Auch der Weltkunsthandel, symbolisiert durch die Auktionshäuser Sotheby's und Christie's, hat sein

Die City – Finanzzentrum der Welt

> **!** *Baedeker* TIPP
>
> ### Doppeldeckertour
>
> Londons Wahrzeichen, die roten Doppeldeckerbusse, wurden im Dezember 2005 endgültig abgeschafft. Jetzt müssen sich auch die Londoner in rundum geschlossene, auralose Doppeldeckerbusse oder einstöckige »Bendy Buses«, Gelenkbusse aus deutscher Fabrikation, zwängen. Für nostalgische Sightseeingtouren gibt es aber auch künftig noch zwei »Heritage«-Routemaster-Linien durch das Herz der Hauptstadt: Die Linien 9 (Kensington – Aldwych) und 15 (Trafalgar Square – Tower). Am schönsten sitzt man oben, am besten ganz vorn.

Zentrum in der britischen Hauptstadt. Alle führenden britischen Tageszeitungen erscheinen in London, wo auch die Rundfunk- und Fernsehgesellschaft BBC ihre Zentrale hat.

Im Jahre 43 n. Chr. eroberten vier römische Legionen Südengland und errichteten am Nordufer der Themse **»Londinium«**. Sie bauten eine erste Holzbrücke über den Fluss und sicherten die Stadt im Jah-

Stadtgeschichte

← *»Trooping the Colour«: Aufmarsch der Bärenfellmützen zu Ehren der Queen, deren Geburtstag offiziell im Juni gefeiert wird.*

▶ LONDON ERLEBEN

AUSKUNFT

Visit London
Victoria Station, SW 1
Tel. (0 90) 68 66 33 44
www.visitlondon.com

City of London
Tourist Information Centre
St. Paul's Churchyard, EC 4
Tel. (0 20) 73 32 14 56
U-Bahn: St. Paul's

Britain and London Visitor Centre
1 Regent Street, Piccadilly Circus, SW1
Tel. (0 20) 78 08 38 01
U-Bahn: Piccadilly Circus
www.visitbritain.org

London Information Centre
Leicester Square, Tel. (020) 72 92 23 33
U-Bahn: Leicester Square

FESTE UND EVENTS

Ende Januar: chinesisches Neujahrsfest in Chinatown
Ende März: Oxford and Cambridge Boat Race
Ende Mai: Chelsea Flower Show
Mitte Juni: Trooping the Colour (offizieller Geburtstag der Queen)
Juli – Sept.: Henry Wood Promenade Concerts in der Royal Albert Hall (schließen im September mit der Last Night of the Proms)
August: Notting Hill Carnival
5. November: Guy Fawkes Day
2. Samstag im November: Lord Mayor's Show

Theater- und Muscialkarten
tkts, Leicester Square, WC 2
Mo. – Sa. 10.00 – 19.00
So. 12.00 – 15.30 Uhr
Karten zum halben Preis für Vorstellungen am selben Tag – großer Andrang! Tickets online S. 277

LONDON PASS

Die Chipkarte verbindet die freie Fahrt in Bus, Bahn und Dockland Light Railway (DLR) mit freiem Eintritt in mehr als 55 Attraktionen wie dem Tower (www.londonpass.com). Erhältlich bei den Touristeninformationen.

VERKEHR

Wichtigstes Verkehrsmittel ist die *U-Bahn (Underground)*, die in sehr kurzen Intervallen zwischen 5.00 und 1.00 Uhr verkehrt. Flexibel und preisgünstig wird der Londoner Nahverkehr mit der *Oyster Card*, einer elektronischen Fahrkarte mit wählbarem Guthaben, und mit der *Visitor Travelcard* für U-Bahn, Busse und DLR, die 1, 3 oder 7 Tage gültig ist (►S. 123). Wer mit dem Auto in die Londoner City fahren will, muss Mo. – Fr. eine *Congestion Charge* von 8 £ bezahlen.

SHOPPING

Baedeker-Empfehlung

Susie Bubble
Keiner kennt sich so in der Londoner Modeszene aus wie Susie Bubble – in ihrem Blog http://stylebubble.typepad.com porträtiert sie die heißesten Trends und Events der Londoner Fashion-Welt.

40 000 Geschäfte, 83 Straßenmärkte, Sonntagsöffnungen: London ist ein Einkaufsparadies. Die größte Auswahl findet man im West End zwischen Oxford, Regent und Bond Street, Piccadilly und Jermyn Street, um Covent Garden und in Soho mit seinen Second-hand-Läden. Das zweite große Einkaufsviertel verteilt sich auf Knightsbridge, South Ken-

sington und Kensington. Chelsea fällt mit der King's Road etwas ab, doch lohnt sich die Sloane Street mit ihren Designerläden. Schrilles, Trash und Trödel gibt's in Camden Town. Shopping der Superlative bietet das Kaufhaus *Harrods* (▶Abb. S. 101) mit 300 Abteilungen und der legendären Food Hall in der Brompton Road. Bei *Harvey Nichols* findet man erlesenste Kreationen britischer und ausländischer Modemacher. Bei *Fortnum & Mason* am Piccadilly Circus verwöhnt seit 1707 ein sagenhafter Schlemmertempel. In der Superbrands-Abteilung von *Selfridges* an der Oxford Street sind alle Luxuslabel vertreten. Unverwechselbare Stoffe und Tücher begründeten den Weltruf des Warenhauses *Liberty's* in der Regent Street.

Das benachbarte *Hamley's*, Großbritanniens größtes Spielzeuggeschäft, lässt auf sieben Etagen Kinderträume wahr werden. *James Smith* in der New Oxford Street gilt als der Spezialist für Regenschirme, Herrenhüte von klassisch bis hip gibt es bei *Bates The Hatters* in der New Jermyn Street.

PUBS

① *Cittie of Yorke*
22 High Holborn, WC 1
U-Bahn: Holborn
Im 17. Jh. gegründeter Pub mit einer der längsten Theken Londons

② *The Fox and Anchor*
115 Charterhouse Street, EC 1
U-Bahn: Farringdon
Einstige Stammkneipe der Metzger vom Smithfield Market, heute ein Gourmet-Pub, dem der Spagat zwischen Tradition und Trend perfekt gelingt: Welsh Rarebit oder Austern-Pie? Zum Pub gehören auch 5 luxuriöse Zimmer – sämtliche Kopfteile der Betten schmücken ungewöhnliche London-Ansichten in XXL.

③ *The George Inn*
▶Baedeker Tipp, S. 281

④ *Sherlock Holmes*
10 Northumberland Street, WC 2
U-Bahn: Charing Cross
Der Schankraum ist mit Fotos aus Holmes-Filmen und Souvenirs der viktorianischen Ära dekoriert, im ersten Stock lässt sich das rekonstruierte Arbeitszimmers des Meisterdetektivs bewundern.

ESSEN

Die Gastrotests von *Time Out* sind Pflichtlektüre auf der Suche nach neuen, aufregenden Lokalen (www.timeout.com/london/restaurants).

▶ Fein & teuer

⑤ *Fifteen*
Westland Place, N1 7LP
Tel. (0 20) 3395 1515, U-Bahn: Old St.
Jamie Olivers Trendrestaurant im Retrostyle (▶Baedeker Special, S. 78). Probieren Sie das walisische Lamm aus dem Elwy Valley. Erschwinglicher als der Dining Room im Keller ist die Trattoria im Erdgeschoss.

⑥ *Gordon Ramsay*
68-69 Royal Hospital Road
Chelsea SW3, Tel. (0 20) 73 52 44 41
www.gordonramsay.com
U-Bahn: Sloane Square
Mit 31 Jahren eröffnete Starkoch Gordon Ramsey sein erstes Lokal in Kensington – heute zieren es drei Michelinsterne.

⑦ *Marcus Wareing at The Berkeley*
Wilton Place, Knightsbridge SW1

Tel. (0 20) 72 35 12 00
www.marcus-wareing.co.uk
U-Bahn: Knightsbridge
Vom Sohn eines Kartoffelhändlers
zum Spitzenkoch: Marcus Wareing,
einst Protégée von Gordon Ramsey,
ist ein Perfektionist am Herd. Mit
moderner Klassik begeistert er Gäste
wie Kritiker – und gilt heute als
Number One an der Themse.
Tea Time: ▶Special Guide, S. 7

⑧ *Orrery*
55 Marylebone High St., W 1
Tel. (0 20) 76 16 800
U-Bahn: Baker Street
Durchgestylt vom Designerpapst Sir
Terence Conran. Sonntags sind die
exzellenten Dinner am günstigsten.
Britisch-mediterrane Küche.

⑨ *The Wolseley*
160 Piccadilly, W 1
Tel. (0 20) 74 99 69 96
Angesagter Treffpunkt für Stars und
Gourmets. Zauberhaftes Ambiente
im Wiener Stil der 1920er.

⑩ *Oxo Tower Brasserie*
Barge House Street, SE 1
Tel. (0 20) 78 03 38 88
U-Bahn: Blackfriars, Waterloo
Fantastischer Panoramablick, deshalb
angesagt, aber auch teuer; austral-
asiatisches Fusion Food

▶ **Erschwinglich**
⑪ *Rules*
35 Maiden Lane, Tel. (0 20)78 36 53 14
U-Bahn: Covent Garden
Roter Plüsch und Regency-Dekor
zieren den Speisesaal von 1798, in
dem schon Dickens und der Prince
of Wales dinierten. Das Wild kommt
von der eigenen Teesdale-Farm.

⑫ *Calabash*
Africa Centre, 38 King Street, WC 2

Tel. (0 20) 78 36 19 76
U-Bahn: Covent Garden
Afrikas Küche von Nord nach Süd und
Ost nach West, und das exzellent!

⑬ *Chutney Mary*
535 Kings Road, SW1
Tel. (0 20) 73 51 31 13
U-Bahn: Fulham Broadway
Preisgekröntes Restaurant mit Klassikern und modernen indischen Trends.
Probieren Sie im von Kerzen erleuch-
teten Palmengarten ein Madras Curry
und eine Masala-Crème brûlée.

⑭ *Moro*
34-36 Exmouth Market EC1, Tel.
(0 20) 78 33 83 36, www.moro.co.uk
Die maurische Küche von Samuel und
Samantha Clark kombiniert spanische
und nordafrikanische Einflüsse so raf-
finiert, dass sie mehrfach ausgezeichnet wurde und die Londoner seit
Jahren begeistert. Drei Kochbücher
erleichtern jetzt das Nachkochen.

▶ **Preiswert**
⑮ *Chuen Cheng Ku*
17 Wardour Street, W 1
Tel. (0 20) 74 34 0533
U-Bahn: Leicester Square /
Piccadilly Circus
Klassischer, großer Dim-Sum-Tempel
in Chinatown

⑯ *Manze's*
87 Tower Bridge Road, SE 1
Tel. (0 20) 77 39 36 03
U-Bahn: London Bridge
Seit 1892 unverfälschte London-
Küche: Stammgericht ist »Pies, eels &
mash«: Erbsen, Aal und Kartoffelbrei.

ÜBERNACHTEN
▶ **Luxus**
① *Claridge's*
Brook Street, Mayfair, W 1
Tel. (0 20) 76 29 88 60

www.theclaridgeshotellondon.co.uk
U-Bahn: Bond Street
197 Z.; Art-déco-Juwel und eine der feinsten Adressen Londons; Michelin-besternt: Gordon Ramsays Küche

② **The Goring**
15 Beeston Palace
Grosvenor Gardens, SW 1
Tel. (0 20) 73 96 90 00
www.thegoring.com

U-Bahn: Victoria Station
75 Z. Seit Generationen wird das elegante edwardianische Haus von der Familie Goring mit zurückhaltendem, aber höchst aufmerksamem Service betrieben.

③ **Brown's Hotel**
Special Guide, S. 6

► **Komfortabel**
④ **Durrants**
26 George Street, W 1
Tel. (0 20) 79 35 81 31
www.durrantshotel.co.uk
U-Bahn: Bond Street
96 Z. Das älteste noch existierende Londoner Hotel, seit 1790 in Privat-besitz. Noch mit dem holzgetäfelten Charme einer Postkutschenstation.

⑤ **Pavilion Hotel**
34-36 Sussex Gardens, Hyde Park, W2
Tel. (0 20) 72 ,62 09 05
www.pavilionhoteluk.com
Bryan Ferry, Naomi Campell und Jarvis Cocker sind Stammgäste des extravaganten Boutique-Hotels, dessen 30 Z. mal kitschig, mal funky, aber immer farbenfroh gestylt sind.

⑥ **Hampstead Village Guesthouse**
2 Kemplay Road, NW 3
Tel. (0 20) 74 35 86 79
www.hampsteadguesthouse.com
Annemarie van der Meer hat die 6 Z. ihrer viktorianischen Stadtvilla im Herzen von Hampstead mit Antiqui-täten, Büchern, Nippes und Nettem eigenwillig eingerichtet.

⑦ **Windermere**
142 – 144 Warwick Way, SW 1
Tel. (0 20) 78 34 51 63
www.windermere-hotel.co.uk
U-Bahn: Victoria Station, 19 Z.
Charmantes Haus mit hübschen Zimmern. Im Pimlico Room kann man auch gut essen.

► **Günstig**
⑧ **St Christopher's Inn Village**
161 – 165 Borough High Street, SE 1
Tel. (0 20) 74 07 18 56
www.st-christophers.co.uk
25 saubere Z. mit Etagenbad und Sauna auf dem Dach, in der Nähe der London Bridge – das Haus diente übrigens als Kulisse für die Bridget-Jones-Filme.

⑨ **Garth**
69 Gower Street, WC1
Tel. (0 20) 76 36 57 61
www.garthhotel-london.com
Gepflegtes edwardianisches Stadthaus aus dem 18. Jh. mit 17 netten Z. und mediterranem Garten.

London Orientierung

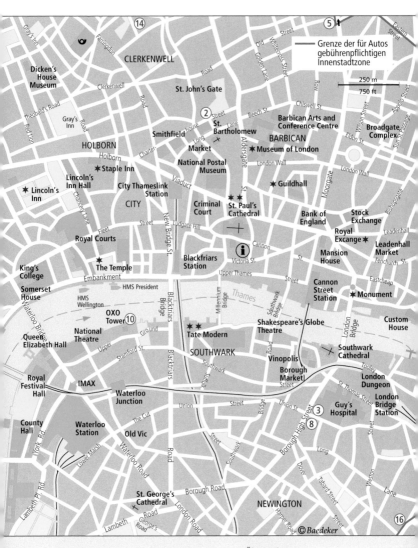

Grenze der für Autos
gebührenpflichtigen
Innenstadtzone

250 m
750 ft

CLERKENWELL

Dicken's
House
Museum

Gray's
Inn

Theobald's Road

St. John's Gate

Clerkenwell Road

HOLBORN

Holborn

★ Staple Inn

Lincoln's
Inn Hall

★ Lincoln's
Inn

City Thameslink
Station

CITY

Smithfield

St.
Bartholomew

Smithfield
Market

National Postal
Museum

Viaduct

Criminal
Court

★★
St. Paul's
Cathedral

BARBICAN

Barbican Arts and
Conference Centre

Broadgate
Complex

★ Museum of London

London Wall

London Wall

★ Guildhall

Bank of
England

Stock
Exchange

Royal
Excange ★

Leadenhall
Market

Mansion
House

★ Monument

Custom
House

Royal Courts

King's
College

★ The Temple

Embankment

Somerset
House

HMS President

HMS
Wellington

OXO
Tower ⑩

National
Theatre

Queen
Elizabeth Hall

Royal
Festival
Hall

IMAX

County
Hall

Blackfriars
Station

Upper Thames

Thames

Blackfriars
Bridge

Millennium
Bridge

★★
Tate Modern

SOUTHWARK

Shakespeare's Globe
Theatre

Southwark
Bridge

Cannon
Street
Station

London
Bridge

Southwark
Cathedral

Vinopolis

Borough
Market

Waterloo
Junction

Waterloo
Station

Old Vic

St. George's
Cathedral

Guy's
Hospital ③

⑧

London
Dungeon

London
Bridge
Station

NEWINGTON

© Baedeker

Essen

① Cittie of Yorke
② The Fox and Anchor
③ The George Inn
④ Sherlock Holmes
⑤ Fifteen
⑥ Gordon Ramsay
⑦ The Berkeley
⑧ Orrery

⑦ The Wolseley
⑧ Oxo Tower Brasserie
⑨ Rules
⑩ Calabash
⑪ Chutney Mary
⑫ Moro
⑬ Chuen Cheng Ku
⑭ Manze's

Übernachten

① Claridge's
② The Goring
③ Brown's Hotel
④ Durrants
⑤ Pavilion Hotel
⑥ Hamstead Village
   Guesthouse
⑦ Windermere

⑧ St Christopher's
   Inn Village
⑨ Garth

re 200 mit einer 5 km langen Mauer, die für 1000 Jahre die Stadtgrenze bilden sollte. Ab 240 war Londinium die Hauptstadt von Britannien, bis die Legionen zur Verteidigung Roms abgezogen wurden und Kaiser Honorius 410 die britischen Städte in die Unabhängigkeit entließ. Um 450 errichteten die **Angelsachsen** den Hafen »Lundenwic«. 604 gründete König Ethelbert die Kathedrale St. Paul's, 750 folgte das Kloster St. Peter, die spätere Westminster Abbey. Am »Strand« blühten Schifffahrt und Handel. 796 wurde London Hauptstadt von Essex, 802 Residenz von König Egbert, 886 unter Alfred dem Großen neben Winchester Hauptstadt seines Reiches, 1016 stieg London unter Knut I. zur alleinigen Hauptstadt auf.

43	Die Römer gründen »Londinium«.
Um 450	Sächsischer Hafen »Lundenwic«
886	Alfred der Große macht London zur Hauptstadt.
1066	Krönung Wilhelms des Eroberers in Westminster Abbey
1176	Erste Steinbrücke über die Themse
1189	Erster Lord Mayor
1565	Gründung der Börse
1666	Great Fire
1863	Erste U-Bahnlinie
1940/1941	Schwere deutsche Luftangriffe
1982	Beginn der Sanierung der Docklands
2000	Erstmals wird ein Oberbürgermeister gewählt.
2005	Terroranschläge in der Londoner U-Bahn
2012	Olympische Spiele

Sicherung der Unabhängigkeit ▶
Nach der Schlacht bei Hastings 1066 ließ sich Wilhelm der Eroberer in Westminster Abbey krönen und gab der Stadt Privilegien, die bis heute gelten. 1176 wurde die alte Holzbrücke durch die steinerne London Bridge ersetzt. 1189 wählten die Zünfte Henry Fitzailwyn zum ersten Lord Mayor.

Wirtschaftlicher Aufstieg und Rückschläge ▶
1565 gründete Thomas Gresham die Börse; am Ende des 16. Jh.s war die 300 000 Einwohner zählende Stadt der **bedeutendste Handelsplatz der Welt**. 1605 versuchte der Katholik Guy Fawkes mit dem »Gunpowder Plot«, das Parlament in die Luft zu sprengen. Während der **Bürgerkriege** wurde Karl I. 1649 in Whitehall enthauptet. Die **Pest** forderte zwischen 1664 und 1666 über 100 000 Tote; im September 1666 legte das **Große Feuer** in vier Tagen vier Fünftel der Stadt in Schutt und Asche. Beim Wiederaufbau drückte Sir Christopher Wren mit 53 Kirchbauten, darunter St. Paul's Cathedral, der Stadt seinen Stempel auf. Das wachsende Kolonialreich ließ die Wirtschaft prosperieren und führte zur Gründung der Bank von England im Jahr 1694.

Lunch Break: Londoner Banker bei der Mittagspause im Park

Unter den **hannoveranischen Königen** stieg England zur **Weltmacht** auf. 1801 hatte London 860 000 Einwohner. Unter Queen Victoria erlebte die Stadt ihre größte städtebauliche Entwicklung. Der **Ausbau der Eisenbahn** ließ einen breiten Gürtel von Wohnvorstädten entstehen. 1863 fuhr die erste **U-Bahn** von Bishop's Road nach Farringdon. Auch eines der dunkelsten Kapitel der Stadtgeschichte fällt in diese Zeit: 1888 trieb Jack the Ripper im East End sein Unwesen.

In beiden **Weltkriegen** war London Ziel deutscher Luftangriffe. Die Luftschlacht um England 1940 / 1941 und die V-Waffen vom Juni 1944 an forderten über 30 000 Tote; drei Viertel aller Londoner Gebäude wurden getroffen. Erster Höhepunkt der Nachkriegszeit war 1952 die Krönung von **Queen Elizabeth II.** in Westminster Abbey. In den 1960er-Jahren spiegelte »Swinging London« das neue Lebensgefühl der jungen Generation; 1997 betrauerte die Welt in London den Tod von Lady Di. Mit neuen Wahrzeichen – London Eye, Millennium Bridge und Millen-

◀ Hauptstadt des Empire

i London 2012

- Vom 27. Juli bis 12. August 2012 ist London nach 1908 und 1948 Gastgeber der XXX. Olympischen Sommerspiele, vom 29. August bis 9. September folgen die Paralympics. Zentraler Standort ist East-London mit dem Olympia-Park im Lower Lea Valley (LLV) und der Gastgemeinde Stratford. Der 500 ha große Park ist der größte neue urbane Park in Europa seit 150 Jahren. Hinzu kommen weitere zwölf Londoner Austragungsstätten für bestimmte Sportarten, die derzeit olympiatauglich gemacht werden: die O2 Arena (Turnen), ExCel (u. a. Boxen, Tischtennis), Greenwich Park (Reiten, moderner Fünfkampf), Horse Guards (Beach Volleyball), Regents Park (Straßenradrennen), Wembley (Fußball) und Wimbledon (Tennis). Für die Segelwettbewerbe macht sich Weymouth fit (www.london2012.com).

Highlights London

British Museum
Die Schätze dieser Erde
► **Seite 265**

Greenwich
Wo Britanniens Seemacht wuchs.
Hin oder zurück mit dem Boot!
► **Seite 282**

Harrods
Legendäres Kaufhaus
► **Seite 250, 251**

London Eye
Die Stadt von oben für ganz Mutige
► **Seite 281**

Natural History Museum
Wenn Kinder dabei sind: ein Muss!
► **Seite 280**

Oxford Street und Regent Street
Shopping ohne Ende
► **Seite 279**

Tower
Ein Blick auf die Kronjuwelen
► **Seite 261**

Westminster Abbey
Englands Krönungskirche
► **Seite 272**

Whitehall
Unbewegliche Wachsoldaten
hoch zu Ross
► **Seite 269**

National Gallery
Europäische Kunst aus acht Jahrhunderten
► **Seite 264**

nium Dome – begrüßte London das neue Jahrtausend und wählte erstmals mit Ken Livingstone einen Oberbürgermeister. Im Sommer 2005 durchlebte die Stadt binnen weniger Tage höchste Freude und tiefste Trauer: Auf den Freudentaumel über die Ausrichtung der **Olympischen Spiele 2012** folgte das Entsetzen über die Terroranschläge in der U-Bahn.

Westliche City

U-Bahn: Temple, St. Paul's

Das Temple Bar Memorial markiert die Grenze zwischen City und Westminster Abbey. Will der König die City betreten, muss er am Denkmal von 1880 symbolisch den Lord Mayor um Erlaubnis bitten.

✶ **Temple**

Den Westen der City zwischen Themse und Theobalds Road prägen die vier »**Inns of Court**«, die Schulen der Londoner Gerichtsbarkeit – Middle und Inner Temple, Gray's Inn und Lincoln's Inn. Die Justizarchitektur ergänzen an der Fleet Street die neogotischen Royal Courts of Justice mit 1000 Räumen und der Kriminalgerichtshof »**Old Bailey**«.

Fleet Street

Fleet Street war bis in die späten 1980er-Jahre das Zentrum der britischen Presse – Ende des 15. Jh.s wurde hier die erste Druckerpresse aufgestellt, 1702 mit dem »Daily Courant« die erste Tageszeitung verlegt. Treffpunkt in der Fleet Street ist der Pub »Ye Old Cheshire Cheese« von 1667.

In der ältesten Pfarrkirche der City, St. Bartholomew-the-Great, 1123 am West Smithfield vom Mönch Rahere gegründet, wurde der Maler und Kupferstecher William Hogarth getauft. Der 800 Jahre alte **Smithfield Meat Market** wurde jüngst für 70 Mio. £ in seinen viktorianischen Hallen zu einem der modernsten Fleischmärkte der Welt modernisiert.

✱
St. Bartholomew-the-Great

Das größte Stadtmuseum der Welt lädt am London Wall zu einem Streifzug durch Londons Vergangenheit – seit Mai 2010 mit völlig neu gestalteten Sälen. Prunkstück ist die goldene Kutsche des Lord Mayor; sehenswert ist die Audiovisionsschau »Fire of London« zum Großen Brand 1666 (Öffnungszeiten: Mo. – Sa. 10.00 – 17.50, So. ab 12.00 Uhr; www.museumoflondon.org.uk).

✱
Museum of London

Seit 604 erhebt sich eine dem Heiligen Paulus geweihte Kirche über London. Nach ihrer Zerstörung beim Großen Brand von 1666 wurde sie 1675 – 1711 nach Plänen von Sir Christopher Wren als 170 lange Kathedrale mit einer 111 m hohen Kuppel wieder aufgebaut. Im lin-

✱ ✱
St. Paul's Cathedral

Wahrzeichen der City: St. Paul's Cathedral

ken Turm hängt die größte Glocke Englands, die 17 t schwere »Great Paul« von 1882. In der **All Souls Chapel** wird Lord Kitcheners gedacht; im nördlichen Querschiff stehen Statuen von Joshua Reynolds und Dr. Samuel Johnson, im Umgang des Chorraums eine Skulptur von John Donne, bei den Pfeilern des Hauptschiffs das Wellington-Monument. In der weitläufigen **Krypta** ruhen britische Persönlichkeiten: die Maler Constable, Turner, Landseer und Reynolds, der Penicillin-Entdecker Alexander Fleming, Wellington, Admiral Nelson und Christopher Wren. In der **Whispering Gallery** (Flüstergalerie) hört man selbst von der 48 m im Halbkreis entfernten gegenüberliegenden Seite jedes geflüsterte Wort. Von der **Kuppellaterne** genießt man einen wunderbaren Blick über die Stadt (www.stpauls.co.uk).

Östliche City

**U-Bahn:
Mansion House,
Bank**

Von der ursprünglich 1411 erbauten **Guildhall** an der Gresham Street sind nur wenige Mauern erhalten; der größte Teil des Rathauses der City wurde nach 1666 in neugotischem Stil errichtet. Die Great Hall, Tagungsort des Common Council, schmücken die Banner der zwölf großen Londoner Gilden. Das Clockmakers' Company Museum besitzt eine erlesene Uhrensammlung (Öffnungszeiten: Mo. – Fr. 9.30 bis 16.30 Uhr).

Bank of England

Rund um die U-Bahn-Station Bank stehen drei der wichtigsten Gebäude der City: das **Mansion House**, Amtssitz des Lord Mayor, die 1694 durch königliche Charta gegründete **Bank of England** mit angeschlossenem Museum (Öffnungszeiten: Mo. – Fr. 10.00 – 17.00 Uhr, www.bankofengland.co.uk/education/museum/) und die **Royal Exchange**, 1565 von Thomas Gresham gegründet. Das 61,5 m hohe »**Monument**« am Ende der King William Street wurde 1671 – 1677 zur Erinnerung an den Großen Brand nach Entwürfen von Wren errichtet. Von der Plattform der Steinsäule hat man einen herrlichen Blick über die City. Südlich vom Monument überspannt die **London Bridge** die Themse.

? WUSSTEN SIE SCHON …?

■ … dass eine London Bridge in Lake Havasu, Arizona, steht? Es ist die 1831 an Stelle der mittelalterlichen Brücke gebaute, die 1968 an einen amerikanischen Millionär verkauft wurde. Man munkelt, er wäre beim Auspacken zu Hause enttäuscht gewesen, denn eigentlich hatte er sich in die Tower Bridge verguckt.

**★★
Tower Bridge**

Das Wunderwerk viktorianischer Baukunst wurde nach achtjähriger Bauzeit 1894 fertig gestellt. Die beiden Hälften der Zugbrücke können in 90 Sekunden nach oben gezogen werden, um Schiffe passieren zu lassen. Heute geschieht dies elektrisch, doch kann die alte, dampfgetriebene Hydraulikanlage noch besichtigt werden. In den beiden 65 m hohen Türmen erläutern Ausstellungen Geschichte und Technik der Brücke. (Öffnungszeiten: April – Sept. tgl. 10.00 – 18.30, Okt. – März 9.30 – 18.00 Uhr, www.towerbridge.org.uk).

Entrée an der Themse: Londons Tower Bridge

✳ ✳ Tower

In seiner 900-jährigen Geschichte diente der Tower, im 11. Jh. unter Wilhelm dem Eroberer fertig gestellt, als königliche Residenz, Gefängnis, Hinrichtungsplatz, Münze, Waffenlager, Menagerie und Safe für die Kronjuwelen. Die schottischen Könige David II. und Jakob I., Sir Walter Raleigh und William Penn waren unter den Eingekerkerten; Heinrich VI., Edward V., Thomas More und auch Heinrichs VIII. Gattinnen Anne Boleyn und Katharine Howard wurden hier hingerichtet.

U-Bahn: Tower Hill

Die Bewachung des Towers obliegt den **Yeoman Warders**, die allabendlich um 21.40 Uhr die feierliche Schlüsselübergabe vornehmen. Wer sie beobachten will, muss einen schriftlichen Antrag an The Ceremony of the Keys, Tower of London, EC3N 4AB, stellen. Im Tower werden noch heute sechs Raben gehalten, die ihn der Legende nach nie verlassen dürfen – ansonsten ginge das Empire unter (Öffnungszeiten: März – Okt. Di. – Sa. 9.00 – 17.30, So., Mo. 10.00 – 17.00,

◀ Ceremony of the Keys

🕐

Tower *Orientierung*

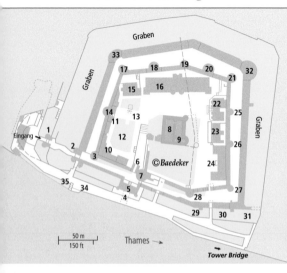

1	Middle Tower	18	Flint Tower
2	Byward Tower	19	Bowyer Tow
3	Bell Tower	20	Brick Tower
4	Traitor's Gate	21	Martin Tow
5	St. Thomas's Tower	22	Fusiliers' Museum
6	Bloody Tower	23	Former Hospital
7	Wakefield Tower	24	Workshop
8	White Tower	25	Constable Tower
9	Chapel of St. John the Evangelist	26	Broad Arrow Tower
10	Queen's House	27	Salt Tower
11	Gaoler's House	28	Lanthorn Tower
12	Tower Green	29	Cradle Tow
13	Scaffold site	30	Well Tower
14	Beauchamp Tower	31	Develin Tow
15	Royal Chapel of St. Peter ad Vincula	32	Brass Moun
16	Waterloo Barracks mit Kronjuwelen	33	Legge's Mount
17	Devereux Tower	34	Tower Whar
		35	Queen's Sta

Der Wächter des Tower weiß Rat.

Nov. – Feb. Di. – Sa. 9.00 – 16.30, So., Mo. 10.00 – 16.00 Uhr, letzter Einlass 1 Std. vorher; www.hrp.org.uk).

Outer Ward: An der Traitor's Gate (Verrätertor) wurden die in Westminster Verurteilten mit dem Boot angelandet. Im Bell Tower wurde Prinzessin Elizabeth (die spätere Elizabeth I.) festgehalten; im Bloody Tower ließ Richard III. 1483 die Söhne Edwards IV. ermorden, im Wakefield Tower soll Heinrich VI. ermordet worden sein.

Im **Inner Ward** steht das Kommandantengebäude **Queen's House**, in dem Anne Boleyn ihre letzten Tage verbrachte, und das Haus des Kerkermeisters und Scharfrichters, **Yeoman Gaoler's House**. In der **Royal Chapel of St. Peter and Vincula** befinden sich die Gräber von Thomas More, Anne Boleyn, Katharine Howard und Jane Grey, die im Tower verstarben. Im **Jewel House** in den Waterloo Barracks werden die Kronjuwelen aufbewahrt.

Die wertvollsten Stücke sind die für Queen Victoria gefertigte Imperial State Crown mit einem der beiden »Sterne von Afrika« – der zweite ist im Royal Sceptre eingearbeitet. Die Queen Elizabeth's Crown trägt mit dem **»Koh-i-Noor«** (»Berg des Lichts«) den berühmtesten Diamanten der Welt. Im Zentrum der Festung erhebt sich der mächtige **White Tower**, der 1078 bis 1100 auf Befehl von Wilhelm dem Eroberer aus weißen Steinen aus Caen in der Normandie erbaut wurde. Im 28 m hohen Turm ist eine Waffen- und Rüstungssammlung ausgestellt, die Stücke aus dem persönlichen Besitz von Heinrich VIII. und die vergoldete Rüstung Karls I. enthält.

✴ ✴
◄ Kronjuwelen

❓ WUSSTEN SIE SCHON …?

■ … dass sich der einstige Wassergraben um den Tower im Winter in eine Schlittschuhbahn verwandelt? Leihschuhe gibt es vor Ort (www.toweroflondonicerink.com).

Strand und Covent Garden

Der »Strand« bildet die Hauptverbindung von der City zum West End. **U-Bahn**: Temple, Holborn, Covent Garden. Vorbei an **St. Mary-le-Strand**, ebenfalls von Wren, erreicht man Somerset House, 1777 bis 1786 von Sir William Chambers erbaut. Im Ostflügel ist das berühmte King's College der University of London untergebracht, der Westflügel birgt die kostbare Sammlung impressionistischer Gemälde, die vom Großindustriellen Samuel Courtauld zusammengetragen wurden, sowie Meisterwerke von Botticelli, Rubens und Goya (Öffnungszeiten: tgl. 10.00 – 18.00 Uhr, www.courtauld.ac.uk). Im Südtrakt befand sich bis 2008 die Gilbert Collection, die Ende 2009 in einen Flügel des V & A Museums wiedereröffnet wird (► S. 279).

Somerset House

✴ ✴
◄ Courtauld
Institute

Covent Garden beherbergte 300 Jahre lang Londons Blumen- und Gemüsemarkt und ist heute ein Shoppingplatz mit schicken Geschäften, Straßenkünstlern und zwei Museen: dem Ende 2007 wieder eröffneten **London Transport Museum**, das u. a. die erste elektrische U-Bahn der Welt und die neuen Londoner Busse vorstellt (www.ltmuseum.co.uk; Öffnungszeiten: Sa. – Do. 10.00 – 18.00, Fr. 11.00 bis 21.00 Uhr). An der Westseite von Covent Garden erhebt sich die Schauspielerkirche **St. Paul's Church**, die Inigo Jones 1633 erbaute.

✴
Covent Garden

✴ ✴ Trafalgar Square

Blickfang am Trafalgar Square ist die 1840 – 1843 zu Ehren Lord Nelsons errichtete Säule mit dem Standbild des Admirals, der am 22. Oktober 1805 vor dem spanischen Kap Trafalgar die französisch-spanische Flotte besiegte. Am Sockel verzeichnen aus französischen Kanonen gegossene Reliefs die vier großen Siege des Nationalhelden. Unterhalb der Brüstung zur National Gallery sind die alten britischen Längenmaße »Imperial Standards of Length« – 1 foot, 2 feet, 1 imperial yard – eingelassen.

Nelson Column

◄ U-Bahn:
Charing Cross

An der Nordostecke steht die 1726 geweihte, 2006 – 2008 restaurierte **St. Martin-in-the-Fields**, entworfen vom Wren-Schüler James Gibb. Sie ist die Kirche der Admiralität und des Königshofs. Jeden Do.-, Fr.- und Sonnabend lädt das weltberühmte Kammerorchester der Academy of St. Martin-in-the-Fields zu Barockkonzerten bei Kerzenlicht. Tickets für die beliebten »**Concerts by Candlelight**« sind online unter www.st-martins-in-the-fields.org.uk buchbar.

✶
Konzerte
bei Kerzenlicht ►

✶✶
National Gallery

Die Nordseite des Trafalgar Square dominiert die National Gallery, mit 2300 Gemälden europäischer Künstler aus der Zeit von 1250 bis 1900 eine der bedeutendsten Gemäldesammlungen der Welt. Das Computersystem »Micro Gallery« informiert ausführlich über die Bestände. Der von den Brüdern Sainsbury gestiftete neue Flügel hat **Gemälde von 1260 bis 1510** aufgenommen, darunter von Fra Angelico, Piero della Francesca (»Christi Taufe«), Bellini (»Pietà«), Botticelli, Leonardo da Vinci (»Jungfrau und Kind mit hl. Anna und Johannes dem Täufer«, »Leonardo-Karton«) und Raffael (»Madonna mit den Nelken«), Jan van Eyck (»Hochzeit der Arnolfini«), Hans Memling (»Marienaltar«) und Hieronymus Bosch (»Christus mit Dornenkrone«). Im Westflügel sind **Gemälde von 1510 bis 1600** ausgestellt: Michelangelo (»Grablegung Christi«), Tizian (»Venus und Adonis«), Tintoretto, Veronese, El Greco, Dürer (»Bildnis des Vaters«), Hans Holbein d. J. und Pieter Bruegel. **Zwischen 1600 und 1700** entstanden die Werke im Nordflügel: Rubens (»Raub der Sabinerinnen«), van Dyck (»Karl I. zu Pferd«), Frans Hals, Rembrandt (»Saskia und Flora«), Vermeer, Velázquez, Zurbarán, Murillo und Nicolas Poussin. Im Ostflügel sind Werke aus der Zeit **von 1700 bis 1920** zu sehen: Hogarth, Reynolds, Gainsborough (»Morgenspaziergang«), Constable, Turner (»Margate von See aus«), Watteau, Delacroix, Daumier, Monet (»Wasserlilienteich«), Manet, Degas (»Tänzerinnen«), Cézanne (»Les Grandes Baigneuses«), van Gogh (»Sonnenblumen«), Goya und Canaletto (Öffnungszeiten: tgl. 10.00 – 18.00, Fr. bis 21.00 Uhr, www.national gallery.org.uk).

✔ NICHT VERSÄUMEN

- Jan van Eyck: »Ehepaar Arnolfini«
- Sandro Botticelli: »Venus und Mars«
- Hans Holbein d. J.: »Die Gesandten«
- Leonardo da Vinci: »Felsengrotten-Madonna«
- Rembrandt: Selbstporträt mit 34 Jahren
- D. Velázquez: »Venus vor dem Spiegel«
- John Constable: »Der Heuwagen«

✶✶
National Portrait Gallery

Die National Portrait Gallery am St. Martin's Place präsentiert Porträts berühmter Briten aus 400 Jahren. Zu ihnen gehören die lebensgroße Darstellung Heinrichs VIII. von Hans Holbein d.J., Elizabeth I. von einem unbekannten Künstler, Selbstbildnisse von Hogarth und Reynolds, ein Bildnis von James Cook von John Webber, Sir Walter Scott von Landseer und das Dreierbildnis der Schwestern Brontë, gemalt von ihrem Bruder Branwell (Öffnungszeiten: tgl. 10.00 – 18.00, Do., Fr. bis 21.00 Uhr, www.npg.org.uk).

✱ ✱ British Museum

Das 1753 gegründete British Museum in Bloomsbury besitzt eine der umfangreichsten und bedeutendsten Kunstsammlungen aus allen Teilen der Erde. Kassen, Museumsshop und Cafeteria sind im **Great Court** zu finden, den Stararchitekt Lord Norman Foster 1999 mit einem Glasdach überkuppelt hat. Er umschließt den weltberühmten, kreisrunden Lesesaal (Reading Room), in dem schon Karl Marx, George Bernard Shaw und Mahatma Gandhi arbeiteten. Der Saal wurde von Sidney Smirke entworfen und 1857 vollendet (Öffnungszeiten: tgl. 10.00 – 17.30 Uhr, Do., Fr. einige Galerien auch länger; www.britishmuseum.org; U-Bahn: Russell Square).

✔ NICHT VERSÄUMEN

- Ägyptische Kolossalbüsten (Saal 4)
- Löwenjagdreliefs: Vergnügen der assyrischen Könige (Saal 10)
- Nereiden-Monument (Saal 17)
- Skulpturen vom Parthenon-Tempel der Akropolis in Athen (Saal 18)
- Schiffsgrab von Sutton Hoo (Saal 41)
- Mildenhall Treasure: der Schatz der Römer (Saal 49)
- Ägyptische Mumien (Säle 61–65)
- Great Court und Reading Room: wo Karl Marx und Mahatma Gandhi studierten.

British Museum: faszinierende Architektur – herausragende Sammlung

British Museum *Orientierung*

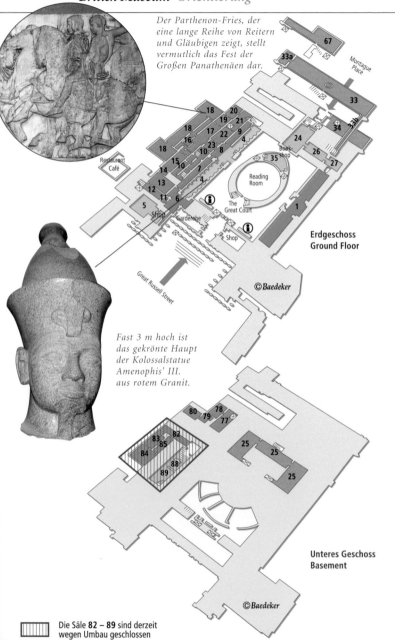

Der Parthenon-Fries, der eine lange Reihe von Reitern und Gläubigen zeigt, stellt vermutlich das Fest der Großen Panathenäen dar.

Fast 3 m hoch ist das gekrönte Haupt der Kolossalstatue Amenophis' III. aus rotem Granit.

Montague Place

67

33a

33

34

24

26

27

Book shop

35

18
20
19 21
17 22
16 23
18
8
4
15 10 7
14
4
13
12 11 6
5

Restaurant Café

Reading Room

The Great Court

1

Shop

Garderobe

Shop

Great Russell Street

Erdgeschoss
Ground Floor

©Baedeker

80 78
79 77

83 82
85
84
88
89

25
25

25

Unteres Geschoss
Basement

©Baedeker

Die Säle **82 – 89** sind derzeit wegen Umbau geschlossen

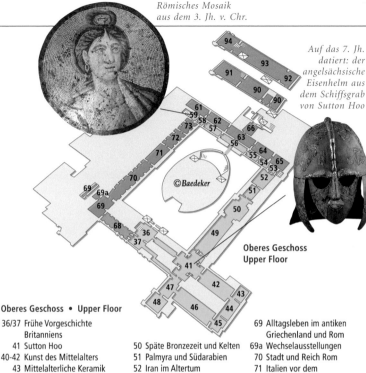

Römisches Mosaik aus dem 3. Jh. v. Chr.

Auf das 7. Jh. datiert: der angelsächsische Eisenhelm aus dem Schiffsgrab von Sutton Hoo

Oberes Geschoss Upper Floor

Oberes Geschoss • Upper Floor

36/37 Frühe Vorgeschichte Britanniens
41 Sutton Hoo
40-42 Kunst des Mittelalters
43 Mittelalterliche Keramik
44 Zeitmesser, Uhren
45 Waddesdon-Nachlass
46-47 Europa im 15.–19. Jh.
48 Europa und Amerika im 20. Jh.
49 Britannien zur Römerzeit

50 Späte Bronzezeit und Kelten
51 Palmyra und Südarabien
52 Iran im Altertum
53-54 Anatolien im Altertum
55-56 Mesopotamien im Altertum
57-59 Antike Levante
61-65 Ägypten
66 Koptisches Ägypten
68 Münzen und Medaillen

69 Alltagsleben im antiken Griechenland und Rom
69a Wechselausstellungen
70 Stadt und Reich Rom
71 Italien vor dem Römischen Reich
72 Zypern im Altertum
73 Hellenistisches Süditalien
90 Drucke und Zeichnungen
91 Asien
92-94 Japan

Erdgeschoss • Ground Floor

1 Ausgrabungen des 18. Jh.s
4 Ägyptische Großplastiken
5 Wechselausstellungen
6 Assyrische Skulpturen
7/8 Nimrod
9 Ninive
10 Chorsabad und Assyrien
11 Kykladen in der Bronzezeit
12 Griechische Bronzezeit
13/14 Archaisches Griechenland
15 Athen und Lycia

16 Bassae (¹/₂ Treppe höher)
17 Nereiden
18 Skulpturen v. Parthenon
19 Akropolis
20 Payava-Grabmal
21 Mausoleum von Halikarnassos
22 Hellenistische Welt
23 Griechische und römische Skulpturen

24 Wellcome Trust-Galerie
26 Nordamerika
27 Mexiko
33 Kunst aus Süd- und Südostasien, China
33a Amaravati-Skulpturen
33b Chinesische Jade
34 Islamische Kunst (1 Treppe tiefer)
35 Wechselausstellungen
67 Korea

Unteres Geschoss • Basement

25 Afrika
77 Griechische und römische Architektur
78 Klassische Inschriften

79-80 Frühgriechische Skulpturen
82 Ephesos
83 Römische Skulptur
84 Townley-Saal

85 Porträtskulpturen
88 Archäologie und Neues Testament
89 Assyrien

Herausragende Exponate: Saal 4: Ägyptische **Kolossalbüsten** von Ramses II. und Amenophis III. aus Theben-West und der **Stein von Rosette**, (195 v. Chr.), eine schwarze Basalttafel, durch die die Entzifferung der Hieroglyphenschrift gelang.

Säle 6–10: Assyrische Kunst aus den Königspalästen in Nimrud, Khorsabad und Ninive, darunter **Löwenjagdreliefs** aus der Zeit Assurbanipals aus seinem Palast in Ninive (7. Jh. v. Chr.).

Saal 17: **Nereiden-Monument**, ein auf 380 v. Chr. datiertes Grabgebäude aus Xanthos, das griechische und persische Elemente vereint.

Saal 18: **»Elgin Marbles«** – Skulpturen vom Parthenon der Akropolis in Athen, darunter das »Pferd der Selene« vom Ostgiebel und der größte erhaltene Teil des Parthenon-Frieses.

Saal 21: Funde aus dem **Mausoleum von Halikarnassos** und vom Artemis-Tempel in Ephesos.

Saal 25: **Nigerianische Messingtafeln** vom königlichen Palastdach aus Benin (16. Jh.).

Saal 41: **Schiffsgrab von Sutton Hoo** – Funde aus einem angelsächsischen Hügelgrab des 7. Jh.s – der König wurde prachtvoll im Rumpf eines Langschiffes bestattet.

Saal 42: **»Lewis Chessmen«** – Schachfiguren der Wikinger aus Walross- und Walzähnen von der Hebrideninsel Lewis (um 1200).

Saal 49: **Mildenhall Treasure** – in Suffolk gefundener römischer Silberschatz aus dem 4. Jh. n. Chr.

Saal 50: **»The Lindow Man«**, ca. 2000 Jahre alte mumifizierte Leiche eines Mannes aus dem Moor von Cheshire.

Im roten Rock: die Queen's Life Guards bei der Wachablösung

Saal 61–63: **Ägyptische Mumien** und Sarkophage sowie Papyri, darunter die berühmten Totenbücher.
Saal 70: **Portland-Vase** – vollendete römische Kameo-Glaskunst.

✱ ✱ Whitehall

Whitehall ist das britische Synonym für Regierung und Bürokratie. Vor dem Haupteingang des alten Whitehall Palace, der der Straße ihren Namen gab, halten **Horse Guards** vom Corps der Household Cavalry mit stoischer Ruhe Wache. Ihre Geschichte erzählt das **Household Cavalry Museum**. Die berühmte Wachablösung ist eine Touristenattraktion ersten Ranges und findet bei nahezu jedem Wetter werktags um 11.00, sonntags um 10.00 Uhr statt.

U-Bahn:
Charing Cross,
Embankment,
Westminster
✱
◄ Wachablösung

Gegenüber erhebt sich Banqueting House, letzter Rest des Whitehall Palace, der im 13. Jh. Sitz der Erzbischöfe von York war. Heinrich VIII. ließ ihn zur königlichen Residenz ausbauen; hier heiratete er Anne Boleyn, hier starb er. Auch Oliver Cromwell lebte und starb in diesen Mauern, und vor dem Gebäude wurde Karl I. geköpft. Der Palast brannte 1619 ab, der Neubau von Inigo Jones war 1622 vollendet. Schönster Raum ist die 18 m hohe Banqueting Hall mit einem **Deckengemälde von Rubens** (geöffnet: Mo. – Sa. 10.00 – 17.00 Uhr).

✱
Banqueting
House
◄ www.hrp.org.uk
🕐

Seit 1735 ist **10 Downing Street** die offizielle Adresse jedes britischen Premierministers. Am **Cenotaph** (»leeres Grab«) in der Straßenmitte von Whitehall wird alljährlich am 11. November ein Gedenkgottesdienst zu Ehren der britischen Opfer beider Weltkriege abgehalten.

Downing Street

Von den bombensicheren, unterirdischen 19 Räumen der Cabinet War Rooms operierten Churchill und sein Kabinett während des Zweiten Weltkriegs. Das 90-jährige Leben des Kriegspremiers dokumentiert das **Churchill Museum** (Öffnungszeiten: April – Sept. tgl. 9.30 – 18.00, Okt. – März tgl. 10.00 – 18.00 Uhr).

Cabinet War
Rooms
🕐

✱ ✱ Houses of Parliament

Der offizielle Name des Parlamentsgebäudes – The Palace of Westminster – erinnert an den alten Königspalast, der unter Edward dem Bekenner erbaut worden war und nach der Verlegung der Residenz in den Whitehall Palace ab 1547 als Parlamentssitz diente. Die heutigen Gebäude wurden 1840 – 1888 nach Entwürfen von Sir Charles Barry errichtet. Schon 1852 fand hier die erste offizielle Parlamentseröffnung statt. Den besten Blick auf die imposante Fassade hat man vom gegenüberliegenden Themseufer. Den Hauptakzent setzt der Uhrturm von **»Big Ben«**, der seinen Namen einer nach Sir Benjamin Hall benannten Glocke verdankt, deren Klang als Pausenzeichen von BBC in alle Welt getragen wird. Tagt das Parlament, wird auf dem Victoria Tower der **Union Jack** gehisst.

U-Bahn:
Westminster

HOUSES OF PARLIAMENT

✳ ✳ **Hier schlägt das Herz der englischen Demokratie – im Unterhaus, wo die wichtigen politischen Entscheidungen fallen, und im Oberhaus, dessen Einfluss heutzutage recht gering ist. Seinen glanzvollsten Tag erlebt das Parlament beim »State Opening of the Parliament«, der feierlichen Eröffnung durch die Queen im November eines jeden Jahres.**

Öffnungszeiten:
Während der sommerlichen Sitzungsperiode werden Führungen angeboten: Juli und Aug. Mo., Di., Fr. und Sa. ab 9.15 Uhr, Mi. und Do. ab 13.15 Uhr; Sept. und Okt. dsgl., nur Di. ebenfalls erst ab 13.15 Uhr (Ticketbüro Abingdon Green gegenüber Parlament und Victoria Tower Gardens). Auch bei Sitzungen von Oberhaus und Unterhaus kann man zusehen. Das Oberhaus tagt Mo. – Mi. ab 14.30, Do. und Fr. ab 11.00 Uhr; Unterhaussitzungen Mo. ab 14.30, Di. – Do. ab 11.30, Fr. ab 9.30 Uhr. Der Eingang für beide Häuser ist St. Stephen's Entrance an der Westseite, wo man sich in die Schlange einreiht – am besten deutlich vor Sitzungsbeginn oder zwei Stunden danach.

① Victoria Tower
Der 1858 erbaute Victoria Tower ist mit einer Seitenlänge von 23 m und einer Höhe von 102 m der größte quadratische Turm der Welt.

② St. Stephen's Entrance
Eingang für Besucher

③ St. Stephen's Hall
Hier tagte von 1547 bis 1837 das Unterhaus.

④ Westminster Hall
Der einzige Überrest von Westminster Palace ist ein Ort der Geschichte: U. a. fanden hier die Prozesse gegen Richard II. und Thomas More statt.

⑤ Big Ben
Das Wahrzeichen Londons schlechthin. Der 1858 / 1859 errichtete Turm ist 97,5 m hoch. Die Zifferblätter der Uhr haben einen Durchmesser von fast 8 m, die Zeiger sind fast 4 m lang.

⑥ House of Commons
Hier tagt das Unterhaus. Regierung und Opposition sitzen sich gegenüber, säuberlich getrennt durch eine rote Linie auf dem Teppich – genau zwei Schwertlängen auseinander.

⑦ House of Lords
Hier tritt das Oberhaus zusammen, verliest die Queen bei der Parlamentseröffnung die Regierungserklärung. Die Wandmalereien am Südende zeigen Ereignisse der britischen Geschichte, am Nordende Allegorien auf Gerechtigkeit, Religion und Ritterlichkeit. In den Fensternischen befinden sich Darstellungen jener Barone, die 1215 König John Lackland die Magna Charta abzwangen.

In seiner ganzen Pracht zeigt sich das Parlament vom gegenüberliegenden Ufer der Themse.

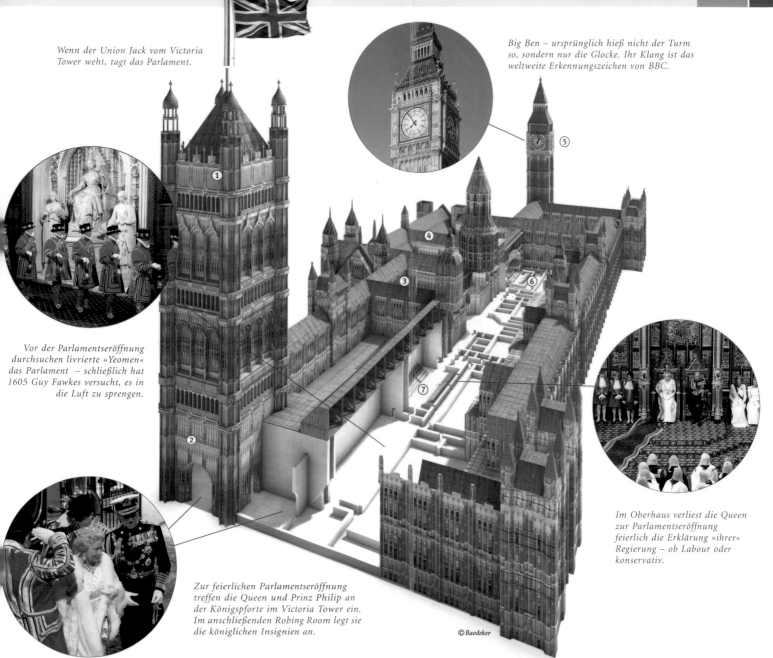

Wenn der Union Jack vom Victoria Tower weht, tagt das Parlament.

Big Ben – ursprünglich hieß nicht der Turm so, sondern nur die Glocke. Ihr Klang ist das weltweite Erkennungszeichen von BBC.

Vor der Parlamentseröffnung durchsuchen livrierte »Yeomen« das Parlament – schließlich hat 1605 Guy Fawkes versucht, es in die Luft zu sprengen.

Im Oberhaus verliest die Queen zur Parlamentseröffnung feierlich die Erklärung »ihrer« Regierung – ob Labour oder konservativ.

Zur feierlichen Parlamentseröffnung treffen die Queen und Prinz Philip an der Königspforte im Victoria Tower ein. Im anschließenden Robing Room legt sie die königlichen Insignien an.

©Baedeker

St. Margaret's Church	St. Margaret's Church aus dem 11./12. Jh. ist die offizielle Kirche des Unterhauses. Die in Flandern gefertigten Ostfenster sind ein Geschenk von Ferdinand und Isabella von Spanien zur Hochzeit von Prinz Arthur, dem älteren Bruder Heinrichs VIII., mit Katharina von Aragón. Als die Fenster eintrafen, war Arthur allerdings schon gestorben.

? WUSSTEN SIE SCHON ...?

■ ... dass in dieser Kirche auch Sir Walter Raleigh begraben liegt? Der Kapitän zur See im Dienst der Königin Elisabeth I. hatte den Tabak und die Kartoffel aus Amerika nach England mitgebracht.

★★
Tate Britain

www.tate.org.uk ▶

Südlich vom Parlament folgt das neoklassizistische Gebäude der Tate Britain. Das Stammhaus an der Millbank zeigt ausschließlich britische Kunst vom 16.–20. Jh.; zur Tate Modern (▶S. 281) mit internationaler moderner Kunst besteht ein Schiffs-Shuttle. Unter den gezeigten Werken ragen heraus »Endymion Porter« (1643/1645) von James Dobson, »O' the Roast Beef of England/The Gate of Calais« (1748) von William Hogarth, Porträts von Peter Lely, »Chain Pier, Brighton« (1826/1827) von John Constable, weiterhin Werke von Joshua Reynolds, Thomas Gainsborough, George Stubbs, Edwin Landseer, Henry Fuessli oder James Abbot McNeill Whistler. Britische Kunst des 20. Jh.s ist u. a. mit Lucian Freud, Gilbert & George und David Hockney vertreten.

In der Clore Gallery, ein Anbau von James Stirling, werden die besten Werke aus dem gesamten **Nachlass von William Turner** ausgestellt (Öffnungszeiten: tgl. 10.00 – 17.50, 1. Fr. im Monat bis 22.00 Uhr). Tipp: Das **Rex Whistler Restaurant** – Küchenchef Richard Oxley serviert beste britische Saisonküche wie Krabben aus Cornwall und saftige Steaks von Rindern aus Devon.

★★ Westminster Abbey

U-Bahn: Westminster

www.westminster-abbey.org ▶

In der Kirche, 1065 von **Edward dem Bekenner** als Grabkirche erbaut, im 13. Jh. von Heinrich III. durch eine von der französischen Gotik inspirierten Kathedrale ersetzt, die erst 1740 ihre Westfassade mit den beiden 68 m hohen Türmen erhielt, wurden seit 1066 fast alle englischen Könige gekrönt, die bis 1760 auch hier begraben wurden. Das 34 m hohe Querschiff ist das höchste gotische Kirchenschiff Englands (Öffnungszeiten: 9.30 bzw. 11.00 – 16.30, Mi. bis 17.30, Sa. bis 14.30 Uhr, letzter Einlass 1 Std. vorher).

Hauptschiff

Die St. George's Chapel rechts vom Eingang birgt mit dem Porträt Richards II. aus dem 14. Jh. das älteste Bildnis eines englischen Herrschers. Im Mittelschiff befinden sich Gedenkplatten für u. a. Winston Churchill (▶Berühmte Persönlichkeiten), Neville Chamberlain und David Livingstone, im nördlichen Seitenschiff Gedenktafeln für William Pitt d. J., den Komponisten Henry Purcell und Charles Darwin sowie der schwarze Sarkophag von Isaac Newton,

Westminster Abbey Orientierung

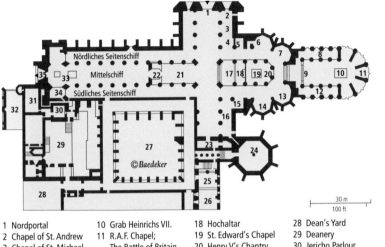

1 Nordportal
2 Chapel of St. Andrew
3 Chapel of St. Michael
4 Chapel of St. John the Evangelist
5 Islip Chapel
6 Chapel of St. John the Baptist
7 Chapel of St. Paul
8 Grab Elisabeths I.
9 Henry VII's Chapel
10 Grab Heinrichs VII.
11 R.A.F. Chapel; The Battle of Britain Memorial Window
12 Grab Maria Stuarts
13 Chapel of St. Nicholas
14 Chapel of St. Edmund
15 Chapel of St. Benedict
16 Poet's Corner
17 Sanctuary
18 Hochaltar
19 St. Edward's Chapel
20 Henry V's Chantry Chapel
21 Chor
22 Orgelempore
23 Chapel of St. Faith
24 Kapitelhaus
25 Chapel of the Pyx
26 Norman Undercroft
27 Kreuzgang
28 Dean's Yard
29 Deanery
30 Jericho Parlour
31 Jerusalem Chamber
32 Buchhandlung
33 Grabmal des Unbekannten Soldaten und Denkmal für Sir Winston Churchill
34 St. George's Chapel
35 Westportal

im südlichen Seitenschiff wird des Reformators John Wesley und des Gründers der Pfadfinderbewegung, Baden Powell, gedacht.

Im **»Poets' Corner«** im südlichen Querschiff sind Geoffrey Chaucer und Tennyson begraben; für Walter Scott, William Shakespeare, Lord Byron, Rudyard Kipling und T. S. Eliot wurden Gedenkplatten aufgestellt; an Georg Friedrich Händel erinnert eine Statue. **Querschiffe**

Hinter dem Sanktuarium beginnen die reich verzierten Königlichen Kapellen mit den Grabmälern englischer Herrscher. Zwölf schwarze Marmorstufen führen in die **Chapel of Henry VII.** Die Grabkapelle Heinrichs VII. ist ein **Meisterwerk des Perpendicular Style.** 1503 bis 1519 wurde sie von Robert Ertue erbaut und mit über 100 Figuren und Grabmälern ausgestattet. In der Mitte befinden sich die von dem Florentiner Torrigiani geschaffenen goldbronzenen Liegefiguren von Heinrich VII. und Elizabeth von York, über ihnen die Banner und zu beiden Seiten das Gestühl des Ordens der Ritter von Bath. Im selben Grabgewölbe sind auch Jakob I., Georg II. und Edward IV. **★★ Royal Chapels**

Westminster Abbey

beerdigt. Im »Innocent's Corner« ruhen die im Alter von drei Tagen bzw. zwei Jahren verstorbenen Töchter Jakobs I., daneben liegen die Gräber der im Tower ermordeten Söhne Edwards IV. und schließlich die von Elizabeth I. und Maria Tudor. Im rechten Seitenschiff befinden sich u. a. die Liegefigur von Maria Stuart; im Gewölbe davor die Gräber Karls II., Wilhelms II. und von Queen Anne. Älteste Königskapelle ist die **St. Edward's Chapel** mit dem 1269 aufgestellten Schrein Edwards des Bekenners. Der **Stone of Scone**, Krönungsstein der schottischen Könige, wurde 1996 in einer Zeremonie in das Schloss von Edinburgh zurückgebracht.

St. James's

St. James's ist ein hochherrschaftliches Viertel westlich vom Trafalgar Square. Entlang der Straße Pall Mall und rund um Waterloo Place und St. James's Square haben sich die noblen Clubs niedergelassen. **U-Bahn**: Charing Cross, St. James's Park, Green Park.

St. James's Palace

Die Pall Mall endet am St. James's Palace, dem unter Heinrich VIII. nach Plänen von Hans Holbein d. J. erbauten Königspalast. Er wurde nach dem Brand von Whitehall Palace 1619 Residenz, und fortan waren Botschafter – nominell bis heute – »am Hof von St. James's« akkreditiert. Der Palast, der noch von Mitgliedern der Königlichen Familie bewohnt wird, kann nicht besichtigt werden.

Buckingham Palace

Zu ihrem Amtsantritt 1837 verlegte Queen Victoria die Residenz in den Buckingham Palace, der 1703 nach einem Entwurf des Herzogs von Buckingham begonnen und 1825 durch John Nash sowie 1913 durch Aston Webb vergrößert und umgebaut wurde. Die **königliche Familie** bewohnt den Nordflügel; ist die Queen anwesend, weht die königliche Standarte über dem Palast. Im Spätsommer können zwei Monate lang, während die Queen im schottischen Balmoral weilt, 19 der über 600 Staatsgemächer besichtigt werden, darunter der Thronsaal, der State Dining Room und die private Gemäldegalerie (Öffnungszeiten: Aug., Sept. tgl. 9.30 – 16.30 Uhr). Massen von Touristen verfolgen die im Sommer

! *Baedeker* TIPP

www.royal.gov.uk

Hier stellt sich das Haus Windsor online vor. Für alle, die enttäuscht sind, den Royals in Buckingham Palace nicht persönlich begegnet zu sein, gibt es unter News/Engagements auch den offiziellen Terminkalender der »Firma«, wie Prinz Philip seine Familie nennt – vielleicht findet sich ja ein Termin, um die Queen abzupassen.

tgl. um 11.30 Uhr, im Winter nur alle zwei Tage stattfindende Wachablösung »**Changing of the Guard**«.

St. James's Park, ältester und schönster der königlichen Parks, wurde von André Le Nôtre angelegt, der auch Versailles gestaltete. Sein heutiges Aussehen verlieh ihm 1829 John Nash.

✴
St. James's Park

West End

Das West End lockt mit ausgiebigen Shoppingmöglichkeiten von fein bis funky, mit kulinarischen Weltreisen, Theater und Tabledance, Kino und buntem Völkergemisch. **U-Bahn**: Piccadilly Circus, Leicester Square, Oxford Circus, Charing Cross, Bond Street, Tottenham Court Road.

Für die Londoner ist Piccadilly Circus »**The Hub of the World**«, der Angelpunkt der Welt. Riesige Leuchtreklamen erhellen seit 1890 am Abend das lärmende Herz des West End mit dem berühmten »Eros-Brunnen« – seine Brunnenfigur ist tatsächlich jedoch der Engel der Nächstenliebe und dem Philanthropen Earl of Shaftesbury gewidmet.

✴
Piccadilly Circus

◄ Weiter auf S. 278

Piccadilly Circus – für Londoner das Zentrum der Welt

ALL THE WORLD IS A STAGE

Seit dem 16. Jh. ist London eine Theater-Metropole. Über 100 Bühnen gibt es heute in der Hauptstadt, in der schon Shakespeare seine Stücke aufführte. Musicalhits, Boulevardtheater, Krimis und Klassiker werden in Traditionshäusern, modernen Theatern und Off-Bühnen gespielt.

Plüsch und Samt, Stuck und Zierat, umweht von leicht muffigem Geruch. Die Sessel sind weich und durchgesessen; der Ausblick vom Royal und Upper Circle weckt Schwindelgefühle – so hoch sind die Theater im **West End**. Unheimliches erwartet den Besucher auf den oberen Rängen des **Theatre Royal**. Während Matineen soll hier der Geist eines Unglücklichen umhergehen, dessen Knochen 1840 hinter einer Mauer gefunden wurden.

Häuser mit Tradition

Auch ohne Hausgeist riechen Londons Theater nicht nur alt, sondern sind es meist auch. **Oscar Wildes** Stück »An Ideal Husband« steht im Theatre Royal am Haymarket mehr als 100 Jahre nach der gefeierten Premiere immer wieder auf dem Spielplan. Am Standort des **St. James's Theatre** erinnert nur noch ein Relief in der Wand an den Dramatiker, dem der wütende Marquis von Queensberry, Vater von Wildes Liebhaber Lord Alfred Douglas, nach der Premiere von »The Importance of Being Earnest« im Februar 1895 grimmig ein Bouquet aus fauligem Gemüse überreichte. Zwar überlebte das Theater die Skandale um Wilde, aber schließlich konnte selbst der Protest von Laurence Olivier und Vivien Leigh nicht verhindern, dass das St. James's in den 1930ern seine Pforten schloss.

Auf Shakespeares Spuren

Manche Theater verschwinden sogar für Jahrhunderte, bevor sie ihr Comeback feiern – wie Shakespeares **Globe** in Southwark. Sein Standort am Südufer der Themse ist kein Zufall: Im späten 16. Jh. wollten die Bürgermeister das Theater aus der City verbannen. Die Schauspieltruppen ließen sich daher außerhalb der Stadtmauern nieder. Im runden Fachwerkbau können die Zuschauer heute Theater wieder wie die Elisabethaner erleben: ohne Scheinwerferlicht, auf Holzbänken und unter freiem Himmel – der Bau ist wie das 1613 abgebrannte Original nicht überdacht. Auch das **Nationaltheater** wurde 1976 im alten Theaterrevier an der South Bank errichtet. Im Barbican Centre in der City ist seit 1982 mit der **Royal**

Seit Jahren ein Riesen-erfolg: Sir Andrew Lloyd-Webbers Musical »Les Miserables«

Shakespeare Company ein weiterer Klassiker des englischen Theaters hinter modernen Mauern zuhause.

Bühnenstars

In London treten weltbekannte Mimen auf: **Daniel Day Lewis** war ein gefeierter Theaterstar im West End, Shakespeare-Darsteller **Kenneth Branagh** machte hier eine steile Karriere, **Vanessa Redgrave** spielte dort. **Ute Lemper** feierte mit ihrem Musical »Chicago« Riesenerfolge im Adelphi Theatre – 2010 fand im Adelphi die Uraufführung von **Sir Andrew Lloyd Webbers** neuestem Musical »Love Never Dies« statt. Eine der Topadressen für Musiktheater ist auch das Prince Edward Theatre, in dem erfolgreiche Musicals wie »Jersey Boys« laufen, oder das Dominion Theatre, in dem das QUEEN-Musical »We Will Rock You« auf dem Spielplan steht – die Liste ließe sich beliebig fortsetzen.

Auch die Regisseure und Dramatiker sind hochkarätig: **Harold Pinter**, Nobelpreisträger 2005, Tom Stoppard und Alan Ayckburn feiern hier Premieren, Adrian Noble, Trevor Nunn und Peter Hall inszenieren. **Sir Andrew Lloyd-Webber** erwarb das Palace Theatre an der Shaftesbury Avenue, einst Heimat der Royal English Opera, und ließ im viktorianischen Prunkbau seine Musicals »Les Miserables« und »The Woman in White« spielen.

Dauerbrenner

Die Londoner Bühnen zeigen alles, was Zuschauer findet – und so lange das Publikum es wünscht. Agatha Christies **»Mousetrap«** schnappt seit 1952 allabendlich zu. Karten für die großen Londoner Bühnen gibt es vorab im Internet (s. unten), bei Reiseveranstaltern im Heimatland und bei offiziellen Ticketagenturen; Tageskarten sind an der **Half Price Ticket Booth** am Leicester Square zum halben Preis erhältlich. Vorsicht: Kioske und Straßenhändler verscherbeln mitunter gefälschte Tickets. Vor der Vorstellung wird auf den oberen Rängen mit Kleingeld geklimpert. Damit löst man das am Sitz des Vordermannes befestigte Opernglas aus. Der beliebteste Pausensnack sind nicht etwa teure Häppchen, sondern Eis, das Verkäufer in Livree anbieten. Bevor die Glocke ertönt, sitzen alle wieder im Dämmerlicht und blättern in ihrem Programmheft. Plötzlich hört man im Upper Circle ein Rascheln. Macht sich da etwa der Geist hinter der Wand zuschaffen? Die Sitzreihen erbeben leicht. War wohl doch nur die U-Bahn am Leicester Square ...

Ticket Service

www.officiallondontheatre.co.uk
www.thisistheatre.com/londonshows
www.london-musicals.de, www.london westendtheatretickets.com

Alle vom Circus ausgehenden Straßen haben ihren eigenen Charakter: Regent Street mit dem altehrwürdigen Kaufhaus **Liberty's**, Piccadilly mit dem Schlemmertempel **Fortnum & Mason** und dem Hotel **The Ritz**, während Haymarket und Shaftesbury Avenue Theater säumen. Der Piccadilly Circus verdankt seinen Namen Robert Baker, der im 18. Jh. die besten »Pickadils«, hohe Kragen mit steifen Ecken, herstellte.

Royal Academy of Arts

🕐

Burlington House ist seit 1869 Sitz der 1768 gegründeten Königlichen Akademie der Schönen Künste. Ihr größter Schatz, eine Skulptur von Michelangelo, ist das einzige bildhauerische Werk des Italieners in England (Öffnungszeiten: tgl. 10.00 – 18.00, Fr. bis 22.00 Uhr). Die anschließende **Burlington Arcade** gehört zu den exklusivsten Einkaufspassagen der Stadt mit 70 allerfeinsten Geschäften.

Soho

Soho, das Viertel zwischen Regent Street, Shaftesbury Avenue und Oxford Street, ist ein ethnisch buntes Pflaster, in dem es in den 1980er-Jahren 174 Striplokale gab. Obwohl etliche inzwischen geschlossen haben, liegt noch immer ein Flair des Anrüchigen über dem Viertel, in dem längst ausgefallene Modeboutiquen, Piercing-Shops, exotische Restaurants und angesagte Cafés den Ton angeben. Carnaby Street, in den 1960ern Inbegriff für »Swinging London«, enttäuscht heute als Gasse voller Billigläden.

Oxford Street

Wo einst die Verurteilten vom Newgate-Gefängnis zu ihrer Hinrichtung marschierten, drängen sich heute auf 3 km riesige Warenhäuser wie **Selfridges**, Themenshops, Billigläden und Boutiquen. Am West-

Der Hyde Park ist Bühne für Lifestyle-Akrobaten.

ende von Oxford Street steht **Marble Arch**. 1890 wurde der Triumphbogen, den John Nash nach Vorbild des Konstantinsbogens in Rom eigentlich als Haupttor für den Buckingham Palace entworfen hatte, am alten Hinrichtungsplatz Tyburn aufgestellt – da der Durchlass für die königliche Staatskarosse zu klein geraten war.

✳ Hyde Park und Kensington Gardens

Hyde Park, der bekannteste und mit den westlich anschließenden Kensington Gardens größter aller königlichen Parks, wurde bereits 1635 von. Karl I. für das Publikum geöffnet. An der Nordostecke kann an der berühmten **Speakers' Corner** jeder seine Meinung der Öffentlichkeit kundtun – besonders sonntags ist hier allerhand los.

U-Bahn: Marble Arch, Lancaster Gate, Hyde Park Corner, Knightsbridge

Apsley House, Londoner Wohnsitz des 1. Duke of Wellington, zeigt heute Gemälde von Van Dyck, Velázquez, Breughel und Goya. Wellington Arch feiert den Sieg der Herzogs, als Bronzereiter dargestellt, über Napoleon in der Schlacht bei Waterloo (Öffnungszeiten: Sommer Mi. – So. 11.00 – 17.00, Winter bis 16.00 Uhr).

✳ **Wellington Museum**

🕐

Hauptattraktion der Kensington Gardens ist Kensington Palace, von 1689 bis 1760 Privatresidenz der englischen Herrscher, später Wohnung von Charles und Diana und Residenz von Prinzessin Margaret. Palast und Gärten werden bis 2012 grundlegend renoviert und teilweise umgestaltet..

✳ **Kensington Palace**

Am Südrand der Kensington Gardens ließ Queen Victoria für ihren 1861 verstorbenen Gemahl Albert von Sachsen-Coburg-Gotha das Albert Memorial errichten. Gegenüber sieht man die **Royal Albert Hall**, in der jedes Jahr von Juli bis September die legendären Proms-Konzerte stattfinden.

Albert Memorial

Kensington, Knightsbridge und Chelsea

Kensington und Knightsbridge locken mit vier Top-Museen, der zweiten großen Einkaufsgegend Londons – und mit Harrods, dem wohl berühmtesten Kaufhaus der Welt (► Abb. S. 250). **U-Bahn**: Knightsbridge, High Street Kensington.

✳ ◄ Harrods

Das Victoria and Albert Museum (V & A) an der Cromwell Road ist neben dem British Museum das umfangreichste Museum Londons. Die Grundidee, kunsthandwerkliche Gegenstände höchster Güte zu sammeln, stammt von Prinz Albert, der zur Finanzierung die »Great Exhibition« von 1851 abhalten ließ. Attraktiv sind u. a. die Textil- und Kostümabteilung, Keramik und Porzellan, Silber, Möbel, asiatische und islamische Kunst sowie Waffen und die hoch gesicherte Edelsteinabteilung. Zur Gemäldesammlung gehören englische Miniaturen und Aquarelle, die **»Raffael-Kartons«** – 1516 für Papst Leo X.

✳✳ **Victoria and Albert Museum**

als Vorlage für die Sixtinische Kapelle angefertigt – und zahlreiche Werke von **John Constable** im Henry Cole Wing. Seit Ende 2009 befindet sich hier auch die Gilbert Collection mit kostbarem Tafelsilber und italienischen Mosaiken des 16.–19. Jh.s (Öffnungszeiten: tgl. 10.00–17.45, Fr. bis 22.00 Uhr, www.vam.ac.uk).

★ ★
Natural History Museum

Grundstock für das Naturgeschichtliche Museum im kathedralartigen Bau an der Cromwell Road war die Sammlung von Sir Hans Sloane, die von 1881 an zusammen mit Präparaten u. a. von Joseph Banks auf den Entdeckungsfahrten mit James Cook und von Charles Darwin auf seinen Forschungsreisen mitbrachte wurde. Heute können die Besucher in vielen Abteilungen selbst aktiv werden. Die Attraktionen sind die fantastische **Dinosaurierabteilung**, die Spinnen- und Kriechtierabteilung »Creepy Crawlies«, die Mineraliensammlung mit über 130 000 Gesteinsarten und die Knochen von »Lucy«, einer 1,5–5 Mio. Jahre alten Urfrau aus Äthiopien (Öffnungszeiten: tgl. 10.00–17.50 Uhr, www.nhm.ac.uk).

★
Science Museum

Öffnungszeiten: Tgl. 10.00–18.00

Das riesige Wissenschaftsmuseum lädt in 40 Galerien zum Experimentieren und zu einer Zeitreise durch Forschung und Fortschritt. Zu den ausgestellten Objekten gehören Teleskope von Galilei, die Dampfmaschine von Boulton und Watt von 1788, die älteste erhaltene Lokomotive »Puffing Billy« von 1813, die Raumschiffe Apollo 10 und Sojus sowie die älteste bekannte Konservendose von 1823. In die (prähistorische) Unterwasserwelt entführen die 3D-Filme des IMAX-Kinos (www.sciencemuseum.org.uk).

Southwark, South Bank und Lambeth

U-Bahn:
London Bridge,
Waterloo Station

Southwark am Südufer der Themse gehörte lange Zeit der Kirche und unterstand somit nicht der Gerichtsbarkeit der City. So blühten auf dieser Seite der Themse deftige Vergnügungen – Kneipen, Bordelle und Theater. Shakespeare führte im Hof des George Inn seine ersten Stücke auf, ehe er 1599 sein berühmtes **Globe Theatre** eröffnete, das 1613 während einer Aufführung abbrannte und 1996 originalgetreu wieder aufgebaut wurde.

City Hall,
HMS Belfast

Gegenüber vom neuen **Rathaus**, das Lord Norman Foster als Symbol für die Demokratie entwarf, liegt seit 1963 als Museumsschiff am Themseufer der letzte große Kreuzer der Royal Navy, HMS Belfast, der die Alliierten bei der Landung in der Normandie unterstützte.

★
Southwark
Cathedral

Southwark Cathedral gilt nach Westminster Abbey als bedeutendstes gotisches Gotteshaus Londons. Es entstand ab 1106, als Gifford, Bischof von Winchester, für ein Kloster, das im 9. Jh. auf den Ruinen einer römischen Villa entstanden war, eine normannische Kirche erbauen ließ. Schlagzeilen machte die Kirche, als 1997 der homosexuelle Anglikaner Jeffrey John hier Bischof werden sollte – worauf anglikanische Kirchen in aller Welt mit dem Bruch mit der Church of England drohten. John verzichtete. Das Innere birgt die Harvard Chapel zu Ehren des 1607 hier getauften Uni-Gründers John Harvard sowie Grabmäler des Hofdichters John Gower, des Shakespeare-Bruders Edmund und dessen Kompagnons Lawrence Fletcher sowie unter Bischof Lancelot Andrews, der das Neue Testament ins Englische übersetzte. Die hölzerne Totenfigur eines Ritters aus dem 13. Jh. gehört zu den

ältesten Skulpturen dieser Art. Versteckt hinter der Kathedrale findet man den **Borough Market**, den Insidertreff für alle Londoner.

Wie Tee und Kaffee nach London kamen, wo und woraus getrunken wurde, erzählt das Bramah Tea and Coffee Museum in der nahen Southwark Street 40 (Öffnungszeiten: tgl. 10.00 – 18.00 Uhr, www. teaandcoffeemuseum.co.uk). Im benachbarten **Vinopolis** mit Degustationsraum kann man eine »Wein-Odyssee« erleben.

Bramah Tea and Coffee Museum ⊙

Picasso, Hockney, Matisse und Max Ernst: Das zur Tate Modern umgebaute Kraftwerk Bankside Power Station präsentiert mit spannungsreichen Hängungen der internationalen modernen Kunst der Tate Gallery völlig neue Sichtweisen. Bis 2012 erhält die Tate Modern für rund 200 Mio. € zehn neue Galerien, sechs Bars, Cafés und Restaurants sowie zwei Bühnen in den ehemaligen Lagern des Kraftwerks. Die filigrane Fußgängerbrücke **Millennium Bridge** von Norman Foster führt direkt zur St. Paul's Cathedral am Nordufer (Öffnungszeiten: So. – Do. 10.00 – 18.00, Fr., Sa. bis 22. 00 Uhr).

✷ ✷
Tate Modern

◄ www.tate.org.uk

Das Kulturzentrum South Bank besteht aus dem 1963 gegründeten **National Theatre**, der **Hayward Art Gallery** für moderne Kunst und der **Royal Festival Hall**.

Kulturzentrum South Bank

Mehr als 14 Millionen Menschen haben seit der Eröffnung zur Jahrtausendwende aus den 32 UFO-artigen Kapseln des 135 m hohen Riesenrades »London Eye« die Aussicht genossen. In der County Hall dahinter sind das **Dalí Universe**, die **Saatchi Gallery** und das **London Aquarium** untergebracht.

✷
London Eye

Das Imperial War Museum in Lambeth dokumentiert Großbritanniens Rolle in den beiden Weltkriegen. Mittelpunkt ist die große Halle mit Flugzeugen, Panzern und Geschützen. **U-Bahn**: Elephant & Castle (Öffnungszeiten: tgl. 10.00 – 18.00 Uhr; www.iwm.org.uk).

✷
Imperial War Museum ⊙

Zentraler Seglertreff: St. Katharine's Dock

Docklands

Trendviertel Östlich der Tower Bridge schlug das kommerzielle Herz des Empire. Bis in die 1960er-Jahre waren die Docklands Werftgelände und Warenhaus der Welt. 1982 begann ihre Sanierung. Innerhalb weniger Jahre wurden kühne, oft umstrittene Neubauten hochgezogen, darunter der Bürokomplex **Canary Wharf** auf den West India Docks mit einem 344 m hohen Turm von Stararchitekt Cesar Pelli. Die Vergangenheit des Londoner Hafens wird im exzellenten **Museum in Docklands** am West India Quay lebendig. Beste Ausblicke auf das neue In-Viertel bietet die computergesteuerte Hochbahn **Docklands Light Railway** (DLR) ab Bank oder Tower Hill. Im Hafenbecken von **St. Katharine's Dock** am Nordufer liegen schmucke Jachten vor Anker, in den ehemaligen Lagerhäusern haben sich kleine Cafés, Galerien und Boutiquen etabliert – ein netter Pub ist das Dickens Inn am Marble Quay.

! **Baedeker** TIPP

Shad Thames

Wie es in den Docklands einst aussah, zeigen noch die traditionellen hohen Lagerhäuser zu beiden Seiten von Shad Thames. Wo einst Tee und Gewürze gestapelt wurden, sind heute schicke Restaurants wie das Le Pont de la Tour eingezogen. Am Ende von Shad Thames sollte man einen Blick in das Design Museum werfen. Von seinem Blueprint Café sieht man direkt auf die Tower Bridge (Öffnungszeiten: tgl. 10.00 – 17.45 Uhr).

Greenwich

Die schnellste Möglichkeit, nach Greenwich zu kommen, in dem seit Jahrhunderten das Herz der britischen Marine schlägt und der Nullmeridian die Welt in Ost und West teilt, ist die DLR. Viel schöner aber ist es, bereits in Island Gardens auszusteigen und zu Fuß im **Greenwich**

Foot Tunnel unter der Themse hindurchzugehen. Das einmalige, maritim-städtische Ensemble mit Royal Naval College, Greenwich Park, Royal Observatory und Maritime Museum ist seit 2007 als »Royal Borough of Greenwich« **UNESCO-Weltkulturerbe**.

Am Pier liegt der letzte der legendären **Teeklipper**, die im 19. Jh. Gewürze und Tee aus dem Fernen Osten nach Europa brachten: die »Cutty Sark« von 1869, die nach einem Brand bis 2011 restauriert wird.

Cutty Sark

Wo sich heute das majestätische Royal Naval College nahe der Themse erhebt, stand bis zum Abriss 1660 ein Palast. 1427 baute der Herzog von Gloucester den »Bella Court«, den sein Neffe Heinrich IV. zur Lieblingsresidenz erkor und in »Placentia« umbenannte. Heinrich VII. machte ihn als »Greenwich Palace« zur Residenz, **Heinrich VIII.** kam hier – wie seine Töchter Maria. I. und Elizabeth I. – zur Welt, heiratete Katharina von Aragón und Anna von Cleve und unterzeichnete das Todesurteil für Anne Boleyn. Der Neubau von 1664 im Auftrag Karls II., den Christopher Wren 1698 abschloss, wurde als Pendant zu Wrens Royal Hospital in Chelsea als Alterssitz für Marine-Veteranen errichtet. Bei seinen Bewohnern war das Marinehospital mit der prachtvollen Royal Chapel und opulenten Sälen wie der Painted Hall nur wenig beliebt. Sie beschwerten sich: »Säulen, Kolonnaden und Deckengemälde gehen nur schlecht zusammen mit gepökeltem Beef und gesäuertem Bier, vermischt mit Wasser«.

✳
Royal Naval College

Ältestes Gebäude von Greenwich ist das Queen's House, einer der vollendetsten Bauten im palladianischen Stil. 1616 begann **Inigo Jones** mit dem Bau des Palastes, den Jakob I. für seine Gemahlin Anna von Dänemark vorgesehen hatte. Nach Annas Tod ruhten die Arbeiten, bis Karl I. den Palast 1629–1635 für seine Gemahlin Henrietta Maria fertig stellen ließ (Öffnungszeiten: tgl. 10.00–17.00 Uhr).

✳ ✳
Queen's House

🕓

Ein Kolonnadengang verbindet Queen's House mit dem National Maritime Museum, das nicht nur die Geschichte der königlichen Marine und der Handelsmarine dokumentiert, sondern auch die Kolonialisierung sowie Entdeckungsfahrten. Zu den Höhepunkten gehören prachtvolle königliche Barkassen, Lord Nelson's Uniformrock aus der Schlacht von Trafalgar 1805, die Kinderabteilung »All Hands« und eine nachgebaute Brücke, auf der man ein Schiff elektronisch aus dem Hafen steuern kann (Öffnungszeiten: tgl. 10.00–17.00 Uhr, www.nmm.ac.uk).

✳ ✳
National Maritime Museum

🕓

Herzstück des weitläufigen, sanft ansteigenden Greenwich Park ist das **Old Royal Observatory**, das Sir Christopher Wren 1675 für König Charles I. entwarf. Punkt 13 Uhr fällt der rote Ball auf Flamsteed House an seinem Mast herab und weist ankernde Schiffe an, ihre Uhren genau auf die Greenwich Mean Time zu stellen. Eine Stahl-

Greenwich Park

🕐 schiene mitten durch das Meridian Building symbolisiert den Null-meridian. In das Equatorial Building ist das größte Teleskop Groß-britanniens eingebaut (Öffnungszeiten: tgl. 10.00 – 17.00 Uhr, www.nmm.ac.uk). Neu: das moderne Peter Harrison Planetatrium.

Thames Flood Barrier Bootsausflüge führen zurück nach London oder flussabwärts zur Thames Flood Barrier, der weltgrößten Sturmflutbarriere – zehn mächtige Tore fangen die hereindrückenden Wassermassen ab.

✶
The O2 Arena

www.theo2.co.uk ►

Was das London Eye für die Innenstadt, sollte der **Millennium Dome** für Greenwich werden: eine Attraktion der Superlative zum neuen Jahrtausend. Jahrelang war der Bau von Richard Rogers mit dem größten Zeltdach der Welt eine ungeliebte Altlast. Bis 2007 wurde die Konzerthalle dann für die Olympischen Sommerspiele in eine Sport-arena mit 16 500 Sitzplätzen umgebaut – hier werden 2012 die Wett-bewerbe im Geräte- und Trampolinturnen ausgetragen.

Außenbezirke

Wimbledon Das älteste und prestigeträchtigste **Tennisturnier**, bei dem traditionell Erdbeeren mit Sahne genossen werden, wird alljährlich zwei Wochen im Sommer im südlichen Vorort Wimbledon ausgetragen: die »All England Lawn Tennis Champions-hips«, das einzige Grand-Slam-Tur-nier auf Rasen. Das Tennismuseum illustriert sehr originell den weißen Sport, und man kann sogar den ge-heiligten Centre Court betreten (Öffnungszeiten: tgl. 10.30 bis 17.00 Uhr; U-Bahn: Wimbledon).

Gartenidyll mit Tudor-Charme: Hampton Court

In den Royal Botanical Gardens, kurz **Kew Gardens**, zwischen Rich-mond und Kew sind Pflanzen und Gewächse zu sehen, die sonst nir-gendwo in Europa zugänglich wä-ren. Hauptattraktion sind die bei-den gewaltigen viktorianischen Ge-wächshäuser von Decimus Burton und Richard Turner. Im kleinen Kew Palace hielt sich George III. während seiner Anfälle von Geis-teskrankheit auf; Queen Victoria verbrachte viel Zeit im Queen's Cottage (Öffnungszeiten: tgl. ab 9.30 Uhr, www.kew.org; U-Bahn: Kew Gardens).

In **East Molesley**, 25 km südwestlich der Londoner City, befindet
sich der wohl schönste und interessanteste englische Königspalast.
Hampton Court Palace wurde 1520 für Lordkanzler Wolsey erbaut,
der ihn später Heinrich VIII. schenkte. Außer Katharina von Aragón
lebten alle Frauen Heinrichs im Palast; seine dritte Frau Jane Seymour und seine fünfte Frau Catharine Howard sollen gar noch he-
rumspuken. Besichtigt werden können nicht nur die Prunkräume,
sondern auch Küche und Keller – an mehreren Wochenenden im
Jahr wird bei historischen Kochkursen gezeigt wie vor 500 Jahren die
Speisen zubereitet wurden. Der weite Park umschließt den Privatgarten des Königs, den Tudor- und Elisabethanischen Garten, die Lower
Orangery mit Mantegnas »Triumph des Cäsar« und einen Irrgarten (Öffnungszeiten: April–Okt. Mo. – So. 10.00 – 18.00 Uhr, Nov.
bis März Mo. – So. 10.00 – 16.30 Uhr, www.hrp.org.uk).

★★
Hampton Court
Palace

★★ Windsor Castle

Seit über 900 Jahren Sommerresidenz der Königlichen Familie ist
das Schloss Windsor, 22 mi / 35 km westlich von London. Ist die
Queen anwesend, weht auf dem Round Tower die königliche Flagge –
dann können die Prunkgemächer nicht besichtigt werden. Die Kon-
zeption der heutigen Anlage stammt aus der Zeit Eduards III., nachdem Wilhelm der Eroberer um 1078 die erste Burg hatte errichten
lassen. Unter Karl II. wandelte man die malerische Burganlage in ein
bequemes Wohnschloss um (Öffnungszeiten: März – Okt. tgl. 9.45
bis 17.15, letzter Einlass 16.00, Nov. – Feb. 9.45 – 16.15, letzter Einlass 15.00 Uhr, www.windsor.gov.uk).

Sommerresidenz
der königlichen
Familie

Eduard III. gründete 1348 auf Windsor Castle den Hosenbandorden
(The Most Noble Order of the Garter), den höchsten Orden des Königreiches. Ihm dürfen nur 26 Knights oder Ladies angehören, deren
Zahl durch »Extra-Knights« jedoch erhöht werden kann. Anlass zur
Ordensgründung soll ein Fest gewesen sein, auf dem eine Hofdame
unter großem Gelächter der Ritter ihr Strumpfband verlor, was
Eduard zu der Bemerkung veranlasste, dass es bald eine Ehre sein
werde, ein solches Band zu erhalten. Mit dem Orden unter dem Pat-
ronat des hl. Georg wollte Eduard in Anlehnung an König Artus' Tafelrunde dem sich andeutenden Niedergang des Rittertums durch eine Gemeinschaft tapferer, die ritterlichen Tugenden bewahrenden
Männer und Frauen begegnen. Insignien sind bei feierlichen Anlässen die Ordenskette mit dem Ordenszeichen »The George«, bei ge-
ringeren Anlässen das Schulterband mit dem Motto »**Honi soit qui**
mal y pense« (Verachtet sei, wer Arges dabei denkt), das Herren unter dem linken Knie und Damen am linken Oberarm tragen.

Hosenbandorden

Die Anlage besteht aus den Höfen Upper Ward und Lower Ward,
zwischen denen sich der 24 m hohe Round Tower im Middle Ward
erhebt. Durch das monumentale Henry VIII. Gateway von 1511 be-

★★
St. George's
Chapel

In der St. George's Chapel gaben sich Prinz Charles und Camilla das Jawort.

tritt man den **Lower Ward** und sieht die 1474 von Eduard IV. begonnene und von Heinrich VIII. vollendete **St. George's Chapel**, eines
der besten Beispiele für den späten Perpendicular Style. Die Fassaden
zieren Wappentiere und Schildhalter der Herrscherhäuser Lancaster
und York. In der Kapelle sind englische Herrscher beigesetzt: im
nördlichen Seitenschiff Georg V. und Königin Maria, unter dem
Chor Heinrich VIII. mit Jane Seymour sowie Karl I., im Altarraum
Heinrich VI., Eduard IV. mit Gemahlin und Eduard VII. mit Königin
Alexandra. Hinter und über dem prächtigen, aus Windsor-Eichen
geschnitzten Gestühl (1478–1485) der Ritter vom Hosenbandorden
hängen Wappen, Banner und Helmzier von 700 Ordensrittern.

★
**Albert
Memorial
Chapel**

Die Kapelle ist um 1500 von Heinrich VII. als seine Grabkirche erbaut worden, jedoch wurde er in Westminster Abbey in London begraben. Queen Victoria widmete die Kapelle 1861 ihrem verstorbenen Gemahl **Prinz Albert**. Sie birgt auch den Sarkophag des Duke of
Clarence (1864–1892), ältester Sohn von Eduard VII.

★
**State
Apartments**

Unter der reichen Ausstattung der Staatsgemächer (Zugang: North
Terrace) sind besonders die Gemälde von Holbein, Leonardo da Vinci, Raffael, Michelangelo, van Dyck, Rubens und Rembrandt hervorzuheben, aber auch die Kugel, die Lord Nelson vor Kap Trafalgar tö-
tete. Sehenswert sind ferner die stimmungsvollen Horseshoe Cloisters, Dean's Cloisters und Canons' Cloisters aus dem 15. Jh. auf der
Südseite des Lower Ward sowie das riesige **Puppenhaus** der Königin
Mary von 1924.

Im Norden und Osten umschließt Windsor Castle der Home Park mit dem **Frogmore House and Mausoleum**, wo Königin Viktoria und Prinz Albert ruhen. An der Südseite des Schlosses erstreckt sich der 9 km lange Great Park.

Schlosspark

Das noch malerisch mittelalterliche Windsor zeigt im Coach House königliche Kutschen, in den Royal Mews in der St. Albans Street Geschenke, die Königin Elizabeth II. auf Staatsbesuchen erhielt.

✳
Stadt Windsor

Legoland Windsor, 3 km auf der B 3022 Richtung Ascot, ist ein 60 ha großes Paradies für Kinder, die auf Ritterburgen und Piratenschiffen klettern und in Lego-Autos herumbrausen wollen (Öffnungszeiten: Mitte März – Sept. tgl. 10.00 – 17.00, Aug. bis 19.00 Uhr; www.legoland.co.uk).

✳ ✳
Legoland Windsor
🕐

Über die Themsebrücke hinweg ist man schon in Eton mit der traditionsreichsten britischen Public School, 1440 von Heinrich VI. gegründet. Die Schülerschaft, die einheitlich Cut und gestreifte Hosen trägt, besteht aus 70 »Collegers«, die als Klassenbeste kostenlos im College leben und lernen, und rund 1000 »Oppidans«, die als Externe ihren Schulbesuch bezahlen müssen. Um zwei Höfe erstreckt sich das Hauptgebäude aus rotem Backstein, das noch aus der Gründerzeit stammt. Die Grundschule (Lower School) wurde 1639 errichtet, die Oberschule (Upper School) 1692. Besondere Beachtung verdient die Schulkapelle, 1441 im Perpendicular Style vollendet, eigentlich nur der Chor einer fast doppelt so groß geplanten Kirche. Sie enthält wunderbare Grisaillemalereien (1490) mit Marienszenen.

✳ ✳
Eton College

Der **Brooklands Drive** in Weybridge westlich von London ist die älteste – heute jedoch nur noch fragmentarisch erhaltene – Rennstrecke der Welt. 2006 eröffnete auf dem Areal des legendären Rundkurses das **Autoerlebniszentrum** Mercedes-Benz World. Autoklassiker und aktuelle Modelle können hier nicht nur bewundert, sondern getestet werden - Geländefans kommen auf einem 4 ha großen Parcours mit tiefem Schlammwasser und steilen rutschigen Hängen auf ihre Kosten (Öffnungszeiten: tgl. 10.00 – 18.00 Uhr, www2.mercedes-benz.co.uk).

✳
Mercedes Benz World
🕐

✳ Penzance

P 2

Grafschaft: Cornwall   **Einwohner:** 21 000

Ein Hauch von Mittelmeer weht durch den größten Badeort der cornischen Riviera, der Endpunkt der Eisenbahn und Sprungbrett zu den Scilly-Inseln ist. Mitten in der Bucht erhebt sich Englands Pendant zum normannischen Klosterberg: St. Michael's Mount.

▶ PENZANCE ERLEBEN

AUSKUNFT

Tourist Information Centre
Station Road, Penzance TR18 2NF
Tel. (0 17 36) 36 22 07
www.penzance.co.uk

SHOPPING

Mode und nautisches Outfit findet man an und um den Market Place und im Wharfside Shopping Centre. Antiquitätenfreunde sollten durch die Chapel Street bummeln, wo im Haus Nr. 52 außerdem die West Cornwall Cigar Company feine Havanna-Zigarren und besten Whisky vertreibt.

ESSEN

▶ Fein und teuer

The Abbey
Abbey Street
Tel. (0 17 36) 36 69 06
www.theabbeyonline.co.uk
Ben Tunnicliffe zaubert traumhafte Meeresfrüchte und unwiderstehliche Desserts nur aus besten Zutaten.

▶ Erschwinglich

Admiral Benbow
46 Chapel St., Tel. (0 17 36) 36 34 48
Urgemütlicher Pub mit nautischem Ambiente – schließlich war hier im 17. Jh. das Hauptquartier der berüchtigten Benbow-Piraten. Ausgezeichnete Fischgerichte und gutes Bier.

ÜBERNACHTEN

▶ Komfortabel

Tarbert
11-12 Clarence Street
Penzance TR18 2NU
Tel. (0 17 36) 36 37 58
Fax (0 17 36) 33 13 36
www.tarbert-hotel.co.uk
Das freundliche Hotel mit 12 netten Zimmern war im 19. Jh. ein Kapitänshaus. Ein Gedicht: die Wildterrine.

Baedeker-Empfehlung

▶ Günstig

Chy-an-Mor
15 Regent Terrace, Penzance TR18 4DW
Tel. / Fax (0 17 36) 36 34 41
www.chyanmor.co.uk
Wunderschönes georgianisches Anwesen mit 10 romantischen Zimmern, einem Speisesaal im Art-déco-Stil und herrlichem Blick auf Mount's Bay

---

Größte Stadt in West-Cornwall   Die cornischen Wörter »pen« und »sans« bedeuten »heiliges Vorgebirge«: Penzance verdankt seinen Namen nämlich der felsigen Landzunge südlich des heutigen Hafens, auf der ehemals eine Kapelle stand. Die westlichste Stadt Südenglands liegt geschützt in der weiten Bucht von Mount's Bay, die zusammen mit der Bucht von St. Ives im Norden die Halbinsel Penwith bildet. Cornwalls einzige Strandpromenade, Badestrände und der lebendige Stadtkern mit Geschäften, Gärten und Museen machen Penzance zu einem Zentrum für Einheimische und Touristen.

Sehenswertes in Penzance

Die viktorianische Villa im Penlee Park zeigt Werke von Künstlern ✳
der **Newlyn School**, die 1884 von Stanhope Forbes, Walter Langley **Penlee House**
und Elisabeth Armstrong gegründet wurde (Öffnungszeiten: Ostern **Museum**
bis Sept. Mo. – Sa. 10.00 – 17.00 Uhr, Okt. – Ostern Mo. – Sa. 10.30 ⏱
bis 16.30 Uhr, www.penleehouse.org.uk).

Vorbei an den Morrab Gardens mit Palmen, Aloen und Kamelien ✳
geht es über den ovalen Regent Square durch die malerische Chapel **Chapel Street**
Street zum **Egyptian House**, dessen drei Stockwerke um 1835 Pyra-
midenmotive erhielten.

Umgebung von Penzance

Vor Marazion, 5 mi / 8 km östlich von Penzance, ragt in der Mount's ✳
Bay ein 70 m hoher Granitfelsen mit der **Klosterfestung** St. Michael's **St. Michael's**
Mount auf (Abb. S. 290). Um 1050 schenkte Eduard der Bekenner **Mount**
die Insel den normannischen Benedikti-
nermönchen vom Mont St. Michel, die
hier eine Dependance einrichteten. Heinrich VIII. ließ das Kloster als Seefestung
ausbauen. Ab 1660 war die Familie St. Au-
byn Eigentümer, die die Anlage in einen
komfortablen Wohnsitz verwandelte und
1954 dem National Trust vermachte. Von
Marazion aus ist St. Michael's Mount bei
Ebbe zu Fuß über einen Damm, bei Flut
mit Booten zu erreichen (Öffnungszeiten:
Ostern bis Okt. So. – Fr. 10.30 – 17.30 Uhr,
www.stmichaelsmount.co.uk).

> **❗ Baedeker TIPP**
>
> **Bummel nach Newlyn**
>
> Spazieren Sie auf der Strandpromenade
> von Penzance nach Newlyn, 1880 bis
> 1940 eine Künstlerkolonie und heute der
> größte Fischereihafen Cornwalls. Die
> Pilchard Works sind Cornwalls letzte
> Sardinenfabrik. Besichtigung: April bis
> Okt. Mo. – Fr. 10.00 – 18.00 Uhr.

Trengwainton Gardens, um 1814 rund 3 mi / 5 km nordwestlich von ✳
Penzance angelegt, besitzt Pflanzenarten, die in England nur an die- **Trengwainton**
sem Ort gedeihen, und eine beträchtliche Sammlung an Magnolien, **Gardens**
Kamelien und Rhododendren (Öffnungszeiten: So. – Do. 10.30 bis ⏱
17.00 Uhr).

Im malerischen Mousehole (sprich: mausl), 3 mi / 5 km südlich von ✳
Penzance lebte der walisische Schriftsteller **Dylan Thomas** in den **Mousehole**
1930er-Jahren und war häufig zu Gast im Ship Inn.

Die 19 Megalithen aus der Bronzezeit, die den **Steinkreis** der Merry ✳
Maidens bilden, sind – so der Volksmund – versteinerte Dorfmäd- **Merry Maidens**
chen, die an einem Sabbat tanzten und dafür bestraft wurden.

In **Porthcurno**, 6,5 mi / 10 km südwestlich von Penzance, baute Ro- ✳
wena Cade in ihrem Garten das Minack Theatre nach altgriechi- **Minack Theatre**

*Bei Ebbe kann man zu Fuß zur Insel St. Michael's Mount
mit ihrer jahrhundertealten Klosterfestung spazieren.*

schem Vorbild. Heute können hier 750 Zuschauer von Mai bis September Freilichtaufführungen erleben: Oper, Schauspiel und Musical vor herrlicher Meereskulisse. Karten/Info: www.minack.com.

! *Baedeker* TIPP

Land's End Hotel

Longships heißt der Leuchtturm, der draußen vom Meer alle zehn Sekunden zum einzigen Hotel auf den Steilklippen der Südwestspitze blinkt, und Longship heißt auch sein Restaurant, das zur topfrischen Fischküche immer neue Ausblicke auf die Wasserwogen des Atlantik bietet. Nicht minder spektakulär ist der Ausblick aus den 32 komfortablen Landhauszimmern (Tel. 017 36 / 87 18 44, www.landsendhotel.co.uk).

Von den **sturmumtosten Granitfelsen** (► Abb. S. 8 / 9) der 60 m hohen Steilküste von **Land's End**, 8 mi / 13 km südwestlich von Penzance, kann man bei klarem Wetter bis zu den ► Isles of Scilly sehen. Wer die Weite des Atlantiks und die Entlegenheit des Ortes erleben möchte, wandere ein wenig den Klippenpfad entlang – die Landspitze selbst ist ein kommerzielles Spektakel mit Multimediashows, Restaurants und Souvenirshops.

✳ Plymouth

N 10/11

Grafschaft: Devon   **Einwohner:** 252 800

Seefahrer und Pilgerväter machten die Stadt zwischen den Flussarmen von Tamar und Plym weltberühmt: In Plymouth begann Englands Aufstieg zur Seemacht – und die Besiedlung Amerikas. Stolz präsentiert der größte Marinehafen Westeuropas auf The Hoe seine glanzvolle Vergangenheit.

▶ PLYMOUTH ERLEBEN

AUSKUNFT

Plymouth Mayflower
Visitor Information Centre
3-5 The Barbican
Plymouth PL1 2LR
Tel. (0 17 52) 26 60 30
www.visitplymouth.co.uk

VERKEHR UND SHOPPING

Der Flughafen (www.plymouthair-port.com) liegt 4 mi / 6,5 km nördlich der Stadt, am Fährhafen machen die Brittany Ferries aus Roscoff und Santander fest. Hafenbucht und Tamar-Tal kann man auf Boots-ausflügen erkunden (www.tamarcruising.com). Für einen Ein-kaufsbummel empfehlen sich Royal Parade, New George Street und der Pannier Market. Bei den Barbican Glassworks im Old Fish Market kann man Glasbläsern zusehen und Dar-tington-Kristallglas kaufen.

ESSEN

▶ Fein und teuer

① **Tanners Restaurant**
Prysten House
Finewell Street
Tel. (0 17 52) 25 20 01
www.tannersrestaurant.com
Chris and James Tanner haben im ältesten Wohnhaus von Plymouth (1498) ihren Kindheitstraum reali-siert – 2009 wurde ihr Schlemmer-oase als »Restaurant des Jahres« ausgezeichnet

▶ Erschwinglich

② **Seafood and Pasta Bar**
10 Quay Road, Barbican
Tel. (0 17 52) 26 07 17
Populäres Fischrestaurant am Hafen

③ **Barbican Jazz Café**
▶ Baedeker Tipp. S. 294

*Seeheld Sir
Francis Drake*

ÜBERNACHTEN

▶ Komfortabel

① **Drake**
1 & 2 Windsor Villas, Lockyer Street,
The Hoe, Plymouth PL1 2QD
Tel. (0 17 52) 22 97 30
www.drakehotel.net
Sehr freundlicher Familienbetrieb in zwei viktorianischen Villen, 300 m vom Hoe Park. Das Armada Restau-rant von Alison De-Mar steht für moderne britische Küche.

▶ Günstig

② **Casa Mia Guest House**
201 Citadel Road East
The Hoe, Plymouth PL1 2JF
Tel. / Fax (0 17 52) 26 57 42
www.casamiaguesthouse.co.uk

Genau das Richtige für Romantiker: ein blumenumranktes schnuckeliges Häuschen, zentral zwischen Barbican und The Hoe

Plymouth Orientierung

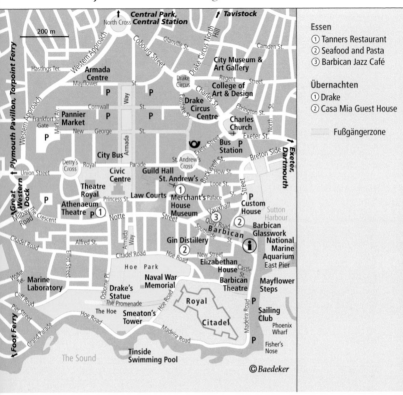

Essen
① Tanners Restaurant
② Seafood and Pasta
③ Barbican Jazz Café

Übernachten
① Drake
② Casa Mia Guest House

▨ Fußgängerzone

Heimat der Sea Dogs

»Seehunde« nennt England seine großen Seefahrer, die mit ihren Schiffen von Plymouth aus die Geschichte des Empire entscheidend prägten – so wie **Sir Walter Raleigh**, der 1585 die Kolonie Virginia gründete. **Sir Francis Drake** umsegelte von hier 1577 – 1580 als erster Engländer die Welt. Er war es auch, der als Admiral mit seinen Kapitänen noch auf The Hoe Bowling spielte, als sich die spanische Armada am 27. Juli 1588 Plymouth näherte – und nach Beendigung des Spiels die feindliche Flotte vernichtend schlug. **James Cook** (1728 – 1779) startete von Sutton Harbour seine Forschungsreisen, wo am 6. September 1620 die Pilgerväter auf der von ▶Southampton kommenden **Mayflower** die Segel nach Amerika gesetzt hatten. 1941 wurde die Hafenmetropole in Schutt und Asche gelegt. Deshalb kann man bei Ankunft in der schachbrettartig angelegten, eher gesichtslosen Neustadt nicht ahnen, dass Plymouth im Aussichtspark The Hoe faszinierende Einblicke in die Schifffahrtsgeschichte und herrliche Aussichten auf die Hafenbucht »The Sound« bietet.

Sehenswertes in Plymouth

Die 1817 eingeweihte Parkanlage The Hoe auf einer Anhöhe zwi-
schen Sutton Harbour und den Great Western Docks ist eine einzige
Hommage an die britische Seefahrt: mit einem Ehrenmal der Marine, dem Armada-Denkmal, Edgar Boehms Statue von Sir Francis
Drake (Abb. S. 291) und der Aussichtsplattform von **Smeaton's
Tower** (Öffnungszeiten: April – Sept. Di. – Fr. 10.00 – 12.00, 13.00 bis
16.30, Sa. bis 16.00, Okt. – März 10.00 – 12.00, 13.00 – 15.00 Uhr).
Von 1759 bis 1882 stand der Leuchtturm auf dem Eddystone Riff.
Unter der Glaskuppel des **Plymouth Dome** präsentiert eine Multime-
diashow die heroische Geschichte der Sea Dogs (Öffnungszeiten: tgl.
10.00 – 17.00 Uhr, www.plymouthdome.info). Die **Royal Citadel** von
1666 ist heute die Kaserne des 29. Artillerie-Regiments.

The Hoe

Fernblick garantiert: Smeaton's Lighthouse lockt mit einer Aussichtskanzel.

Mayflower Steps Die aussichtsreiche Madeira Road führt vorbei an der **Phoenix Wharf**, wo im Sommer Ausflugsdampfer ablegen, hinab zum Sutton Harbour. Von den Mayflower Steps segelten 1620 die 101 **Pilgerväter nach Amerika.**

National Marine Aquarium Jenseits der Drehbrücke erhält man faszinierende Einblicke in die Unterwasserwelt, kann man Seepferdchen, Delfine und Haie beobachten. Rund 180 £ pro Person kostet ein Tauchgang mit dem sechssitzigen Alicia-**U-Boot**, um in 20 m Tiefe den Meeresboden des Atlantiks zu erkunden (Öffnungszeiten: tgl. 10.00 – 18.00, im Winter bis 17.00 Uhr, www.national-aquarium.co.uk).

Barbican Bummeln und Shoppen kann man in den Gassen und an der Quay Road des charmanten Hafenviertels »The Barbican«. Das **Elizabethan House**, Wohnhaus eines Kapitäns aus der Tudorzeit, nutzt der National Trust als Infoshop. **Black Friars Distillery** an der South Side Street 60 stellt seit 1793 den legendären Plymouth Gin her, der noch immer mit frischem Dartmoor-Wasser destilliert wird – probieren Sie den Gin als Originalabfüllung mit 41,2 %, als Navy Strength mit 57 % oder als likörartigen »Sloe Gin« mit 26 % (Führungen tgl. 10.30 – 16.30 Uhr, www.plymouthgin.com). Im **Merchant's House** an der St. Andrew's Street wohnen die Plymouther Bürgermeister (Öffnungszeiten: April – Sept. Di. –Sa. 10.00 – 16.30 Uhr).

Gin Distillery ►

! *Baedeker* TIPP

Jazz wanted

Rod Mason aus Plymouth gehört zu den besten Jazz-Trompetern der Welt. Bis morgens um 2.00 Uhr wird im steinernen Kellergewölbe des Barbican Jazz Café am Hafen alles von Vocal bis Latin Jazz geboten (11 The Parade, Tel. 0 17 52 / 67 21 27, www.barbicanrhythmandjazzclub. co.uk). Bevor es richtig losgeht, kann man sich um die Ecke an der Quay Road in der Seafood & Pasta Bar mit fangfrischem Fisch stärken.

City Museum and Art Gallery Hauptattraktion des Stadtmuseums am Drake Circus ist die »**Cottonian Collection**« mit Zeichnungen und Stichen von Dürer, Michelangelo und Rubens (Öffnungszeiten: Di. – Fr. 10.00 – 17.30 Uhr, Sa., So. bis 17.00 Uhr; www.plymouthmuseum.gov.uk).

Umgebung von Plymouth

Saltram House John Parker, Hausherr von Saltram House 3 mi / 5 km östlich von Plymouth, beauftragte **Robert Adam** Mitte des 18. Jh.s, den Salon und den Speisesaal einzurichten – mit ihren exquisiten Stuckarbeiten und Deckengemälden gehören beide Räume zu den besterhaltenen Adam-Interieurs des Landes. Die Gemäldesammlung birgt Werke von Joshua Reynolds (1723–1792), der den Hausherrn mit seiner Familie porträtierte. Höhepunkte des Gartens sind eine Orangerie, eine Limonenallee und eine Kapelle. Haus und Garten waren 2002 Drehorte in der Jane-Austen-Verfilmung von »Sense and Sensibility« (Öffnungszeiten: Ende März–Okt. Sa.–Do. 12.00 bis 16.30 Uhr).

Mount Edgcumbe blickt über das Ufer des Tamar nach Plymouth. Haus und Park sind seit 400 Jahren im Besitz der Familie Edgcumbe. Unter ihrer Ägide entstand ein **einzigartiger Garten** mit uralten Eichen, Kaskaden und Tempeln (Öffnungszeiten: April–Sept. So. bis Do. 11.00–16.30 Uhr, www.mountedgcumbe.gov.uk).

✱ Mount Edgcumbe

Mit der Autofähre nach Torpoint ist es nicht weit bis zum Antony House, 5 mi/8 km westlich von Plymouth. Seit über 600 Jahren gehört das Anwesen der Familie Carew. Das Wohnhaus aus silbergrauem Stein mit Stilmöbeln und **Porträts von Reynolds** und van Dyck stammt aus dem frühen 18. Jh.; im 40-ha-Park blühen 300 Kamelienarten (Öffnungszeiten: Mitte März – Okt. Di.–Do., So. 11.00–17.00 Uhr).

✱ Antony House

Sir Richard Grenville ließ das 1278 gegründete Zisterzienserkloster, 10 mi/16 km nördlich von Plymouth, 1576 zu einem glanzvollen Wohnhaus umbauen – 1581 kaufte es **Sir Francis Drake**. Porträts und persönliche Habseligkeiten des Weltumseglers zeigt die Drake Gallery (Öffnungszeiten: Mitte März–Okt. tgl. 10.30–17.30, Nov. bis Mitte März 14.00–17.00 Uhr).

✱ Buckland Abbey

✱ ✱ Portsmouth

K / L 29

Grafschaft: Hampshire   **Einwohner:** 247 000

Portsmouth ist das Flaggschiff des maritimen England – im Hafen der Industriestadt sind die Nationalheiligtümer der Seefahrtsgeschichte vertäut. Mit Southsea besitzt die Geburtsstadt von Charles Dickens zudem ein einladendes Seebad mit hellem Kieselstrand und dem Clarence-Pier.

In den Docks liegen drei der berühmtesten englischen Kriegsschiffe vor Anker: die »Mary Rose« von Heinrich VIII., Lord Nelsons »H. M. S. Victory« und die viktorianische »H. M. S. Warrior« (»H. M. S.« steht für »Her Majesty Ship«). Seit 500 Jahren dient der Hafen im Schutze der Isle of Wight als Hauptquartier der Königlichen Marine; 1495 war hier das **erste Trockendock der Welt** in Be-

Heimathafen der Royal Navy

▶ PORTSMOUTH ERLEBEN

AUSKUNFT

Visitor Information Service
Clarence Esplanade
Southsea, Portsmouth PO5 3PB
Tel. (0 23) 92 82 67 22
www.visitportsmouth.co.uk

VERKEHR UND SHOPPING

Der 22 mi / 35 km entfernte ►Southampton International Airport ist von Portsmouth gut per Bahn und Bus zu erreichen. Fährverbindungen bestehen nach Fishbourne und Ryde auf der ►Isle of Wight, zu den Kanalinseln, nach Caen, Cherbourg, Le Havre und St-Malo. Um die Guildhall liegen Einkaufsstraßen, Fußgängerzonen und Shopping Malls wie Cascades. In den Outlets der Gunwharf Quays gibt's Designermode zu Schnäppchenpreisen.

ESSEN

Port Solent und Gunwharf Quays sind angesagte Adressen für ein Dinner mit Meerblick, Old Portsmouth lockt mit rustikaler Pub-Küche und romantischen Tea Rooms.

▶ Erschwinglich

① *Spice Island Inn*
Bath Square, Old Portsmouth

Tel. (0 23) 92 87 05 43
Große, leckere Portionen Fisch mit Mut zur Würze, direkt am alten Hafen

② *Lemon Sole*
123 High Street, Old Portsmouth
Tel. (0 23) 92 81 13 03
Was die Küstenfischerei liefert, wird hier köstlich zubereitet. Auch unwiderstehlich: die Crème brûlée.

③ *Old Customs House*
Vernon Building, Gunwharf Quay
Tel. (0 23) 92 83 23 33
www.theoldcustomshouse.com
Wo einst die Royal Marines trainierten, wird seit 2001 bestes Bier und moderne Traditionsküche serviert.

④ *Rosie's Vineyard*
87 Elm Grove, Southsea
Tel. (0 23) 92 75 59 44
www.rosies-vineyard.co.uk
Englisch Küche mit einem Flair Frankreich – mitunter begleitet von Jazzkonzerten

ÜBERNACHTEN

▶ Komfortabel

① *Somerset House Hotel*
10 Florence Road, Southsea PO5 2NE
Tel. (0 23) 92 75 35 55
www.somersethousehotel.co.uk
Alle Zimmer in dem geschmackvoll eingerichtete Boutiquehotel besitzen ihre eigene Note – auf Wunsch wird das Frühstück nicht nur im Speisesaal, sondern auch am Bett serviert.

② *Seacrest*
12 South Parade, Portsmouth PO5 2JB
Tel. (0 23) 92 73 31 92
www.seacresthotel.co.uk
28 liebevoll eingerichtete Zimmer, die Hälfte davon mit Seeblick; auf Wunsch ein tolles 3-Gänge-Menü.

Portsmouth *Orientierung*

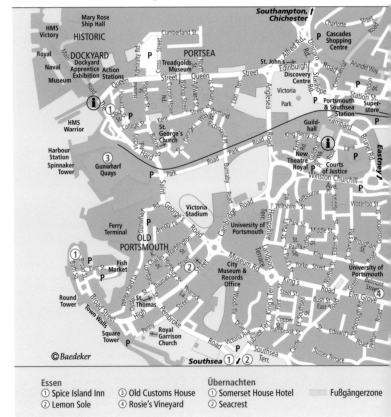

Essen
① Spice Island Inn ③ Old Customs House
② Lemon Sole ④ Rosie's Vineyard

Übernachten
① Somerset House Hotel
② Seacrest

Fußgängerzone

trieb genommen worden. 1812 erblickte Charles Dickens (►Berühmte Persönlichkeiten) in Portsmouth das Licht der Welt; 1887 schrieb Sir Arthur Conan Doyle als Arzt im Stadtteil Southsea seinen ersten Sherlock-Holmes-Roman »A Study in Scarlet«.

✶ ✶ Historic Dockyard

Alljährlich Mitte Sept. wird die 800-jährige Geschichte des Werftgeländes mit **»Dockyard 800«** groß gefeiert (www.dockyard800.co.uk). Sehr beliebt sind die 45-minütigen **Hafenrundfahrten** zu den heutigen Docks und der Flotte der Kriegsmarine.
Der **Dreimaster H. M. S. Warrior** setzte als erstes Schiff der Royal Navy mit Ganzmetall-Rumpf, gepanzerten Hauptgeschossen und leistungsstarker Dampfmaschine neue Maßstäbe im Schiffbau. In Lagerhallen

H.M.S. VICTORY

✹ ✹ Sie gilt als das schönste Museumsschiff der Welt und war das berühmteste englische Admiralsschiff aller Zeiten. Am 23. Juli 1759 wurde der Dreimaster auf der Marinewerft Chatham auf Kiel gelegt. Im Oktober 1760, also lange vor dem Stapellauf, erhielt sie ihren Namen »Victory«, und am 7. Mai 1765 lief sie schließlich vom Stapel.

🕐 Öffnungszeiten:
April – Okt. 10.00 – 18.00, Einlass bis 16.30,
Nov. – März 10.00 – 17.30, Einlass bis 16.00 Uhr

① Kapitänsquartier
Thomas Masterman Hardy, dem befehlshabenden Offizier während der Schlacht von Trafalgar am 21. Oktober 1805, standen im Achterschiff drei Kajüten zur Verfügung. Wie in Nelsons Kajüte gibt es hier sogar eine Toilette. In der Offiziersmesse wurden die Tagesbefehle ausgegeben. Weniger komfortabel hatte es die Mannschaft – 1805 vor Trafalgar waren 821 Offiziere, Matrosen und Marinesoldaten an Bord.

② Admiralsquartier
Vier Kabinen mit gediegener Einrichtung gehören zur komfortablen Bleibe Lord Nelsons (►Berühmte Persönlichkeiten) – ein Porträt von William Beechy aus dem Jahre 1801 zeigt Nelson als kommandierenden Vizeadmiral der Mittelmeerflotte, auf zwei weiteren Bildern sind Lady Hamilton und die gemeinsame illegitime Tochter Horatia im Alter von zwei Jahren zu sehen. Der Originaltisch, an dem Nelson mit seinen Kapitänen, Offizieren und illustren Gästen zu speisen pflegte, steht heute im Royal Naval Museum.

③ Steuerrad
Direkt unter dem Kreuzmast auf dem Achterdeck wurde das Steuerrad Tag und Nacht bewegt.

④ Nelsons tödlicher Standort
Eine Plakette markiert die Stelle, an der Lord Nelson von einer Kugel getroffen wurde.

⑤ Kombüse
Der Schiffskoch hatte eine Speisekammer, mit Kohle und Holz befeuerte gusseiserne Herde und zwei Öfen zum Brotbacken. Mit einem Kondensator konnte außerdem aus Salzwasser Frischwasser gewonnen werden. Die Verpflegung in der georgianischen Marine war übrigens besser als ihr Ruf: Die Tagesrationen (ca. 5000 Kalorien) bestanden aus frischem oder gepökeltem Fleisch, Gemüse, Schiffszwieback, Butter, Käse, Rosinen,

Legendärer Oberbefehlshaber der britischen Flotte: Lord Nelson

Zwiebeln und Zucker. Die Mannschaft aß um 8.00, 12.00 und 16.00 Uhr, die Offiziere nahmen das Diner zwischen 14.00 und 15.00 Uhr ein.

⑥ Pulvermagazin
Explosive Angelegenheit: Hier lagerten 784 Pulverfässer – rund ein Fünftel des Pulvers wurde während der Schlacht von Trafalgar verfeuert.

⑦ Vorratskammer
Mittschiffs unterhalb der Wasserlinie war der Proviant verstaut, darunter bis zu 355 t Wasser.

⑧ Apotheke
Verbandsmaterial für Unfälle an Bord oder bei Kampfhandlungen; Salben, Pillen und Tinkturen zur Linderung und Heilung von Krankheiten, die sich im Fall der Fälle schnell an Bord ausbreiteten.

⑨ »Cockpit« – Midshipman's Koje
Hier starb der tödlich verwundete Nelson – auf einem Gemälde von Arthur Devis für die Nachwelt verewigt. Noch im Sterben diktierte Nelson einen Brief an seine Geliebte, Lady Emma Hamilton, die Frau des britischen Gesandten in Neapel.

In der Kapitänskajüte empfing Thomas Masterman Hardy vor der Schlacht von Trafalgar die Offiziere zur Lagebesprechung.

Galionsfigur der H.M.S. Victory mit dem britischen Königs- und Staatswappen und dem Wahlspruch des Hosenbandordens »Honi soit qui mal y pense« sowie dem königlichen Motto »Dieu et mon droit«

Medizinfläschchen der Bordapotheke

»Der Tod Nelsons« wurde von Arthur Devis auf einem Gemälde festgehalten.

In der Werkstatt von Schiffszimmermann William Bunce wurden Masten und Spieren repariert.

© Baedeker

aus dem 18. Jh. erzählt das **Royal Navy Museum** die Geschichte der britischen Seefahrt. Die Schlacht von Trafalgar dokumentiert die Ausstellung »H. M. S. Victory« (www.royalnavalmuseum.org). Die multimedialen **Action Stations** begeistern mit fünf interaktiven Galerien und spannenden Actionfilmen auf der größten Leinwand des Vereinigten Königreichs (www.actionstations.org).

** ★ ★ **
H. M. S. Victory
3-D-Abb. S. 298
www.
hms-victory.com ▶

Das berühmteste englische Kriegsschiff ist sicherlich die »H. M. S. Victory«, mit der Admiral **Lord Nelson** (▶Berühmte Persönlichkeiten) 1805 in der Schlacht von Trafalgar über Napoleon siegte. Das **Flaggschiff** ist bei einer Länge von knapp 60 m mit fünf Decks und 104 Kanonen ausgestattet, das Feuern und Nachladen dauerte nur 90 Sekunden! Ab 1922 wurde das Schiff restauriert und kann nun vom Admiralsquartier bis zu den Munitionslagern besichtigt werden. Lord Nelson wurde hinter den französischen Linien von einer Kugel getroffen und starb zwischen Steuerrad und Achterdeck. Da die »H. M. S. Victory« offiziell noch im Dienst der Marine steht, ist sie das am längsten dienende Kriegsschiff der Welt.

** ★ **
**Mary Rose
Ship Hall**

Am 19. Juli 1545 sollte die 1509 für **Heinrich VIII.** gebaute »Mary Rose« an einer Seeschlacht gegen die französische Flotte teilnehmen, die vor der ▶Isle of Wight lag. Der König beobachtete vom Southsea Castle aus das Manöver und musste zusehen, wie hohe Wellen in die Schießscharten der schwer beladenen Mary Rose eindrangen, die im Solent versank. Am 11. Oktober 1982 wurde das Tudorschiff gehoben. Der Schiffsrumpf aus Hampshire-Eiche wird bei 5 °C und feinstem Sprühregen in der Mary Rose Ship Hall konserviert. Navigationsinstrumente, Goldmünzen sowie Waffen mit dem Wappen Heinrichs VIII. zeigt das **Mary Rose Museum**, das bis 2012 einen Neubau erhält.

> **!** *Baedeker* TIPP
>
> **Millennium Trail**
>
> Rund um den Hafen führt eine wunderschöne Promenade: der 3 km lange Millennium Trail beginnt in Southsea am Clarence Pier, führt mitten durch Old Portsmouth, vorbei an den Gunwharf Quays und endet am Bus-/Bahnterminal The Hard Inter-change. Kostenloser Flyer zur Strecke bei der Tourist Information.

** ★ **
Gunwharf Quays

Wo einst die Kriegsschiffe munitioniert wurden, entstand mit den Gunwharf Quays ein neues, sehr beliebtes Hafenviertel mit 95 Designer-Outlets, 30 Bars und Restaurants, Fitnessclub, Kino, Nachtclub, Holiday Inn Express-Hotel und Marina. Wahrzeichen des angesagten Ausgehviertels ist der **Spinnaker Tower** – aus 170 m Höhe bietet er einen fantastischen Rundblick über den Historic Dockyard (www.spinnakertower.co.uk, tgl. 10.00 – 18.00 Uhr). Hinauf geht es im Lift oder über 560 Stufen. Die Aussichtsplattform in 100 m sorgt mit ihrem Glasboden für den besonderen Kick, auf Deck 2 (105 m) präsentieren »Time Telescopes« die Hafengeschichte, auf Deck 3 geht es in 110 m Höhe hinaus in den Wind.

Gemütliche Pubs und Restaurants gibt es am alten Hafen.

Weitere Sehenswürdigkeiten in Portsmouth

Das **Seebad** Southsea gilt mit seinem 5 km langen Kieselstrand als bevorzugte Wohngegend von Portsmouth. Von der Strandpromenade ist bei schönem Wetter die ►Isle of Wight zu sehen. Der Clarence Pier, das Badezentrum The Pyramids und das **Blue Reef Aquarium** an der Clarence Parade (Öffnungszeiten: tgl. 10.00 – 17.00 Uhr) machen Southsea zum beliebten Familienausflugsziel.

★
Southsea

⊕

Das Museum an der Clarence Esplanade widmet sich der Landung der Alliierten in der Normandie am 6. Juni 1944. Ein 83 m lange **Wandteppich**erzählt die wichtigsten Ereignisse der »Operation Overlord«. Letzlich interessanter ist die mit viel Originalmaterial und Filmen dokumentierte Vorbereitung des D-Day in Südengland (Öffnungszeiten: April – Okt. 10.00 – 17.30, Nov. – März bis 17.00 Uhr, www.ddaymuseum.co.uk).

◄D-Day Museum

⊕

Direkt dahinter liegt das Southsea Castle, von dem König Heinrich VIII. 1545 den Untergang der »Mary Rose« verfolgte; im Solent erhebt sich das viktorianische Fort Spitbank.

◄Southsea Castle

In der Offiziersmesse der **Eastney Kaserne** präsentiert das Royal Marines Museum die Geschichte der Königlichen Marineinfanterie von 1664 bis heute mit Spezialeffekten und interaktiven Exponaten (Öffnungszeiten: Sept. – Mai 10.00 – 16.30 Uhr, Juni – Aug. bis 17.00 Uhr, www.royalmarinesmuseum.co.uk).

◄Royal Marines
Museum
⊕

In einem schmalen Backsteinbau in der Commercial Road Nr. 393 wurde 1812 Charles Dickens (►Berühmte Persönlichkeiten) geboren (www.charlesdickensbirthplace.co.uk, Öffnungszeiten: Mai – Sept. 10.00 – 17.30 Uhr,).

**Charles Dickens
Birthplace**
⊕

Umgebung von Portsmouth

Im Royal Navy Submarine Museum in **Gosport** können Besucher in ein **U-Boot** einsteigen (Öffnungszeiten: April – Okt. tgl. 10.00 bis 17.30, Nov. – März bis 16.30 Uhr).

Submarine World
⊕

Portchester Castle

🕐

Portchester Castle wurde im 3. Jh. mit 6 m hohen Außenmauern auf einer Landzunge im Norden von Portsmouth Harbour errichtet und gehört zu den wenigen **römischen Hafenforts** in Nordeuropa (Öffnungszeiten: Apr. – Sept. 10.00 – 18.00, Okt. – März bis 16.00 Uhr).

Rochester

G 38/39

Grafschaft: Kent

Einwohner: 142 000
alle drei Medway Towns: 250 000

Wo der Medway in einer weiten Bucht in den Ärmelkanal mündet, bilden Rochester, Gillingham und Chatham ein Ballungsgebiet, das die Marine, Werften und ein Dichter prägten: Charles Dickens verbrachte in Chatham seine Kindheit, in Rochester die letzten zwölf Jahre seines Lebens.

▶ ROCHESTER ERLEBEN

AUSKUNFT

Medway Visitor Centre
95 High Street
Rochester ME1 1LX
Tel. (0 16 34) 84 36 66
Fax (0 16 34) 84 78 91
www.medway.gov.uk
www.cometorochester.co.uk

SHOPPING UND DICKENS FESTIVAL

Rochester ist bekannt für seine Antiquitätengeschäfte an und um die High Street, Markt wird Di. und Sa. auf der Gillingham High Street, Fr. und Sa. auf der Corporation Street abgehalten. Zum alljährlichen Dickens Festival im Frühjahr gehören Straßentheater, ein viktorianischer Handwerkermarkt und eine Parade mit farbenprächtigen Charakteren aus Dickens Werken.

ESSEN

▶ **Erschwinglich**
Topes
60 High Street, Tel. (0 16 34) 84 52 70
www.topesrestaurant.com
Moderne britische Küche in nostalgischem Ambiente im Zentrum der Altstadt

ÜBERNACHTEN

▶ **Luxus**
Chilston Park
▶ Baedeker Special, S. 111

▶ **Komfortabel**
Royal Victoria & Bull Hotel
16-18 High Street
Rochester ME1 1PX
Tel. (0 16 34) 84 62 66
Fax (0 16 34) 83 23 12
www.rvandb.co.uk
Seinen Namen verdankt das Hotel im Herzen von Rochester einem Besuch von Queen Victoria 1836. Auch Charles Dickens logierte gern in einem der 28 Zimmer und erwähnt das »Bull« in seinen »Pickwick Papers« und den »Great Expectations«. Im Southern Bull Restaurant kann man vorzüglich speisen.

Rochester, Gillingham und Chatham gehören nicht zu den schönsten südenglischen Städten, locken aber mit einigen interessanten Attraktionen. Die historische Bedeutung Rochesters tritt eindrucksvoll in der normannischen Burg und der Kathedrale zutage. In Chatham sollte man die alten Werften der Royal Navy besuchen. Leeds Castle gehört zu den meistfotografierten englischen Burgen.

Zentren der Militärgeschichte

Sehenswertes in Rochester

Englands zweitälteste Kathedrale geht zurück auf das Jahr 604. Um 1080 begann Bischof Gundulf mit dem Bau der heutigen Kathedrale. Aus dieser Zeit haben sich der wehrhafte Gundulfturm und die Krypta erhalten. Die Weihe erfolgte 1130, die Türme und das Skulpturenportal der Westfassade waren um 1160 fertig gestellt, der Vierungsturm entstand 1343. Bis ins 15. Jh. hinein wurden Lang- und Querhaus um- und ausgebaut.

Im Innern führen »Pilgerstufen« zum Grab des Bischofs Walter de Merton. Ursprünglich stand hier das Grab des schottischen Bäckers **William of Perth**, der 1201 auf seiner Pilgerreise ins Heilige Land in Rochester ermordet wurde. Dem Grab wurden bald Wunderkräfte nachgesagt, so dass es sich zu einem Wallfahrtsort entwickelte.

Der Kathedrale war ein Benediktinerkloster angegliedert, das unter Heinrich VIII. aufgelöst wurde. Von den vier Zugangstoren aus dem

✱
Cathedral

◄ www.rochester
cathedral.org

Beim Dickens Festival im Frühjahr werden die berühmten Romanfiguren zum Leben erweckt.

15. Jh. sind drei erhalten: Zur High Street hin öffnet sich das Chertsey's Gate, daneben bot das Deanery Gate Pilgern Zugang zum Schrein des Heiligen William of Perth. Am besten erhalten ist das **Prior's Gate** an der Südseite.

Castle

Die Burg von 1088 gehört zu den ältesten normannischen Festungsanlagen aus Stein in England. Der um 1127 entstandene Bergfried ist mit 37 m einer der höchsten im Land und lockt mit fantastischer Aussicht. Nach Süden blickt man auf Satis House, in dem Elisabeth I. anno 1573 zu Gast war (Öffnungszeiten: April – Sept. 10.00 – 18.00 Uhr, Okt. bis 17.00 Uhr, Nov. – März bis 16.00 Uhr).

High Street

Die High Street folgt dem Lauf der römischen Handelsstraße Watling Street, die ►London mit der Küste verband. Nach dem Royal Victoria and Bull Hotel (►S. 302) lohnt das **Guildhall Museum** mit den 2005 eröffneten Dickens Galleries einen Besuch (Öffnungszeiten: Di. bis So 10.00 – 16.30 Uhr).

Restoration House

In 17-19 Crow Lane wurde eine prachtvolle elisabethanische Stadtvilla restauriert, in der Karl II. vor seiner Thronbesteigung am 28. Mai 1660 die erste Nacht auf englischem Boden verbrachte (Öffnungszeiten: Juni – Sept. Do., Fr. 10.00 – 17.00 Uhr). Gegenüber führt eine Allee durch The Vines, den einstigen Weinberg der Mönche.

Umgebung von Rochester

Chatham

Die auf das 16. Jh. zurückgehenden Docks von Chatham, 4 mi / 6,4 km östlich von Rochester, auf denen bis 1984 mehr als 400 Schiffe – darunter auch Nelsons Flaggschiff HMS Victory (► Portsmouth) – erbaut wurden, sind heute ein **Schiffbaumuseum**, in dem

Historic Dockyards ►

historische Schiffe, das U-Boot »Ocelot«, eine Seilerei sowie ein Segel- und Fahnenloft die Geschichte des Schiffbaus am Medway erzählen (Öffnungszeiten: Mitte Feb. – Okt. 10.00 – 18.00 Uhr, www. chdt.org.uk). Im Sommer kann man mit dem 1924 gebauten **Kohle-**

Paddle Steamer ►

dampfer Kingswear Castle von den Dockyards aus den Leedway hinunter bis zum Upnor Castle schippern **Fort Amherst** wurde 1756 zum Schutz der Werften angelegt und angesichts der Bedrohung durch Frankreich 1802 – 1811 erheblich ausgebaut. Die Katakomben und Wehrgänge des britischen Forts aus dem 18. Jh. können besichtigt werden (Öffnungszeiten: April – Okt. tgl. 10.30 – 16.30 Uhr, www. fortamherst.com).

Im 2007 eröffneten Erlebnismuseum **»Dickens World«** können Besucher auf den Spuren des Autors durch Gassen

! *Baedeker* TIPP

Charles Dickens' Pub

Das urgemütliche Ye Old Leather Bottle Inn gegenüber der Pfarrkirche von Cobham war eines der Lieblingslokale von Dickens – und birgt heute eine wundervolle Sammlung von Erinnerungsstücken. Literarisch verarbeitet wurde der urige Pub in den »Pickwick Papers« (Tel. 0 14 74 / 81 43 27).

Leeds Castle, auf zwei Inseln gelegen und vom Wasserlauf des Len umgeben, gehört zu den schönsten Burgen im Vereinigten Königreich.

aus seinen Romanen wandeln und dort seinen Charakteren wie »Scrooge« und »Jack Frost« begegnen (Öffnungszeiten: Di. – Fr. 10.00 – 16.30, Sa., So. bis 17.30 Uhr, www.dickensworld.co.uk).
Was der Erfindergeist der königlichen Militäringenieure hervorgebracht hat, ist im **Royal Engineers Museum** von **Gillingham** zu sehen: Wellingtons Schlachtplan für Waterloo, Tauchanzüge von 1902, selbst ein Harrier Jet ist ausgestellt (Öffnungszeiten: Di. – Fr. 9.00 – 17.00 Uhr, Sa./So. 11.30 – 17.00 Uhr, www.re museum.org.uk.).

Ein beliebtes Familienausflugsziel ist das Freiluftmuseum im Norden von Maidstone. Hopfendarren und -felder, Farmtiere und Traktorrundfahrten lassen Besucher am kentischen Landleben teilnehmen (Öffnungszeiten: Mitte Feb. – Okt. tgl. 10.00 – 17.00 Uhr, www. museum-kentlife.co.uk).

✷
Cobtree Museum of Kent Life
🕐

Als »schönste Burg der Welt« bezeichnete Lord Conway einst Leeds Castle, 7 mi / 11,2 km südöstlich von Maidstone. Die Burg, deren warm leuchtender Sandstein sich im weitem Wassergraben spiegelt, bietet wirklich einen spektakulären Anblick. Bereits im 9. Jh. soll hier ein sächsisches Herrenhaus gestanden und die Burg ihren Namen von Led, dem Ersten Minister von Ethelbert IV., erhalten haben. Danach gehörte Leeds den Normannen, war eine **Residenz für sechs englische Monarchinnen**, diente als Palast Heinrichs VIII. und bis 1974 als privates Wohnhaus. Die Schlossanlage ist auf zwei separaten Inseln errichtet, die eine Brücke miteinander verbindet. Eine Zugbrücke bildet den Haupteingang und führt an einem Torhaus aus dem 13. Jh. und an Stallungen vorbei zum separat stehenden Maiden's Tower, dessen quadratische Anlage aus der Tudorzeit im 19. Jh. mit Zinnen bekrönt wurde. Das heutige Hauptgebäude ersetzte ab 1824 einen vorherigen Tudorbau.

✷ ✷
Leeds Castle

Die Innenausstattung stammt von der Amerikanerin Lady Baillie, die Leeds Castle 1926 kaufte und instand setzte. Über die doppelstöckige Steinbrücke geht es zur Gloriette aus der Zeit Heinrichs VIII. Der Bankettsaal des Königs mit Ebenholzboden und geschnitzter Eichendecke, der gelbe Salon mit feinem Seidendamastdesign, das Schlafgemach der Königin und die Königinnengalerie erinnern an die Aufenthalte Heinrichs VIII. und seiner ersten Gemahlin Katharina von Aragonien. Einmalig ist ein **Hundehalsband-Museum** im Pförtnerhaus, dessen Exponate bis zu 400 Jahre alt sind. Im 200 Hektar großen Landschaftsgarten tummeln sich Schwäne auf den Seen, dazu wollen Irrgarten, Grotte, Gewächshäuser, ein Weingut und eine Voliere mit über 100 Vogelarten erkundet werden (Öffnungszeiten: April – Okt. 10.00 – 18.00, Einlass bis 16.30, Nov. – März 10.30 bis 16.00 Uhr, Einlass bis 15.00, www.leeds-castle.com).

✳ ✳ Rye

K 40

Grafschaft: East Sussex **Einwohner:** 4 000

Rye gehört zu den schönsten Städtchen Englands: Auf einem Hügel thront die Perle der »Cinque Ports« stolz über den Weiden der Romney Marsh, auf denen Schafe grasen. Hinter dem Stadttor Landgate säumen schmucke Fachwerkbauten aus der Tudorzeit die Gassen mit Katzenkopfpflaster.

Perle der Cinque Ports
Im Mittelalter genoss Rye die Privilegien der Hafenkonföderation »Cinque Ports« und war als Fischereihafen und Schmugglernest bekannt. Durch die Verlandung des Hafens um 1590 und den nachfolgenden wirtschaftlichen Niedergang wurden viele Fachwerkbauten nicht wie anderswo mit Backstein verkleidet, so dass viele Tudorfassaden erhalten sind. Heute liegt die Stadt 3 km von der Küste entfernt. Innerhalb der fast vollständig geschleiften Stadtmauer ist der Grundriss des mittelalterlichen Rye mit drei Hauptstraßen, zahlreichen Querverbindungen sowie 140 Gebäuden aus der Zeit vor 1750 hervorragend erhalten.

❗ *Baedeker* TIPP

Handgemacht

Seit dem 11. Jh. ist Rye ist für sein Töpferhandwerk berühmt, das die traditionelle »Hopware« herstellt – Gefäße, die mit kleinen Hopfenzweigen oder -blättern verziert und mit Bleiglasur überzogen werden. Wally und Jack Cole von der Rye Pottery in der Ferry Road modernisierten in den 1950er-Jahren das klassische Design. Zur Cinque Ports Pottery am Conduit Hill gehört seit kurzem ein »Paint Your Own Pot«-Studio.

Sehenswertes in Rye

Berühmt ist die kopfsteingepflasterte **Mermaid Street** mit ihren gestaffelten Fachwerkbauten und dem romantischen Mermaid Inn. Humorvoll nennt sich das Fach-

▶ RYE ERLEBEN

AUSKUNFT

Tourist Information Centre
The Heritage Centre
Strand Quay, Rye TN31 7AY
Tel. (0 17 97) 22 66 96
Fax (0 17 97) 22 34 60
www.visitrye.co.uk
www.ryeheritage.co.uk

SHOPPING UND EVENTS

Die holprigen Straßen mit denkmalgeschützten Häusern und urgemütlichen Teestuben wollen ausgiebig durchbummelt werden –
allerdings nur mit flachem Schuhwerk! Rye besitzt zahlreiche Antiquitätengeschäfte, Antiquariate und
Galerien, in denen lokale Künstler
ihre Arbeiten präsentieren. Donner-
stags ist am Bahnhof Wochenmarkt,
Mittwochmorgen am Strand Quay ein
Bauernmarkt. Theater und Konzerte
gehören zum Rye Festival im September.

TEA ROOMS

Simon the Pieman (Tel. 0 17 97 /
22 21 25) nennt sich die älteste
Teestube Ryes und wartet in der
Lion Street mit leckeren Cream
Teas auf. Im *Mermaid Inn* nimmt man
den Tee am Kamin, wie in Mutters
guter Stube fühlt man sich im versteckt gelegenen *Cobbles Tea Room*,
►Special Guide S. 11.

ÜBERNACHTEN

▶ Komfortabel

Jeake's House
Mermaid Street
Rye TN31 7ET
Tel. (0 17 97) 22 28 28
Fax (0 17 97) 22 26 23
www.jeakeshouse.com
Jenny Hadfield und Richard Martin
haben an der kopfsteingepflasterten

Mermaid Street ein bezauberndes
Häuschen, jedes Zimmer ist mit
Antiquitäten eingerichtet.

▶ Günstig

Four Seasons
96 Udimore Road
Rye TN31 7DY
Tel. (0 17 97) 22 43 05
Fax (0 17 97) 22 94 50
Nette Zimmer und idyllischer Garten
am Cadborough Cliff mit Seeblick.
Dinner auf Anfrage.

ESSEN

Baedeker-Empfehlung

▶ Fein und teuer

The Mermaid Inn
Mermaid Street
Tel. (0 17 97) 22 30 65
www.mermaidinn.com
Ein Muss für Romantiker: das noble
Traditionsgasthaus aus dem 15. Jh.
mit balkenschweren Räumen, offenen
Kaminen und – auf Wunsch – kusche-
ligen Himmelbetten. Wo im 18. Jh. die
berüchtigten Hawkhurst-Schmuggler
ihre Stammkneipe hatten, wird heute
vorzüglich gespeist. Göttlich: der Lobster
Thermidor mit Parmesan und Senfsause.

Kopfsteingepflastert: die Mermaid Street

werkhaus gegenüber »The House Opposite«, ein anderes heißt »The House with a Seat«, und der nicht so glückliche Nachbar lebt im »The House without a Seat«. Unten am **Strand Quay** säumen schwarz geteerte Speicherhäuser mit Antiquitätengeschäften und Teestuben das Flussufer des Tillingham.

Landgate 1370 stürmten die Franzosen die Stadt und zerstörten sie. Aus jener Zeit erhalten sind nur der Festungsturm **Ypres Tower** mit einer Dependance des Stadtmuseums (Öffnungszeiten: Apr. – Okt. Mo., Do., Fr. 10.30 – 13.00, 14.00 – 17.00, Nov. – März Sa./So. 10.30 – 15.30 Uhr, www.ryemuseum.co.uk) und das Landgate. Das letzte der vier Stadttore wurde 1327 unter Eduard III. errichtet und 1377 erneuert.

Town Salts Vom Landgate führt die Straße East Cliff den Berg hinauf und bietet einen Blick auf die Wiesen der »Town Salts«, wo bis ins 19. Jh. Salz gewonnen wurde. Die East Street birgt die georgianischen Stadthäuser Chequer House und Durrant House. Die Market Street führt vorbei am Flushing Inn mit Renaissance-Wandmalerei und Tunnelgewölbe aus dem 13. Jh. und zum Backstein-Rathaus von 1743.

St. Mary Dahinter erhebt sich als höchster Punkt der Stadt die Pfarrkirche St. Mary mit Kirchenfenstern von William Morris und Sir Edward Burne-Jones aus dem Jahr 1897 sowie einer Turmuhr von 1561. Die zinnenbekrönte Plattform im Turm gewährt eine schöne Aussicht und Blicke in den Glockenstuhl.

Umgebung von Rye

Winchelsea Wie Rye liegt auch das 3 mi / 4,8 km westliche Winchelsea auf einem Hügel und machte als »Cinque Ports« sogar dem Londoner Hafen Konkurrenz. Nachdem 1250 ein Orkan den Ort völlig zerstörte, wurde er auf schachbrettartigem Grundriss wieder aufgebaut. Durch die Verlandung des Hafens wurde die Stadt allerdings nie ganz fertig gestellt, auch die um 1300 begonnene Kirche St. Thomas blieb unvollendet. Eduard I. hatte Winchelsea und Rye als Depot für importierte Weine aus Frankreich geplant – daher besitzen beide Orte zahlreiche Gewölbekeller aus dem Mittelalter.

? WUSSTEN SIE SCHON …?

■ … dass der Amerikaner Henry James von 1898 bis zu seinem Tode 1916 in Rye im Lamb's House wohnte und in diesem Stadthaus des 18. Jh.s mit zauberhaftem Garten die Romane »Die goldene Schale« und »Die Gesandten« verfasste? (Öffnungszeiten: April – Okt. Do., Sa. 14.00 – 18.00 Uhr).

Blütenzauber im Garten von Sissinghurst Castle

Auf der A 262 geht es zum viel besuchten Garten von Sissinghurst Castle. Von der einstigen Tudorburg aus der Zeit vor 1550 zeugt nur noch ein vierstöckiger Torturm. 1930 wurde der Besitz von der Schriftstellerin und Gartenkolumnistin **Victoria (Vita) Sackville-West** (1892 – 1962) erworben, die hier mit ihrem Mann, dem Historiker Sir Harold Nicholson, lebte. Vita – eine enge Freundin von Virginia Woolfe – und Harold führten ein turbulentes Eheleben voller Komplikationen, fanden aber in ihrer Gärtnerleidenschaft immer wieder zusammen. Auf 2,5 ha schufen sie zehn individuell gestaltete Gartenzimmer, in denen sich Rosen, Kräuter, Obstbäume und Eibenhecken abwechseln, während im White Garden nur Pflanzen mit weißen Blüten oder silbrigen Blättern wachsen. Im Torturm hatte Vita Sackville-West ihr Arbeitszimmer; hier führte sie Tagebuch über alle Entwicklungsstufen ihres Gartens. Eine Bibliothek ist im ehemaligen Stallgebäude gegenüber des Turms untergebracht (Öffnungszeiten: Mitte März – Okt. Fr. – Di. 11.00 – 18.00 Uhr).

★ ★
Sissinghurst Castle

Benenden, Biddenden, Smarden, Goudhurst, Lamberhurst – folgt man in dem Landschaftsdreieck zwischen Tenterden, Tunbridge Wells und Maidstone der Straßenausschilderung »High Weald Country Tour«, so trifft man auf traditionsreiche Dörfer in einer abwechslungsreichen Hügel- und Wiesenlandschaft, die Besuchern einen lebendigen Eindruck vom komfortablen Landleben geben, das

★
High Weald Country Tour

die Engländer so sehr lieben. Die meisten der Ortsnamen enden auf »-den« oder »-hurst«, was so viel wie Lichtung oder Wald bedeutet und auf den einstigen Waldreichtum hinweist. Ein regionales Charakteristikum sind die runden »Oasthouses«, **Hopfendarren** mit weißen Dächern, die sich inzwischen oftmals in schicke Wohnhäuser verwandelt haben.

★ ★ Salisbury

J 25

Grafschaft: Wiltshire   **Einwohner:** 39 000

Immer wieder hat John Constable (1776 – 1837) das Wahrzeichen der Grafschaftshauptstadt gemalt: Salisbury Cathedral – eine Perle der englischen Frühgotik, eingefasst von Englands größter Domfreiheit, bekrönt vom höchsten Kirchturm Englands, der die alte Tuchhändlerstadt am Avon überragt.

Musterbeispiel aus dem Mittelalter   Während den Cathedral Close Häuser aus dem 16. – 18. Jh. umgeben, ist Salisburys Altstadt kein Gewirr enger Gassen, sondern hat ein geordnetes Schachbrettmuster mit Häuserzeilen um Gartenhöfe herum: Die Altstadt gilt als Musterbeispiel mittelalterlicher Stadtplanung. Möglich machte es die Gründung vom Reißbrett: Salisbury entstand 1220, als der Klerus den Bischofssitz von Old Sarum in die Talniederung des Avon verlegte.

Sehenswertes in Salisbury

★ ★ Cathedral   Es heißt, man habe den Platz für den Neubau der Kathedrale mittels eines Pfeilschusses ermittelt. Die Kathedrale im frühgotischen Early English Style wurde in einer Rekordzeit von 45 Jahren aus silbergrauem Kalkstein errichtet – im 13. Jh. eine außerordentliche Leistung. 1265 wurde der Sakralbau geweiht, 1380 der 123 m hohe Vierungsturm vollendet. Nicht mehr erhalten ist der Glockenturm, der bis 1790 in der Domfreiheit stand; sein Uhrwerk aus dem Jahr 1386 – das älteste Englands – ist im nördlichen Seitenschiff zu sehen. Der Grundriss des Gotteshauses weist die für England typische additive Raumfolge von Langhaus, Querhäusern, Chor, Retrochor und Trinitätskapelle auf, die im Osten als Rechteck abschließt. Der **Innenraum** beeindruckt durch seine helle, ungehinderte Weite, da der Lettner im 18. Jh. entfernt wurde. Fortlaufende Gesimse im Langhaus und die mit 25 m geringe Höhe des Kreuzrippengewölbes unterstreichen den hori-

! Baedeker TIPP

Dach-Tour

An die Besichtigung der Kathedrale kann eine »roof tour« angeschlossen werden, auf der man über das Triforium zu einer Außengalerie am Fuße des Turmhelms geführt wird.

● SALISBURY ERLEBEN

AUSKUNFT

Tourist Information Centre
Fish Row, Salisbury SP1 1EJ
Tel. (0 17 22) 33 49 56
Fax (0 17 22) 42 20 59
www.visitwiltshire.co.uk/
salisbury/home

SHOPPING
UND FESTIVAL

Ausgiebig bummeln kann man in
den Fußgängerzonen der Fish Row,
Butcher Row und High Street – hier
bietet außerdem das Old George Mall
Shopping Centre junge Mode,
Schmuck und Krimskrams. Di. und
Sa. ist Wochenmarkt auf dem Market
Square. Konzerte, Lesungen, Theater,
Tanz und Kinderprogramm gehören
zum alljährlichen Salisbury Interna-
tional Arts Festival im Frühsommer
(www.salisburyfestival.co.uk).

ÜBERNACHTEN

► Luxus /
Komfortabel

Red Lion
4 Milford Street
Salisbury SP1 2AN
Tel. (0 17 22) 32 33 34
Fax (0 17 22) 32 57 56
www.the-redlion.co.uk
Hinter den Efeuranken des mittelalterlichen Fachwerks verstecken sich
51 traumhafte Zimmer und das renommierte Vine Restaurant.

► Günstig

Webster's
11 Hartington Road
Salisbury SP2 7LG
Tel. (0 17 22) 33 97 79
Fax (0 17 22) 42 19 03
www.websters-bed-breakfast.com
Fünf hübsche Zimmer und ein
sehr netter Service

ESSEN

► Erschwinglich

The Cross Keys
1 Cross Keys Chequer
Queen Street, Tel. (0 17 22) 32 09 33
www.thecrosskeysrestaurant.com
So. Ruhetag
Für Romantiker: ein Bau des 14. Jh.s,
dazu englische Küche mit orientalischen und mediterranen Einflüssen

Baedeker-Empfehlung

The Lemon Tree
92 Crane Street, Tel. (0 17 22) 33 34 71
www.thelemontree.co.uk
Junge kreative Küche unter der Ägide von
Chris Hayden – probieren Sie Schweinefilet
mit Aprikosen und Pinienkernen oder
Entenbrust in Sherrysauce. Im Sommer
wird auch im Garten serviert.

Die Kathedrale von Salisbury, die 2008 das 750. Jahr ihrer Weihe feierte, gilt als das vollkommenste Beispiel der englischen Frühgotik.

zontalen Gesamteindruck. Im frühen 19. Jh. ließ James Wyatt das Innere radikal umgestalten und **Grabdenkmäler** entfernen bzw. neu ordnen. Als Erster wurde 1226 William Longespée, Sohn von Heinrich II., in der Kathedrale beigesetzt – seine Grabskulptur zeigt erstmals einen Ritter in voller Rüstung. Davor ruht Bischof Osmund von Old Sarum († 1099) – von der Berührung seines Schreins versprachen sich Pilger Heilung ihrer Krankheiten. Elisabethanisch farbenfroh ist das polychromierte Doppelgrab von Sir Richard Mompesson und Gemahlin, deren Nachfahren Mompesson House erbauten. Die Gedächtniskapelle des 1524 verstorbenen Bischof Audley ist mit feinem Fächermaßwerk und einem florentinischen Mariengemälde über dem Altar ausgestattet. Die **Trinitätskapelle** erhebt sich als ältester Bauteil über feingliedrigen Säulen aus Purbeck-Marmor. An den hochgotischen **Kreuzgang** schließt sich das ab 1275 entstandene, achteckige **Kapitelhaus** an, das eine Kostbarkeit birgt: ein Exemplar der vier noch existierenden Originale der **Magna Charta** (Öffnungszeiten: tgl. 7.15 – 18.15, Juni – Aug. bis 19.15 Uhr, www. salisburycathedral.org.uk).

The Close Die **größte Domfreiheit Englands** ist ein grünes Rasenquadrat, das um 1330 mit einer Mauer vor der »aufständischen Bevölkerung« geschützt wurde. Die Häuser innerhalb der Domfreiheit stammen aus dem 13.–18. Jh. und dienen teilweise als Wohnungen der kirchlichen Angestellten. Vier Torwege verbinden den Dombezirk mit der Stadt: St. Ann's Gate im Nordosten führt zum Malmesbury House, wo

Karl II. im Jahr 1651 vor den Truppen Cromwells Zuflucht suchte. Durch das südliche Bishop's Gate gelangt man zum 1220 begonnenen **Bishop's Palace** mit der Kathedralschule.

Ganz im Süden führt Harnham Gate zum Ufer des Avon – diesen Blickwinkel wählte der Maler John Constable für die meisten seiner Kathedralansichten.

Harnham Gate

Das **Salisbury and South Wiltshire Museum** im King's House zeigt Exponate aus ▶ Stonehenge und Old Sarum sowie Glas-, Porzellan- und Keramikarbeiten (Öffnungszeiten: Mo. – Sa. 10.00 – 17.00, Juli / Aug. auch So. 12.00 – 17.00 Uhr, www.salisburymuseum.org.uk).

King's House

⊙

Vorbei an der bischöflichen Kleider- und Dokumentenkammer **The Wardrobe**, heute das Regimentsmuseum der Grafschaft Wiltshire, geht es durch ein geschwungenes Eisengitter zum 1701 errichteten Mompesson House, dessen kostbare Sammlung englischer Trinkgefäße rund 400 Gläserformen zählt. **Teatime-Tipp**: die hübsche Teestube (Öffnungszeiten: März – Okt. Sa. – Mi. 11.00 – 17.00 Uhr).

✱
Mompesson House

⊙

Durch das North Gate geht es in die Altstadt, wo Straßennamen wie Fish Row oder Butcher Row an die einstigen Gewerke in den Gassen erinnern. Der kleine Poultry Cross diente einst als Geflügelmarkt.

✱
Altstadt

Umgebung von Salisbury

Die Ruinen von Old Sarum, der Vorgängerstadt Salisburys, liegen 2 mi / 3,2 km nördlich nahe der A 345 auf einem Hügel, der schon in prähistorischer Zeit befestigt war. Die Römer errichteten an dieser Stelle das Lager Sorviodunum, unter den Sachsen entstand eine städtische Siedlung. Wilhelm der Eroberer ließ eine Burg erbauen und den Bischofssitz von ▶ Sherborne 1075 nach Old Sarum verlegen. Unter Bischof Osmund wurde im 11. Jh. hier ein Regelwerk für Liturgie und Kirchenorganisation festgelegt, das bis zur Reformation in England gültig war. Wegen Wassermangel und ständigem Streit zwischen Geistlichkeit und königlicher Garnison beschloss der Klerus 1220 die Gründung von Salisbury und erbaute die Stadt mit Steinen aus Old Sarum. Von der Burg und einer 1092 geweihten Kathedrale sind heute nur noch spärliche Ruinen innerhalb eines doppelten Ringwalls zu sehen. Beim alljährlichen **Mittelalterfest** im Juli sieht man Ritter in schimmernden Rüstungen, Burgfräulein, Musikanten und Falkner, die ihre Vögel vorführen.

Old Sarum

✱
◀ Grand
Medieval Joust

Die Kleinstadt Wilton, 3 mi / 4,8 km westlich von Salisbury, war einst die Hauptstadt des angelsächsischen Königreiches Wessex und Namensgeber für die Grafschaft »Wilt«-shire. 1655 etablierte sich hier eine Teppichmanufaktur, die bei der Verarbeitung der heimischen Wolle von den Kenntnissen hugenottischer Weberfamilien aus Flan-

Wilton

Von schönen Geschäften gesäumt: Salisburys Butcher Row

Weberei ►
🕐

dern und Frankreich profitierte. Die **Wilton Carpet Factory**, die sogar den königlichen Hof belieferte, ist heute noch in Betrieb (Öffnungszeiten: März – Okt. Di. – Fr. 9.00 – 17.00 Uhr, Führungen: 11.00, 12.30, 14.00, 15.30 Uhr, www.wiltoncarpets.com). Im angrenzenden **Wilton Shopping Village** kann man Mode, Schmuck, Glas und Porzellan erwerben.

★★
Wilton House

Die Abteigebäude von Wilton wichen 1544 einem Tudor-Landsitz, der 1647 in Flammen aufging; gerettet wurden nur der heutige Ostturm und das Holbein-Portal im Park. Der neue Stammsitz für die Grafen von Pembroke am River Nadder entstand unter der Federführung von **Inigo Jones** (1573 – 1652), der in England die Epoche des palladianisch geprägten Klassizismus einläutete, und wurde nach dessen Tod von John Webb vollendet.

Die schlichte Fassade des Herrenhauses kontrastiert mit dem üppigen Barock der Staatsgemächer im Südflügel, die Inigo Jones entwarf. Im Ante Room sind holländische und flämische Meister sowie ein Deckengemälde von Lorenzo Sabatini zu sehen. Die »Bekehrung des Paulus« von Luca Giordano ziert die Decke des Corner Room; Werke von Andrea del Sarto, Rubens, Frans Francken, Gerard ter Broch u. a. bedecken die Wände. In Weiß- und Goldtönen ist der Colonnade Room mit kannelierten Säulen dekoriert. Der Great Ante Room zeigt ein Porträt der Mutter Rembrandts sowie Werke von van Dyck

Double Cube Room ►

und William van der Velde. Den **Doppelwürfelsaal**, der von einem illusionistischen Deckengemälde zur Perseus-Mythologie überfangen wird, entwarf Inigo Jones eigens für die Kollektion von Familienporträts, die **van Dyck** 1634 im Auftrag des 4. Earl of Pembroke anfertigte. Im Mittelpunkt steht das Gruppenporträt des Auftraggebers mit seiner Familie, welches Porträts Karls I. und seiner Gattin einrahmen. Die schweren, vergoldeten Möbel wurden rund 100 Jahre später von Thomas Chippendale und William Kent entworfen. Während des Zweiten Weltkrieges diente der Raum als alliiertes Hauptquartier, in dem Eisenhower und Churchill u. a. die Landung in der Normandie vorbereiteten. Im halb so großen **Würfelsaal** schmückt die Decke eine Darstellung von Daedalus und Ikarus aus dem 17. Jh. von Giuseppe Cesari. Öffnungszeiten: Mai – Okt. So. – Do. 11.30 – 16.30 (Haus), 11.00 – 17.00 Uhr (Garten), Sept. Sa./So. 11.30 – 16.30 (Haus), 11.00 – 17.00 Uhr (Garten), www.wiltonhouse. co.uk.

◄ Single Cube Room

🕐

Der ausgedehnte **Landschaftspark** von Wilton House besitzt einen herrlichen alten Baumbestand. Die Gärten führen auf der Südseite zum Fluss, über den William Kent 1736 eine viel kopierte Brücke im Palladio-Stil spannte. Im Osten schließt sich an den japanischen Garten ein Waldwanderweg an.

✶ ✶ St. Ives

0 3

Grafschaft: Cornwall **Einwohner:** 11 000

Das »griechische Licht« lockte bereits vor 200 Jahren Künstler nach St. Ives, die das besondere Flair des Fischerdorfes auf die Leinwand bannten: den malerischen Hafen, die verwinkelten Gassen, die vom Golfstrom begünstigten Sandstrände und die weite Bucht an der Mündung des Hayle.

▶ ST. IVES ERLEBEN

AUSKUNFT
Tourist Information Centre
The Guildhall, Street-an-Pol
St. Ives TR26 2DS
Tel. (0 17 36) 79 62 97
Fax (0 17 36) 79 83 09
www.stives-cornwall.co.uk

SIMPLY THE BEST
Cornish Pasties
Vor 150 Jahren war sie das tägliche Essen der cornischen Zinnminenarbeiter: die Cornish Pasty. Wurde die ovale Teigtasche früher nur mit Rindfleisch, Kartoffeln, Zwiebeln, Rüben und Petersilie gefüllt, gibt es sie heute in zig Variationen –

besonders lecker bei Penganna, einem populären Traditionsbetrieb mit Schaubäckerei in der High Street Nr. 9 (www.pengennapasties.co.uk).

LEINEN LOS!

90-minütige Bootsausflüge führen tgl. vom Hafen zur Seal Island, wo man Robben und Delfine beobachten kann. Hochseeangler können ihr Glück auf der »Dolly Pentreath« versuchen, dem Nachbau eines traditionellen cornischen Fischkutters, Tel. / Fax (0 17 36) 79 72 69, www.stivesboats.co.uk/boats.

ÜBERNACHTEN

► Luxus / Komfortabel

Chy an Albany
Albany Terrace
St. Ives TR26 2BS
Tel. (0 17 36) 79 67 59
Fax: (0 17 36) 79 55 84
www.chyanalbanyhotel.com
Edwardianisches Hotel mit Traum-

blick über die Bucht von St. Ives. Exquisite Fischgerichte, würzige Käsesorten aus Cornwall und eine gut sortierte Weinkarte.

► Günstig

Grey Mullet
2 Bunkers Hill
St. Ives TR26 1LJ
Tel. (0 17 36) 79 66 35
www.touristnetuk.com/sw/greymullet
Charmantes Haus aus dem 18. Jh. mit Eichendecken, um die Ecke vom quirligen Hafen

Tre-pol-pen
4 Tre-pol-pen, Street-an-pol
St Ives TR26 2DS
Tel. (0 17 36) 79 49 96
www.trepolpen.co.uk
Das Ehepaar Puntis vermietet drei nette Doppelzimmer gegenüber des Tourist Information Centre.

ESSEN

► Erschwinglich

Mermaid Seafood Restaurant
21 Fish Street, Tel. (0 17 36) 79 68 16
In einem der ältesten Häuser der Stadt serviert Mathew köstliche Fischgerichte – Spezialität des Hauses: Hummer in vielen Variationen.

Baedeker-Empfehlung

Alba
The Old Lifeboat House
Wharf Road, Tel. (0 17 36) 79 72 22
www.thealbarestaurant.com
Preisgekröntes Fischrestaurant mit farbenfrohen Bildern lokaler Künstler an den Wänden und ungestörtem Blick auf den Hafen. Probieren Sie Hummer mit Knoblauchbutter und Muscheln mit Zitronengras, Chili und Weißwein.

← *Etwas für Romantiker: das Grey Mullet*

Die feinsandigen Strände von St. Ives erstrecken sich bis zu den Dünen von Godfrey Point.

Künstler, Kunstinteressierte, Badeurlauber und Durchreisende bevölkern im Sommer die engen Gassen, in denen sich Souvenirgeschäfte mit interessanten Galerien und Künstlerateliers abwechseln.

Nizza des Nordens

Auf seiner Suche nach faszinierenden Landschaften entdeckte **William Turner** St. Ives erstmals 1811, und zusammen mit **James Whistler**, Frances Hodgkins, Matthew Smith, Cedric Morris und Walter Sickert gründete er den St. Ives Art Club. 1920 richtete der Töpfer **Bernard Leach** hier ein Atelier ein, 1939 zog das Künstlerehepaar **Ben Nicholson** und **Barbara Hepworth** nach St. Ives, Christopher Wood und Naum Gabo folgten. Zusammen mit Sir Terry Frost, Peter Lanyon, John Wells u. a. verwandelten sie das Fischerdorf in eine avantgardistische Künstlerkolonie – ehemalige Pökelspeicher dienten als Ateliers. Auch **Patrick Heron**, der englische Meister der Abstraktion, arbeitete hier bis zu seinem Tod 1999.

Künstlerkolonie von Weltruf

Sehenswertes in St. Ives

An der Strandpromenade von Porthmeor Beach eröffnete 1993 die »**Tate of the West**« als dritte Dependance der Tate Gallery in ►London. Die Architekten Eldred Evans und David Shalev entwarfen das dreigeschossige Gebäude als blendend weißes Rechteck mit einer offenen Glasrotunde, die nachts das Meer beleuchtet. Galerien zeigen die Anfänge der Künstlerbewegung von St. Ives um 1900 und führen über die naive Malerei von Alfred Wallis zu den abstrakten Land

★★ Tate Gallery

! *Baedeker* TIPP

Töpfer-Träume

Besichtigt werden kann auch die berühmte Töpferwerkstatt von Bernhard Leach in Higher Stennack, die sukzessive ausgebaut und restauriert wird. Im Showroom können Arbeiten von Leachs Enkel John und sieben anderen Töpfern erworben werden (Öffnungszeiten: Mo. – Sa. 10.00 – 17.00 Uhr, www.leachpottery.com).

schaftsmalereien und Stillleben von Roger Hilton, Peter Lanyon, Patrick Heron u.a. In der Rotunde sind Keramiken von Bernard Leach und Skulpturen von Barbara Hepworth ausgestellt (Öffnungszeiten: März – Okt. 10.00 – 17.20, letzter Einlass 17.00 Uhr; Nov. – Feb. bis 16.20, letzter Einlass 16.00 Uhr Uhr, www.tate.org.uk).

✳ Barbara Hepworth Museum ►

Seit 1939 lebte Barbara Hepworth (1903 – 1975) mit ihrem zweiten Mann Ben Nicholsen und ihren Drillingen in St. Ives. Nach der Trennung von Nicholsen wohnte und arbeitete sie ab 1949 im **Trewyn Studio** in der Nähe des Hafens und starb dort 1975 auf tragische Weise bei einem Hausbrand. Ihrem Wunsch entsprechend wurden das Haus und der wunderschöne Garten in ein Museum umgewandelt, das heute Einblicke in das Schaffen der begnadeten Bildhauerin gibt. Im Garten, den die Künstlerin selbst angelegte, sind 40 ihrer Skulpturen aufgestellt (Öffnungszeiten wie Tate Gallery).

Back Road West

In der Back Road West präsentiert die **Penwith Society of Arts Gallery** abstrakte Künstler (Tel. 0 17 36 / 79 55 79). In Nr. 3 lebte und arbeitete **Alfred Wallis**, dessen Gemälde in der Tate Gallery hängen – sein Cottage kann heute als Ferienhaus gemietet werden (www.alfred-wallis.co.uk)

Rätselhafter Men-an-Tol

Umgebung von St. Ives

Auf der **Halbinsel von Penwith** zwischen St. Ives, ►Penzance und Land's End finden sich allenthalben Zeugnisse aus prähistorischer Zeit: Steinkreise, Pfeiler, Grabkammern und »Quoits«, aufeinander getürmte Granitplatten über **Gräbern der Bronzezeit**. Lanyon Quoit, Zennor Quoit und Chun Castle sind beeindruckende Beispiele für diese Dolmenkonstruktionen.

Chysauster ist das besterhaltene Beispiel einer romano-britischen Dorfanlage aus dem 2. – 4. Jahrhundert. Die Kammern der neun Steinhäuser wurden um einen Innenhof herum gebaut und mit Stroh gedeckt. Sogar terrassierte Hausgärten sind noch sichtbar (Öffnungszeiten: April – Okt. 10.00 – 18.00 Uhr). ☉

Noch im 20. Jh. wurden dem Men-an-Tol, einem von zwei Pfeilern flankierten Stein mit kreisrunder Öffnung, magische Kräfte zugesprochen und Kinder durch die Öffnung geschoben, um sie vor Unheil zu bewahren. Von Morvah führen markierte Wege auch zu den Steindenkmäler Lanyon Quoit und Chun Castle.

✶ Men-an-Tol

✶ Sherborne

K 20

Grafschaft: Dorset **Einwohner:** 9 300

Der Reichtum an mittelalterlichen Bauwerken ist für einen solch kleinen Ort ganz außergewöhnlich. Doch Sherborne wirkt nicht museal, sondern ist eine lebendige Marktstadt im Grafschaftsdreieck von Dorset, Wiltshire und Somerset.

▶ SHERBORNE ERLEBEN

AUSKUNFT
Tourist Information Centre
Digby Road, Sherborne DT9 3NL
Tel. (0 19 35) 81 53 41
Fax (0 19 35) 81 72 10
www.sherbornetown.com

ÜBERNACHTEN
▶ Luxus / Komfortabel
Eastbury
Long Street, Sherborne DT9 3BY
Tel. (0 19 35) 81 31 31
Fax (0 19 35) 81 72 96
www.theeastburyhotel.co.uk
Jedes der 15 stilvollen Zimmer des georgianischen Stadthauses ist nach einer englischen Blume benannt. Im Conservatory Restaurant diniert man vorzüglich mit Blick auf den Garten.

▶ Günstig
Cumberland House
Greenhill, Sherborne DT9 4EP
Tel. (0 19 35) 81 75 54
Fax (0 19 35) 81 73 98
www.bandbdorset.co.uk
Die Anfänge des charmanten Hauses gehen auf das 17. Jh. zurück; keine fünf Gehminuten von der Abteikirche St. Mary und 10 Minuten vom Bahnhof entfernt.

ESSEN

Baedeker-Empfehlung

▶ Fein und teuer
Pheasants
24 Greenhill, Tel. (0 19 35) 81 52 52
www.thepheasants.com
Das Restaurant der Nobelherberge im Zentrum von Sherborne arbeitet nur mit besten Zutaten – probieren Sie die geschmorte Lammkeule an Minz- und Morchelsauce.

Das Erbe von Sir Raleigh	»Scire borne«, der klare Fluss, wurde die Stadt im grünen Tal des Yeo von den Sachsen genannt. Bereits damals kam es hier zu einer Kathedralgründung. Glanz und Elend von Sir Walter Raleigh spiegeln die normannische Burgruine des Old Castle aus dem 12. Jh. und das imposante Landschloss New Castle aus dem 17. Jh. wider.

Sehenswertes in Sherborne

✱
St. Mary the Virgin

Den Mittelpunkt der Kleinstadt bildet die Abteikirche St. Mary the Virgin, deren massiver Vierungsturm auf sächsisch-normannischen Pfeilern und Wänden ruht. Schon 705 wurde hier eine Kathedrale errichtet. Als die Normannen 1075 den Bischofssitz nach Old Sarum (► Salisbury, Umgebung) verlegten, übernahmen Benediktinermönche die Kathedrale und fügten eine Klosteranlage hinzu. Im 13. Jh. entstanden die Kapellen der Bischöfe Wykeham und Roger im normannischen Stil sowie die Marienkapelle im Early English Style. Das feingliedrige **Fächergewölbe** von 1425 ist eines der frühesten und schönsten des Perpendicular Style in England.

> ❗ *Baedeker* TIPP
>
> **Kostenlose Führungen**
> ... durch die Abtei finden vormittags um 11.00 Uhr statt. Sie bieten nicht nur gute Einblicke in die Baugeschichte, sondern lassen auch die Geschichte von Sherborne lebendig werden.

Sherborne School

Die Klostergebäude an der Nordseite beherbergen seit 1550 die private Sherborne School. Die 1140 neben dem Südeingang errichteten Armenhäuser dienen heute als Altenheim.

Cheap Street

Ein Marktkreuz markiert den Eingang zur Hauptstraße von Sherborne. Das **George Hotel** in der Fußgängerzone der Cheap Street ist aus dem 16. Jh. und damit ältestes Gasthaus der Stadt.

Old Castle

Auf einer Anhöhe thront malerisch die Ruine des 1645 fast völlig zerstörten Old Castle. **Sir Walter Raleigh,** Favorit von Elisabeth I., hatte sich die bischöfliche Burganlage aus dem 12. Jh. von seiner Königin als Landsitz schenken lassen. Nach seiner Hochzeit mit Elisabeth Trogmorton jedoch gab er seine Umbaupläne auf und begann, ein kleines Jagdhaus am Fuße der Burg zum prunkvollen Herrensitz auszubauen – das Herzstück des späteren New Castle. Raleigh fiel bald durch seine geheime Heirat mit einer Hofdame bei Elisabeth I. in Ungnade, wurde des Hochverrats angeklagt und 1616 hingerichtet. Sein Besitz ging an Sir John Digby über. Das Old Castle wurde von Cromwells Truppen geschleift (Öffnungszeiten: April – Juni, Sept. Di. – Do., Sa./So. 10.00 – 17.00 Uhr, Juli, Aug. bis 18.00 Uhr, Okt. bis 16.00 Uhr).

New Castle

Sir John Digby fügte dem New Castle, als H-Grundriss aus honiggelbem Ham-Hill-Stein erbaut, um 1630 vier weitere Flügel an. Das In-

Für nur 320 £ erwarb die Stadt Sherborne die Abteikirche St. Mary the Virgin.

nere zeigt Mobiliar des 16.–19. Jh.s und eine Sammlung chinesischen Porzellans. Landschaftsgarten und Wildpark wurden zusammen mit dem 20 ha großen Stausee 1753 von Capability Brown angelegt (Öffnungszeiten: April – Okt. Di. – Do., Sa., So. 11.00 bis 16.30 Uhr). ☉

Umgebung von Sherborne

Montacute House, 10 mi / 16 km westlich von Sherborne, verdankt seinen Namen dem sich hier erhebenden »Mons Acutus«. Das reizvolle elisabethanische »Grand House« wurde um 1600 fertig gestellt. Seine Ostfassade zum Garten prägen symmetrisch angeordnete Sprossenfenster, gerundete Giebel und hohe Zierkamine. In den Fensternischen stehen die beliebten »Nine British Worthies« in römischer Kleidung: Josua, David, Judas, Hektor, Alexander der Große, Cäsar, König Artus, Karl der Große und Gottfried von Bouillon. Ebenso prachtvoll präsentiert sich die Westfassade aus dem 18. Jahrhundert. In der Great Hall im Erdgeschoss mit Holztäfelungen und Glasfenstern aus dem 16. Jh. erzählt ein volkstümlicher Fries aus dem 17. Jh. die Geschichte eines betrogenen Ehemannes. In der 52 m langen **Long Gallery** – der längsten Englands – hängen 90 Porträts aus der Tudor- und Stuartzeit als Dauerleihgabe der ►Londoner National Gallery. Die formalen Gärten sind in Übereinstimmung mit

★★
Montacute House

🕐 dem Haus angelegt, einrahmende Pavillons vor der Ostfassade akzentuieren die Symmetrie der Anlage (Öffnungszeiten: Ende März – Okt. Mi. – Mo. 11.00 – 17.00 Uhr).

Martock   In Martock, 3 mi / 4,8 km nordwestlich von Montacute, errichteten reiche Wollhändler im 15. und 16. Jh. die **Pfarrkirche All Saints** als eine für Somerset typische »Wool Church«. Den Holzdachstuhl des Westturms schmücken 67 lebensgroße Engel.

✳ **Shaftesbury**   Auf einem Sandsteinhügel ist die verträumte kleine Marktstadt Shaftesbury, 10 mi / 16 km östlich von Sherborne, erbaut. König Alfred gründete 888 ein Benediktinerinnenkloster. Die Stadt avancierte zum Wallfahrtsort mit fast einem Dutzend Kirchen, als der in Corfe Castle ermordete und später heilig gesprochene König Eduard der Märtyrer 979 in der Abtei beigesetzt wurde. Im 15. Jh. war das Kloster, in dem rund 140 Nonnen lebten, so wohlhabend geworden, dass im Volksmund behauptet wurde, eine Ehe der Äbtissin von Shaftesbury mit dem Abt von Glastonbury würde reichere Nachkommen hervorbringen als die Königsfamilie. Heinrich VIII. löste die Abtei 1539 auf und verkaufte das Klostergebäude auf Abbruch. Heute erinnern nur noch dürftige Grundmauern an die Abtei. Von den zwölf mittelalterlichen Kirchen ist nur noch St. Peter im Perpendicular Style mit einer Krypta und einem schönen Portal erhalten.
Die steile, kopfsteingepflasterte Straße **Gold Hill** flankieren kleine, geduckte Häuser des 16. – 18. Jh.s (▶Abb. S. 126 / 127) und eine ockerfarbene Mauer aus dem 13. Jahrhundert. Von der Anhöhe öffnet sich dem Besucher ein herrlicher Blick über das Blackmore Tal, das westliche Somerset und an klaren Tagen auf den Glastonbury Tor.

✳ Southampton

K 27/28

Grafschaft: Hampshire   **Einwohner:** 229 000

Southampton gehört zu den wichtigsten englischen Fährhäfen: Hier lief 1912 die »Titanic« zu ihrer ersten und letzten Fahrt aus, wurde die »Queen Mary« gebaut, hatte die »Queen Elizabeth II.« der Cunard-Reederei ihren Heimathafen – seit 2008 liegt der Luxusliner als Nobelherberge im Hafen von Dubai vor Anker.

Pulsierende Hafenstadt   In der Hafenstadt am Zusammenfluss von Itchen und Test vermischen sich Kreuzfahrtschiffe mit Fähren und Frachtschiffen, die den Solent in Richtung ▶Isle of Wight durchqueren. Hinter dem Naturhafen hat sich die Industrie- und Universitätsstadt Southampton auf einer Halbinsel ausgebreitet. Vom historischen Stadtkern haben die Bomben des Zweiten Weltkriegs nur Teile der mittelalterlichen Stadtmauer, ein Stadttor und einige Fachwerkhäuser übrig gelassen.

▶ SOUTHAMPTON UND NEW FOREST ERLEBEN

AUSKUNFT

Tourist Information Centre
9 Civic Centre Road
Southampton SO14 7FJ
Tel. (0 23) 80 83 33 33
www.visit-southampton.co.uk

VERKEHR UND SHOPPING

Zum Southampton Airport, 4 mi /
6,4 km nördlich der City, fahren Züge
vom Hauptbahnhof. Fähren der Red
Funnel Ferries stellen die Verbindung
zur ▶Isle of Wight her. Mehr als 100
Modeboutiquen bietet das West Quay
Shopping Centre, nautisches Outfit
und Designerläden findet man an und
um die High Street, East Street und
am Bedford Place. Di., Do. – Sa. ist
Markt am Kingsland Square.

FILM UND FUSSBALL

Im Stadion »The Dell« können Fuß-
ballfans die »Saints«, die Erstligisten
des Southampton Football Clubs,
spielen sehen – meist Sa. und So. um
15.00 bzw. 16.00 Uhr. Cineasten
treffen sich Anfang Juni beim Film
Festival im Ocean Village.

Im Blütenmeer: Whitley Ridge

ESSEN UND ÜBERNACHTEN

▶ Komfortabel

White Star Tavern
28 Oxford Street , Southampton SO14
3DJ , Tel. (023) 80 82 19 90
www.whitestartavern.co.uk
Bei Damian Brown flirtet britische
Bio-Küche mit dem Mittelmeer. Göttlich: sein Lachs im Fenchelbett. Zum
Übernachten gibt's 13 kuschelige DZ.

▶ Luxus

Baedeker-Empfehlung

Whitley Ridge
3 Beaulieu Road, Brockenhurst Hampshire
SO42 7QL, Tel. (0 15 90) 62 23 54
www.whitleyridge.co.uk
Sich wie zuhause fühlen kann man mitten
im New Forest in dem bezaubernden Herrenhaus Whitley Ridge – im 18. Jh. ein
königliches Jagdschloss. In jedem der 16
geschmackvollen Zimmer hängen flauschige
Bademäntel. Genießen Sie Spanferkel mit
Senfkruste, Wildbret aus dem New Forest
oder Jakobsmuscheln von der Lyme Bay,
immer mit Blick in den herrlichen Garten.

Sehenswertes in Southampton

Old Town

Entlang der Western Esplanade ist die mittelalterliche **Stadtmauer** aus dem 14. Jh. auf 1,5 mi / 2,4 km begehbar. Erhalten ist auch das **Bargate**, das nördliche Stadttor. Ältestes Gebäude von Southampton ist **St. Michaels Church** von 1070 mit normannischen Relikten und einem Taufbecken aus Tournai-Marmor.

Maritime Museum

Im »**Wool House**«, einer Lagerhalle aus dem 14. Jh., stellt das Maritime Museum anschaulich die Entwicklung des Hafens im 19. Jh. und die Glanzzeit der Luxusliner in den 1930er-Jahren dar. Eine Sonderausstellung erinnert an das tragische Schicksal der »**Titanic**« (Öffnungszeiten: Di. – Sa. 10.00 – 16.00, So. 13.00 bis 16.00 Uhr). Das **Medieval Merchants House** in der French Street 58 präsentiert mit authentischer Inneneinrichtung einen Fachwerkbau der mittelalterlichen Handwerkszunft aus dem späten 13. Jh. (Öffnungszeiten: März – Sept. So. 12.00 – 17.00 Uhr).

! *Baedeker* TIPP

Maritim shoppen und schlemmen

Die Docks östlich der Altstadt bilden heute das lebendige Ocean Village mit Restaurants, Boutiquen, Kinos und Markthallen; ein Kulturzentrum sorgt für Unterhaltung. Im Hafenbecken liegt die »SS Shieldhall« vor Anker, das letzte mit Dampf betriebene Frachtschiff.

God's House

Das **Museum of Archeology** im God's House Tower aus dem 15. Jh. in der Winkle Street veranschaulicht mit verschiedenen Stadtmodellen die Entwicklung Southamptons (Öffnungszeiten: Di. – Sa. 10.00 bis 16.00, So. 13.00 – 16.00 Uhr).

Hall of Aviation

Zu den Prunkstücken der Hall of Aviation, die die Geschichte der örtlichen Fliegerei erzählt, gehört eine **Spitfire** der in Southampton angesiedelten Supermarine Aviation Works (Öffnungszeiten: Di. bis So. 10.00 – 17.00, So. 12.00 – 17.00 Uhr, www.spitfireonline.co.uk).

Umgebung von Southampton

New Forest

Wilhelm der Eroberer (reg. 1066 – 1087) erklärte den 350 km² großen New Forest zwischen Southampton und ► Bournemouth zum königlichen Jagdgebiet. Im 16. und 17. Jh. wurden die dichten Eichenwaldbestände für den Schiffbau abgeholzt. Im 19. Jh. stellte man den New Forest unter Naturschutz und begann mit der Wiederaufforstung – dennoch prägen bis heute weite Lichtungen und Heideflächen, auf denen **wilde Ponys** grasen, das Gebiet. New Forest Ponys gelten als die Charmeure unter den Ponys, sind intelligent und gut belastbar, was sie zu einem optimalen Kinderpony macht. Zu den größten Eulensammlungen Europas gehört das **New Forest Owl Sanctuary**, das die nächtlichen Jäger bei täglichen Flugschauen vorführt. Zentrum des New Forest mit Sitz des Infozentrums ist das Landstädtchen **Lyndhurst**; ruhiger ist Fordingbridge im Nordwesten.

Ein Muss für Oldtimerfans: Sogar ein Bugatti von 1919 steht im National Motor Museum von Beaulieu.

★
Beaulieu

Knapp 8 mi / 13 km südöstlich von Lyndhurst vereint der »schöne Ort« Beaulieu (sprich »Bjulee«) drei Attraktionen. Das Zisterzienserkloster **Beaulieu Abbey** wurde 1204 von König Johann gegründet und unter Heinrich VIII. aufgelöst. Nur noch die Kreuzgangsruinen und das heute als Pfarrkirche genutzte Refektorium des Klosters sind erhalten geblieben, eine Ausstellung dokumentiert das Leben der Mönche im Mittelalter. Das Torhaus aus dem 14. Jh. wurde 1538 umgestaltet zum **Palace House**, dem Wohnsitz der Familie Montagu, die mehrere Räume der Öffentlichkeit zugänglich gemacht hat. Auf dem Klostergelände zeigt das 1952 von Lord Montagu gegründete National Motor Museum mehr als 250 **Oldtimer, Motorräder und Rennwagen** – die Rolls Royces und Cadillacs, Bluebirds und Golden Arrows ziehen das ganze Jahr über viele Oldtimerfans an (Öffnungszeiten Motor Museum, Palace House & Garden, Abbey: Mai – Sept. tgl. 10.00 – 18.00 Uhr, Sept. – April tgl. 10.00 – 17.00 Uhr, www.beaulieu.co.uk).

> **!** *Baedeker* TIPP
>
> **Im Sattel unterwegs**
>
> Reiter nimmt Burleys Villa School of Riding (Tel. 0 14 25 / 61 02 78) bei New Milton mit auf Ausritte durch den herrlichen New Forest. Leihräder gibt es bei Balmer Lawn Bike Hire (Tel. 0 15 90 / 62 31 33) nahe Brockenhurst.

★
◄ National Motor Museum
⏱

! *Baedeker* TIPP

Flussabwärts

Ein Riesenspaß für die ganze Familie: Von Buckler's Hard mit dem Leih-Kanu, -Kajak oder Ausflugsboot den Beaulieu River entdecken (Infos: Liquid Logistics, Tel. 0 15 90 / 62 47 30,www.newforestactivities.co.uk).

Im Dörfchen **Buckler's Hard**, keine 3 mi / 4,8 km flussabwärts, wurden im 18. Jh. auf der neuen königlichen Werft aus den Eichen des New Forest Schiffe wie Lord Nelsons »HMS Agamemnon« gebaut – für den Bau einer Fregatte mussten rund 2000 Eichen gefällt werden. Das **Maritime Museum** (Öffnungszeiten: Ostern – Sept. tgl. 10.30 bis 17.00, Okt. – Ostern tgl. 11.00 bis 16.00 Uhr, www.bucklershard.co.uk) und vier rekonstruierte Cottages erinnern an diese Vergangenheit. 1966 startete Sir Francis Chichester hier zur ersten Einhandumseglung der Welt.

✳
Romsey
Stolz der Marktstadt am Test, 8,5 mi / 13,6 km nordwestlich von Southampton, ist die Abteikirche **Romsey Abbey**. Ihre Anfänge gehen auf eine Klosterkirche der Benediktiner von 907 zurück, von der noch ein sächsisches Relief am Südportal und ein steinernes Kruzifix erhalten sind. 1120 wurde die **normannische Kirche** errichtet. Während Chor, Querhaus und die vier östlichen Langhausjoche den kräftigen normannischen Baustil mit typischen Zickzackornamenten verkörpern, entstanden der westliche Teil und das Ostfenster im Early English Style des 13. Jh.s. Heinrich VIII. löste die Abtei auf.

✳
Broadlands
Auf dem palladianischen Landsitz Broadlands verbrachten sowohl Queen Elizabeth und Prince Philip als auch Prince Charles und Lady Di ihre Flitterwochen. Bis 1979 gehörte Broadlands dem letzten britischen Vizekönig von Indien, Lord Mountbatten (1900 – 1979), der bei einem Bombenanschlag der IRA ums Leben kam – eine Ausstellung rekapituliert sein Leben. Lord Mountbatten und Mitglieder seiner Familie wurden in der Romsey Abbey beigesetzt. Ein farbenprächtiges elisabethanisches Grabmal erinnert an die ersten Besitzer
⏱ von Broadlands, die Familie St. Barbe (2009 – 2011 wegen Restaurierung geschlossen, www.broadlands.net).

✳
Mottisfont Abbey
Die 1201 gegründete Augustinerabtei Mottisfont, 5 mi / 8 km nordwestlich von Romsey, nach der Säkularisierung in ein stilvolles Tudorhaus umgewandelt, ist ein Kleinod unter den Häusern des National Trust. Die letzte Besitzerin des Hauses beauftragte 1938 Rex Whistler (1905 – 1944) mit der Ausgestaltung des Salons – das Resultat sind traumhafte Grisaillemalereien im Trompe-l'oeil-Stil – besonders gelungen: der **Whistler Room**. Die meisten Besucher jedoch lockt der **herrliche Landschaftspark** mit uralten Bäumen und der Sammlung von 350 alten Rosensorten aus aller Welt, die im Sommer
⏱ ihren betörenden Duft verströmen (Öffnungszeiten: Haus: Ostern bis Okt. Sa. – Mi. 11.00 – 17.00 Uhr, Garten: Feb., März Sa., So. 11.00 – 16.00, Ostern – Okt. tgl. 11.00 – 18.00, Juni bis 20.30 Uhr).

✶✶ Stonehenge

H 24

Grafschaft: Wiltshire

Wiltshires Reichtum an prähistorischen Zeugnissen gipfelt in Englands berühmtester Kultstätte der Vorzeit – dem Steinkreis von Stonehenge, der sich weithin sichtbar auf der kahlen Hochebene der Salisbury Plain erhebt.

Mehr als eine Million Besucher erleben jährlich die Zeremonienstätte, die ihren Namen vom altenglischen »Stanhen gist«, hängende Steine, erhielt. Verwaltet und touristisch erschlossen wird der Steinkreis vom British Heritage, seine Umgebung vom National Trust. Beide Bereiche sind seit 1986 als **UNESCO-Weltkulturerbe** geschützt.

Hängende Steine

✶✶ Megalithkultstätte

Stonehenge wurde in drei Phasen errichtet, die sich über 2000 Jahre erstrecken. **Um 3000 v. Chr.** bestand die Anlage aus einem heute noch existierenden Ringwall mit Graben und Haupteingang im Nordosten. Die 56 Löcher an der Innenseite des Erdwalls wurden nach John Aubrey, ihrem Entdecker im 17. Jh., »Aubrey Holes« genannt. Zwischen **2900 und 2600 v. Chr.** erhielt Stonehenge Holzstrukturen innerhalb des Erdwalls. In der Mitte des Heiligtums errichteten die Siedler der »Becherkultur« ab **2550 v. Chr.** aus bläulich wirkenden Monolithen, den bis zu 4 t schweren »Blausteinen«, einen doppelten Halbkreis.

Entstehungsgeschichte

Mehr als 1700 Jahre wurde Stonehenge als Zeremonienstätte genutzt – doch wem gehuldigt wurde, ist bis heute ungeklärt.

STONEHENGE (Rekonstruktion)

✱ ✱ Der auf 3000 v. Chr. datierte monumentale Steinkreis von Stonehenge ist die bedeutendste und meistbesuchte prähistorische Stätte Großbritanniens. Längst stehen die gewaltigen Megalithe und Menhire auf der UNESCO-Liste des Weltkulturerbes. Ob es sich bei der Stätte um ein Kultzentrum oder eine Sternwarte handelt, bleibt indes ein ungelöstes Rätsel der Steinzeit.

Öffnungszeiten:
Mitte März – Mai tgl. 9.30 – 18.00 Uhr,
Juni – Aug. tgl. 9.00 – 19.00 Uhr,
Sept. – Mitte Okt. tgl. 9.00 – 18.00 Uhr,
Mitte Okt. – Mitte März tgl. 9.30 – 16.00 Uhr

① **Sommersonnenwende**
Die durch eine gelbe Linie angegebene Achse des Denkmals ist auf den Sonnenaufgang zur Sommersonnenwende ausgerichtet.

② **Sarsensteine**
Alle größeren Blöcke und Decksteine bestehen aus Sarsen, einem grauen Sandstein der Malborough Downs. Den Kreis der Sarsensteine bildeten einst 30 bis zu 25 t schwere Tragsteine, abgedeckt von einem durchgehenden Ring aus 30 Decksteinen, die jeder bis zu 7 t wogen.

③ **Blausteine**
Ursprünglich waren es 60 dicht gesetzte, bläulich gefärbte, kleinere Steine, die den Kreis der Bluestones formten. Hierbei handelt es sich um verschiedene Gesteinsarten der Preseli Hills im Südwesten von Wales.

④ **Sarsentrilithen**
Fünf Sarsentrilithe bildeten im Kreisinnern eine hufeisenförmige Anordnung. Jeder bestand aus zwei bis zu 45 t schweren Steinpfeilern und einem wuchtigen Deckstein.

⑤ **Altarstein**
Der 5 m lange, behauene Block aus blaugrauem Sandstein stammt von der Küste bei Milford Haven in Pembrokeshire.

Stonehenge Orientierung

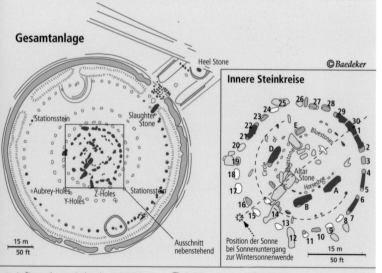

Von einem Hauch Ewigkeit umweht: Der vor Jahrtausenden entstandene Steinkreis ist bis heute geheimnisumwittert.

Alljährlich kommen Zehntausende von Neuzeit-Druiden zur Sommersonnenwende nach Stonehenge.

© Baedeker

Die Sarsentrilithen wurden mit Steinhämmern bearbeitet und ihre Tragsteine mit einer leichten Vertiefung versehen, um die feste Auflage der Decksteine zu sichern.

A British Druid

▶ STONEHENGE ERLEBEN

AUSKUNFT

English Heritage
PO Box 569, Swindon SN2 2YP
Tel. (0 19 80) 62 47 15, www.eng
lish-heritage.org.uk/stonehenge
www.stonehenge.co.uk
Pünktlich zur Olympiade 2012 soll
das *neue Besucherzentrum* am 3 km
entfernten Airman's Corner fertig
sein nach Plänen des australischen
Büros Denton Corker Marshall.
In zwei eingeschossigen Gebäuden
werden die Eingangshalle, ein Aus-
stellungsbereich, zwei Theater und
der Museums Shop untergebracht.

FÜHRUNGEN

Audioguides erläutern auch auf
Deutsch beim vorgegebenen Rund-
weg um den Steinkreis dessen Ent-
stehung und Deutung. Außerhalb
der Öffnungszeiten kann bei
Führungen der Wessex Tourist
Guides auch das Innere des
Steinkreises betreten werden,
Tel. (0 17 22) 34 38 34.

ÜBERNACHTEN

▶ Günstig

Mandalay Guest House
15 Stonehenge Road, Amesbury
SP4 7BA, Tel. (0 19 80) 62 37 33
www.this-is-amesbury.co.uk/
mandalayguesthouse.html
Nur 1,5 mi / 2,4 km von Stonehenge
entfernt bieten Nick und Angie
Ramplin fünf liebevoll eingerichtete
Zimmer und ein tolles Frühstück.

Um **2300 bis 1500 v. Chr.** wurden die 30 **Sarsensteine** aufgestellt,
die bis heute das Bild von Stonehenge bestimmen. Die grauen
Sandsteinblöcke wurden aus den 21 mi / 33,6 km nördlich gelegenen Marlborough Downs hierher transportiert.
Das Zentrum der Kultstätte bildeten 19 hufeisenförmig angeordnete Blausteine, umfasst von einem Hufeisen aus fünf **Trilithen**, bis
zu 7 m hohen Steintoren aus je zwei Tragsteinen und einem Deckstein. Im Zentrum der Anlage erhebt sich der **Altarstein** aus blaugrauem Sandstein. Die Hufeisen wurden von einem Kreis aus 60
Blausteinen umschlossen, welcher wiederum von einem etwa 4,5 m
hohen Kreis aus 30 Sarsensteinen umringt war, die ein umlaufen-
des Gebälk aus meterdicken Steinplatten miteinander verband.
Vom **Slaughter Stone**, dem Opferstein am Haupteingang, führte
ein Prozessionsweg zum **Heel Stone** (griech. helios = Sonne), der
nach dem Sonnenaufgang zur Sommersonnenwende ausgerichtet
war. Die »Stationssteine« wurden innerhalb des Walls mit Bezug
auf die Mondzyklen und den Sonnenuntergang zur Wintersonnenwende aufgestellt.

Bautechnik Die Errichtung von Stonehenge fasziniert bis heute. Wie wurden
die Steine transportiert? Die Blausteine, eine Basaltart, mussten
von den Preseli Hills in Wales 240 mi / 384 km bis nach Stonehenge
zurücklegen. Vermutlich schleppte man sie auf **Rollschlitten** zur

nächsten Flussmündung, verlud sie auf Flöße und transportierte sie entlang der Küste und weiter auf den Flüssen Avon, Frome und Wyle, wobei immer wieder Überlandstrecken zurückgelegt werden mussten. Die gewaltigen Sarsensteine wurden über hügeliges Land und eine Distanz von 35 km auf riesigen Schlitten und Rollen fortbewegt und von ca. 500 Männern mit Hilfe von **Seilen aus Rinderhaar** oder geflochtenen Lederriemen gezogen. Sämtliche Steine wurden vor Ort sorgfältig bearbeitet. Mit schweren Steinhämmern wurden die Findlinge behauen und die Oberflächen geglättet. Die Decksteine erhielten eine leichte Krümmung für die kreisförmige Aufstellung. Horizontal wurden sie durch Spundung miteinander verkeilt, vertikal durch Zapfen-Zapfenloch-Verbindungen mit den Tragsteinen verbunden.

Die mächtigen Tragsteine wurden an vorbereitete Gruben herangerollt und so lange hochgestemmt, bis sich die Enden in die Gruben hineinsenkten. Mit 200 Männern, Zugseilen, Hebeln und Stützwerk richtete man die Monolithen sukzessive auf. Die Oberkanten erhielten anschließend eine passgenaue Abschleifung mit exponierten **Steinzapfen**, auf denen die Decksteine verankert werden konnten.

Die Zeremonienstätte wird mit der **Sonnenverehrung** und dem Totenkult in Verbindung gebracht. Steht man während der Sommersonnenwende am Altarstein im Zentrum des Steinkreises, so sieht man die Sonne direkt über dem Heel Stone aufgehen, das Gleiche gilt in entgegengesetzter Richtung für den Sonnenuntergang bei der Wintersonnenwende. Die Achse des Steinkreises weist direkt auf jenen Punkt, von dem der Sonnenaufgang am längsten Tag des Jahres in seiner nördlichsten Stellung am Horizont gesehen werden kann.

Bedeutung

> **? WUSSTEN SIE SCHON …?**
>
> ■ … dass die britischen Druidengesellschaften während der Tag- und Nachtgleichen am Steinkreis von Stonehenge ihre Rituale abhalten – und mit mehr als 20 000 Zuschauern alljährlich die Winter- und Sommersonnenwende feiern?

✶ Tintagel

M 7

Grafschaft: Cornwall   **Einwohner:** 1800

In Tintagel lebte einst der legendäre König Artus, heute lebt der winzige Ort von ihm: Besonders im Sommer strömen die Besucher zur Burgruine von Tintagel Castle, die imposant auf zwei Steilklippen über dem tosenden Meer thront.

Will man dem Benediktinermönch Geoffrey de Monmouth und seiner »Historia regum Britanniae« aus dem 12. Jh. Glauben schenken, erblickte Artus zwischen dem 5. und 6. Jh. als Sohn des Bretonenkö-

König Artus' Geburtsort

▶ TINTAGEL ERLEBEN

AUSKUNFT

Tintagel Visitor Centre
Bossiney Road
Tintagel PL34 OAJ
Tel. / Fax (0 18 40) 77 90 84
www.visitboscastleandtintagel.com

ESSEN UND ÜBERNACHTEN

▶ Fein und teuer / Erschwinglich
Rick Stein in Padstow
▶ Baedeker Tipp, S. 333

▶ Komfortabel
The Avalon
Atlantic Road
Tintagel PL34 0DD

Tel. (0 18 40) 77 01 16
www.avalon-tintagel.co.uk
Stilvolles B & B von Julie und Peter
Capstick mit tollem Frühstück. Die
Zimmer haben teilweise einen gran-
diosen Blick auf Tintagel Castle.

▶ Günstig
The Cottage Teashop
Bossiney Road
Tintagel PL34 0AH
Tel. (0 18 40) 77 06 39
E-Mail: cotteashop@talk21.com
Romantisches, über 500 Jahre altes
Cottage mit 4 Zimmern mitten in
Tintagel. Leckeres Dinner auf Anfrage.

*Bei Nacht wirkt Tintagel Castle, der legendäre Geburtsort von König Artus
und Standort seiner Tafelrunde aus edlen Rittern, besonders mystisch.*

nigs Uther Pendragon und Ygerne, der Frau des Herzogs von Cornwall, auf der Burg zu Tintagel das Licht der Welt. Der romantische Standort der Burgruine begünstigte die Mythenbildung. Mit der 1893 eröffneten Bahnlinie nach Camelford kamen die ersten Besucherströme an die cornische Nordküste. Kurz darauf wurde das monumentale King Arthur's Castle Hotel errichtet, 1897 erwarb der National Trust den Küstenstreifen.

Sehenswertes in Tintagel

Ein Klippenpfad mit steilen Stufen und fantastischen Ausblicken auf die cornische Küste führt zu den spärlichen Ruinen der **Artus-Burg**. Sie wurde 1145 für den Grafen Reginald von Cornwall erbaut und bestand vermutlich nur aus einer rechteckigen Halle. Hundert Jahre später ließ Graf Richard von Cornwall den Bau erweitern, der kurz darauf dem Verfall preisgegeben wurde (Öffnungszeiten: April – Sept. 10.00 – 18.00, Okt. bis 17.00, Nov. – März bis 16.00 Uhr).

✴ Castle **⊘**

In der Ortsmitte duckt sich das Old Post Office aus dem 14. Jh. unter seinem Schieferdach. Das Haus gehörte erst einem Freibauern, bis im 19. Jh. das Postamt einzog (Öffnungszeiten: Ostern – Sept. 11.00 bis 17.30, Okt. 11.00 – 16.00 Uhr).

✴ Old Post Office **⊘**

Umgebung südlich von Tintagel

2 m,/3,6 km südlich von Tintagel, das keine eigene Badebucht aufweisen kann, liegt einer der schönsten Sandstrände Cornwalls, **Trebarwirth Strand**.

In **Port Isaac**, 10 mi / 16 km südwestlich von Tintagel, sind die Gassen zwischen den weiß getünchten Häusern am **Old Lobster Port** so eng, dass eine davon Squeezebelly Alley (Zieh-den-Bauch-ein-Gasse) heißt. Im 19. Jh. lebten die Fischer von den Heringsschwärmen, die jedes Jahr vor der Küste auftauchten – die alten Pökelkeller können heute besichtigt werden.

Am Mündungsdelta des Camel liegt das **Schlemmerparadies Padstow**, seit fast 40 Jahren die Heimat von **Chefkoch Rick Stein**. North und South Quay werden von hübschen Steinhäusern aus dem 16. Jh. gesäumt. Nur im Rahmen einer Führung kann man den elisabethanischen Herrensitz **Prideaux Place** besichtigen, Drehort vieler Rosamunde-Pilcher-Filme (Ostern, Mai bis

! Baedeker TIPP

Seafood satt

Englands bester Fischkoch ist ein Seiteneinsteiger: *Rick Stein*. Nach einem Anglistikstudium in Oxford betrieb er erst eine Diskothek, ehe er einen Nachtclub in Padstow kaufte. Als dieser floppte, versuchte es Stein Mitte der 1970er mit frischem Fisch. Heute gilt sein »Seafood Restaurant« am Hafen als bestes Fischlokal Englands. Zum Gourmet-Imperium gehören auch das St. Petroc's Hotel samt Bistro, Rick Stein's Café in der malerischen Middle Street, Stein's Deli, ein Feinkostladen mit drei Gästezimmern, Stein's Patisserie, Stein's Fish & Chips sowie die Padstow Seafood School in einem umgebauten Hafenschuppen; www.rickstein.com.

Tudornachbildung der Artustafel in der Great Hall von Winchester

AUF DEN SPUREN VON KÖNIG ARTUS

König Artus spukt in den Köpfen der Briten herum – vor allem in denen der Südengländer. Denn der sagenhafte König, dessen Existenz bis heute nicht bewiesen ist, soll seine Ritter der Tafelrunde hier um sich geschart haben.

Der Mythos von König Artus alias King Arthur ist fest im kulturellen Erbe der Briten verankert – nur der Teufel kommt häufiger bei Ortsnamen vor. Auch Waliser, Schotten und Bretonen beanspruchen den sagenhaften König für sich, dessen historischer Ursprung unter Tausenden von Dichtungen verschüttet ist. Erstmals brachte sie **Geoffrey von Monmouth** um 1100 ausführlich zu Papier. Er berichtete in seinem Werk »Historia regnum Britanniae« von den Heldentaten der frühenglischen Könige und verschaffte Artus und seiner Gemahlin Guinevere bleibenden Ruhm. Bis zum viktorianischen Hofdichter **Sir Alfred Tennyson**, der den Gedichtzyklus der »Königsidyllen« schrieb, beschäftigte der Artus-Stoff über Jahrhunderte die Fantasie von Dichtern und Schriftstellern. Ihnen ist zu verdanken, dass Artus nicht nur unsterblich, sondern zugleich zum Inbegriff ritterlicher Tugenden wurde.

Überlieferungen ...

Doch auch Historiker und Archäologen wissen von einem frühchristlichen englischen König, der im spä-

ten 5. oder frühen 6. Jh. in Somerset lebte und während des Übergangs von römischer Herrschaft zur Ära der Angeln und Sachsen regierte. Dieser Heerführer, vielleicht der Ursprung späterer Artus-Dichtungen, widersetzte sich den vom Kontinent ins Land drängenden »Barbaren«. Der Waliser Mönch und Geschichtsschreiber **Nennius** berichtete in seiner um 800 verfassten »Historia Britonum« sogar von zwölf Siegen gegen die Sachsen.

... und Legenden

Hier enden die historisch gesicherten Erkenntnisse, und das Reich der Fabel beginnt. Aufgezogen wird Artus angeblich vom **Zauberer Merlin**, bevor er mit 15 Jahren den Thron besteigt. Als er während eines Krieges Nachricht von der Entführung seiner **Guinevere** durch seinen Neffen Monfred erfährt, eilt er zurück und fordert seinen Rivalen zu einem Zweikampf, bei dem beide tödlich verletzt werden. Artus jedoch stirbt nicht, sondern »entrückt« auf die jenseitige Insel Avalon. Sein legendäres Schwert **Excalibur** verschwindet – in einen Felsspalt

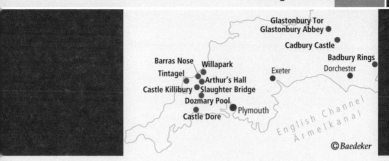

Glastonbury Tor
Glastonbury Abbey
Cadbury Castle
Barras Nose Willapark Badbury Rings
Tintagel Dorchester
Castle Killibury Arthur's Hall Exeter
Slaughter Bridge
Dozmary Pool
Castle Dore Plymouth

English Channel
Ärmelkanal

© Baedeker

gehauen – in einem See. Spätere Legenden machen die Suche nach dem **Heiligen Gral** zum zentralen Motiv, und im altfranzösischen »Roman de Brut« (1155) kommen die **Ritter der Tafelrunde** hinzu. Von jetzt an drängen die Abenteuer von Gawan, Galahad, Parzival und **Lanzelot**, der als Favorit Artus' und Liebhaber von Guinevere die Überlieferung um das Motiv des Verrats bereichert, die ursprüngliche Fabel mehr und mehr in den Hintergrund. Hinzu kommen die ritterlichen Großtaten, die Artus und seinen Mannen im Mittelalter zugeschrieben wurden: Von der Errettung gepeinigter Jungfrauen, die von Zauberern gefangen gehalten wurden, vom Lanzenduell unter Edelmännern, und allerlei Abenteuern der Ritter der Tafelrunde erzählen nun die Dichter. Zu ihnen gehören mit **Hartmann von der Aue**, um 1200 Autor von »Iwein« und »Lanzelot«, und **Wolfram von Eschenbach**, der um 1210 den »Parsifal« verfasste, auch Vertreter des mittelhochdeutschen Sprachraums. In der Neuzeit übte **Mark Twain** in »A Connecticut Yankee in King Arthur's Court« (1889) satirische Kulturkritik. **Richard Wagner** inspirierten die Artus-Legenden zu den Opern »Parzival« und »Tristan und Isolde«. In jüngerer Zeit verfasste Marion Zimmer Bradley den Erfolgsroman **»Die Nebel von Avalon«**.

Spurensuche

Wer sich für die Sagen um König Artus begeistert, wird in Südengland die Schauplätze seiner Geschichte sehen: So soll **Tintagel Castle** sein Geburtsort gewesen sein. Gleich drei Orte werden für das sagenhafte Killiwick angeboten, wo er seine Jugend verlebte: **Castle Killibury, Barras Nose** oder **Willapark**. Ganz in der Nähe im Bodmin Moor liegt das Jagdhaus **Arthur's Hall**. Zwei seiner berühmtesten Ritter – Galahad und Tristan – sollen aus Lyonesse stammen, dem **britischen Atlantis**. Man vermutet es als die inzwischen versunkene Landbrücke zwischen den **Scilly-Inseln** und dem Festland. Als Standort für Artus' Schloss Camelot einigte man sich auf **Cadbury Castle** in Somerset. Nordwestlich davon soll Joseph von Arimathaia den Heiligen Gral unter dem **Glastonbury Tor** vergraben haben. Er gründete Glastonbury Abbey, wo heute ein steinernes Rechteck Artus' und Guineveres Grab markiert. Seinen großen Sieg über die Angelsachsen lokalisieren die einen bei den **Badbury Rings** in Dorset, die anderen bei Liddington Castle in Wiltshire. Camlann ist Cadbury oder **Slaugther Bridge** bei Camelford; in der Nähe soll er in Arthur's Tomb begraben sein. Auf dem Grund des **Dozmary Pool** im Bodmin Moor wartet Excalibur immer noch auf seinen Besitzer.

Schlemmerparadies mit Segelhafen: Padstow an der Mündung des Camel

⊙ Sept. Do., So. 13.30 – 17.00 Uhr). Dass Hummer drei Mägen haben und 100 Jahre alt werden können, erfährt man in der **National Lobster Hatchery** (Öffnungszeiten: Sommer 10.00 – 18.00 Uhr, Winter bis 17.00 Uhr). Hat man gut gespeist, geht es auf dem **Camel Trail** per Rad oder per pedes entlang der stillgelegten Eisenbahnlinie vorbei an der mittelalterlichen Brücke von Wadebridge ins 16 mi / 25,6 km entfernte ▶Bodmin.

✳ **Bedruthan Steps** Auf den mächtigen Granitblöcken der Bedruthan Steps rund 6 mi / 9,6 km südlich von Padstow soll der märchenhafte Riese Bedruthan an Land geschritten sein.

✳ **Newquay** **Größtes Seebad Cornwalls** ist Newquay, an dessen goldenen Sandstränden sich Familien und ambitionierte Surfer tummeln (www.newquay.co.uk). Bestaunen Sie im Unterwassertunnel des **Blue Reef Aquariums** tropische Haie und Seepferdchen (Öffnungszeiten: tgl. 10.00 – 17.00 Uhr; www.bluereefaquarium.co.uk). Im **Newquay Zoo**, ⊙ der 2009 eine afrikanische Savanne erhielt, leben Pandas, Meerkatzen, Löwen und Pinguine (Öffnungszeiten: April – Sept. 9.30 bis 18.00, Okt. – März 10.00 – 17.00, www.newquayzoo.org.uk).

Umgebung nördlich von Tintagel

✳ **Klippenweg nach Boscastle** Ein 4 mi / 6,4 km langer Klippenweg führt entlang der stürmischen Nordküste Cornwalls zum fjordähnlichen Naturhafen von Boscastle. Das kleine Dorf mit schiefergedeckten Häusern besitzt gemütliche ⊙ Pubs, ein Heritage Coast Center und ein **Hexenmuseum** (Museum of Witchcraft, Öffnungszeiten: April – Okt. Mo. – Sa. 10.30 – 18.00, So. ab 11.30 Uhr; www.museumofwitchcraft.com).

Beim Seebad Bude, 14 mi / 22,4 km nördlich von Boscastle, weichen **Bude** die schroffen Klippen einem **langen Sandstrand**. Eine schöne Aussicht auf das beliebte Surfgebiet bietet Compass Point.

Im nördlichsten Ort Cornwalls thront die Kirche St. John the Baptist **Morwenstow** einsam auf den Klippen. Das Dach des Pfarrhauses schmückte Robert Stephen Hawker (1803 – 1875) mit Schornsteinen in Form bekannter Kirchtürme. Der exzentrische Prediger schrieb auch die **»Ballade von Trelawny«**, die inoffizielle Nationalhymne Cornwalls. Zum Tee laden die **Rectory Farm Tearooms** (►Special Guide S. 9).

✳ Torquay

N 14/15

Grafschaft: Devon   **Einwohner:** 62200

Das stilvolle englische Seebad Torquay bildet mit seinen Nachbarn Brixton und Paignton das Urlaubsgebiet Torbay – seine 35 km lange Küste gilt wegen des milden Klimas als »Englische Riviera«.

Torquay wurde wie Rom auf sieben Hügeln erbaut. Während der **Königin der** Napoleonischen Kriege zogen sich reiche Engländer hier zur Som- **englischen** merfrische zurück; ab dem 19. Jh. entwickelte sich die Stadt zum viel **Riviera** besuchten Kurort. 1890 wurde hier **Agatha Christie** (► Berühmte Persönlichkeiten) geboren.

▶ TORQUAY ERLEBEN

AUSKUNFT
English Riviera Tourist Board
Vaughan Parade, Torquay TQ2 5JG
Tel. (0 18 03) 21 12 11
www.englishriviera.co.uk

VOLLDAMPF VORAUS !
Herrliche Ausblicke auf die Küste bietet eine Fahrt mit der Paignton and Dartmouth Steam Railway ins 7 mi / 11 km entfernte Kingswear.

ÜBERNACHTEN
▶ **Luxus / Komfortabel**
Grand Hotel
Torbay Road, Torquay TQ2 6NT
Tel. (0 18 03) 29 66 77
www.grandtorquay.co.uk
Traditionsreiches 4-Sterne-Hotel mit Seeblick, zwei Schwimmbädern und dem preisgekrönten Gainsborough Restaurant

Topadresse: das Grand Hotel

▶ Komfortabel
Best Western Livermead Cliff Hotel
Torbay Road, Sea Front
Torquay TQ2 6RQ
Tel. (018 03) 29 96 66
www.livermeadcliff.co.uk
67 geschmackvolle Zimmer, beheizter
Pool und Zugang zum Meer. Im
Restaurant gibt es auch Diätküche.

▶ Günstig
Berkeley House
Babbacombe Seafront, Babbacombe
Torquay TQ1 3LN
Tel. (0 18 03) 32 24 29
www.berkeleyhouseonline.co.uk
Charmantes Häuschen mit Seeblick,
landschaftlich wunderschön gelegen

Roundham Lodge
Roundham Road
Paignton TQ4 6DN
Tel. (0 18 03) 55 84 85
www.roundham-lodge.co.uk
5 großzügige Zimmer zwei Gehminuten von Paigntons Hafen.
Am schönsten: der Kings Room
mit Meerblick.

ESSEN
▶ Fein und teuer
The Elefant
3–4 Beach Terrace
Tel. (0 18 03) 20 00 44
So., Di. Ruhetag
www.elephantrestaurant.co.uk
2007 erstmals mit einem Michelin-
stern ausgezeichnet für die kreative

Kultig und lecker!

Küche von Simon Hulstone und
seinem jungen Team. Unbedingt probieren: Rote-Beete-Ravioli mit Zie-
genkäse und Somerset Cider-Sirup.

▶ Preiswert
Harbour Fish Café
27 Victoria Parade
Tel. (0 18 03) 21 21 45
Preisgekrönt für seine Fish & Chips,
an der Hafenpromenade von Torquay

Baedeker-Empfehlung

▶ Erschwinglich
Ocean Brasserie
3 Croft Road,
Tel. (0 18 03) 29 23 59
www.oceanbrasserie.co.uk
Neil and Justyna Fanous haben bei Kultkoch
Rick Stein in Padstow gelernt, bevor sie 2004
ihr preisgekröntes Fischrestaurant eröffne-
ten. Köstlich: über Eichenholz geräucherter
Wildlachs und Muscheln in Apfelwein.

Sehenswertes in Torquay

Torre Abbey Keimzelle des Seebads war die 1196 gegründete Prämonstratenser-
Abtei, die bis 2008 wegen umfangreicher Restaurierungen geschlossen ist. In der **Spanish Barn**, der ehemaligen Zehntscheuer der Abtei,
wurden einst 397 Seeleute der spanischen Armada gefangen gehalten.

Highlights des **Torquay Museums** in der Babbacombe Road 529 sind die beträchtliche archäologische Sammlung, die Natural History Gallery zur Naturgeschichte und die Ausstellung zum Leben und Werk von **Agatha Christie** (Öffnungszeiten: Mo. – Sa. 10.00 bis 17.00 Uhr, Juli – Sept. auch sonntags, www.torquaymuseum.org).

Umgebung von Torquay

Brixham hat durch den emsigen Fischereihafen, der bereits im Doomesday Book von 1086 erwähnt wurde, seinen Charme bewahrt. 1850 hatte die Stadt die größte englische Fischereiflotte mit 270 Schiffen und 1600 Seeleuten. Das Museumsschiff »**Golden Hind**« ist eine Replik der Fregatte von Sir Francis Drake (►Berühmte Persönlichkeiten), mit der er 1577 die Welt umsegelte (Öffnungszeiten: März – Okt. 10.00 – 17.00 Uhr, www.goldenhind.co.uk). Anfang Mai feiert Brixham alljährlich sein Piratenfest..

Brixham

⏲

Für Agatha Christie, die hier viele Sommer verbrachte, war das mehr als 500 Jahre alte Anwesen am am Ufer des Dart der „schönste Platz der Welt". Nach aufwändiger Res-taurierung durch den National Trust können jetzt erstmals nicht nur der weitläufige Park, sondern auch das Haus mit Bibliothek und Arbeitszimmer, Schlafgemach und Speisesaal besichtigt werden (Greenway Road, Galmpton, Öffnungszeiten: März – Okt. Di. – So 10.30 – 17.00 Uhr). Anreisetipp: Direkt am Anwesen befindet sich der Anleger der Greenway Ferry (www.greenwayferry.co.uk) – Abfahrt ab Torquay und Brixham.

Greenham House

Der stimmungsvolle Jachthafen von Torquay bietet Liegeplätze für 440 Boote.

Dartmouth ✱ An der Mündung des Dart, der im ►Dartmoor entspringt und ab Totnes schiffbar ist, legten bereits die Römer einen Hafen an, der in Devon nur von ►Plymouth, ►Exeter und ►Barnstaple an Reichtum und Geschäftigkeit übertroffen wurde. Im Mittelalter sammelten sich die Kreuzfahrer an der Flussmündung – 1190 schiffte sich hier sogar **Richard Löwenherz** zur Fahrt ins Heilige Land ein. 1588 lief eine britische Flotte zum Kampf gegen die spanische Armada aus; im Zweiten Weltkrieg stachen 480 amerikanische Schiffe zur Landung in der Normandie von hier in See. Über dem Ort thront das **Britannia Royal Naval College**, Kaderschmiede der Kriegsmarine und Pflicht für alle männlichen Mitglieder der königlichen Familie.

> **!** *Baedeker* **TIPP**
>
> **Heiraten im Oldway Mansion**
> »Klein Versailles« wurde das strahlend weiße Anwesen der Singer-Nähmaschinen-Familie in Paignton genannt, deren Haus und Garten heute nicht nur Besucher, sondern auch Brautleute anlocken: Das örtliche Standesamt traut hier im edlen Ambiente. Öffnungszeiten: Mo. – Sa. 9.00 bis 17.00, Juni – Sept. auch So. 9.00 – 16.00 Uhr.

Das Stadtzentrum von Dartmouth schmiegt sich mit verwinkelten Gässchen um den Innenhafen. Eine Promenade mit Restaurants und Geschäften lädt zum Flanieren. Am **Butterwalk** schmücken Kolonnaden die Fachwerkhäuser aus dem 17. Jahrhundert. Die **St.-Saviour's-Kirche** aus dem 13. – 15. Jh. birgt einen aufwändig geschnitzten Lettner aus spätgotischer Zeit.

Dartmouth Castle ► ✱ Die Burg auf einem Felsvorsprung an der Trichtermündung des Dart war Ende des 15. Jh.s die erste Wehranlage des Landes, die Schießscharten für Artillerieeinsätze besaß (Öffnungszeiten: April – Okt. tgl. 10.00 – 17.00, Juli/Aug. bis 18.00, Nov. bis März Sa. – So. 10.00 bis 13.00, 14.00 – 16.00 Uhr). Mit einer Kette, die zum Kingswear Castle am Ostufer gespannt wurde, konnte der Hafen geschlossen werden.

Salcombe Der Badeort zwischen Bolt Head und Prawle Point begeistert **Wassersportler**, die hier surfen, segeln und nach dem Wrack der 1936 versunkenen »Herzogin Cäcilie« tauchen. Ein Spaziergang führt zum **Overbeck's Museum & Garden** mit Yuccapalmen, Magnolien, Agaven und weiten Ausblicken auf die Bucht (Öffnungszeiten: : Mitte März – Okt. 11.00 – 17.00 Uhr (Haus, Garten), Garten zusätz. Febr. – Dez. 11.00 – 16.00 Uhr).

Burgh Island ✱ In der Bigbury Bay ragt Burgh Island aus dem Wasser. Bei Ebbe führt der einzig sichere Wattweg von Bigbury-on-Sea auf die kleine Insel, bei Flut kann man sich mit einem »Sea Tractor« übersetzen lassen.

Burgh Island Hotel ► ✱ Bekannt ist Burgh Island wegen des **Art-Déco-Hotels**, das in den 1930er-Jahren von dem Millionär Archibald Nettleford errichtet und ab 1985 originalgetreu restauriert und wieder eröffnet wurde. Neben zahlreichen »Royals« zählte **Agatha Christie** zu den berühmten Gästen der Nobelherberge und ließ sich hier für »Das Böse unter der Sonne« inspirieren. In stilvoller Umgebung kann man einen Cocktail zu sich nehmen oder den Afternoon Tea genießen – aber bitte in passender Kleidung (Tel. 0 15 48 / 81 05 14, www.burghisland.com). Rauer geht es im **Pilchard Inn** aus dem 14. Jh. zu, das einst ein berüchtigter Schmugglertreff war.

Setzt man mit der Fähre von Dartmouth nach Kingswear über, so liegt ein Besuch im Coleton Fishacre Garden nahe. Die exklusive Küstenlage mit exotischen Bäumen, seltenen Büschen und tropischen Pflanzen bildet mit dem Art-déco-Landhaus ein ganz besonderes Ambiente (Öffnungszeiten: Sa. – Mi. 10.30 – 17.00 Uhr).

✳
Coleton Fishacre Garden

⊙

Truro

`0 5`

Grafschaft: Cornwall   **Einwohner:** 18 000

Stolz dominieren die drei Türme der Kathedrale die beschauliche Grafschaftshauptstadt am Zusammenfluss von Kenwyn und Allen, die im 19. Jh. den Ruf als »London von Cornwall« genoss.

▶ TRURO ERLEBEN

AUSKUNFT
Tourist Information Centre
Municipal Buildings
Boscawen Street, Truro TR1 2NE
Tel. (0 18 72) 27 45 55
http://tourism.truro.gov.uk

ARTS IN THE CITY FESTIVAL
Im April gibt es eine Woche lang Kunst für alle, drinnen wie draußen.

Nicht verpassen: den Open-Air-Kunstmarkt am Lemon Quay.

ESSEN UND ÜBERNACHTEN

Baedeker-Empfehlung

▶ **Komfortabel**
Mannings Hotel
Lemon Street, Truro TR1 2QB
Tel. (0 18 72) 27 03 45
Fax (0 18 72) 24 24 53
www.manningshotels.co.uk
34 schicke, renovierte Zimmer mitten im Zentrum. Im Restaurant Mannings flirtet junge britische Küche mit thailändischen und japanischen Einflüssen. Fantastische Cocktails!

Beste Adresse im Herzen von Truro: das Mannings Hotel

► Günstig

Donnington Guesthouse
41/43 Treyew Road, Truro TR1 2BY
Tel. (0 18 72) 22 25 52

Fax (0 18 72) 22 23 94
www.donnington-guesthouse.co.uk
5 liebevoll eingerichtete Zimmer in
einem viktorianischen Haus mit
Garten; 2 Gehminuten vom Bahnhof.

The Bay Tree
28 Ferris Town
Truro TR1 3JH
Tel. (0 18 72) 24 02 74
www.baytree-guesthouse.co.uk
Nettes Nichtraucher-B-&-B mit
5 Zimmern und tollem Frühstück.
Man läuft 5 Minuten bis zum Stadtzentrum und zum Bahnhof.

Georgianische Eleganz Das Verwaltungs- und Einkaufszentrum der Royal Duchy of Cornwall gehörte im Mittelalter zu den »Stannary Towns«, in denen ge-
schmolzenes Zinn gewogen, gestempelt und besteuert wurde. Bis ins
19. Jh. sorgten die **Zinn- und Kupferminen** für Wohlstand, der sich in
Truros eleganter georgianischer Ar-
chitektur widerspiegelt. Im eng be-
bauten Stadtkern wurde Anfang
des 20. Jh.s Truros Kathedrale vollendet. Knapp 100 Jahre später löste
der Aufstieg zur cornischen Hauptstadt eine rege Bautätigkeit aus, die
in der Errichtung der Courts of
Justice durch die Architekten der
Tate Gallery von ►St. Ives gipfelte.

? WUSSTEN SIE SCHON ...?

■ ... dass die Schnellzugdampflok »City of
Truro« im Mai 1904 mit einem 150 t schweren
Zug erstmals 100 mph (161 km / h) erreichte?
Erst 1934 gelang es dem legendären »Flying
Scotsman«, diesen inoffiziellen Geschwindig-
keitsrekord zu brechen.

Sehenswertes in Truro

Cathedral Bis 1880 gab sich Truro mit der gotischen Pfarrkirche St. Mary zufrieden. Nachdem aber 1876 der erste Bischof der Stadt eingesetzt
worden war, wurde 1880 – 1910 ein Neubau vollendet. Da das Stadtzentrum keinen Platz für eine Domfreiheit bot, wurde in die Höhe
gebaut – mit einer Zweiturmfassade im Westen und einem 76 m hohen Vierungsturm.

Royal Cornwall Museum Das Museum in der River Street besitzt eine große Mineraliensamm-
lung und Werke cornischer Maler wie Henry Scott Tuke, Harold
Harvey und Sherwood Hunter. Sir Godfrey Kneller porträtierte 1680
den cornischen Riesen Anthony Payne: Der über 2,20 m große Soldat
Karls II. wird heute noch in Volksliedern besungen (Öffnungszeiten:
Mo. – Sa. 10.00 – 16.45 Uhr, www.royalcornwallmuseum.org.uk).

Umgebung von Truro

Im **Trelissick Garden** auf der Halbinsel Roseland gedeihen Rhododendren und Magnolien in prachtvoller Üppigkeit (▶Special Guide, S. 8). Einzige Teepflanzung der britischen Inseln ist **Tregothnan Estate** südlich von Truro (▶Special Guide, S. 8). Knapp 5 mi / 8 km südlich von Falmouth legte Albert Fox die **Glendurgan Gardens** an, die auch einen Irrgarten aus Lorbeerhecken besitzen (Öffnungszeiten: Feb. – Okt. Di. – Sa. 10.30 – 17.30 Uhr, Aug. auch Mo.).

✷
Gartenträume

🕐
🕐

Falmouth, 11 mi / 17,6 km südlich von Truro, besitzt einen der größten **Naturhäfen** der Welt. Sieben Flüsse treffen hier aufeinander, die Gezeitenmündung ist ein Mekka für Wassersportfreunde. Ein 1688 eingerichteter Frachthafen der Post führte zur Expansion von Hafen und Stadt. Am Discovery Quai präsentiert das **National Maritime Museum** die Seefahrtsgeschichte Cornwalls (Öffnungszeiten: tgl. 10.00 – 17.00 Uhr, www.nmmc.co.uk). Die Einfahrt zur Falmouth Bay bewachen zwei Festungen, die Heinrich VIII. errichten ließ und heute per Fähre verbunden sind: **Pendennis Castle** und sein etwas kleineres Pendant **St. Mawes**. Schlemmertipp: Rick **Steins neues Fischrestaurant** am Discovery Quay!

✷
Falmouth

🕐

Jedes Jahr am 8. Mai tanzen die Einwohner Helstons durch die verwinkelten Straßen der Stadt. Schon morgens um 7.00 Uhr beginnt das Riesenspektakel des **Furry Dance** oder Flora Day, zu dem Kinder wie Erwachsene in historischen Kostümen antreten.

Helston

✷
◀ Furry Dance

Wandern Sie zu den Klippen von Kynance Cove auf der Halbinsel The Lizard.

The Lizard

✳ Auf der Lizard-Halbinsel mit Steilküsten, Fischerdörfern und sandigen Buchten beeindruckt besonders das Farbenspiel der Steine: Mattgrüner Serpentin oder Schlangenstein mischt sich mit Gneis und Granit, dazwischen gedeihen Heidekraut und Stechginster. Die Bewohner lebten lange von der Riffpiraterie, da unzählige Schiffe an der Küste zerschellten. Eine schöner Klippenpfad führt vom 1752 errichteten Leuchtturm am **Lizard Point** nach Mullion Cove. Seit 2009 informiert ein neues Visitor Centre im **Lizards Lighthouse** über die Geschichte der englischen Leuchttürme (Öffnungszeiten: April, Mai, Okt. So. – Do., Juni, Sept. So. – Fr., Juli, Aug. tgl. 11.00 – 17.00 Uhr).

✳ Tunbrigde Wells · Royal Tunbridge Wells

J 37

Grafschaft: Kent　　　　　　**Einwohner:** 61 000

Die Kleinstadt im »Stockbroker Belt«, dem Speckgürtel Londons, war dank der bereits 1606 entdeckten Heilquelle Chalybeat Springs ab 1735 ein mondänes Modebad, in dem sich auch Beau Nash, Zeremonienmeister von ▶Bath, gerne aufhielt.

Über die Nordhänge des Weald erstreckt sich Tunbridge Wells mit steilen Straßen und Gassen – nur auf Landkarten erinnert noch der Präfix »Royal« daran, dass im 17. und 18. Jh. auch königliche Gäste das schöne **Kurbad** aufsuchten. Ausgedehnte Grünanlagen wie Dunorlan Park, in dem die Chalybeat-Quelle entspringt, elegante Straßenzüge und eine Vielfalt an Shops und Restaurants runden das Stadtbild ab. Die 5 m hohe Millennium Clock gestaltete der örtliche Bildhauer Jon Mills zur Jahrtausendwende aus Stahl.

! **Baedeker TIPP**

Zum Wohl!

Im Sommer servieren kostümierte Wasserträger an der Chalybeat-Quelle ein Glas des eisenhaltigen Mineralwassers. Man sagt, dass es sämt-liche Krankheiten heilen soll – vom Kater bis zur Kinderlosigkeit!

Sehenswertes in Tunbridge Wells

Pantiles

✳ Die 200 m langen Pantiles entstanden vor mehr als 300 Jahren als Promenade zur Heilquelle. Ihr Name stammt von den roten Pfannenziegeln, »pantiles«, mit denen die Straße einst gepflastert war. Wo früher Kurgäste lustwandelten, kann man heute durch eine der schönsten und ältesten Fußgängerzonen Englands flanieren. **Schmucke Geschäfte und Cafés** reihen sich als Ladenzeile hinter den weiß gestrichenen Kolonnaden des Upper Walk, der baumbestandene Lower Walk führt an Galerien und Antiquitätengeschäften vorbei.

▶ TUNBRIDGE WELLS ERLEBEN

AUSKUNFT

Tourist Information Centre
The Old Fish Market, The Pantiles
Tunbridge Wells TN2 5TN
Tel. (0 18 92) 51 56 75
www.visittunbridgewells.com

SHOPPING UND SPA FESTIVAL

Antiquitätenfreunde sollten durch die Läden der Pantiles, der High Street und des Chapel Place bummeln. Mi. und Sa. ist am Market Square Wochenmarkt. Beim »Scandals at the Spa«-Festival im Juli wird das georgianische Zeitalter wieder lebendig.

ÜBERNACHTEN

▶ Komfortabel

Hotel du Vin and Bistro
Crescent Road
Tunbridge Wells TN1 2LY
Tel. (0 18 92) 52 64 55
Fax (0 18 92) 51 20 44
www.hotelduvin.com
38 elegante Zimmer in einem edwardianischen Sandsteingebäude aus dem 18. Jh. mit Gartenterrasse und Blick auf den Calverley Park. Im schicken Bistro berät Sommelier Dimitri Mesnard gern bei der Weinauswahl.

▶ Günstig

Manor Court Farm
Ashurst, Tunbridge Wells TN3 9TB
Tel. (0 18 92) 74 02 79
www.manorcourtfarm.co.uk
Knapp 5 mi / 8 km westl. von Royal

The Pantiles laden zum Bummeln und Schlemmen ein.

Tunbridge Wells kann man wunderbar auf dieser georgianischen Schaffarm übernachten. Großzügige Zimmer und ein Superfrühstück.

ESSEN

▶ Fein und teuer

Thackeray's
85 London Rd, Tel. (0 18 92) 51 19 21
www.thackerays-restaurant.co.uk
Als bestes Restaurant in Kent 2009 ausgezeichnet: Richard Philips' exquisite Küche in edlem Ambiente. Tipp: der Heilbutt mit Hummerravioli.

Baedeker-Empfehlung

▶ Erschwinglich

Sankey's
39 Mount Ephraim
Tel. (0 18 92) 51 14 22, www.sankeys.co.uk
Fangfrischer Fisch, gutes Bier und ausgesuchte Weine. Im Sommer kann man auch im Garten essen.

Die Kirche King Charles the Martyr ist das einzige englische Gotteshaus, das dem von Cromwell geköpften Karl I. geweiht ist. Die äußerlich schlichte Kirche von 1678 besitzt im Innern eine reich verzierte **Stuckdecke** von Henry Doogood. Am Ende der High Street zweigt die steile Straße Mount Sion ab, deren elegante Stadtvillen im

King Charles the Martyr

18. Jh. für Kurgäste errichtet wurden. Das Haus Nr. 23 – 25 wurde nach dem Zeremonienmeister Nash benannt und diente zu dessen Lebzeiten als Spielsalon.

Tunbridge Wells Museum ⏲ Das städtische Museum im Civic Centre präsentiert neben der Vor- und Stadtgeschichte die weltweit größte Sammlung an Tunbridge-Ware, feinsten Holzarbeiten aus dem 17. – 19. Jh. (Öffnungszeiten: Mo. – Sa. 9.30 – 17.00 Uhr, www.tunbridgewellsmuseum.org).

Umgebung von (Royal) Tunbridge Wells

Tudeley In Tudley fertigte **Marc Chagall** (1897 – 1985) zwischen 1967 und 1977 sämtliche Fenster der Pfarrkirche **All Saints Church**, die den schlichten Innenraum in ein mit Gelb und Rot durchsetztes Blau tauchen. Auftraggeber war Sir Henry D'Avigdor-Goldsmid, dessen Tochter beim Segeln ums Leben kam. Die Fenster betten das tragische Unglück in biblische Szenen ein.

✳ **Penshurst Place & Gardens** ⏲ Eines der ältesten Herrenhäuser Südenglands findet sich in Penshurst Place, 8 mi / 12,8 km nordwestlich von Tunbridge Wells. Ältester Teil ist die **Baron's Hall**, die Sir John de Poulteney, Lord Mayor von London, 1341 errichtete. 1552 ging Penshurst Place in den Besitz der Familie Sidney über, die den Landsitz um Staatsgemächer erweiterte und bis heute hier lebt. Die Gärten im Stil des 16. Jh.s bereichern ein Naturlehrpfad und ein Abenteuerspielplatz (Öffnungszeiten: Ostern bis Okt. 10.30 – 18.00 Uhr (Garten), 11.00 – 16.00 (Haus), www.penshurstplace.com).

✳ **Hever Castle** ⏲ Ein doppelter Burggraben umgibt das malerische **Wasserschloss** aus dem 13. Jh., 5,6 mi / 9 km nordwestlich von Penshurst, in dem **Anne Boleyn** ihre Kindheit verbrachte. Porträts, Dokumente und persönliche Gegenstände erinnern an die zweite Frau Heinrichs VIII. und dessen fünf weitere Gemahlinnen.

1903 kaufte William Waldorf Astor das gesamte Anwesen, restaurierte das Schloss als romantische Tudorburg mit Zugbrücke und Zinnen, korrigierte den Flusslauf des Eden und errichtete für seine zahlenden Gäste ein ganzes Tudordorf mit stilvollen Fachwerkhäusern und höchstem Komfort. Der Park erhielt sein Aussehen nach italienischem Vorbild und ist mit kunstvollen Renaissance-Skulpturen bestückt (Öffnungszeiten: März – Okt. tgl. 12.00 – 18.00 Uhr, letzter Einlass 17.00 Uhr, http://hevercastle.co.uk).

✳ **Chartwell** Mehr als 40 Jahre lebte **Sir Winston Churchill** (► Berühmte Persönlichkeiten) in Chartwell, 8 mi / 12,8 km nördlich von Hever Castle. Hier malte der Politiker Garten und Hügel der Umgebung, genoss zusammen mit seiner Familie die weite Aussicht nach Kent hinein, schrieb Romane und das bis heute gültige Standardwerk »The History of the English Speaking Peoples«. Das Landhaus ist ein nationaler

Schule mit Formschnitt für »Greenfingers«: der italienische Landschaftspark von Hever Castle weist Gärtnern den Weg zur Perfektion.

Wallfahrtsort: Churchills Arbeitszimmer, Zigarre und Schreibtisch, Uniformen, Auszeichnungen und literarische Werke bringen Besuchern das Privatleben des charismatischen Premierministers näher (Öffnungszeiten: April – Okt. Mi. – So. 11.00 – 17.00 Uhr, im Juli, Aug. auch Di.). ⏲

★ ★
Knole

Knole House am Rande des gutbürgerlichen **Sevenoaks** ist seit Jahrhunderten der Stammsitz der Familie Sackville – **Vita Sackville-West** (1892 – 1962), die Gründerin von Sissinghurst Garden, wuchs hier auf, schwärmte vom Schloss in ihren Romanen – und war zeitlebens verbittert, dass sie es aufgrund fehlender männlicher Nachfolger nicht erben konnte. Mit seinen 365 Räumen, 52 Treppen und sieben Innenhöfen gehört Knole zu den größten Herrenhäusern Englands und gleicht mehr einem mittelalterlichen Universitätsgebäude als einem Familienwohnsitz. Die Anfahrt durch den Wildpark, in dem **zahmes Rotwild** grast (▶ Abb. S. 197), stimmt hervorragend auf den strengen Palast ein, dessen dunkle Säle mit Mobiliar aus dem 17. Jh. ausgestattet sind. Zu den Prunkgemächern gehören das königliche Schlafgemach, der Ballsaal und das Zimmer des venezianischen Botschafters, in denen flämische Tapisserien, persische Teppiche und kostbares Porzellan zu sehen sind. Im Reynolds Room hängen Werke von Sir Joshua Reynolds, darunter ein Porträt des dritten Lord Sackville und ein Historiengemälde, das den gefangenen Grafen Ugolino zeigt (Öffnungszeiten: April – Okt. Mi. – So. 12.00 – 16.00 Uhr).

Scotney Castle
Die pittoreske **Wasserburg** aus dem 14. Jh. umgibt ein romantischer Landschaftspark, der 1837 – 1855 im Stil des »natural landscaping« mit Rhododendren, Azaleen, Kletterrosen und Spazierwegen samt schöner Ausblicke angelegt wurde (Öffnungszeiten: Mitte März bis Okt. Mi. – So. 11.00 – 17.00 Uhr).

✷ Ashdown Forest

Wandern mit Picknick
Zwischen Royal Tunbridge Wells, East Grinstead, Haywards Heath und Uckfield erstrecken sich die Wälder und Heideflächen von Ashdown Forst. Das einstige königliche Jagdrevier, in dem vom 15. bis 18. Jh. Holz für den Schiffbau und die Eisenindustrie geschlagen wurde, ist heute ein Wandergebiet mit Picknickplätzen und Aussichtspunkten.

Hartfield
Hartfield ist die Heimat des weltbekannten Bären **»Winnie the Pooh«**. A. A. Milne lebte von 1925 bis 1956 hier auf der Cotchford Farm und schrieb für seine Kinder die Klassiker »Pu der Bär« und »Pu baut ein Haus«. Heute wandert der Nachwuchs begeistert auf den Spuren seines honiggelben Helden von der »Pooh Corner« in Hartfields High Street zur »Poohsticks Bridge«, von der aus man Stöckchen in den Bach wirft.

Standen
Auf der gewundenen B 2110 wird nach 8 mi / 12,8 km das viktorianische Landhaus Standen erreicht, das Philipp Webb 1894 für die neunköpfige Familie des Londoner Rechtsanwaltes James Beale erbaute. Die Wohnräume des schlichten Ziegelbaus stattete der Begründer der englischen Arts-&-Craft-Bewegung, **William Morris** (1834 – 1896), mit farbenreichen Teppichen, Gardinen, Tapeten und Wandbehängen mit meist floralen Motiven aus. William Morris' Ziel war es, das industrialisierte Kunstgewerbe wieder zu einer qualitätvollen und individuellen Handwerkskunst zurückzuführen und dennoch komplette Wohnungseinrichtungen liefern zu können (Öffnungszeiten: Mitte März – Okt. Mi. – So. 11.00 – 16.30 Uhr).

Sheffield Park Garden
Auf waldreicher Strecke geht es zum Sheffield Park Garden, 11 mi/ 19 km südöstlich von Standen. **Capability Brown** legte den Garten im 18. Jahrhundert mit vier künstlichen Seen im Zentrum an, die durch Wasserkaskaden und Brücken verbunden sind. Eine Vielzahl exotischer Bäume und Rhododendren folgte zu Beginn des 20. Jahrhunderts. Die Symmetrie des Gartens ist auf das (nicht zu besichtigende) Sheffield Park House ausgerichtet, das Thomas Wyatt um 1789 zu einem neogotischen Landschloss umgestaltete (Öffnungszei-

ten: April – Okt. Di. – So. 10.30 – 17.30, Nov. – März Di. – So.
10.30 – 16.00 Uhr).

Am Rande des Ashdown Forest, 14 km nordwestlich von Sheffield ✱
Park Garden, bildet Wakehurst Place Garden eine Zweigstelle der **Wakehurst**
Königlichen Botanischen Gärten von Kew in ►London. Lord Wake- **Place Garden**
hurst sammelte **seltene Bäume** und Pflanzen aus beiden Teilen Amerikas, aus Ostasien, Australien, Japan und Neuseeland, die den 60 ha
großen Park das ganze Jahr über mit einer fantastischen Farben- und
Duftpracht versorgen. Das dazugehörige elisabethanische Landhaus
informiert über das Naturreservat Loder Valley (Öffnungszeiten: ⊙
Mai – Okt. tgl. 10.00 – 18.00 Uhr, Haus bis 17.00 Uhr, Nov. – Feb. tgl.
10.00 – 16.30, Haus bis 15.30 Uhr)

✱ ✱ Wells

Grafschaft: Somerset   **Einwohner:** 9 800

**Die kleinste Stadt Englands – Kathedralstädte sind ja meist größer,
aber Wells ist trotz Kathedrale die kleinste Stadt Englands – ist ein
guter Ausgangspunkt für Wanderungen in den Mendips Hills oder
Ausflüge zu den Cider-Mostereien der Umgebung.**

Wells, das seinen Namen den hier entspringenden Quellen verdankt, **Höhepunkt der**
gehört zu den Höhepunkten einer Südenglandtour. Die noch mittel- **Sakralbaukunst**
alterlich geprägte Kleinstadt, deren Einwohnerzahl sich in den letzten
500 Jahren nur knapp verdoppelt hat, besitzt einen der schönsten
Sakralbauten der englischen Gotik.

Sehenswertes in Wells

Wells besitzt eine der frühesten gotischen Kathedralen in England. ✱ ✱
Ihr Bau begann 1180, das 126 m lange und 20,5 m hohe Hauptschiff **Cathedral**
ist reinster Early English Style; die Querschiffe enthalten noch spät-
normannische Elemente. Um 1240 setzte man die Westfassade vor.
In der zweiten Bauphase folgten 1290 bis 1340 der Ostteil mit
Vierungsturm, Retrochor, Marienkapelle und Kapitelhaus im hochgotischen Decorated Style. Die beiden gedrungenen Türme der Westfassade wurden 1386 und 1421 errichtet.
Von den 400 einst farbigen Figuren der Skulpturengalerie der **Westfassade** aus dem 13. Jh. sind heute noch 293 original erhalten; andere – wie die »Auferstehung Christi« – wurden neu geschaffen.
Berühmt wurde Wells für seine gekreuzten Spitzbögen in der Vierung. Diese **Scherenbögen** wurden 1338 nachträglich eingezogen,
um die Last des Vierungsturms aufzufangen. Die Figurenkapitelle
veranschaulichen mittelalterlichen Alltag: einen Mann mit Zahnweh,

▶ WELLS ERLEBEN

AUSKUNFT

Tourist Information Centre
Town Hall, Market Place
Wells BA5 2RB
Tel. (0 17 49) 67 25 52
www.wellstourism.com
www.wells.gov.uk

SHOPPING UND EVENTS

Antiquitätenfreunde finden in der
Post Road eine gute Auswahl; jeden
Do. findet ein Antiquitätenmarkt,
Mi. und Sa. ein Straßenmarkt auf
dem Market Place statt. Kulturelle
Highlights sind das Festival of Liter-
ature im Okt., das Festival of Music
and Drama im Sept. (www.stcuthberts
wells.co.uk) sowie zahlreiche Orgel-
und Chor-Konzerte in der Kathedrale.
Für manchen Lacher sorgt das Moat
Boat Race Ende August.

ESSEN

▶ Erschwinglich

Goodfellows
5 Sadler Street, Tel. (08 71) 426 61 89
www.goodfellowswells.co.uk
Die moderne europäische Küche
von Adam Fellows spart an Kalorien –
aber nicht am Geschmack. Besonders
lecker: die Fischgerichte

▶ Preiswert

Cloister Restaurant
Cathedral, West Cloister
Tel. (0 17 49) 67 65 43
Im Nebentrakt der Kathedrale
werden unter Rippengewölbe und
Maßwerkfenstern bis 17.00 Uhr
kleine Mahlzeiten, Sandwiches
und Kuchen gereicht.

ÜBERNACHTEN

▶ Luxus

Ston Easton Park
▶ Baedeker Special, S. 113

Traumhaft logieren in Ston Easton Park

▶ Komfortabel

Ancient Gate House
20 Sadler Street, BA5 2RR
Tel. (0 17 49) 67 20 29
Fax (0 17 49) 67 03 19
www.ancientgatehouse.co.uk
Voller Atmosphäre steckt das kleine
Hotel von 1473, dessen 9 Zimmer
Himmelbetten, Antiquitäten und
einen Paradeblick auf die Westfassade
der Kathedrale bieten. Im Rugantino
Restaurant wird vorzüglich italienisch
gekocht.

Baedeker-Empfehlung

▶ Komfortabel / Günstig

Canon Grange
Cathedral Green
Wells BA5 2UB
Tel. (0 17 49) 67 18 00
Fax (0 70 92) 30 47 93
www.canongrange.co.uk
Wunderschöne, großzügige Zimmer mit
Blick auf die Kathedrale. Buchen Sie die
Walnuss-Suite oder den Queen Ann Room.
Tolles Frühstück!

Vierungsbögen in der Wells Cathedral

einen Dornauszieher, Obstdiebe, die stehlen und bestraft werden.

Im nördlichen Querschiff schickt die **astronomische Uhr** seit 1392 Ritter in die Schlacht – alle 15 Minuten muss einer sein Leben lassen, zur vollen Stunde fallen vier Ritter. Eine ausgetretene Treppe führt als Kaskade aus Stein zum **Kapitelhaus**, dessen Rippengewölbe ein einziger Bündelpfeiler trägt.

Hinter einem Torhaus öffnet sich der **Vicar's Close**. Die älteste Reihenhausanlage Europas wurde 1348 mit 40 Häusern erbaut, in denen bis heute die Chor- und Domherren leben. Im Süden der Kathedrale schützen Wall und Graben den **Bishop's Palace** aus dem 13. bis 15. Jh., in dem bis heute der Bischof von ► Bath und Wells residiert. Den Quellen im Garten des Bischofspalastes, den »Wells«, verdankt die Stadt ihren Namen.

Im ehemaligen Chancellors House erfährt man alles über die Geschichte von Wells und den Mendip Hills (8 Cathedral Green, April bis Okt. Mo. – Sa. 11.00 – 17.00, So. 11.00 – 16.00, Nov. – März 11.00 – 16.00 Uhr, www.wellsmuseum.org.uk).

Wells & Mendip Museum ⏱

Die geschäftige High Street säumen Häuser aus dem 15. bis 17. Jahrhundert. **St. Cuthbert** aus dem 15. Jh. ist mit seinem 35 m hohen Turm die größte Pfarrkirche Somersets, deren ausgezeichnete Akustik das Festival of Music and Drama nutzt (Events, S. 350).

Altstadt

Umgebung von Wells

In den wildromantischen Mendips hat der Fluss Axe ein Höhlensystem mit **Tropfsteingrotten** und tiefgrünen Seen gebildet: Wookey Hole. Wo bis zur Römerzeit noch Menschen lebten, lockt heute neben Höhlenführungen Fun pur: im Tal der Dinosaurier, im Spiegelkabinett oder bei Geisternächten in den Grotten (Öffnungszeiten: April – Okt. tgl. 10.00 – 17.00, Nov. – März tgl. 10.00 – 16.00 Uhr, www.wookey.co.uk).

✴
Wookey Hole
⏱

Spektakulär ist die 3 km lange und bis zu 120 m tiefe Schlucht Cheddar Gorge. Am unteren Ende der Klamm kann man die im 19. Jh. entdeckten Stalaktitenhöhlen Gough's Cave und Cox's Cave besichti-

✴ ✴
Cheddar Gorge

Der englische Cheddar-Käse wird mit Whisky in Handarbeit hergestellt.

gen, im Museum wird das 9000 Jahre alte Skelett des »**Cheddar Man**« aus der Eiszeit aufbewahrt. Wer die 274 Stufen der Jacob's Ladder (Jakobsleiter) erklimmt, wird mit einer herrlichen Aussicht belohnt.

Im Dorf **Cheddar** wird seit dem 12. Jh. der gleichnamige Hartkäse hergestellt. Wer einmal bei der **Käseproduktion** dabei sein will, hat bei der Cheddar Gorge Cheese Company (Informationen: www.cheddar gorgecheeseco.co.uk) dazu täglich von 10.00 – 17.00 Uhr Gelegenheit.

? WUSSTEN SIE SCHON ...?

■ ... dass J.R.R. Tolkien 1916 seine Flitterwochen in Cheddar verbrachte und 1940 erneut dorthin zurückkehrte? Die Höhlen in der Cheddar Gorge sollen den Autor für die Aglarond Caves im Tal von Helm's Deep im »Herr der Ringe« inspiriert haben.

✶ Glastonbury

Kein Ort in England ist mehr von Mythologie umwoben. So soll der missionierende Joseph von Arimathäa mit dem Heiligen Gral hierher gekommen sein, aus dem Christus und seine Jünger beim letzten Abendmahl tranken und mit dem Joseph das Blut des Gekreuzigten auffing. Am Fuße des 160 m hohen Kegelberges **Glastonbury Tor** mit dem Turm der St.-Michael-Kirche aus dem 14. Jh. soll Joseph den Kelch vergraben haben – woraufhin die »Blood Spring« oder »Chalice Well« mit heißem, rötlich schimmerndem Wasser zu sprudeln begannen. Der Artuslegende nach ist Glastonbury auch die Insel Avalon, wohin der tödlich verwundete König nach der Schlacht von

Camlann segelte. Zusammen mit seiner Gattin Guinevere soll er in Glastonbury ruhen – sein Schrein in der Abtei war im Mittelalter ein wichtiges Wallfahrtsziel. Bis heute ist Glastonbury eine Kultstätte für spirituelle Gruppen, die sich hier zur Mittsommernacht treffen. Seit 1970 findet alljährlich im Juni das **größte Open-Air-Festival Europas** statt (Glastonbury Festival Office, 28 Northload Street; www.glaston buryfestivals.co.uk).

✳
◄ Glastonbury Music Festival

Die Ruinen der Klosterkirche **St. Peter and Paul** vermitteln bis heute einen guten Eindruck ihrer früheren majestätischen Größe – ihre Länge betrug im 16. Jh. stolze 177 m. Heinrich VIII. ließ im Jahre 1539 die Kirche zerstören. Ansatzweise erhalten sind die 1189 geweihte Marienkapelle im spätnormannischen Stil mit figurengeschmückten Portalen, einer Josephskrypta und der Galiläakapelle aus dem 15. Jh., die zum Langhaus überleitete. Eine Einfassung im Chor markiert, wo von 1218 bis 1539 König Artus' Schrein stand. Im Torhaus zeigt ein Museum u. a. das Modell der Klostergebäude, von denen nur Abbot's Kitchen aus dem 14. Jh. unversehrt blieb. Rund um die ehemalige Zehntscheuer gibt das **Somerset Rural Life Museum** Einblicke in das Bauernleben im 19. Jh. (Öffnungszeiten: April bis Okt. Di. – Fr. 10.00 – 17.00, Sa., So. 14.00 – 18.00, Nov. – März Di. bis Sa. 10.00 – 17.00 Uhr).

✳
◄ Glastonbury Abbey

🕐

Glastonbury Tor – das sagenumwobene Avalon?

✳ Weymouth · Isle of Portland

M 21

Grafschaft: Dorset   **Einwohner:** 61 500

Die weite Badebucht von Weymouth und die Halbinsel Portland bilden das Herz der spektakulären Klippen der Jurassic Coast, die als erstes Gebiet in England von der UNESCO als Weltnaturerbe geschützt wird. Vom Juli bis September 2012 ist Weymouth Austragungsort der Segelwettbewerbe der Olympischen Sommerspiele und der Paraolympischen Spiele (Info: www.wpnsa.org.uk).

Seebad mit Charme   Der feine, goldgelbe Sandstrand lockt allsommerlich badelustige Briten an die 3 km lange Bucht von Weymouth, in die der Wey mündet. Elegante georgianische Häuser zieren die Strandpromenade, um den alten Hafen herum gruppieren sich, lebendig und bunt, umgebaute Speicher mit Geschäften und Restaurants.

Die drittgrößte Stadt Dorsets ist ein idealer Ausgangspunkt für Wanderungen und Tagesausflüge ins Hinterland und entlang der Küste, die gen Osten zackige Klippen mit kleinen Buchten prägen, gen Westen ein schnurgerader Küstenstreifen bis nach Bridport. Auf der südlichen Landzunge von Portland wird der gleichnamige grauweiße Stein abgebaut. Weymouth wurde ursprünglich von **König Georg III.**. als Erholungsort gegründet. Der Monarch ist bis heute allgegenwärtig: Aus der Stadt reitend, wurde sein Bild ein den Hang eines Kreidehügels gemeißelt.

Sehenswertes in Weymouth und auf Portland

Esplanade   Eine Promenade führt um die Badebucht herum. Sie wird von Häuserzeilen aus dem 18. Jh. gesäumt, deren strenge Fassaden durch Eisenbalkone aufgelockert werden. **Georg III.** (1760 – 1820) blickt mit Zepter, Krone und Wappentieren vom hohen Sockel. Als erster Monarch machte er 1789 hier Urlaub am Meer, logierte im Gloucester Hotel an der Esplanade – und begründete Weymouths Aufstieg zum renommierten Modebad. Die Turmuhr wurde 1887 zum goldenen Regierungsjubiläum von Königin Viktoria aufgestellt. Vom Tourismusbüro aus fährt zwischen Ostern und Anfang September eine Bahn die Esplanade entlang zum Naturreservat von Lodmoor und zum Sea Life Park.

✳
Brewers Quay   In der ehemaligen Devenish-Brauerei am Old Harbour befinden sich heute kleine Läden, Restaurants und Cafés. **Discovery** lädt mit 60 interaktiven Displays zum Entdecken der Welt, in der wir leben. Im **Timewalk** am Hope Square ist 600 Jahre Stadtgeschichte zu sehen, zu hören und zu riechen. Das **Weymouth Museum** erzählt u. a. vom Pestjahr 1348 und dem Badezeremoniell Georgs III. (Öffnungszeiten: tgl. 10.00 – 16.30 Uhr, www.brewers-quay.com).

▶ WEYMOUTH ERLEBEN

AUSKUNFT

Tourist Information Centre
Kings Statue
The Esplanade
Weymouth DT4 7AN
Tel. (0 13 05) 78 57 47
Fax (0 13 05) 78 80 92
www.visitweymouth.co.uk

SCHIFFSAUSFLÜGE UND EVENTS

Fähren der Condor Ferries setzen tgl. zu den Kanalinseln Jersey und Guernsey über (www.condorferries. com). Hafenrundfahrten, Angeltouren und Bootsausflüge zum Portland Castle und Nothe Fort organisieren die Heritage Coast Boat Trips (Tel. 0 13 05 / 20 64 23, www. theheritagecoast.co.uk).
Beim alljährlichen Olde Harbour Seafood and Oyster Festival im Mai werden neben Austern satt Musik und Show geboten. Das International Beach Kite Festival im Mai ist das größte seiner Art im Vereinigten Königreich.

ESSEN

▶ Erschwinglich

Crab House Café
Ferrybridge
Tel. (0 13 05) 78 88 67
Fischrestaurant mit eigener Austernzucht – bestellen Sie ein Dutzend frisch, gegrillt oder in Weißweinsauce. Auch die Meeresfrüchteplatte ist ein Hochgenuss.

The Crows Nest
3 Hope Square, Tel. (0 13 05) 78 69 30
www.crowsnestweymouth.co.uk
Unter Schatten spendenden Bäumen speist man vorzüglich Krabben, Muscheln oder Mönchsfisch – mitten im Trubel des alten Hafens.

ÜBERNACHTEN

▶ Günstig

Oaklands
1 Glendinning Avenue
Weymouth DT4 7QF
Tel. (0 13 05) 76 70 81
www.oaklands-guesthouse.co.uk
Bezauberndes edwardianisches Gästehaus mit 4 geschmackvoll eingerichteten Zimmern; 5 Minuten vom Strand entfernt.

Seaham
3 Waterloo Place
Weymouth DT4 7NU
Tel. (0 13 05) 78 20 10
www.theseahamweymouth.co.uk
Sympathisches B & B mit 5 eleganten Zimmern und Blick auf den herrlichen Sandstrand.

Baedeker-Empfehlung

▶ Komfortabel

Chatsworth
14 The Esplanade, Weymouth DT4 8EB
Tel. (0 13 05) 78 50 12
Fax (0 13 05) 76 63 42
www.thechatsworth.co.uk
Ausgezeichnetes Hotel direkt am Jachthafen. Den Fisch für die Brasserie fängt Phil, der Bruder des Besitzers. Probieren Sie die Portland-Krabbensuppe und Riesengarnelen mit Chili und Limonen.

Eine Klappbrücke regelt die Einfahrt in den Hafen von Weymouth.

Museum of Coastal Defence ⏱ Das Museum im halbkreisförmigen **Nothe Fort** aus dem 19. Jh. dokumentiert die Hafengeschichte seit römischer Zeit und bietet herrliche Blicke auf die Bucht von Weymouth (Öffnungszeiten: Mai bis Sept. 10.30 – 17.30, sonst So. 11.00 – 16.30 Uhr).

Isle of Portland Die 7 km lange und 3 km breite Isle of Portland ist mit Weymouth durch eine schmale Landzunge verbunden. Seit dem Mittelalter wird hier der grauweiße **Portland-Stein** abgebaut, mit dem u. a. St. Paul's Cathedral in ►London und die Fassade des UNO-Gebäudes in New York errichtet wurden – Einblicke in Abbau und Verarbeitung gewährt der Steinbruch Tout Quarry, der auch Bildhauerkurse anbietet (http://testbed.fim.co.uk). 1944 waren auf Portland 500 000 US-Soldaten stationiert, um die Landung in der Normandie vorzubereiten. Über den Portland-Hafen wacht das mächtige **Portland Castle**, das ⏱ 1540 unter Heinrich VIII. erbaut wurde (Öffnungszeiten: April bis Okt. tgl. 10.00 – 17.00, Jul./Aug. bis 18.00 Uhr).

Über Wakeham mit dem **Portland Museum** (Öffnungszeiten: April bis Okt. Fr. – Di. 10.30 – 13.00, 13.30 – 17.00 Uhr) geht es zur Süd-**Lighthouse** ► spitze **Portland Bill** mit einem 35 m hohen **Leuchtturm** (Öffnungszeiten So. – Fr. 11.00 – 17.00 Uhr), Vogelobservatorium (www.portland birdobs.org.uk) und Obelisk.

Weymouth Sea Life ⏱ Pinguine und Öffnungszeiten, Hai, Otter und Seepferdchen sind die Stars, die die Tierpfleger des Sea Life Aquariums täglich vorstellen (Öffnungszeiten 10.00 – 17.00, Jul./ Aug. bis 18.00 Uhr).

Umgebung von Weymouth

★ ★
Chesil Beach Eine geologische Besonderheit ist Chesil Beach. Die fast 20 km lange Kieselbank zwischen der Isle of Portland und Abbotsbury ist ein Eldorado für Angler und Wanderer, die dem 100 km langen **South**

West Coast Path zwischen Swanage und Exmouth folgen. Das Baden ist wegen der starken Strömung verboten. Hinter der Kieselbarriere erstreckt sich die Lagune »**The Fleet**«, ein Vogel- und Fischreservat, in dem auch Austern gezüchtet werden.

Abbotsbury wurde nach einer im 11. Jh. gegründeten Benediktinerabtei benannt, von der mit der **Tithe Barn** eine der größten Zehntscheuern Englands aus dem 15. Jh. erhalten blieb. In ländlicher Abgeschiedenheit scheint sich die Dorfstraße mit reet- und schindelgedeckten Steinhäuschen über die

Stolze Schwäne in Abbotsbury

Jahrhunderte hinweg kaum verändert zu haben. Hoch über Abbotsbury bietet die Seefahrerkapelle St. Catherine's aus dem 14. Jh. eine wunderbare Aussicht. In der im Mittelalter von Mönchen gegründeten, heute berühmten **Schwanenkolonie** überwintern bis zu 600 Schwäne. Im März nisten sie hier, im September lernen die Jungen fliegen, und am dritten Sonntag im Oktober werden sie vom Schwanenhirten in die Freiheit entlassen (Öffnungszeiten: April bis Okt. tgl. 10.00 – 17.00 Uhr; Fütterung: 12.00, 16.00 Uhr).

✱ ✱

◄ Swannery
🕐

In einer geschützten Talsenke zwischen Abbotsbury und Chesil Beach liegen die Subtropical Gardens, die 1750 vom Earl of Ilchester angelegt wurden. Zwischen Bambus, Yuccas, Agaven, Zypressen, Lorbeer- und Gingkobäumen wähnt man sich in Australien, Lateinamerika oder am Mittelmeer (Öffnungszeiten: April – Okt. tgl. 10.00 bis 18.00 Uhr, Nov. – März tgl. 10.00 Uhr bis Sonnenuntergang).

✱

Subtropical Gardens
🕐

Das alte Fischerdorf **Lyme Regis**, 31 mi / 49,6 km von Weymouth, entwickelte sich im 18. Jh. zum mondänen **Seebad**. Jane Austen schrieb hier 1818 ihren Roman »Persuasion« und lobte die herrliche Lage des Ortes mit der Klippenbucht, der steilen Hauptstraße Broad Street und der weit ins Meer ragenden Mole »The Cobb« aus dem Mittelalter. 1811 fand die zwölfjährige Mary Anning am Strand das Skelett eines Ichthyosaurus – seitdem ist die Küste ein

! *Baedeker* TIPP

Steine klopfen

Fossiliensammler finden an der Küste Versteinerungen aus Jura, Trias und Kreidezeit – Ammoniten und Belemniten sind die häufigsten Funde im Klippengestein. Doch Vorsicht: Wer auf den Kieselstränden und in den Buchten auf Fossiliensuche geht, sollte sich vorher unbedingt über die Gezeiten informieren. Zudem sind die Klippen stark erodiert, bröckeln leicht ab und sind bei Regen extrem rutschig!

⊙ Mekka für Fossiliensammler. Im **Philpot Museum** (Öffnungszeiten: Ostern – Okt. Mo. – Sa. 10.00 – 17.00, So. 11.00 – 17.00, Nov. – Ostern Mi. – So. 11.00 – 16.00 Uhr, www.lymeregismuseum.co.uk) und
⊙ im **Dinosaurland** (Öffnungszeiten: tgl. 10.00 – 17.00 Uhr, www.dinosaurland.co.uk) an der Coombe Street sind die Funde ausgestellt.

✶ ✶ Winchester

J 27/28

Grafschaft: Hampshire   **Einwohner:** 38 400

Eine »angenehme Stadt, bereichert durch eine wunderschöne Kathedrale, umgeben von saftigen Wiesen«, schwärmte schon der Romantiker Keats 1819 von der ersten Hauptstadt Englands, die sich am Fluss Itchen in die Hügel der South Downs bettet.

Königliche Stadt Bereits zu Zeiten der Römer war Winchester, das Verwaltungszentrum der Grafschaft Hampshire, eine bedeutende Stadt namens **Venta Belgarum**. Im 10. und 11. Jh. war der wohlhabende Marktort im Herzen Hampshires die erste Hauptstadt Englands. Selbst als ▶London Hauptstadt des Landes wurde, blieb Winchester eine königliche Residenz: Hier wurde Heinrich VIII. geboren und Mary Tudor mit Philip von Spanien vermählt.

Sehenswertes in Winchester

✶ ✶
Cathedral

⊙
Öffnungszeiten:
Tgl. 8.30 –18.00,
So. bis 17.30

www.winchester-cathedral.org.uk

Die Kathedrale ist mit 164 m der längste Sakralbau, der im mittelalterlichen Großbritannien errichtet wurde. Vier wichtige Bauphasen sind erkennbar: das normannische Querhaus samt gedrungenem Vierungsturm, ein frühgotischer Ostteil, an den das spätgotische Langhaus anschließt, und der im 16. Jh. umgestaltete Chor. Die Fundamente für den heutigen Bau wurden 1079 gelegt. Das 12-jochige **Langhaus** aus dem 14. Jh. ist mit einem für die englische Spätgotik typischen Netzgewölbe im Perpendicular Style und verzierten Schlusssteinen gedeckt. Im nördlichen Seitenschiff befindet sich die Grabplatte der Schriftstellerin Jane Austen (▶Berühmte Persönlichkeiten). Sehenswert ist auch das normannische Taufbecken aus schwarzem Tournai-Marmor. Im **nördlichen Querschiff** hat man einen herrlichen Blick auf reinste frühnormannische Architektur mit Rundbögen, Würfelkapitellen, tiefen Emporen und dickem Mauerwerk. Hier befindet sich die Kapelle der hl. Drei Könige mit einem Fenster von William Morris. Fresken des 13. Jh.s schmücken die Kapelle des

! **Baedeker** TIPP

Klänge in der Kathedrale
Lauschen Sie doch einmal dem Evensong: Die Abendandacht in der Winchester Cathedral wird täglich außer Mittwoch um 17.30 Uhr vom Chor gestaltet, dessen englische Hymnen ungewohnte Hörerlebnisse bieten.

▶ WINCHESTER ERLEBEN

AUSKUNFT

Tourist Information Centre
Guildhall, High Street
Winchester SO23 9GH
Tel. (0 19 62) 84 05 00
Fax (0 19 62) 85 03 48
www.visitwinchester.co.uk

SHOPPING UND FESTIVALS

Schickes, Modisches oder Ausgefallenes? Die Fußgängerzone der High Street bietet reiche Auswahl, ebenso Cadogan & James am The Square. Regionale Spezialitäten gibt es am letzten So. des Monats beim Hampshire Farmers Market. Ceilidhs, Gigs und Pub Sessions gehören zum beliebten Folk Festival im Mai, Straßentheater und verrückte Hüte zum populären Hat Fair Anfang Juli. Im gleichen Monat finden auch das Winchester Festival mit Theater, Musik und Lesungen und das Southern Cathedrals Festival mit Chorkonzerten in der Kathedrale statt.

ÜBERNACHTEN

▶ Luxus

① *Hotel du Vin and Bistro*
Southgate Street
Winchester SO23 9EF
Tel. (0 19 62) 84 14 14
Fax (0 19 62) 84 24 58
www.hotelduvin.com
Junges Hotel mit 25 superschicken Zimmern in einem georgianischen Stadthaus nahe der High Street. Unser Tipp auf Matt Sussex' exquisiter Speisekarte: Maishuhn mit Gänseleber und Trüffeln.

▶ Komfortabel

② *The Winchester Royal*
Saint Peter Street, SO23 8BS
Tel. (0 19 62) 84 08 40
Fax (0 19 62) 84 15 82
www.thewinchesterroyalhotel.co.uk

Zentrale Nobelherberge in der ehemaligen Bischofsresidenz aus dem 15. Jh.; die meisten der 75 stilvollen Zimmer haben Blick auf den preisgekrönten Garten. Im Conservatory Restaurant wird vorzüglich gekocht.

▶ Günstig

③ *The Lilacs*
1 Harestock Close
Off Andover Road North
Winchester SO22 6NP
Tel. (0 19 62) 88 41 22
Fax (0 19 62) 88 41 22
2 Doppelzimmer bietet das gepflegte georgianische Haus seinen Gästen 2 mi / 3,5 km nördlich der City. Herzliche Atmosphäre und tolles Frühstück.

ESSEN

▶ Fein und teuer

① *The Old Chesil Rectory*
1 Chesil Street, Tel. (0 19 62) 85 15 55
www.chesilrectory.co.uk
Französisch inspiriertes First-Class-Lokal am Itchen-Ufer in einem Tudor-Haus aus der Mitte des 15. Jh.s.

Baedeker-Empfehlung

▶ Erschwinglich

② *Wykeham Arms*
75 Kingsgate Street
Winchester SO23 9PE
Tel. (019 62) 85 38 34
Fax (0 19 62) 85 4411
www.fullershotels.com/rte.asp?id=129
Über 250 Jahre alter georgianischer Pub mit offenen Kaminen. Bei Graeme Jameson wird die Lammschulter zartrosa serviert, die Kalbsleber mit Knoblauchmus und Rotwein auf einem Zwiebelbett. Gutes Bier und ambitionierte Weinkarte. Das schönste der 14 Zimmer: der Nelson Room mit romantischem Himmelbett.

Heiligen Grabes. Auf dem **Lettner** sind angelsächsische und dänische Könige dargestellt, so Alfred der Große, Knut, Aethelwulf und Edred. 1107 stürzte der **Vierungsturm** ein. Damals war man höchst alarmiert: In der Vierung war sieben Jahre zuvor der unbeliebte König Wilhelm Rufus II., Sohn von Wilhelm dem Eroberer, begraben worden, der zur Finanzierung seines ausschweifenden Lebens auch die Kirche hart besteuert hatte. Sollte die Beisetzung ein Fehler gewesen sein und der Einsturz ein Zeichen Gottes? Reagiert hat man nicht auf diesen Vorfall – der Sarkophag steht noch immer unter dem eichenen Fächergewölbe des Vierungsturms.

Winchester Orientierung

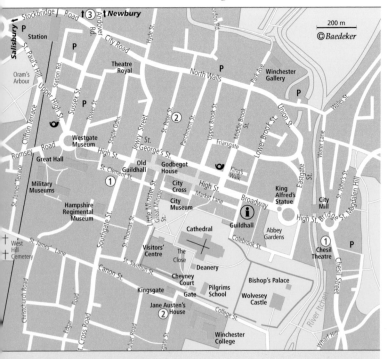

Essen	Übernachten		
① The Old Chesil Rectory	① Hotel du Vin and Bistro	③ The Lilacs	Fußgänger-
② Wykeham Arms	② The Winchester Royal		zone

Mit 164 m ist die gotische Kathedrale von Winchester der längste mittelalterliche Sakralbau Englands.

Den Schrein des Heiligen Swithun im enormen **Retrochor** aus dem frühen 13. Jh. flankieren die reich ausgeschmückten Kapellen für Bischof Waynflete und Kardinal Beaufort († 1447), dem Widersacher von Jeanne d'Arc, deren Statue am Eingang zur Marienkapelle steht. In der Kathedralbibliothek wird die berühmte Winchester-Bibel aus dem 12. Jh. aufbewahrt, deren kunstvoll ausgemalte Initialen zu den großen Leistungen der Buchmalerei zählen (▶Abb. S. 45).

✳
◀ Winchester-Bibel

Die **älteste Privatschule Englands**, 1382 von William of Wykeham gegründet, ist noch heute eine der angesehensten des Landes. Ihre 570 Schüler, davon 70 im Internat, drücken in 600 Jahre alten Klassenzimmern die Schulbank. Im Kreuzgang haben sich zahlreiche Schüler in den Säulen verewigt (Besuch nur auf Führungen: Mo., Mi., Fr., Sa. 10.45, 12.00, 14.15, 15.30, Di., Do. 10.45, 12.00, So. 14.15, 15.30 Uhr)).

✳
Winchester College

🕑

! *Baedeker* TIPP

Jane Austen

1809 zog Jane Austen mit Mutter und Schwester Cassandra nach Chawton, 18 mi / 29 km nordöstlich von Winchester, wo sie u. a. »Mansfield Park«, »Emma« und »Persuasion« schrieb. 1817 zog sie nach Winchester in die College Street Nr. 8, um in der Nähe ihres Arztes zu sein – am 18. Juli 1817 verstarb sie dort im Alter von 42 Jahren. Literaturfreunde finden ihr Grab in der Winchester Cathedral. Leben und Werk der berühmten englischen Dichterin werden im Jane Austen House von Chawton wieder lebendig (Sept. – Dez., Feb. – Mai tgl. 10.30 – 16.30, Juni bis Aug. tgl. 10.00 – 17.00, Jan., Feb. nur Sa., So., www.jane-austens-house-museum.org.uk).

Die Ruine von **Wolvesey Castle** war einst die Residenz der Bischöfe von Winchester. Hinter den **Abbey Gardens** markiert die kolossale Statue Alfreds des Großen den Beginn der **High Street** mit einem Marktkreuz des 15. Jh.s. Die reizvolle Fußgängerzone endet am **Westgate** mit einer einmaligen Sammlung von Maßen und Gewichten (Öffnungszeiten: Feb. und März tgl. 10.00 – 16.00, April bis Okt. tgl. außer Mo. 10.00 – 17.00 Uhr). Die Stadtgeschichte illustriert das **City Museum** am Square (Öffnungszeiten: April – Okt. Mo. – Sa. 10.00 – 17.00, So. 12.00 – 17.00 Uhr, Feb., März Di. – Sa. 10.00 bis 16.00, So. 12.00 – 16.00 Uhr).

Great Hall Die Great Hall ist der letzte Teil einer normannischen Burg, die unter Wilhelm dem Eroberer errichtet wurde, um das Domesday Book zu verwahren. Heute kann man in der hellen, dreischiffigen Halle aus dem 13. Jh. die große runde Tischplatte bewundern, an der **König** ✷ **King Arthur's Round Table ▸** **Artus mit seinen Rittern die Tafelrunde** abgehalten haben soll – allerdings wurde sie erst Jahrhunderte nach Artus' Tod gefertigt und 🕑 1522 in den Tudorfarben Grün und Weiß bemalt (Öffnungszeiten: März – Okt. tgl. 10.00 – 17.00, im Aug. Fr. bis 19.00 Uhr).

Military Museums In den historischen Peninsula Barracks sind fünf Ausstellungen zur Militärgeschichte zu sehen. Das **Light Infantery Museum** dokumentiert den Fall der Berliner Mauer und den Golfkrieg, das **Gurkha-Museum** die Dienste der nepalesischen Soldaten für das Empire, das **Royal Hussars Museum** den Krimkrieg. Das **Royal Hampshire Regiment Museum** präsentiert die Geschichte der Truppe, das **Royal Green Jacket Museum** fünf britische Kriegseinsätze, darunter die Schlacht bei 🕑 Waterloo (Öffnungszeiten: Di. – Sa. 10.00 – 17.00, So. bis 16.00 Uhr).

✷✷ **Hospital of St. Cross** Ein 1 mi / 1,6 km langer Spaziergang am Itchen führt zur ältesten wohltätigen Einrichtung Englands. Seit 800 Jahren dient St. Cross als Pflege- und Altenheim. Gegründet wurde das Hospital mit Kapelle 1132; 1445 wurde ein Armenhaus für Adlige in Finanznöten ins Leben gerufen. Ihre Kleidung unterscheidet beide Orden: Die Angehörigen des Hospitals tragen schwarze Roben mit silbernem Krückenkreuz, die des Armenhauses Rot mit Kardinalshut. 25 Klosterbrüder versorgen noch heute Reisende mit dem traditionellen Wayfarer's 🕑 Dole, Bier und Brot (Öffnungszeiten: April – Okt. Mo. – Sa. 9.30 bis 17.00, So. 13.00 – 17.00, Nov. – März Mo. – Sa. 10.30 – 15.30 Uhr).

Herz der High Street von Winchester ist das Marktkreuz aus dem 15. Jahrhundert.

Umgebung von Winchester

Nördlich von **Basingstoke** verbirgt sich hinter dem Namen The Vyne ein um 1520 für Lord Sandys erbauter Tudorlandsitz. Sandys konnte sich rühmen, 30 Jahre im Dienste Heinrichs VIII. gestanden zu haben und nicht hingerichtet worden zu sein. Er ließ das Innere mit einer eichengetäfelten Long Gallery sowie einer Hauskapelle ausstatten, die mit ihren flämischen Renaissancefenstern zu den besterhaltenen Privatkapellen Englands zählt. Für den neuen Besitzer wurde die Nordseite im 17. Jh. mit einem Säulenportikus versehen, den John Webb erstmals an einem englischen Landhaus anbrachte. Ein Jahrhundert später entstanden Vestibül und Treppenhaus, prachtvoll gestaltet mit Kassettendecken, Säulengalerien und Büsten (Öffnungszeiten: April – Okt. Sa. – Mi 13.00 bis 17.00, Garten ab 11.00 Uhr, Nov. bis März Sa., So. 11.00 – 17.00 Uhr).

✳
The Vyne

 Baedeker TIPP

Freude am Forschen?

Hands on statt hands off: In der interaktiven Technologie-Ausstellung Intech von Morn Hill laden mehr als 100 Exponate ein, Wissenschaft und Technik der Welt von heute spielerisch zu entdecken (Öffnungszeiten: tgl. 10.00 – 16.00 Uhr, Tel. 0 19 62 / 86 37 91, www.intech-uk.com).

REGISTER

VERZEICHNIS DER KARTEN & GRAFISCHEN DARSTELLUNGEN

BILDNACHWEIS

IMPRESSUM

Ausstattung: 237 Abbildungen,
26 Karten und grafische Darstellungen,
eine große Reisekarte
Text: Hilke Maunder und Dr. Madeleine Reincke;
mit Beiträgen von Stefanie Bisping, Eberhard
Bort und Martina Johnson
Bearbeitung: Baedeker Redaktion
(Dr. Madeleine Reincke)

Kartografie: Christoph Gallus, Hohberg;
Franz Huber, München; MAIRDUMONT/Falk
Verlag, Ostfildern (Reisekarte)
3D-Illustrationen: jangled nerves, Stuttgart
Gestalterisches Konzept: independent
Medien-Design, München (Kathrin Schemel)

Sprachführer in Zusammenarbeit mit Ernst
Klett Sprachen GmbH, Stuttgart,Redaktion PONS
Wörterbücher

Chefredaktion:
Rainer Eisenschmid, Baedeker Ostfildern

7. Auflage 2011

Urheberschaft:
Karl Baedeker Verlag, Ostfildern

Nutzungsrecht:
MAIRDUMONT GmbH & Co KG; Ostfildern
Der Name Baedeker ist als Warenzeichen
geschützt. Alle Rechte im In- und Ausland sind
vorbehalten. Jegliche – auch auszugsweise –
Verwertung, Wiedergabe, Vervielfältigung,
Übersetzung, Adaption, Mikroverfilmung,
Einspeicherung oder Verarbeitung in EDV-
Systemen ausnahmslos aller Teile des Werkes
bedarf der ausdrücklichen Genehmigung durch
den Verlag Karl Baedeker.

Anzeigenvermarktung:
MAIRDUMONT MEDIA
Tel. 0049 711 4502 333
Fax 0049 711 4502 1012
media@mairdumont.com
http://media.mairdumont.com

Printed in China
Gedruckt auf 100% chlorfrei gebleichtem Papier

BAEDEKER VERLAGSPROGRAMM

LIEBE LESERINNEN, LIEBE LESER,

ein herzliches Dankeschön, dass Sie sich für einen Baedeker Allianz Reiseführer entschieden haben. Er wird Sie zuverlässig auf Ihrer Reise begleiten und Sie nicht im Stich lassen.

Natürlich beschreibt er die wichtigen Sehenswürdigkeiten, aber er empfiehlt auch interessante Veranstaltungen, nennt Hotels für den großen und kleinen Geldbeutel, gibt Tipps für Pubs, Restaurants, Shopping und für vieles mehr, was eine Reise zum Erlebnis macht. Dafür hat die Redakteurin Dr. Madeleine Reincke Sorge getragen. Sie ist für Sie regelmäßig nach Südengland gereist und hat all ihre Erfahrungen und Kenntnisse in diesen Reiseführer gepackt.

Trotzdem: Die Erfahrung zeigt, dass Fehler und Änderungen nach Drucklegung, für die der Verlag keine Haftung übernehmen kann, nicht ausgeschlossen werden können. Für Kritik, Berichtigungen und Verbesserungsvorschläge sind wir Ihnen außerordentlich dankbar. Schreiben Sie uns, mailen Sie uns oder rufen Sie an:

▶ **Verlag Karl Baedeker GmbH**
Redaktion
Postfach 3162
D-73751 Ostfildern
Tel. (0711) 4502-262, Fax -343
E-Mail: info@baedeker.com

Besuchen Sie uns auch im Internet unter www. baedeker.com. Hier finden Sie jeden Monat den aktuellen Reisetipp der Redaktion und das gesamte Verlagsprogramm. Hier können Sie auch lesen, wer Karl Baedeker war und wie er seinen ersten Reiseführer geschrieben hat. Mit seinen über 180 Jahren ist der Karl Baedeker Verlag der älteste Reiseführer-Verlag der Welt.

www.baedeker.com

❍ ZU GEWINNEN: **STADTREISE NACH LONDON**

Unter allen Einsendungen verlost der Verlag am Jahresende – unter Ausschluss des Rechtswegs – eine Städtekurzreise für zwei Personen nach London.
Freuen Sie sich auf ein spannendes Wochenende in London. Natürlich ist ein Baedeker Allianz Reiseführer London auch dabei!

Baedeker SPECIAL GUIDE

DAS PLUS ZUM BAEDEKER SÜDENGLAND

It's Tea Time

→ Scones, Apple Pie und Cheesecake
→ Der Top Tea Place Award
→ Zum Tee zwischen Kent und Cornwall

ISBN 978-3-8297-1271-2

9 783829 712712

€ 19,95 [D]
€ 20,60 [A]

Höchste Auszeichnun
der britischen Teewel
ist ein Top Tea Place
Award der Tea Guild.
▸ **Seite 6**

Romantischer geht's
nicht als im mittel-
alterlichen Mermaid
Inn von Rye.
▸ **Seite 11**

Toptipp für die Isle of
Wight: der reetgedeck
Old Thatch Teashop
▸ **Seite 10**

VERY BRITISH

Großbritannien gilt als klassische Teetrinkernation, seit fast 200 Jahren ist der Nachmittagstee fester Bestandteil der britischen Lebensart. Wir verraten Ihnen, wo Sie heute in Südengland den perfekten Afternoon Tea bekommen samt Scones, Sandwiches, Crumbles und Trifles.

Tee ist nach Wasser das Getränk, das weltweit am meisten getrunken wird. Seine Wurzeln sind ohne Zweifel in **China** zu suchen. Glaubt man der Legende, trank der chinesische Kaiser Shen Nung vor gut 4700 Jahren den ersten Tee. Bei einem Spaziergang durch den Palastgarten wehte ein Windstoß dem Kaiser ein paar Blätter eines wildwachsenden Teestrauches in seine Trinkschale. Sie verliehen dem Wasser eine erfrischende Note, die den Kaiser begeisterte – und der Tee war erfunden.

Erst Jahrtausende später kam Europa auf den Geschmack. **England** begann im 17. Jh. Tee aus China zu importieren, Mitte des 18. Jhs ersetzte Tee Bier und Gin als Lieblingsgetränk. Vermutlich war es ein schottischer Major, der um 1820 im Brahmaputra-Tal von Assam wilde Teesträucher entdeckte. Wenig später wurden die ersten Kisten mit Tee von **Indien** nach England verschifft und gewinnbringend an der **Londoner Teebörse** versteigert.

Am 31. Dezember 1600 gewährte ein Freibrief von Queen Elizabeth I. der **East India Company** ein Monopol auf sämtliche Handelsaktivitäten östlich des Kaps der Guten Hoffnung bis zur Magellanstraße – der Startschuss für ein Weltreich. Durch dieses Handelsmonopol, das bis 1833 bestand, diktierten die Engländer auch die Preise im Teegeschäft. Allerdings dauerte es Monate, bis die begehrte Ware aus den

»Cutty Sark« *Schon der Name des einzigen Teeklippers, der erhalten blieb, ist ungewöhnlich. »Cutty Sark« war das kurze Hemdchen der Hexe Nannie aus Robert Burns' Ballade »Tam O'Shanter« (1790). Als Galionsfigur ziert die schöne Hexe den Bug der Dreimastbark. Kapitän Moodies Frau hatte den Namen für das stolze Segelschiff ausgewählt, das als eines der letzten Klipper 1869 im schottischen Dumbarton vom Stapel lief. Bis 1877 wurde die »Cutty Sark« im Teehandel eingesetzt, später umfuhr sie im Wollhandel Kap Hoorn. Nach ihrer letzten Seereise kam sie 1954 ins Trockendock nach Greenwich, wo sie bis 2007 als Museumsschiff zu besichtigen war, bevor sie fast vollständig ausbrannte. Ende 2011 sollen die Renovierungsarbeiten abgeschlossen und der Teeklipper wieder wie einst am Pier zu bewundern sein (www.cuttysark.org.uk).*

Anbaugebieten am Zielort eintraf. Das machte Tee so rar wie kostspielig. Mitte des 19. Jh.s lieferten sich die legendären **Teeklipper** im Kampf um hohe Frachtraten und Siegesprämien waghalsige Wettfahrten über die Weltmeere, um den Tee möglichst schnell nach England zu bringen.

Während London zum Zentrum des Welthandels aufstieg, wimmelte es an den Küsten zwischen Kent und Cornwall von Schmugglern. Wegen der hohen Teesteuer bezogen findige Händler die begehrte Ware lieber zollfrei von holländischen Schiffen im Ärmelkanal. Nach der Eröffnung des **Suezkanals** 1868 übernahmen Frachtdampfer den Transport, die schneller als jeder Segler die Terminfracht Tee in Londons Lagerhäuser brachten.

Heute kommt der meiste Tee aus Indien, Sri Lanka, China und Kenia, ist Tee Kultgetränk und gehört zum Leben einfach dazu. In und um London wetteifern gemütliche Teestuben, vornehme Adelssitze und Nobelherbergen mit ihrem Afternoon Tea. Das Beste daran: der Nachmittagstee in den prachtvollen Herrenhäusern ist ein echtes Schnäppchen in einem sonst so teuren wie noblen Ambiente.

A cup of tea, please!

»Es gibt wenige Stunden im Leben, die angenehmer sind als die der Zeremonie des Afternoon Tea«,
schrieb der vielzitierte Henry James 1881 in »A Portrait of a Lady«. Die Einführung des **Afternoon Tea** verdanken die Engländer ebenfalls einer Lady, der 7. Duchess of Bedford. Da man zu Beginn des 19. Jh.s in Adelskreisen eher spät zu Abend aß, die Herzogin aber häufig vorher Hunger verspürte, ließ sie sich mit ihren Freundinnen nachmittags einen kleinen Imbiss aus Tee, Gebäck und Sandwiches zubereiten. Für Queen Victoria war Tee zeitlebens das Lieblingsgetränk – neben Whisky. Mit ihr wurde Tee zum Traditionsgetränk und im ganzen Empire zelebriert. Der berühmte Fünfuhrtee kam in den 1930er-Jahren auf, als Cafés und Salons der großen Hotels Tanztees mit Gebäck gaben. Die Erfindung des Teebeutels geht allerdings auf einen New Yorker Teehändler zurück: Thomas Sullivan verschickte als Erster Teeproben in kleinen Seidensäckchen an seine Kunden.

Hauptsache Homemade

Stilecht kommt der Tee – of course – im blitzblank polierten Silbergeschirr mit Zuckerdose, Milchkännchen und zwei schweren Kannen voll heißem Wasser. In einer von beiden duften lose Teeblätter, vielleicht mit dem zarten Aroma frischer Primeln, das einen Frühlings-Darjeeling auszeichnet – der First Flush dieses Hochlandtees gilt in Kennerkreisen als Nonplus-

British Sweets – Engländer wissen einfach am besten, wie man sich jede Jahreszeit mit Tee und leckerem Gebäck versüßen kann!

ultra. Als Beilage zum **Cream Tea** werden auf einer festlichen Etagere hausgemachte Scones mit eingedickter Schlagsahne und Erdbeermarmelade, Ingwerbiscuits und gehaltvolle Sandwiches gereicht. Die noch warmen Mürbeteig-Scones werden dick mit Marmelade und der »Clotted Cream« bestrichen – ihr Fettgehalt liegt bei mindestens 55 Prozent. Zum **Afternoon Tea**, **High Tea** oder **Five o'clock Tea** gehören auch unwiderstehliche Fruchttörtchen, Lemon-Curd- und Fudge-Kuchen, Biskuit-Trifles oder Rhabarber-Crumbles mit einer süßen Knusperschicht Streusel – alles natürlich selbstgemacht. Dazu kommen leckere Sandwiches mit Räucherlachs, Roastbeef und Shrimps.

Das richtige Timing

Ob es sich um eine Tasse grünen, schwarzen oder gar weißen Tee handelt, in jedem Fall stammen die Blätter immer von der grünen **Camellia Sinensis**. Tee ist der heiße Aufguss aus den gerollten, fermentierten und getrockneten Blättern und Blattknospen dieses Teestrauches. So wie Wein besser in einem Glas schmeckt, kann sich das Teearoma besser in einer feinen Porzellantasse entfalten. Auch Härtegrad und Temperatur des Wassers, die Menge der Teeblätter und die Ziehdauer bestimmen das Brühergebnis. Auf eine Tasse sollte ein Teelöffel Tee kommen zuzüglich einem Löffel »for the pot«. Nach 2–3 Minuten wirkt der Teeaufguss anregend durch den überwiegenden Anteil an Coffein. Tee, der 4–5 Minuten gezogen hat, wirkt beruhigend durch einen höheren Gerbstoffanteil. In jedem Fall ist der eigene Geschmack gefragt, ebenso wie bei den Zusätzen wie Milch, Zucker, Zitrone, Rum oder Sahne – erlaubt ist, was schmeckt!

GROSSE BÜHNE

Höchste Auszeichnung für den Nachmittagstee ist ein Top Tea Place Award der Tea Guild, einer Jury des United Kingdom Tea Council, die das ganze Land auf der Suche nach dem besten Afternoon Tea bereist. Der Michelinstern der britischen Teewelt wird seit 1985 alljährlich verliehen.

Eine der renommiertesten Adressen von London, das **Brown's Hotel** im Herzen von Mayfair, wurde von der Tea Guild zum »Top London Afternoon Tea 2009« gekürt. Seit seiner Eröffnung als allererstes Hotel der Hauptstadt im Jahre 1837 hat das Brown's jede Menge illustrer Gäste begrüßt. Hier ließ sich die »Queen of Crime« Agatha Christie zu »Bertrams Hotel« mit der pfiffigen Miss Marple inspirieren, führte Alexander Graham Bell sein erstes Telefonat. Daran, dass Teeliebhaber Rudyard Kipling hier »Das Dschungelbuch« verfasste, erinnert eine überwältigende Suite. Im holzgetä-

felten **English Tea Room** mit offenem Kamin und Kassettendecke aus dem späten 18. Jh. beraten zwei Tee-Sommeliers bei der Auswahl aus 17 Sorten. Perfekt ausgewogen ist der klassische Earl Grey mit leichter Zitrusnote, der süße Oolong-Tee überzeugt mit Anklängen an Honig, erstaunlich aromatisch ist der biologisch angebaute Needle White Tea. Auf dem Servierwagen türmen sich Brown's preisgekrönte Scones mit und ohne Früchte, Erdbeertörtchen, Himbeermakronen und göttliche Sandwichhäppchen. Wer glaubt, dass Mode und Marzipantorten nicht zusammenpassen,

---

Top Tea Places

Brown's Hotel
Albemarle Street, London W1S 4BP
Tel. (0 20) 74 93 60 20, www.brownshotel.de
Afternoon Tea £ 37 pro Person, Mo. – Fr.
15.00 – 18.00 Uhr, Sa., So. 13.00 – 18.00 Uhr

The Berkeley Hotel
Wilton Place, London SW1X 7RL
www.the-berkeley.co.uk
»Prêt-à-Portea« £ 35 pro Person, mit einem

Glas Ultra Brut Champagner £ 52,
tgl. 13.00 – 17.30 Uhr, Reservierung mindestens 3 Tage im Voraus, Tel. (0 20) 72 01 16 19

Orange Pekoe
3 White Hart Lane, London SW13 0PX
Tel. (0 20) 88 76 60 70
www.orangepekoeteas.com
Afternoon Tea £ 37 pro Person
Tgl. 14.00 – 17.00 Uhr

Tea for Two im Londoner Brown's Hotel

sollte nach Knightsbridge zum De-signer Afternoon Tea ins **Hotel The Berkeley** fahren. Im Caramel Room wird jeden Nachmittag ein »Prêt-a-Portea« serviert: Tee und Törtchen, farblich wie thematisch inspiriert von den aktuellen Kollektionen gro-ßer Designer. Im Sommer 2010 gehörte zum Schoko-Trüffel-Tee ein fluoreszierender Käsekuchen à la Jean Paul Gaultier oder ein aprikotfarbenes Anya-Hindmarch-Mürbeteigtäschchen mit Marzipan-henkel. Die sensationellsten Cana-pés waren High-Heel-förmige Kek-se, die an Pumps von Sonia Rykiel erinnerten. Der Tee kommt in edelstem Porzellan, das Paul Smith für die Manufaktur Thomas Goode

entworfen hat. Fashion Fans kön-nen ihr Lieblingstörtchen auch mit nach Hause nehmen.

Orange Pekoe steht für schwarzen Tee aus den feinsten Teilen der jungen Teetriebe, leicht blumig duftend mit einer angenehm holzi-gen Note. Nicht weit vom Themse-ufer finden Teefreunde im **Orange Pekoe Shop & Tearoom** von Ma-rianna Hadjigeorgiou die besten, handverlesenen Tees aus aller Welt. Mehr als 100 lose Sorten sind im Laden der passionierten Teetrinke-rin erhältlich. Im Sommer kann man zum Tee saftige Scones, Brow-nies, Lemon-Curd-Pie und Roast-beef-Sandwiches unter freiem Him-mel genießen.

ZUM TEE ZWISCHEN CORNWALL UND KENT

Es mag viele überraschen, aber Cornwall besitzt nicht nur nur wilde Steilküsten, bezaubernde Fischerdörfchen und sanfte Hügellandschaften, Cornwall ist auch Heimat der einzigen britischen Teepflanzung und nördlichsten Teeplantage der westlichen Welt: Tregothnan Estate.

Das größte Landgut Cornwalls befindet sich 5 km südöstlich von Truro. Seit 1335 ist **Tregothnan** in Besitz der Familie Boscawen, die in ihrem **wunderschönen Landschaftsgarten** bereits vor 200 Jahren Magnolien, Kameliensträucher, Zedern und sogar Bananenstauden anpflanzte. Durch den Golfstrom ist das Klima hier sehr mild. Temperatur, Niederschlag und PH-Wert des Bodens sind vergleichbar mit denen von Darjeeling am Fuße des Himalaya. Aber erst in den 1990er-Jahren begann Chefgärtner Jonathan Jones eine **Teeplantage** anzulegen. Sieben Jahre dauerten seine Versuche, feine Teesorten zu entwickeln. Mit rund 16 000 Teesträuchern werden inzwischen etwa 10 t Tee pro Jahr produziert.

Der Afternoon Tea ist eine edle Mischung aus indischem Darjeeling und handgepflügten kornischen Teeblättern von Tregothnan. Wer im eigenen Garten Tee pflanzen will, kann hier auch junge Setzlinge beziehen. Seit 2009 kann nicht nur der herrliche Landschaftsgarten, sondern auch die Teeplantage auf einer **privaten Führung** besichtigt werden, die mit einem ausgezeichneten Cream Tea im Sommerhäuschen des Anwesens endet.

Auf Tregothnan werden außerdem ein guter Honig und Pflaumenmus hergestellt. Beides lässt sich im benachbarten **Smuggler's Cottage** zum Cream Tea mit hausgemachten Scones und einer doppelt dicken Cornish Clotted Cream bestellen. Dazu eine Tasse echt englischen Darjeeling von der Teeplantage auf der anderen Seite der Bucht – nicht zu toppen!

Kunstvoll ungezähmte Natur

Englische Gärten sind einfach unerreicht. Vielleicht liegt es daran, dass die Gießkanne von himmlischer Natur ist und die Leidenschaft vom Kleingärtner bis zum Großgrundbesitzer mit Liebe ernst genommen wird. Auch **Trelissick Garden** liegt in der Nähe von Truro ganz idyllisch auf einer Anhöhe mit Blick auf See. Zwischen weitläufigen Rasenflächen fürs Picknick und zum Faulenzen blühen farbenprächtige Rhododendren, Hortensien, Kamelien, Magnolien und Zierkirschen. Gepflanzt wurden sie von den Copelands, den Besitzern einer Porzellanfabrik, die für ihr exquisites Blumendekor berühmt war. Viele Motive der Teller und Tassen wuchsen in Trelissick. 1955 vermachte die Familie den 150 ha großen Park dem National Trust. Im Restaurant kann man 20 verschiedene Tees ordern, Spezialität ist ein saftiger Früchtekuchen.

Am Ende der Welt

Das Meer so klar, so blau und jadegrün, als müsste es mit dem Himmel um die Wette leuchten. Schroffe Steilklippen, verträumte Buchten und Meerblick immer inklusive führt der Coast Path an Cornwallls Nordküste nach Morwenstow. Der winzige Ort scheint am Ende der Welt zu liegen. Nur zehn Gehminuten trennen die Küste von den einladenden **Rectory Farm Tearooms**, die 2010 mit dem Tea Guild Award ausgezeichnet worden sind. Schwere Eichenbalken, die aus geborgenen Schiffswracks stammen, ein prasselndes Feuer im offenen Kamin, frisch gebackene Scones, aber auch würzige kornische Pastetchen, deftige Suppen und fangfrischer Fisch machen den Aufenthalt zu einem Erlebnis. Das Biofleisch von Rind und Lamm stammt von der eigenen Farm. Zum Cream Tea müssen Sie den erfrischenden Haustee »Smuggler's Choice« bestellen.

Tregothnan Estate
The Woodyard, Tregothnan, Truro, Cornwall
TR2 4AJ, Tel. (0 18 72) 52 00 00
www.tregothnan.co.uk
Private Gartentour inklusive Teeplantage und
Cream Tea £ 50 pro Person nach Voranmeldung
Smuggler's Cottage, im Sommer tgl.
10.00 – 22.00 Uhr, Tel. 0 18 72 / 58 03 09

Trelissick Garden
Feock, near Truro, Cornwall TR3 6QL
Tel. (0 18 72) 86 20 90
www.nationaltrust.
org.uk/main/w-trelissickgarden
Öffnungszeiten: Nov. – Mitte Feb.
tgl. 11.00 – 16.00, Mitte Feb. – Okt.
tgl. 10.30 – 17.30 Uhr, Afternoon Tea £ 5.95

Rectory Farm Tearooms
Crosstown, Morwenstow
Nr Bude, Cornwall EX23 9SR
Tel. (0 12 88) 33 12 51, Afternoon Tea £ 6.95
www.rectory-tearooms.co.uk
März – Okt. tgl. 11.00 – 17.00 Uhr

Seeluft schnuppern

Ursprünglich bestand **The Old Thatch Teashop** im alten Dorfkern von Shanklin aus zwei Fischerkaten. Heute zählt das über 300 Jahre alte reetgedeckte Hexenhäuschen auf der **Isle of Wight** zu den schnuckeligsten Adressen in Sachen Tee. Setzen Sie sich in den bezaubernden Garten, in dem Kamelien und Magnolien blühen und lassen Sie sich von Patricia Whybrow verwöhnen. Zum Cream Tea gibt es aromatische lose Teesorten und natürlich die obligatorischen homemade Scones mit Clotted Cream und Erbeermarmelade. Beim »Victorian Tea« stehen auch Ingwer-Scones mit Aprikosenkompott oder Käse-Scones mit Apfelstückchen und pikantem Chutney zur Wahl.

Nicht zu vergessen Patricias Sandwiches mit Räucherlachs, Tunfisch, Gurke, Ei und englischem Senf. »While there's tea there's hope« lautet einer der vielen Sprüche, die an den Wänden im Cottage zu lesen sind. Wen es nach mehr verlangt, sollte das geschmorte Lamm, Muscheln in Weißwein mit Knoblauch oder die Steak & Ale Pie nach altem Hausrezept versuchen.

In Climping, etwa 25 km westlich von Brighton, liegt das preisgekrönte **Bailiffscourt Hotel & Spa.** Keine 200 m von einem der schönsten Strände der Südküste hat man mit viel Liebe mehrere mittelalterliche Gebäude zu einer idyllischen Wellnessoase umfunktioniert, mit Hallenbad, Whirlpool, Sauna und Massagen. Auf dem 12 ha großen

The Old Thatch Teashop
4 Church Road, Shanklin
Isle of Wight PO37 6NU
Tel. (0 19 83) 86 31 84, tgl. geöffnet
Cream Tea £ 4.95, Victorian Tea £ 9.95

Bailiffscourt Hotel & Spa
Climping, West Sussex BN17 5RW
Tel. (0 19 03) 72 35 11, www.hshotels.co.uk
Afternoon Tea £ 32 für zwei Personen
Tgl. 15.30 – 17.30 Uhr

Mermaid Inn
Mermaid Street, Rye East Sussex TN31 7EY
Tel. (0 17 97) 22 30 65, www.mermaidinn.com
Tgl. geöffnet, Cream Tea £ 8.50 pro Person.

The Cobbles Tea Room
1 Hylands Yard (off The Mint)
Rye East Sussex TN31 7EP
Tel. (0 78 15) 73 46 65, tgl. geöffnet
www.cobblestearoom.co.uk, Cream Tea £ 4.95

Preisgekrönt und populär: der reetgedeckte Old Thatch Teashop

Parkgelände laufen Pfaue, Fasane und Moorhühner frei herum. Sieben der 39 Schlafzimmer haben einen Kamin neben dem King Size Bett. Das romantische Musikzimmer ist für Hochzeiten lizenziert. Beim exquisiten Candle Light Dinner fällt der Blick auf kostbare Gobelins zwischen gotischen Spitzbogenfenstern. Zu erlesenen Teesorten werden Honigscones, Ingwerkuchen, Chocolate Cookies und Lachs-Sandwiches gereicht.

Bilderbuchidylle

Himmelbetten, Geheimgänge und normannische Kellergewölbe aus dem 12. Jh. verstecken sich hinter der mittelalterlichen Fachwerkfassa-

de des **Mermaid Inn** (▶ Abb. S. 2). Schon Charlie Chaplin, Johnny Depp und Queen Mum haben hier in **Rye** genächtigt. Wenn es draußen naß und kalt wird, lodert im großen Kamin ein einladendes Feuer, genau das Richtige für eine gemütliche Tasse Tee und lange Gespräche mit guten Freunden. Das Restaurant steht in jeder Gourmetbibel für göttliche Speisen aus besten Zutaten der Region.

Gunpowder – der Geschmack dieses populären Grüntees ist zwar kräftig, hat aber mit Schießpulver nichts zu tun. Der Tee erinnert vielmehr durch seine zu Kügelchen gerollten Blätter an Schrotkugeln. Der chinesische Gunpowder zählt ebenso wie ein belebender Pride of Kenya und ein nur leicht fermentierter Jade Oolong Formosa zu den ausgezeichneten Tees im **Cobbles Team Room** von Rye. Wenn wundert's, dass sich hier seit mehr als 50 Jahren die Einheimischen gern zum Tee verabreden, im Sommer am liebsten auf der Terrasse. Immer klasse: der saftige Karotten-Kuchen.

Kurort der Könige

»Prächtiger als alles, was ich in London gesehen habe« bemerkte Joseph Haydn 1794 über seinen Besuch in Bath. Wohl nirgendwo wird der Tee mit soviel Stil zelebriert wie bei **Searcy's** im **Pump Room** der römischen Bäder, die längst auf der Liste des UNESCO-Weltkulturerbes stehen. Zu Beginn

Searcy's at The Pump Room
Stall Street, Bath BA1 1LZ
Tel. (0 12 25) 44 55 77
www.searcys.co.uk/thepumproom
Afternoon Tea £ 9.95, tgl. 14.30 – 21.00 Uhr

The Bridge Tea Rooms
24a Bridge Street , Bradford on Avon
Wiltshire BA15 1BY
Tel. (0 12 25) 86 55 37
www.thebridgeatbradford.co.uk

Full Afternoon Tea for Two £ 29.95, mit Champagner £ 45 für zwei Personen.

**Manor House
of Castle Combe**
Castle Combe, Wiltshire SN14 7HR
Tel. (0 12 49) 78 22 06
www.manorhouse.co.uk
Cream Tea £ 12.95, Afternoon Tea £ 19.95, mit Champagner £ 29.95 pro Person
Tgl. 15.00 – 18.00 Uhr

des 18. Jh.s war Bath Treffpunkt der eleganten Welt, die sich hier 40 Jahre lang von »Beau« Nash alle Fragen zu Mode und Etikette diktieren ließ. In den Kur- und Ballsälen trafen sich Promis und Monarchen, die Linderung ihrer Leiden suchten. Seinen Aufstieg verdankte Bath einem Aufenthalt der kränkelnden Königin Anne, die damit eine Renaissance des etwas heruntergekommenen Kurortes auslöste.

Direkt über dem römischen Bad eröffnete 1795 der repräsentative Pump Room. Schon frühmorgens trank man dort zu klassischer Musik das gesunde Mineralwasser und gönnte sich dazu die »Bath Buns«, süße Rosinenbrötchen. Ansonsten sah man, wurde gesehen und tauschte die neuesten Neuigkeiten aus. Heutige Besucher genießen im neoklassizistischen Saal beste Tees aus aller Welt und knabbern an frisch gebackenen Scones, Fruchttörtchen, deftigen Pasteten oder knusprigen Cheddar Crostinis. Und lauschen dem berühmten Pump Trio, das jeden Tag zum Afternoon Tea live spielt: am Klavier Derek Stuart-Clark, am Cello Keith Tempest, an der Geige Lorna Osbon.

Viktorianischer Cream Tea

Die **Bridge Tea Rooms** in einem auf 1675 datierten Cottage in **Bradford on Avon** erhielten 2009 den Tea Guild Award of Excellence. Auf dreistöckigen Etageren wird hier Selbstgebackenes von jungen Damen in gestärkten, weißen Schürzen serviert. Mehr als 30 Teesorten stehen auf der Karte. Zum Cream Tea mit zwei warmen Scones, Dorset Clotted Cream und Erdbeermarmelade empfiehlt man Guv'nors, eine Mischung aus Assam-Tees, Earl Grey oder den Jane Austin Tee. Zum High Tea mit Welsh Rarebit, Räucherlachs und gefüllter Meringe schmeckt ein English Breakfast, japanischer Sencha Tea oder heimischer Tee des Tregothnan Estate in Cornwall. Zu »General Gordons letztem Gefecht« gehören Sandwiches mit Cheddar, Speck und Tunfisch. Und wer was zu feiern hat, bestellt den Champagne Afternoon Tea for Two.

Schönstes Dorf Englands ...

... darf sich **Castle Combe** in Wiltshire offiziell nennen. Wiederholt diente das Dorf in der Nähe von Bath auch als Kulisse für Kinofilme. So wurden hier Szenen für Harry Potter und »Stardust – Der Sternwanderer« gedreht. Bis ins 14. Jh. reichen die Anfänge des noblen **Manor House Hotels** von Castle Combe, das von der Tea Guild mit dem »Top City & Country Hotel Tea Award 2010« prämiert wurde. Ein Jahr zuvor hatte Richard Davies mit seinem Team für das Bybrook Restaurant des Hotels einen Michelinstern erkocht. Der Tee wird im

Salon und bei Sonnenschein auf der Terrasse getrunken mit Blick in den herrlichen Garten. Zur Auswahl stehen 15 lose Teesorten, darunter ein biologisch angebauter English Breakfast, ein Rotbusch Earl Grey, ein blumiger Darjeeling und ein weißer Silver Needle. Probieren Sie dazu die warmen Rhabarber-Törtchen mit Haferflocken-Streusel.

Landsitz im Grünen

Das atemberaubende **Eastwell Manor House** bei Ashford weiß die glorreiche Vergangenheit mit allen Annehmlichkeiten von heute zu verbinden. Gönnen Sie sich hier einen Nachmittagstee in wahrlich herrschaftlichem Ambiente. Der Tee wird mit duftenden Scones, Käsekuchen, Schokomuffins und köstlichen Sandwiches im eichengetäfel-

ten Restaurant oder in der Pavilion-Brasserie serviert. Der Eastwell Afternoon Tea ist eine gelungene Mischung aus kräftigem Darjeeling und mildem Milima Kenia Tee. Der Wellness-Bereich gehört übrigens zu den luxuriösesten Spas in ganz England.

Pretty in Pink

In **Miss Mollett's High Class Tea Room** wirkt ein Dreamteam. Alex Cowell und ihre Schwester Frances MacDonald verwirklichten 2007 einen lang gehegten Traum und eröffneten in Appledore einen bezaubernden English Tea Room. Zusammen mit ihrer Kusine Sue forschten die beiden in der Lokalgeschichte und fanden heraus, dass Jessie Blanche Mollett hier vor dem Zweiten Weltkrieg die gleiche Idee

Hiergeblieben: Eastwell Manor zur Narzissenblüte

Eastwell Manor

Eastwell Park , Boughton Lees
Ashford, Kent TN25 4HR
Tel. (0 12 33) 21 30 00, tgl. geöffnet
www.eastwellmanor.com
Cream Tea £ 8, Afternoon Tea £ 19.95
pro Person, tgl. 15.00 – 18.00 Uhr

Miss Mollett's High Class Tea Room

26 The Street, Appledore

Kent TN26 2BX, Tel. (0 12 33) 75 85 55
www.missmollettstearoom.co.uk
Di. – So. 10.00 – 17.00 Uhr
High Class Cream Tea £ 12.95 pro Person

Tiny Tim's Tea Room

34, St Margaret's Street, Canterbury CT1 2TG
Tel. (0 12 27) 45 07 93, www.tinytimstearoom.
co.uk, Cream Tea £ 8.95 pro Person
Di. – Sa. 9.30 – 17.00, So. 10.30 – 16.00 Uhr

hatte und benannten die Teestube im Andenken nach ihr. Dass Pink die Lieblingsfarbe der Frauen ist, lässt sich kaum übersehen. In den Regalen stehen Kuchen, Scones und Marmeladen – alles von Frances und Alex selbst gemacht. Spannende Alternative zum Earl Grey ist der Blue Lady Tea mit einem exotischen Duft nach Zitrone. Kommen Sie vorbei, es wird Ihnen gefallen!

Den besten Fudge Cake …

… gibt es mitten in Canterbury in **Tiny Tim's Tea Room**. Jo and Phil Owens eröffneten ihre nostalgische Teestube 2007 in einem 400 Jahre alten Tudorbau. Am Klavier sind oft Melodien aus den 1930er-Jahren zu hören. Probieren Sie auch das Ingwerbrot oder den Walnusskuchen. Hausmarke ist ein wunderbarer Kenia Tee. A warm welcome!

IMPRESSUM

Beilage zum Baedeker Allianz Reiseführer »Südengland«
Text: Dr. Madeleine Reincke, Bilder: Baedeker Archiv (S. 9), Brown's Hotel (S. 7), Dr. Madeleine Reincke (S. 2 oben, Mitte und unten, 5, 10, 11, 12, 14)
Titelbild: stockfood / Michael Paul
Urheberschaft: Karl Baedeker Verlag, Ostfildern; Nutzungsrecht: MairDumont GmbH & Co KG; Ostfildern

Anzeigenvermarktung MAIRDUMONT MEDIA, Tel. 0049 711 45 02- 333, Fax 0049 711 45 02 - 1012, media@mairdumont.com, http://media. mairdumont.com

Printed in China. Gedruckt auf 100 % chlorfrei gebleichtem Papier.

FSC
www.fsc.org
MIX
Paper from
responsible sources
FSC® C002957

Baedeker **SPECIAL GUID**

DAS PLUS ZUM BAEDEKER SÜDENGLAND

It's Tea Time

→ Scones, Apple Pie und Cheesecake
→ Der Top Tea Place Award
→ Zum Tee zwischen Kent und Cornwall

ISBN 978-3-8297-1271-2

9 783829 712712

€ 19,95 [D]
€ 20,60 [A]